◇ 中国营养保健食品协会合作丛

U0679954

美国膳食补充剂
合规指南

主 编 莫桂花

南京大学出版社

图书在版编目（CIP）数据

美国膳食补充剂合规指南 / 莫桂花主编. — 南京：
南京大学出版社，2018.8

（中国营养保健食品协会合作丛书）

ISBN 978-7-305-20435-7

Ⅰ. ①美… Ⅱ. ①莫… Ⅲ. ①疗效食品—食品卫生法
—美国—指南 Ⅳ. ①D971.221-62

中国版本图书馆 CIP 数据核字(2018)第 145803 号

出版发行 南京大学出版社

社　　址　南京市汉口路 22 号　　　　邮编　210093

出 版 人　金鑫荣

丛 书 名　中国营养保健食品协会合作丛书

书　　名　美国膳食补充剂合规指南

主　　编　莫桂花

责任编辑　何永国

照　　排　南京理工大学资产经营有限公司

印　　刷　盐城市华光印刷厂

开　　本　718×1000　1/16　印张 21　字数 377 千

版　　次　2018 年 8 月第 1 版　　2018 年 8 月第 1 次印刷

ISBN　978-7-305-20435-7

定　　价　80.00 元

网　　址：http://www.njupco.com

官方微博：http://weibo.com/njupco

官方微信号：njupress

销售咨询热线：(025)83594756

编审委员会

前　言

随着医疗费用支出和人口老龄化问题的加剧,越来越多的美国消费者青睐食用有助身体健康的各类膳食补充剂产品。膳食补充剂在美国属于一类特殊的食品,介于药品与食品之间,但更偏向于食品,具有明确的食品属性。当前,美国是全球最大的膳食补充剂市场。据统计,美国的膳食补充剂行业每年增长率保持在 7%~8% 左右,包含了 6 万余种膳食补充剂产品,消费人数达 2 亿人。膳食补充剂产品直接关系消费者的健康与安全,该行业的蓬勃与健康发展,需要强大的技术研发能力、成熟的销售渠道和忠实的消费群体,更需要有一套行之有效的、科学开放的监管机制。

美国现有的膳食补充剂监管机制是在长久的实践中,通过不断积累经验和创新管理获得的,凝集了美国政府部门、科研院所以及企业等利益相关方的力量,拥有一套系统完整的法律、法规和标准体系。在美国,生产销售膳食补充剂产品必须要先了解政府部门的监管要求,识别一系列相关的法律、法规和标准,并确保符合。合规是美国膳食补充剂生产销售的前提要求,也是必须满足的最低要求。

膳食品补充剂产品作为食品,首先需要识别和满足美国《联邦食品、药品和化妆品法案》《公共卫生服务法》《反生物恐怖法》《美国食品现代法》等食品类基础法律、法规要求。此外,根据产品的特殊性,还需进一步识别和满足诸如《膳食补充剂健康与教育法》《膳食补充剂和非处方药消费者保护法》《营养标签与教育法》《膳食补充剂现行良好操作规范》《国家生物工程食品披露标准》等专项法规和强制性标准的要求。这些法规标准覆盖了膳食补充剂生产从原料来源、生产加工、标签使用、市场销售等全过程。

美国强调食品生产经营者的主体责任,比起政府监管更注重行业自律。在美国,膳食补充剂新产品的上市并不需要经历层层严格审批,各种新膳食成分是否能添加使用,在相关数据库中都能够查询到。为平衡各方利益,美国政府对膳食补充剂生产、销售方面的监管也并非面面俱到,但是,一旦企业自律不严,出现了违法、违规行为,其面临的后续处置也相当严苛。完善的法律、法规标准体系,"宽进严出"的监管机制,造就了如今美国膳食补充剂行业的持续健康发展,保障了市场的繁荣。但不容忽视的是,近年来在美国市场销售的膳食补充剂也屡屡报出各类安全质量问题,如添加使用食品违禁成分、未如实标注产品信息等,这些生产经营企业也遭受了产品下架,被勒令退出美国市场的处罚。为避免违法、违规问题的出现,所有膳食补充剂的生产经营企业必须要熟悉和掌握相关法律、法规和标准的要求,改进自检、自控体系,在生产经营的各个方面确保做到合规。另外,作为一名普通消费者,也有必要知道自己每天食用的膳食补充剂产品的开发、生产和流通要求,选择合规产品以维护自身的健康与合法权益。

美国定义的膳食品补充剂产品在我国属于营养健康食品的范畴,包括了保健食品和部分不宣称保健功能的营养强化食品。我国的营养健康食品市场近年来以 10% 的速度增长,发展十分迅速。据统计,2017 年中国的营养健康食品进出口额达到 35.58 亿美元。中美间营养健康产品的进出口额为 6.93 亿美元,其中进口额为 4.40 亿美元,出口额为 2.53 亿美元。一方面,我们看到越来越多的中国消费者通过出国途径或网络海淘途径购买美国市场上的膳食补充剂,但对美国膳食补充剂的各项要求所知甚少;另一方面,越来越多的我国企业也将各类膳食补充产品输送到大洋彼岸,产品在市场上接受美国政府监管的同时,国内的生产企业也随时需要接受美国联邦食品药品监督管理局(FDA)的现场检查。

本书首次系统介绍了美国膳食补充剂的监管机制,包括法律、法规框架、监管机构、监管的方式和内容等,翻译并介绍了最新的和重要的膳食补充剂法规。本书为有需求的国内消费者提供了获取美国膳食补充剂产品信息的渠道,比如消费者可以自主查询美国膳食补充剂的各类数据库,了解具体产品膳食成分的科研数据以及产品在售、下架等信息,提高知情度。本书更能为我国广大进出口企业生产销售同类产品提供有效的合规指导,告诉企业如何进行原料选择、新膳食成分上市前备案、设置膳食补充剂成分标签和营养信息标签等实际操作问题。为帮助国内企业开拓和稳固美国膳食补充剂市场,应对今后美国 FDA 愈加频繁的工厂检查,本书专门以我国大量出口美国的氨糖产品为例,对美国膳食补充剂的良好操作规范要求进行了逐条解读,指导企业有效建立并实施食品安全、卫生控制体系。

在我国营养健康食品快速发展的当下,希望本书也能为我国食品安全监管部门制定政策、完善膳食补充剂监管机制和安全卫生标准提供有益的参考。

由于作者水平有限,加上编写审校时间仓促,难免有错漏之处,希望广大读者批评指正。

编　者

目　录

第一章　美国膳食补充剂安全监管概述

第一节　美国膳食补充剂法规框架

一、美国膳食补充剂相关法规概况

美国的法律法规主要来源于两个方面：

一是通过议会制定法案，称为法令。美国将建国二百多年历史里由国会出台的所有法律加以整理编纂，按 54 个类目系统地分类编排（其中 Title 53 为预留），命名为《美国法典》(the United States Code，USC)，详见网址①。在美国联邦政府发布的 USC 中，第 7 篇农业和第 21 篇食品与药品中的内容，与食品安全有关。USC 第 21 篇共有 27 章，其中第一章食品或药品相关条款见第一至二十六条、第九章《联邦食品、药品和化妆品法》(Federal Food，Drug and Cosmetic Act，FD & C Act)相关条款见第 321 至 399 条、第二十六章食品安全相关条款见第 2101 至 2110 条和第二十七章食品安全现代化相关条款见第 2201 至 2252 条等章节内容与膳食补充剂关系密切。《美国联邦法规汇编》(Code of Federal Regulations，CFR)每年编撰更新一次，由联邦公报管理委员会(Administrative Committee of the Federal Register)负责将其从每家具有普遍适用性和法律效应的政府机构获取，并在联邦政府公报(Federal Register，FR)上公布或发表，或向联邦公报管理委员会递交成文法律文件的草案和装订成册的特别出版物及其修改版的法规。CFR 与 USC 一样，每个主题之下也分篇、章、部分及节，是一部汇编所有美国行政法律及其行政管理机构法规的法典，其是联邦和各州政府制定各种食品安全政策的基础。

二是由权力机构根据议会授权所制定的具有法律效力的规则和命令，如政府行政当局颁布的法规。第 21 篇"食品与药品"(Title 21—Food and Drugs)共

---

① http://uscode. house. gov/browse. xhtml。

有 9 卷(Volume)、3 章(Chapter)、1499 部分(Parts)。其中：第 1~8 卷第 1 章第 1~1 299 部分是美国卫生及公共服务部(United States Department of Health and Human Services，HHS)及其属下食品药品监督管理局(U. S. Food and Drug Administration，FDA)的法规，如 21 CFR Part 111 膳食补充剂良好操作规范(Current Good Manufacturing Practice for Dietary Supplements，cGMP)。CFR 最新年度电子版(Electronic Code of Federal Regulations)，详见网址①。

美国的立法、行政、司法三大机构均参与构建美国的食品安全系统。其国会通过制订法律保证食品安全有法可依，并授权行政部门执行法律，明确权力和责任；行政部门除履行法律赋予的职权外，也可通过制订并执行食品安全方面的部门规章，保证食品安全；当执行有关食品安全方面的法律、法规和政策遇到争议时，由司法部门出面解决。

CFR 和 FD & C Act 的法律效力高于相关食品安全部门颁布的法规、指令、文件，但由相关食品安全部门针对膳食补充剂颁布的法规会被立法部门增补或修订到美国联邦法规当中，这种将下级食品机构在实际执法情况中摸索出的一些合理经验通过增补或修订的方式汇编到基本法律中去的做法，使得膳食补充剂基本法律中因为增加对食品标签监管的详细规定和具体细则而更具可操作性。

美国膳食补充剂的立法较为完善，主要包括《联邦食品、药品和化妆品法》(Federal Food，Drug and Cosmetic Act，FD & C Act)、《营养标示与教育法》(Nutrition Labeling and Education Act，NLEA)、《膳食补充剂健康与教育法》(Dietary Supplement Health and Education Act，DSHEA)以及《食品和药品管理现代化法》(Food and Drug Administration Modernization Act，FDAMA，1997 年)等。美国国会于 1938 年颁布的 FD & C Act，是为了确保食品安全、药品和化妆品安全的法律，在该法中赋予食品药品监督管理局管理食品的权力。FDA 于 1941 年修订了 FD & C Act，颁布了膳食补充剂管理法规，确定了新的食品类型，即特殊膳食补充剂，至此，初步构建了膳食补充剂的法律框架。为了改进对食品标识与声称的管理，国会于 1990 年颁布了 NLEA，主要是对食品健康声明的规定。随着人们健康保健意识的增强，越来越多的美国人开始使用维生素、矿物质、草药等膳食补充剂来改善营养状况，同时营养补充剂产业已经成为美国经济不可分割的一部分，为了维护公众的合法权益，国会于 1994 年颁布了《膳食补充剂健康与教育法》(DSHEA)。在 1997 年 11 月 21 日通过的

---

① https://www.ecfr.gov/cgi-bin/text-idx? SID=3ee286332416f26a91d9e6d786a604ab&mc=true&tpl=/ecfrbrowse/Title21/21tab_02.tpl.

FDAMA 对 DSHEA 进行了修改和补充（详见网址①），明确了对膳食补充剂的界定，明确了膳食补充剂有关成分和营养标签的规定。随着这些法律、法规的相继出台，膳食补充剂标识与健康声称的管理逐渐清晰，形成了相对完备的有关膳食补充剂的法律体系，力求全面监控和评价产品安全性、成分安全性和产品标识合规性，从而确保产品质量并促进美国膳食补充剂产业的健康发展。

二、膳食补充剂相关法律、法规简介

涉及膳食补充剂的相关法案主要有：

1.《膳食补充剂健康与教育法》(DSHEA，1994 年)；

2.《联邦食品、药品和化妆品法》(FD & C Act，1938 年)；

3.《公共卫生服务法》(Public Health Service Act，PHSA，1944 年)；

4.《食品和药品管理现代化法》(FDAMA，1997 年)；

5.《美国 FDA 食品安全现代化法》(Food Safety Modernization Act，FSMA，2011 年)；

6.《营养标示与教育法》(NLEA，1990 年)；

7.《膳食补充剂和非处方药消费者保护法》(Dietary Supplement and Nonprescription Drug Consumer Protection Act，DSNDCPA，2006 年)；

8.《公共卫生安全和生物恐怖预备应对法》(简称《反生物恐怖法》)(the Public Health Security and Bioterrorism Preparedness and Response Act，the Bioterrorism Act，2002 年)；

9.《食品过敏原标识及消费者保护法》(Food Allergen Labeling and Consumer Protection Act，FALCPA，2004)；

10.《卫生食品运输法》(Sanitary Food Transportation Act，SFTA，1990 年)；

11.《公平包装和标签法》(Fair Packaging and Labeling Act，FPLA，1966 年)；

11.《食品质量保护法》(Food Quality Protection Act，FQPA，1996 年)；

12.《食品添加剂修正案》(Food Additives Amendment Act，FAAA，1958 年)；

13.《食品色素添加剂修正案》(Food Pigment Additives Amendment Act，FPAAA，1960 年)；

14.《美国食品药品管理局 2007 年修正法案》(Food and Drug Administration Amendments Act，简称 FDAAA，2007 年)。

膳食补充剂的相关法律、法规年代表如图 1-1 所示。

---

① https://www.fda.gov/regulatoryinformation/lawsenforcedbyfda/significantamendmentstothefdcact/default.htm。

《联邦食品、药品和化妆品法》
1938年

《公共卫生服务法》
1944年

《食品添加剂修正案》
1958年

《食品色素添加剂修正案》
1960年

《公平包装和标签法》
1966年

《营养标示与教育法》
1990年

《卫生食品运输法》
1990年

《膳食补充剂健康与教育法》
1994年

《食品质量保护法》
1996年

《食品和药物管理局现代化法》
1997年

《食品过敏源标识及消费者保护法》
2004年

《膳食补充剂和非处方药消费者保护法》
2006年

《美国食品药品管理局2007年修正案》
2007年

《美国FDA食品安全现代化法案》
2011年

《人类食品预防控制最新规定》
2015年

未来

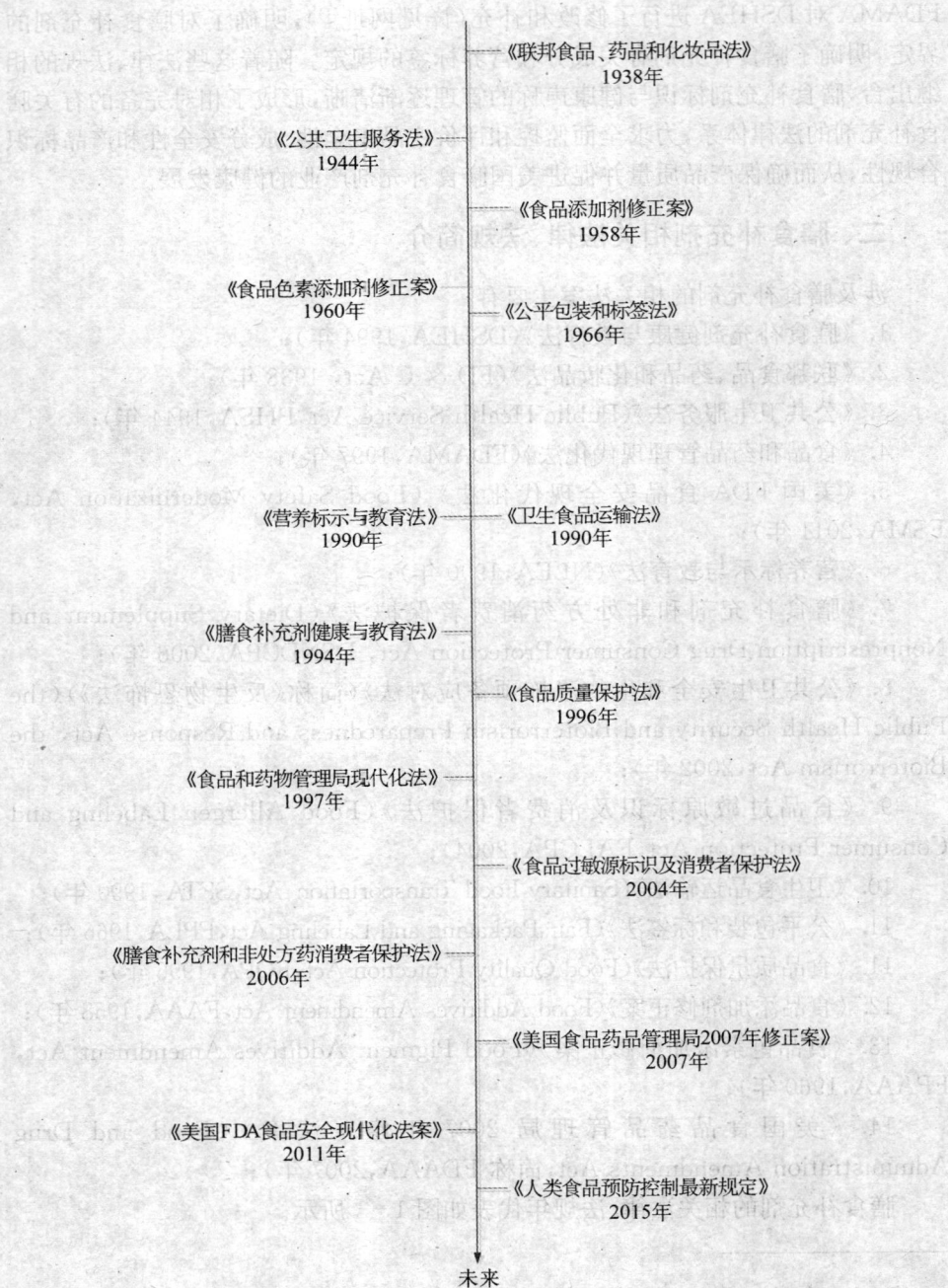

图1-1 美国膳食补充剂相关法律、法规年代表

1.《膳食补充剂健康与教育法》(DSHEA)

1994 年，美国颁发了 DSHEA，该法是管理膳食补充剂的基本法。随之，国会修订了 FD ＆ C Act，其中包含了一些专门针对膳食补充剂和膳食成分的条款。DSHEA 是美国膳食补充剂行业的一个重要的里程碑。DSHEA 主要内容包括界定了膳食补充剂的范畴，完善了其安全性的新框架；明确了产品销售时所标识的文字和营养标签要求；列举了几种有关功能和营养健康的声明；委托 FDA 负责起草有关 GMP 以规范企业的食品安全控制体系；针对新膳食成分 (New Dietary Ingredients，NDI) 设立对应的管理机构等。

根据 DSHEA 膳食补充剂的膳食成分再不需要像其他新食物成分或食物成分新功能那样进行上市前的安全性评价，但必须符合有关的安全性要求。以 1994 年 10 月 15 日为限，之前未曾在美国销售过的称为"新膳食成分(NDI)"，生产和销售 NDI 及含有 NDI 的膳食补充剂，需要在上市前至少 75 天向 FDA 提交上市前告知 (Notification)，提交的信息支持 NDI 在说明书指导下应用是安全的。

DSHEA 修订了原 FD ＆ C Act 中有关食物掺假的条款。DSHEA 规定，某种膳食补充剂如果它本身或其中某些成分在标签指示下食用或在正常情况下食用（如无食用指示)具有明显地或过度地引起疾病或损伤的危险，那么它就被视为掺假产品。某种膳食补充剂中所含有的 NDI 如缺乏充分资料，不足以保证其不会引起明显或过度的疾病或损伤危险，那么它也会被视为掺假。美国卫生及公共服务部(HHS)公布了对人类健康和安全造成直接危害的膳食补充剂或膳食成分的种类，但如同其他食品一样，保证产品上市前的安全性和标签的正确标识是生产者的责任。

DSHEA 将"膳食补充剂"范畴扩大到必需营养素以外的物质如人参、大蒜、鱼油、车前草、酶、腺体以及所有以上物质的各种混合物。此外，DSHEA 将膳食补充剂的正式定义用几个基本要求进行说明：

一是 "膳食补充剂"是一种旨在补充膳食的产品（烟草除外），它可能含有一种或多种膳食成分；

二是膳食补充剂成分规定，产品中含有某种维生素、矿物质、草本(草药)或其他植物、氨基酸、一种用以增加每日总摄入量来补充膳食的食物成分，或以上成分的一种浓缩品、代谢物、成分、提取物或组合产品等；

三是产品形式可分为丸剂、胶囊、片剂或液体状；它属于食品的范畴，但是不能作为普通的食物来替代正常的膳食，仅补充正常膳食供给中的不足，例如补充正常膳食中矿物质和维生素的不足等；

　　四是必须标识为"膳食补充剂"。另外,批准的新药、得到发证的抗生素或得到许可的生物制剂,如在其分别得到批准、发证、许可前已作为膳食补充剂或食品上市的产品(可以继续作为膳食补充剂在市场销售)。

　　DSHEA 要求膳食补充剂必须是口服的,其服用形式可以包括丸剂、胶囊、粉、软胶囊、片剂、散剂、或溶液等各种形式。尽管口服的要求很好理解,但 FDA 近年来在给企业的警告信(Warning Letter)中多次以此为法律依据判定口腔喷雾和外用涂膏等产品不符合膳食补充剂的定义。比如 2012 年,在 FDA 给一家名为"Breathable Foods"的公司发的警告信中就判定其销售的可吸入式的咖啡因产品不符合口服要求而不能作为膳食补充剂销售。

　　在 2016 年颁布的 FDA 指南文件(草案)《膳食补充剂:NDI 的申报和相关问题》中指出,在实验室和工厂生产出来的与天然植物活性成分完全相同的化学合成产品一般不符合膳食补充成分的定义。

　　2.《联邦食品、药品和化妆品法》(FD & C Act)

　　美国众多食品安全法律的核心是 FD & C Act,其构建了美国食品监督管理工作的基本框架,赋予了食品安全监管各责任方应有的职责和权限。自 1938 年制定以来,历经多次修改,如 DSHEA 颁布后,随即修改了 201(21 USC 321)、402(21 USC 342)、403(r)[21 USC 343(r)]、403(q)(5)(F) [21 USC 343(q)(5)(F)]、411(b)(2) [21 USC 350(b)(2)]等多节内容,新增了膳食补充剂一词,明确了膳食补充剂定义、膳食补充剂成分标签和营养信息标签、安全性、良好操作规范等内容。如根据 FD & C Act 第 413(a)(2)部分[21 USC 350b(a)(2)]部分,生产商或经销商必须对即将使用的 NDI 于上市前 75 天提交资料至 FDA进行强制备案(Notification)。

　　2007 年 9 月 27 日,美国总统签署 FDAAA,新增第 417 款有关"应通报食品注册"的规定,从而对 FD & C Act 做出修正。第 417 款要求卫生与公众服务部长(简称"部长")在 FDA 内部建立应通报食品注册系统。国会确定应通报食品注册的目的是提供可靠机制来追踪掺假食品情况,以支持 FDA 将有限监督资源用于保护公共卫生上。部长将实施 FD & C Act(包括第 417 款)的责任授予FDA 局长。为了进一步完善应通报食品注册系统,FD & C Act 第 417 款要求FDA 建立电子门户网,应通报食品识别后必须由责任方通过该门户网提交给FDA,也可由公共卫生的官员提交。电子门户网收到报告后,FDA 必须审核并评估所提交的信息以确认应通报食品,提交应通报食品注册登记,在 FDA 认为必要时对公众发出警告或通告,以及行使该法案赋予的其他现有保护食品安全方面的权力来保障公众健康。当 FDA 要求责任方为应通报食品的直接上游来源和/或直接下游接收人提供通告时,责任方应向所有直接上游来源和/或直接下游接收人提供食品通报。责任方应保存与每个接受的报告、发出的通告以及根据 FD & C Act 第 417 款提交至 FDA 的报告有关的记录,为期 2 年。

2009 年 9 月,食品安全与应用营养中心发布了行业指南:关于 FDA 2007年修正法案规定的应通报食品注册问答,要求责任方必须在可行的情况下尽快通过应通报食品电子门户网向 FDA 提交报告,不超过食品被确定为应通报食品后 24 小时[FD & C Act 第 417(d)(1)款]。如果食品掺假的原因是在责任方,则其必须调查掺假原因,并提供调查报告。当符合掺假的原因在责任方,但责任方在该食品转移给他人之前检测到掺假并且纠正了该种掺假伪劣、或销毁或促使销毁该食品 [FD & C Act 第 417(d)(2)(A)~(C)款]等情况时,责任方不需要提交应通报食品报告。

MedWatchPlus 门户网用于收集、提交和处理 FDA 管理下所有产品的不良事件报告及其他安全性信息。应通报食品电子门户网于 2009 年 9 月 8 日在FDA. GOV 网站上出现并启用。在给 FDA 的初步报告中责任方必须包括以下数据元素:一是根据 FD & C Act 第 415(a)(3)款,责任方的注册编号;二是食品被确定为应通报食品的日期;三是关于食品数量或重量的描述;四是掺假的程度和性质;五是掺假原因的所有调查结果(如果已知是责任方的原因);六是食品的处理情况;七是从包装上获得的产品信息,包括产品编码、有效期、生产商名称、包装厂或经销商等。责任方是根据第 415(a)款要求注册生产、加工、包装或保存食品机构的注册报告的人员。要求根据 FD & C Act 第 415 款提交机构设施注册的人员是指国内外机构的拥有者、经营者或代理人,这些机构从事生产、加工、包装或保存在美国消费的食品。FD & C Act 第 201(e)款[21 USC 321(e)]中"人员"的定义包括个人、合伙企业、公司和协会[FD & C Act 第 201(e)款和第417(a)(1)款]。

3.《公共卫生服务法》(PHSA)

1994 年,美国颁发《膳食补充剂健康与教育法》(DSHEA)后,修订了《公共卫生服务法》(PHSA),在[42 USC 281(b)(2)]第 401(b)(2)条下增加了"膳食补充剂办公室",在第 485B(42 USC 287 c-3)之后增加了膳食补充剂,在国立卫生研究院内设立膳食补充剂办公室,其宗旨是:(1) 更充分地探讨膳食补充剂作为美国改善医疗保健工作重要组成部分的潜在作用;(2) 促进科学研究膳食补充剂在维持健康和预防慢性疾病及其他健康相关疾病方面的益处。同时明确了膳食补充剂办公室主任的职责。

4.《FDA 食品安全现代化法》(FSMA)

2011 年 1 月 4 日签署通过的 FSMA 极大地改变美国现行的食品安全监管体系,该法案下所有进入美国市场的食品企业都必须制订以科学为基础、预防为主的书面食品安全计划,这些计划是基于危害分析和关键控制点(Hazard Analysis and Critical Control Points,HACCP)建立起来的,这意味着,食品公司将有责任对他们的设施进行监督,并需要确定其产品中的任何潜在危险,防止发生危害。同时针对外国供应商提出了更多的供应链管理要求并赋予 FDA 更多的执法权限。

无论是 HACCP,还是预防性控制,重点都在于找出潜在风险以及实行相应的管控来预防或降低食品安全事故的发生。预防性控制同时包含了很多文件记录的要求,通过这些书面记录要求,FDA 希望通过审核这些记录来核对食品安全计划的执行。具体来讲,FSMA 要求食品生产企业自行进行风险评估,找到已知或者是可以合理预见的危害,这些危害包括生物的、化学的、物理的、放射性的风险和自然毒素、杀虫剂、药物残留、腐烂、寄生虫以及未经审批食品添加剂和食品色素。企业应该根据潜在危害风险来制订合理的控制参数。从以往的经验来看,其中药物残留、过敏原和放射性危害在很多已知的 HACCP 安全计划中都未曾涉及,值得中国企业特别注意。在风险评估之后,每一个在 FDA 备案的生产设施需要执行预防性措施,来保障评估中发现的食品安全危害被显著地减小或避免。FSMA 列出了多种预防措施,其中以消毒、培训、环境监测、过敏原控制和供应商核验最为重要。除此之外,cGMP 也被认为是预防措施的一种,FDA 制定了升级版的人类食品 cGMP(21 CFR 117 法规)。预防性控制必须通过监控、整改和确认来实现。确认机制应包括环境监测和产品测试两方面。环境监测特指对厂区设备和周边环境进行取样来确定该公司消毒程序是否有效。风险评估的结果和预防措施必须进行书面记录并在检查中同其他与食品安全相关的记录一同出示给 FDA。预防性控制流程:风险性评估——预防性控制措施——风险控制参数——监控——整改。

输美食品的供应链管理。一是 FSMA 包括一系列特定针对外国供应商的要求,要求每个进口商对其国外的供应商实施全面审核计划,以强化美国进口商的责任意识,要求进口商必须实施基于风险控制的国外供应商审核计划,旨在证明由进口商或代理商进口的食品无掺杂和贴错标签的情况,还要求国外供应商应向进口商保证其进口的食品符合 FDA 现行的食品安全程序和标准。并规定凡未参与国外供应商审核计划的进口商不得参与进口食品贸易。二是创立了自愿合格进口商计划,这是通过一种付费的进口"快速通道"来帮助产品更快地通过审核,希望参加这个计划的进口商需要向 FDA 提出申请,每三年对其资格重新进行评估,如果经过评估发现其不符合标准,将撤销其合格进口商的资格。三是自愿审核计划往往要求第三方认证,FDA 是否批准该计划取决于食品性质、食品掺假风险、外国供应商的合规历史、出口国的食品安全体系和生产设施的过往检查记录等。对特定食品,根据公共卫生的考虑,FSMA 授权 FDA 对产品进行第三方认证。如果 FDA 要求对该类食品进行认证,未能附有认证证书的进口食品将被拒绝入境。这些认证证书必须来自经资格确认的第三方机构。即使食品具备这些认证,FDA 依然有权独立审核这些认证,来确定它们是否真实有效。FDA 也保有随时抽查的权利。

更强的执法权限。一是 FDA 在现场检查中可以查看更多的文件记录,即在食品生产、加工、包装、配送、接受、存储、进口等过程中进行检查,授权的官员或者雇员可查阅和拷贝所有相关记录。二是修订了《反生物恐怖法》,对食品公司在 FDA 注册更新、注册资格和注册信息等方面提出了更为严格的规定,所有对美出口食品企业必须在 2012 年 10 月 1 日至 2012 年 12 月 31 日期间进行再注册,并且在之后的偶数年份中 10 月 1 日至 12 月 31 日,输美食品企业都要进行再注册。三是增加检查频率。所有美国国内"高风险"工厂至少三年一检,"非高风险"工厂至少五年一检。同时提出加强对国外出口商工厂检查。这些检查会根据食品的种类、来源,进口商历史记录,进口商的外国供应商审核计划的完善度等风险因素进行评估。具体来讲,FSMA 要求 FDA 在该法颁布后的一年里检查不少于 600 个外国工厂。在之后五年中每年检查国外食品公司数量不得少于上一年的两倍。为了缓解 FDA 人力资源不足的困境,建立第三方审核认可制度。四是扩大食品行政扣留范围,强化进口食品口岸查验。如果 FDA 有理由相信食品有掺杂或贴标错误,可以随时扣押食品。五是 FSMA 第一次给了 FDA 强制要求食品厂商召回产品的权限。尽管如此,在实际操作中,FDA 一般使用各种方法劝说食品厂商"自愿"召回产品。

毋庸置疑,随着相关法规的不断完善,针对外国食品企业,特别是中国企业的审查只会更加严格。为了在激烈竞争中占得先机,对于国内输美食品企业来说,熟悉相关法规并提前做出应变显得尤为重要。

5.《膳食补充剂和非处方药消费者保护法》(DSNDCPA)

2006 年 12 月 22 日,总统签署了 DSNDCPA,修订了 FD & C Act,对于未经批准的申请销售膳食补充剂和非处方药的不良事件报告和记录保存等要求更加严苛。如 FD & C Act 第 761(c)(1)~(2)节要求向 FDA 提交膳食补充剂严重不良事件报告和新的医疗信息的后续报告。2013 年 9 月修订的 FD & C Act

［21 USC 379aa－1(b)(1)］第 761(b)(1)条要求：在可能情况下，负责人员应提交患者使用产品的完整外部纸箱/容器标签和直接容器标签的副本。2009 年 6 月发布了指导文件，本指导文件包含有关 DSNDCPA 关于强制向 FDA 报告膳食补充剂严重不良事件的要求和问题，以及在这些报告中提交的最低数据要素，还为膳食补充剂行业提供了如何通过 FDA 安全报告网站提交膳食补充剂严重不良事件报告的指导，电子提交是自愿的。膳食补充剂制造商、包装商或分销商如果无法或不愿意使用 FDA 安全报告网站提交强制性严重不良事件报告，可以继续通过邮寄 FDA 3500A 表格的 MedWatch 表格形式提交报告。

6.《营养标示与教育法》(NLEA)

美国在 1990 年通过并于 1994 年全面实施了 NLEA。该法对膳食补充剂标签进行了较为严格的管理规定，必须明确标识是何种补充剂，对消费者尽到充分的说明和警告义务，提醒消费者不能将其作为膳食或药品食用，同时还不能对其进行功能性声称，以避免因警示不足而产生消费风险并承担巨额赔偿责任。要求其应当对产品营养成分和含量进行明确标注，还规定有关营养素或一种膳食补充剂与疾病关系的"保健作用声明(health claim)"，即未经 FDA 批准，不得声称具有保健功能，但针对一些已经科学证实具有调节人体机能或影响机体作用的营养素在确保其宣传真实的前提下，允许使用"保健作用声明"，只要求其在上市前 30 天通报 FDA 并在标识中用黑体、显著展现以下词句：**本声明未经 FDA 评估，本产品不用于诊断、治疗、治愈或预防任何疾病。**"并且强调科学评价，即在发布膳食补充剂健康声明之前，食品药品监督管理局(FDA)必须证明这一声明是通过了严格的科学证明，否则就要在标签上附有免责声明。其次，虽然 FDA 不对膳食补充剂进行注册管理，但对膳食补充剂的安全性有质疑权利。一旦 FDA 发现产品存在安全问题，就会通知生产商进行解释。如安全性确实存在问题，FDA 可宣布该膳食补充剂为伪劣产品。再次，虽然膳食补充剂生产商大多选择使用结构/功能声称，但根据规定，允许声称膳食补充剂具有保健功能，对膳食补充剂保健声称建立了严格的审批程序。最后，对膳食补充剂的广告监管规定也较之前更为严格，严禁对膳食补充剂进行夸大功效宣传以及虚假宣传，以更好地对膳食补充剂进行监督管理。

FDA 于 2014 年 2 月提议更新食品包装上的营养标签来反映最新科学信息，其中包括饮食与慢性疾病的联系。同年 3 月，FDA 公布新方案参考了《2010 版美国膳食指南》，美国国家健康和营养测验调查的膳食摄入数据，广泛征求了社会意见。2015 年 7 月，FDA 公布了补充修正案。2016 年 5 月，FDA 公布了两项最终法规,详见网址①,即《营养成分和营养补充信息标签修订最终法规》(详见网址②)以及《更新食用分量最终法规》,详见网址③。大多数食品企业有两年的时间完成标签更换,从 2018 年 7 月 26 日起使用新标签。而年销售额低于 1 000 万美元的小型食品业者,则有 3 年调适期,即从 2019 年 7 月 26 日执行新标签。

7.《国家生物工程食品披露标准》法案(National Bioengineered Food Disclosure Standard,an Act,S. 764 Act,Public Law 114 - 216)(详见网址④)

2016 年 7 月 29 日,美国总统奥巴马签署 S. 764 Act,使其正式成为法律。这标志着美国转基因食品标签制度发生了重大改变:由自愿标签制度转变为强制标签制度。该披露标准一方面明确要求披露转基因食品信息,保障了消费者的知情权;另一方面,该披露标准又以产品为导向,允许使用包括通过智能手机扫描二维码在内的多种形式披露转基因信息,便于食品生产者履行义务。美国转基因食品强制标签制度在一定程度上均衡了消费者和生产者利益,对完善我国的转基因食品标签制度具有一定的借鉴意义。转基因食品是指利用基因工程技术改变基因组构成的动物、植物和微生物生产的食品和食品添加剂。美国的食品标签管理机构主要包括两个:一是 FDA,具体负责除肉类、禽类以及蛋类以外的美国境内销售的国产或进口产品。二是食品安全检验局(隶属美国农业部 USDA),负责肉类、禽类产品和加工蛋类产品的标签问题。因此,FDA 是食品标签的主要负责机构,而美国农业部只针对特定食品制定标签规则,起到辅助作用。

三、21 CFR 中与膳食补充剂相关的联邦法规

1. 21 CFR Part 111

依据 DSHEA,FDA 制定的 cGMP 对膳食补充剂生产、包装、贴标、储存和分销等环节做出规定。FDA 分别于 1997 年、2003 年和 2007 年颁布了 3 个版本的 GMP,其中前两个版本在颁布使用后陆续收到了多方面反馈,至 2007 年 FDA 发布了该规范的最终版本(Final Rule)。从原料检验、标准操作规范、记录、召回等方面做了越来越严格的规定。在规范的修订过程中,行业组织和学术

---

① https://www. fda. gov/Food/GuidanceRegulation/GuidanceDocumentsRegulatoryInformation/LabelingNutrition/ucm385663. htm#highlights。

② https://www. regulations. gov/document? D=FDA - 2012 - N - 1210 - 0875。

③ https://www. regulations. gov/document? D=FDA - 2004 - N - 0258 - 0136。

④ https://www. congress. gov/bill/114th-congress/senate-bill/764/text? overview = closed&r=2。

机构发挥了积极作用。一是 FDA 在制订膳食补充剂 cGMP 之前,膳食补充剂业的代表、美国营养食品学会(NN - FA)和美国药典学会(USP)都曾提交法规草案,FDA 此举不仅发挥了行业组织和学术机构的积极性,减轻了政府管理部门的负担,而且最重要的是加强了监管部门与行业和学术界的沟通,密切了双方的关系。二是行业组织自行起草 cGMP;针对行业组织的 cGMP 草案广泛征求意见;最后 FDA 制订官方的膳食补充剂 cGMP 草案;在有针对性地向社会广泛征求意见的基础上定稿发布。并对企业合规期限提出了 1~3 年的过渡期,即大型企业(员工人数超过 500 人)在 2008 年 6 月前完成;中型企业(员工人数少于 500 人)在 2009 年 6 月 25 日前完成;小型企业(员工人数少于 20 人)在 2010 年 6 月 25 日前完成。

FDA 在征求意见时会将问题背景、FDA 对该问题定夺不下的原因等一起公布,这样使得大众不仅对征求意见的问题一目了然,而且对问题的症结也一清二楚,达到征求意见的高效率和高针对性效果。

主要内容:(1)书面标准操作程序,对生产过程中的所有关键环节都要求制订书面标准操作程序。(2)鉴别测试,要求对所有购入的原料都要做鉴别测试,并且还发布了一个过渡期法规,规定了制造商申请免除 100% 鉴别测试的要求,制造商申请时须提供数据,证明少于 100% 的鉴别测试不会显著降低对食品成分正确性的保证,即使制造商有权免于测试,仍将负责保证膳食补充剂最终产品的质量。(3)原料检验,允许制造商依赖供应商的分析证明书,但对膳食补充剂的定性鉴定必须自检。(4)产成品检验,对生产过程控制措施制定了一系列要求,确保产品质量由一个自始至终都非常可靠的系统"生产"出来。(5)责任人,明确产成品制造商是第一责任人。(6)记录,与生产、包装、标签、储存和分销有关的记录保存超过货架期 1 年,或超过最后一批次产品发售日期 2 年。要求企业必须按照 FDA 要求提供记录,详见网址①。

2017 年 4 月 1 日,FDA 根据每年监督检查情况汇总分析,进一步修订完善了 21 CFR 111,21 CFR 111.525,强调任何经过再加工后重新分销的膳食补充剂必须得到质量控制人员的批准。必须确保所有返工膳食补充剂均符合根据 111.70(e)所制定的所有产品质量要求。还修订了 21 CFR 111.105 质量控制人员职责,详见网址②,及其相关条款如 111.103、111.110、111.113、111.123、

---

① https://www.accessdata.fca.gov/scripts/cdrh/cfdocs/cfcfr/cfrsearch.cfm? fr=111.525。

② https://www.accessdata.fda.gov/scripts/cdrh/cfdocs/cfcfr/cfrsearch.cfm? cfrpart=111&showfr=1&subpartnode=21:2.0.1.1.11.6。

111.127、111.130、111.135 、111.140 等。要求质量控制人员必须遵守质量控制操作责任书面程序,负责供应商选择、原辅料控制、实验室管理、生产过程控制(生产、加工、贴标、包装)、代表性样本收集及留样管理、不合格及纠偏、返工、分销环节所涉及的检查和记录审核,批准或拒绝放行,不断更新完善质量控制相关书面程序文件等工作。

2. 21 CFR Part 190 膳食补充剂

21 CFR Part 190 中 B 部分明确了 NDI 上市前的通知要求。NDI 是指在1994 年 10 月 15 日之前在美国没有销售的膳食成分[参见 FD & C Act 第413(d),21 USC 350b(d)]。制造商和分销商负责确定是否是 NDI,如果销售的膳食补充剂含有 NDI,必须确定该物质被认为是"膳食成分"[见 FD & C Act 第201(ff)(1),21 USC 321(ff)(1)],此外,含有膳食成分的产品必须是膳食补充剂[参见 FD & C Act 第 201(ff)条款,21 USC 321(ff)]。"膳食补充剂"一词是指用于补充含有一种或多种膳食成分的饮食的产品(烟草除外),仅限于以片剂、胶囊、粉剂、软胶囊、液体或其他形式摄取的产品,这些产品不是以传统食品或作为单一食品或饮食的项目表示的,并且被标记作为膳食补充剂;另外,含有经批准的新药或许可生物制品的产品不得作为膳食补充剂,除非该产品在批准前作为膳食补充剂或作为食品销售,也不包括被授权作为新药或生物制剂进行调查的物品(并且已经为此进行了实质性的临床调查),除非该物品在被授权调查之前作为膳食补充剂或作为食品销售。

3. 公认的安全物质(GRAS)相关法规,详见网址①

食品、食品配料、色素、添加剂、食品包装等申请以及通知、安全管理的法规多达 25 个,如表 1-1 所示。

表 1-1　公认安全物质(GRAS)相关法规一览表

法规	中英文名称
21 CFR Part 25	环境法规(Environmental Regulations)
21 CFR Part 58	良好的非临床研究实验室规范(Good Laboratory Practices for Non-clinical Studies)

---

① https://www. fda. gov/Food/GuidanceRegulation/GuidanceDocumentsRegulatoryInformation/IngredientsAdditivesGRASPackaging/ucm082463. htm.

（续表）

法规	中英文名称
21 CFR Part 70	色素添加剂（Color Additives）
21 CFR Part 71	色素添加剂申请（Color Additive Petitions）
21 CFR Part 73	色素添加剂免除认证（Listing of Color Additives Exempt from Certification）
21 CFR Part74	需要认证的色素添加剂列表（Listing of Color Additives Subject to Certification）
21 CFR Part 80	色素添加剂认证（Color Additive Certification）
21 CFR Part 81	用于食品药品和化妆品的临时色素添加剂的通用标准和限制，包括上市前通知和门槛（21 CFR Part 81—General Specifications and General Restrictions for Provisional Color Additives for Use in Foods，Drugs，and Cosmetics，includes Threshold of Regulation and Premarket Notifications）
21 CFR Part 82	列出经过认证的暂时列出的颜色和规格（21 CFR Part 82—Listing of Certified Provisionally Listed Colors and Specifications）
21 CFR Part 170	食品添加剂（包括法规和上市前通知的阈值）（Food Additives）其中21CFR 170.39管制阈值、21CFR 170.100上市前通知
21 CFR Part 171	食品添加剂申请（21 CFR Parts 171—Food Additive Petitions）
21 CFR Part 172	允许直接添加食品供人类食用的食品添加剂（- Food Additives Permitted for Direct Addition to Food for Human Consumption）
21 CFR Part 173	食品中允许人类食用的二级直接食品添加剂（Secondary Direct Food Additives Permitted in Food for Human Consumption）
21 CFR Part 174~179	间接添加剂，包括21 CFR 174 间接食品添加剂（General Indirect Food Additives）、21 CFR 175 黏合剂和涂料组分（Adhesives and Components of Coatings）、21 CFR 176 纸张和纸板组件（Paper and Paperboard Components）、21 CFR 177 聚合物（Polymers）、21 CFR 178 生产加工助剂和消毒剂（Adjuvants、Production Aids and Sanitizers）、21 CFR 179 食品生产，加工和处理中的辐射（Irradiation in the Production，Processing and Handling of Food）
21 CFR Part 180	允许临时在食品中或与食品接触仍需进一步研究的食品添加剂（Food Additives Permitted in Food or in Contact with Food on an Interim Basis Pending Additional Study）
21 CFR Part 181	事先批准的食品配料（Prior-Sanctioned Food Ingredients）

（续表）

法规	中英文名称
21 CFR Part 182～186	通常认定为安全（包括以下内容）：21 CFR 182 食品中的 GRAS（Substances GRAS in Food）、21 CFR 184 确认为食品中 GRAS 的物质（Substances Affirmed as GRAS in Food）、21 CFR 186 确认为 GRAS 的物质用于食品包装（Substances Affirmed as GRAS for Use in Food Packaging）
21 CFR Part 189	禁止在人类食品中使用的物质（Substances Prohibited from Use in Human Food）

2016 年 6 月发布了 GRAS 工业指南：根据 FD & C Act 规定用于人类食品或动物性食品的物质管理框架指南，该指南适用于打算销售食用物质的任何人，包括食用物质的制造商、含有食用物质的食品制造商以及含有食用物质的食品分销商。具体指导意见如下：一是遵守规定和管理标准，管理物质在 GRAS 预定用途条件下的分类标准，并负有遵守这些标准的责任；二是仔细考虑食用物质的预期用途是否完全符合 GRAS 分类的标准，并且根据 FD & C Act 第 201(s) 和 409 节规定、联邦法规第 21 篇规定是合法的；三是基于科学程序的 GRAS 结论需要获得批准食品添加剂所需的相同数量和质量的科学证据，以证明食物安全性；四是基于食物中常见用途的 GRAS 结论要求在 1958 年 1 月 1 日之前有大量的消费记录；五是所有 GRAS 结论都必须根据当时可用的知识和信息来考虑，因为关于某种物质的科学知识和信息会随着时间的推移而发生变化；六是按照现有程序监督 GRAS 的结论，并按照 21 CFR 170E 部分用于人类食品的物质或 21 CFR 570E 部分用于动物食品的物质的程序向 FDA 提交 GRAS 通知；七是如果决定根据独立的 GRAS 结论销售食品物质，建议使用 GRAS 通知框架来记录 GRAS 结论。

4. 21 CFR Part 101 食品标签（Food Labeling）

21 CFR Part 101 详细规定了不同种类食品产品的营养和健康声称及标签标识要求。其中，21 CFR 101.36 规定了膳食补充剂的营养标注要求，21 CFR 101.93 规定了膳食补充剂说明的几种形式，两个文件最新版本修订时间均为 2017 年 4 月 1 日。详见第四章 21 CFR Part 101 中与膳食补充剂标签有关的内容介绍。

5. 21 CFR Part 119

存在显著和不合理风险的膳食补充剂（含有麻黄碱的膳食补充剂，2004 年

02 月)详见网址①。含有麻黄生物碱的膳食补充剂在标签推荐或建议使用条件下存在不合理疾病或伤害风险,或者如果在正常使用条件下标签中没有建议或建议使用条件。因此,根据 FD & C Act 第 402(f)(1)(A)节,含有麻黄生物碱的膳食补充剂被认定为掺假。

6. 21 CFR Part 117

21 CFR 117 明确规定任何符合 21 CFR Part 111 和 FD & C Act 第 761 条要求的生产、加工、包装或储存膳食补充剂的企业豁免 21 CFR 117 法规的 C 和 G 子部分,也就是说膳食补充剂企业还需执行 21 CFR Part 117 法规(除 C、G 两部分)。该豁免不适用于膳食成分制造,加工,包装或储存。膳食成分应遵守该法规要求,包括 21 CFR 117 B 部分的 cGMP 要求;21 CFR 117 C 部分的危害分析和基于风险的预防控制要求;21 CFR 117 G 部分的供应链计划要求;以及 21 CFR 117 F 部分的记录保存要求。膳食补充剂成分指用于制造膳食补充剂的任何物质,包括那些可能不出现在膳食补充剂成品中的物质。膳食补充剂成分包括膳食成分[如 FD & C Act 第 201(ff)部分所述]和其他成分。

企业要重视及时更新 cGMPs,尤其要关注一些过去不具有约束力的,如教育和培训,现在是有约束力的条款。管理人员必须确保所有生产、加工、包装或持有食品的员工都有资格履行他们的职责。这些雇员必须具备必要的教育、培训和/或经验,以生产、加工、包装或存放干净、安全的食品。个人必须接受食品卫生和安全方面的培训,包括对食品、设施和个人所指定职责的员工健康和卫生等内容的培训。还需关注过敏原交叉接触,现在 FDA 在监管文本中已经明确。

7. 21 CFR Part 1

一般强制执行条例,详见网址②。21 CFR 1.225 明确要求美国国内或国外食品设施的所有者、经营者或代理人使用拥有的设施从事生产/加工、包装或储存用于消费的食物,除非符合 21 CFR 1.226 中的豁免条件,否则食品企业必须在美国 FDA 注册。FD & C Act 201(ff)[21 USC 321(ff)]规定膳食补充剂和膳食补充剂中的成分为"食品",即制造、加工、包装或储存膳食补充剂或膳食补充剂成分的企业需要作为食品企业注册。当注册企业信息发生任何变动的 60

---

① https://www.accessdata.fda.gov/scripts/cdrh/cfdocs/cfcfr/cfrsearch.cfm? cfrpart=119&showfr=1。

② https://www.accessdata.fda.gov/scripts/cdrh/cfdocs/cfcfr/CFRSearch.cfm? CFRPart=1。

天内必须按 21 CFR Part 1 的要求更新注册信息,注册网址①。

值得提出的是食品设施注册时必须提交食品生产/加工、包装或在 FDA 3537 表格中确定适用的食品类别,如果在注册表格中没有列出的人类食品类别申请,需打印适用的食品分类或类别。美国一般食品类别分 43 类(详见 21 CFR 170.3,网址②)。2016 年 9 月更新了附加的供人类和动物食用食品类别(详见 2016 年版工业指南:在食品设施注册中使用食品类别和更新食品类别的必要性,网址③)。供人类食用的食品类别中列出了膳食补充剂包括:蛋白质、氨基酸、脂肪和脂质物质、动物副产品及其提取物、草本植物和植物提取物。

8. 人类与动物食品进口商国外供应商验证计划(FSVP,2015 年 11 月 27 日发布)

食品国外供应商,是指制造/加工食品企业,饲养动物或种植出口到美国的食品企业,而不需要其他企业进行除添加标签或类似的微量处理活动以外的进一步生产/加工。FSVP 中进口商是特指签署同意作为 FSVP 的进口商,并承诺执行 FSVP 及其相关法规的进口商(详见 21 CFR Part 1 L 部分"食品进口商的外国供应商验证程序",网址④)。2017 年 3 月 FDA 属下的监管事务办公室、食品安全与应用营养中心、兽医医学中心联合发布了行业指南"认可国外供应商验证程序可接受的唯一设备标识符(UFI)",详见网址⑤。

FSVP 要求:一是进口商对每种进口食品必须建立实施《国外供应商验证计划》,充分保证国外供应商的食品符合美国食品安全要求,并且不是掺假或者标签错误的产品;二是进口商进行国外供应商验证活动的评估,每 3 年至少评估 1 次。评估内容包括:国外供应商的行为表现、是否按照 117 法规要求开展食品安全风险管理、委托第三方进行国外供应商评估的审查和评定等;三是进口商根据产品风险高低对国外供应商采取一种或多种验证活动,包括现场评审、食品抽样和检测、对国外供应商食品安全记录进行审查等方式。同时,针对高风险的食品,至少每年进行一次国外供应商现场评审。当进口商发现国外供应商没有满

---

① http://www.fda.gov/furls。

② https://www.accessdata.fda.gov/scripts/cdrh/cfdocs/cfcfr/cfrsearch.cfm? fr＝170.3。

③ https://www.fda.gov/Food/GuidanceRegulation/FSMA/ucm247559.htm#FSVP_rule。

④ https://www.accessdata.fda.gov/scripts/cdrh/cfdocs/cfcfr/CFRSearch.cfm? CFRPart＝1&showFR＝1&subpartNode＝21:1.0.1.1.1.11。

⑤ https://www.fda.gov/downloads/Food/GuidanceRegulation/GuidanceDocuments RegulatoryInformation/UCM549647.pdf。

足美国食品安全要求时,必须立即采取重新评估风险、修改《国外供应商验证计划》等纠正措施,并适时停止采用出现问题的国外供应商;四是对国外供应商的现场审核可以由进口商自行实施,也可以委托第三方审核机构进行,但是,必须由有资质的、具备技术性专业知识的评审员进行现场审核,评审员可以是政府雇员,也可以是获得认可的第三方认证机构的评审员;五是针对处于官方认可或同等水平安全系统第三国生产企业名单之中的国外供应商,提出了免于进行国外供应商评估、验证活动的豁免条款。

9.《保护食品免受蓄意掺杂的针对性策略》(Mitigation Strategies to Protect Food Against Intentional Adulteration,21 CFR Part 121)

2016 年 5 月 27 日,美国颁布《保护食品免受蓄意掺杂的针对性策略》法规,这是美国 FSMA 的七部配套法规之一,也是最后出台的一个法规。法规重点突出食品防护、预防蓄意污染等内容,因此俗称"食品防护法规"。法规中所指的"蓄意掺杂"(intentional adulteration)是指"可能被蓄意引入以导致大规模公众健康不良后果的危害",包括一些人为恶意的破坏、恐怖袭击等(由经济利益驱动的掺杂问题 EMA 不包含在内)。法规的核心内容包括脆弱性评估、缓解性策略及书面的食品防护计划。此法规对所有我国输美食品生产企业均适用,2016 年 9 月 23 日正式生效。但合规时间视企业规模不同各异:一般企业、小型企业(全职雇员少于 500 人)和微型企业(年均食品销售额+经营额小于 1 000 万美元),分别提供 3 年、4 年和 5 年的过渡期。有些特殊情况可以豁免法规要求,包括农场及低风险生产活动、动物食品、酒及酒精饮料、食品储藏企业(但不含灌装液体储藏企业)、仅包装或贴标签而不直接接触食品本身的企业。

脆弱性评估,即"找弱点"。本法规中明确阐述了需要评估出的三个量级:(1) 蓄意破坏对公众健康影响的潜质,如严重性和规模等;(2) 破坏分子接近产品的难易程度;(3) 能够对食品造成污染的可能性。缓解性策略,即"想对策"。企业须通过上述脆弱性评估判断出自身的显著弱点,并确定可以采取防护措施的工艺环节。在每个环节中采取适当而有针对性的缓解策略,确保显著弱点得到有效控制,防止蓄意掺杂问题的发生。书面的食品防护计划,即"建方案"。食品企业须建立书面的食品防护计划,并包含监控、纠偏和验证等管理要素。同时还需要保障食品防护的从事者具备一定的资质,要求进行相关培训并保存好记录。值得关注的是:法规规定"企业的食品防护从事者具备一定的资质",这对食品企业管理人员的资质提出了新要求,需要有美国 FDA 或授权认可机构培训合格后颁发资质证明。该法规把第三方培训引入了贸易技术壁垒,是新形势下出现的新技术壁垒形式,这对我国的出口食品企业来说将产生很大的限制和冲击。

四、膳食补充剂行业指南

美国在法律、法规之外，为了促进膳食补充剂行业的发展，还制订了一系列行业指南文件，指南及有关信息详见网址①。通过上述网站可以查询适用于膳食补充剂产品的整个供应链（生产、包装、贴标、储存、分销）的相关指南及有关信息，内容包括：现行膳食补充剂良好操作规范（cGMP）；警告信和安全警报；标签和管制；与政策相关的通信、声明和协议；健康声明；合格的健康声明；不良事件报告；行业的一般合规性和检查信息；食典活动等。

这些指南主要有：

膳食补充剂的"每日"营养标签（1999年1月）；

关于产品对人体结构或功能影响的膳食补充剂声明规定（2000年1月）；

膳食补充剂标签指南（2005年4月）；

含有植物成分的膳食补充剂成分标签（2005年12月）；

"每日"基础上的膳食补充剂营养标签（2006年12月）；

2007年12月《膳食补充剂和非处方药消费者保护法》规定的有关膳食补充剂标签的问题和解答（2008年12月和2009年9月修订）；

膳食补充剂制造、包装、贴标或保存良好生产规范（cGMP）小型企业合规指南（2010年12月）；

关于膳食补充剂不良事件报告和记录保存的问题和解答（根据DSNDCPA 2013年9月要求）；

区分液体膳食补充剂和饮料指南（2014年1月）；

行业指南关于添加到食品中的物质包括饮料和膳食补充剂的注意事项（2014年1月），膳食补充剂中的新的膳食成分通知和相关问题（简称NDI备案指南，2016年8月）；

关于食品设施注册的问题和解答（第7版）（2016年12月修订）；

食品设备注册和食品类别更新中使用食品类别的必要性（行业指南2016年版）；

关于GRAS的常见问题（2016年10月），进口食品问题及解答的预先通知（第3版，2016年6月）；

控制即食食品中的单核细胞增生李斯特菌（工业指南草案，2017年1月）；

2016年9月FDA检查参考（手册和其他文件，为FDA人员进行检查和调

---

① https://www. fda. gov/Food/GuidanceRegulation/GuidanceDocumentsRegulatory Information/DietarySupplements/default. htm.

查活动提供程序和指导);

FDA 合规性参考(合规性政策指南和监管程序手册)、FDA 撤回和安全警报(政策,执法报告,安全警报);

HACCP 原则和应用指南如果蔬汁、水产品、乳品、零售及食品服务;

特殊问题如麻黄素生物碱、BSE(疯牛病)及牛海绵状脑病(BSE);

食典活动如更新的营养和特殊膳食食品法典委员会(2001 年 2 月);

对食典和膳食补充剂问题的回应(2005 年 8 月)等。

美国 FDA 发布区分液体膳食补充剂和饮料的行业指南,以帮助膳食补充剂及饮料制造商和经销商判断液体产品的归类。该指南描述了区分液体膳食补充剂和饮料的要素,区分因素包括食品的产品声称名称、包装、食用分量、推荐日常摄入、食用条件、产品组分、包括在标签和广告中的语句和图形描述(并提醒膳食补充剂及饮料制造商和经锖商关于 FD & C Act 对配料、标签和对添加进两种传统食品中物质的法律要求,列明了添加的注意事项)。FD & C Act 中对配料、标签和添加物质进行了规定,列明了添加的注意事项,膳食补充剂、饮料制造商和经销商应予以关注。

第二节　美国膳食补充剂监管机构

在美国,膳食补充剂属于一类特殊食品,具体由 FDA 负责管理,其下属的食品安全与应用营养中心(Center for Food Safety and Applied Nutrition, CFSAN)具体负责膳食补充剂市场的管理工作,包括检查产品标签、包装说明书及其他促销资料中的产品功能要求。而相关广告领域则由美国联邦贸易委员会(Federal Trade Commission, FTC)负责,检查膳食补充剂的广告宣称是否合法。此外,还有两个与膳食补充剂相关的机构:膳食补充剂办公室(ODS)和膳食补充剂标签委员会(CDSL),作为 FDA 膳食补充剂管理的顾问,这两个机构均是按照 DSHEA 的要求设立的。此外,美国国家卫生研究院(NIH)提供了关于膳食补充剂产品的基础科研信息,为消费者服用膳食补充剂产品以及制定和更新监管政策提供技术支撑和保障。同时,美国卫生部与农业部在膳食补充剂产品领域也有合作,共同构建了一个"膳食补充剂成分数据库,Dietary Supplement Ingredient Database (DSID)",由农业部具体负责,为成人和儿童的膳食补充剂摄取提供基于化学分析的,具有代表性成分数据。

一、食品安全总统委员会

1998 年 8 月 25 日,由时任总统比尔·克林顿签署成立。委员会由商务部部长、农业部部长、卫生及公共服务部部长、环境保护署署长、管理和预算办公室主任、白宫和技术办公室助理/主任、白宫国内政策办公室助理、重塑政府国家伙伴委员会主任联合组成,委员会在运作过程中充分咨询并参考联邦政府其他机构、州和地方政府机构以及消费者、生产企业、科学家、行业团队的意见。

委员会的宗旨是,根据美国国家科学院(National Academy of Science)关于《确保安全食品从生产到消费》的政策报告以及其他公共机构关于如何有效改善当前食品安全体系的建议,针对联邦食品安全活动制订一个全面而系统的战略计划。

二、卫生及公共服务部(HHS)

卫生及公共服务部简称美国卫生部,是维护美国公民健康,提供公共服务的联邦政府行政部门,负责管理美国境内销售的膳食补充剂产品,并为公众提供相关产品的咨询查阅服务,具体组织架构详如表 1－2 所示,与膳食补充剂相关的监管机构主要为 FDA 以及国立卫生研究院(National Institutes of Health,NIH)。

表 1－2　美国卫生部组织架构

	一级机构	二级机构	三级机构	四级机构
卫生部	局长办公室(ODS)			
	儿童及家庭管理局(ACF)			
	老龄化管理局(AOA)			
	保健研究与质量局(AHRQ)			
	毒物及疾病注册局(ATSDR)			
	疾病控制及预防中心(CDC)			
	医疗及医疗服务中心(CMS)			

（续表）

	一级机构	二级机构	三级机构	四级机构
卫生部	食品药品监督管理局(FDA)	食品安全与营养中心(CFSAN)	管理办公室,分析和推广办公室,食品安全办公室,化妆品和颜色办公室,监管科学办公室,食品添加剂安全办公室,合规办公室,应用研究和安全评估办公室,法规、政策与社会科学部,营养与食品标签办公室,膳食补充剂计划办公室	
		药品评估和研究中心(CDER)		
		设备安全和放射线保护健康中心(CDRH)		
		生物制品评估和研究中心(CBER)		
		兽用药品中心(CVM)		
		烟草制品中心(CBT)		
		政府专员办公室		
		监管事务办公室		
	卫生资源与服务管理局(HRSA)			
	印第安人卫生服务(IHS)			
	国家卫生研究院(NIH)	院长办公室(OD)	疾病预防办公室(ODP)	膳食补充剂办公室(ODS)
		美国国家医学图书馆(NLM)		
		国家药物滥用研究所(NIDA)		
		国家补充与替代医学中心(NCCIH)		
		国家癌症研究中心(NCI)		
		其他23个研究所或者研究中心		

（续表）

	一级机构	二级机构	三级机构	四级机构
卫生部	计划支持中心（PSC）			
	药品滥用及精神健康服务管理局（SAMHSA）			

FSMA 进一步确认、增强和扩展了 FDA 在全国食品安全方面的系统、严格和全程执法监管的集中职权体系，主要包括以下几个方面：(1) 防范食品安全事故的权力和责任，具体包括：检验记录；食品设施登记；危害分析和基于风险分析的预防控制措施；食品生产设施性能标准；标准化生产的安全性；防止蓄意掺假；收取管理费用；制定全国农业和粮食防御策略；管理食品的安全运输；管理食物过敏和过敏性反应；新的食物成分审定；指导生蚝采收加工、港口采购，以及管制酒类生产设施等。(2) 检测和应对食品安全事故的权力和责任，主要包括提交各种食品资源设施检验的年度报告；认可食品分析实验室；整合实验室网络联盟；追踪和跟踪食品和各种记录；对于食品的监测监视、强制召回和行政扣留；制订无害化处置的标准和计划；完善国家、地区和部落食品安全官员的培训；加强食品安全和完善通报食品注册等。(3) 改善进口食品安全性的权力和责任，包括管理国外供应商验证计划和自愿合格进口商计划；要求进口食品认证；要求进口食品在发货前通知；与外国政府共建食品安全监管机构；检查外国食品设施；认可第三方审计机构；设置 FDA 境外办事处；管理走私食品等。(4) FSMA 对 FDA 食品安全管理的经费、工作人员的保护、食品安全管辖范围和其他联邦部门的职权关系做出规定，并要求 FDA 遵守国际协定，并对经费使用的绩效做出评估和报告。

1. FDA 及其下属机构食品安全与应用营养中心（CFSAN）

FDA 及其下属机构食品安全与应用营养中心（CFSAN），详见网址①。FDA 是 HHS 的下辖部门机构，总部设在马里兰州的洛克威尔。FDA 是最重要和权限最广泛的食品、药品安全监管部门，是一个由医生、律师、微生物学家、药理学家、化学家和统计学家等专业人士组成的致力于保护、促进和提高国民健康的政府卫生监管机构，设有若干部门和机构，详见表 1-2 中 FDA 的二级机构。

① https://www.fda.gov/AboutFDA/CentersOffices/OrganizationCharts/ucm282075.htm。

CFSAN 大部分工作是在马里兰大学帕克分校的 FDA 研究院（与马里兰大学共同成立的食品安全暨应用营养联合研究所，简称 JIFSAN）内进行的，虽然在马里兰州劳瑞尔（Laurel）、伊利诺伊州贝德福德及阿拉巴马州多芬岛（Dauphin Island）也设有研究机构，但 CFSAN 与这些机构的合作不多。

CFSAN 是 FDA 工作量最大的部门，下设管理办公室等 11 个部门，详见表 1-2 CFSAN 下的三级机构。它负责除了美国农业部管辖的肉类、家禽及蛋类以外的全美国的食品安全。食品安全和营养中心致力于减少食源性疾病，促进食品安全，并促进各种计划，如：HACCP 计划的推广实施等。该中心的职能包括：确保在食品中添加的物质及色素的安全；确保通过生物工艺开发的食品和配料的安全；负责在正确标识食品（如成分、营养健康声明）和化妆品方面的管理活动；制定相应的政策和法规，以管理膳食补充剂、婴儿食物配方和医疗食品；确保化妆品成分及产品的安全，确保正确标识；监督和规范食品行业的售后行为；进行消费者教育和行为拓展；与州和地方政府的合作项目；协调国际食品标准和安全等。

针对膳食补充剂产品，其职能是负责膳食补充剂的安全，包括上市前申请、检查产品标签、包装说明书及其他促销资料中的产品功能要求。致力于监控市场上潜在的非法产品（即不安全产品或做虚假、误导宣传的产品），收集以下来源的信息：对膳食补充剂制造商和分销商的检查、互联网、消费者及其投诉、实验室抽样分析、上报由于使用膳食补充剂引起的不良反应。

监管事务办公室负责 FDA 所有检查事宜，包括设备检查、国内外产品检查以及对进口产品的复核，为 CFSAN 等六个中心工作，而非仅为 CFSAN 服务。因此，监管事务办公室也可对药品、医疗机械、化妆品、生物制品、兽药产品、食品、饮料和膳食补充剂进行调查。但由于预算和人员有限，一个调查人员可能需对五个或六个领域进行检查。FDA 将全国划分为五个区域，在每个区域设置完备的职能部门，包括监管事务办公室。这五个区域又分成 16 个区，每个区设置一个区域办公室和几个办事处。总体来说，美国约有 1 900 个 FDA 办事处。

2. 国立卫生研究院及其下属机构膳食补充剂办公室（ODS）

美国国立卫生研究院（NIH）是美国主要的医学与行为学研究机构，任务是探索生命本质和行为学方面的基础知识，并充分运用这些知识延长人类寿命，以及预防、诊断和治疗各种疾病和残障。是世界最大的医学研究机构之一，NIH 共拥有 27 个研究所及研究中心和一个院长办公室，其中有 24 个研究所及研究中心直接接受美国国会拨款，资助研究项目；另外 3 个机构是：Warren Grant Magnuson 临床医学中心、科学评审中心以及信息技术中心。

　　按照 DSHEA 的要求在 NIH 内设立一个"膳食补充剂办公室(ODS)",如图 1-2 所示,专门负责对保健品的安全和标示宣传进行监督,并探讨膳食补充剂在保健方面的作用以及促进膳食补充剂保健和防病作用的科学管理,其隶属于 NIH 院长办公室下的机构疾病预防办公室(Office of Disease Prevention, ODP)。在公众膳食补充剂信息咨询查阅方面,美国国家医学图书馆(NLM)也提供相关信息。

　　膳食补充剂办公室主任的职责:(1)在国立卫生研究院范围内开展和协调有关膳食补充剂的科学研究,以及膳食补充剂的使用可以限制或降低心脏病、癌症、出生缺陷、骨质疏松症、白内障等疾病的风险,或关于前列腺健康的研究。(2)收集和汇编与膳食补充剂有关的科学研究成果,包括来自国外或替代医学办公室的科学数据。(3)担任局长和卫生事务助理局局长的主要顾问,并向国立卫生研究院院长、疾病预防控制中心主任及食物及药物管理局局长提供与膳食补充剂有关问题的建议,包括膳食摄入规定;膳食补充剂的安全性;以及膳食补充剂与预防疾病或其他与健康有关的疾病之间的关系;与保持健康之间的关系;与膳食补充剂的标签和组成有关的科学研究等问题。(4)编制膳食补充剂和个体营养素的科学研究数据库。(5)协调国家卫生研究院有关膳食补充剂的资金。

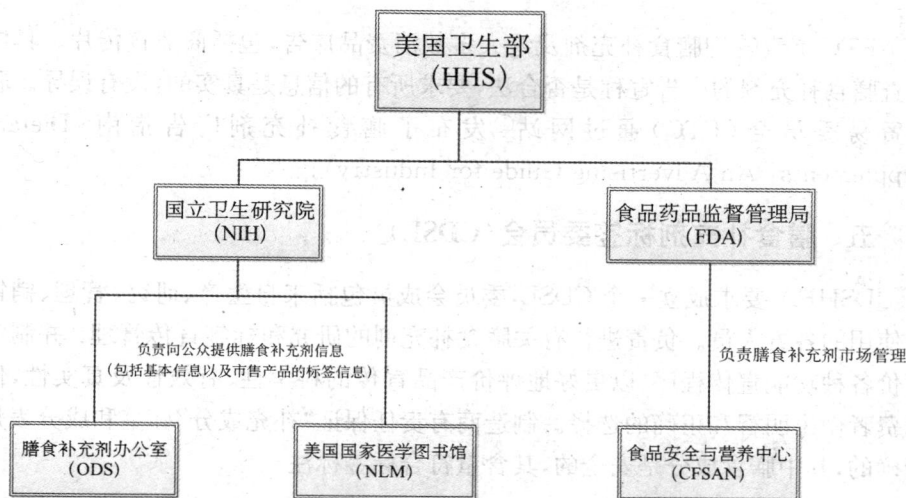

图 1-2　美国膳食补充剂产品主要管理部门组织结构图

三、农业部

美国农业部(United States Department of Agriculture,USDA)是美国联邦政府内阁 15 个部门之一,是重要的经济管理部门。该部的主要职能是:通过对农业生产的支持,提高美国人民的生活质量,包括:向人民提供安全、有营养、可购买的食品;保护农业、林业和牧业用地;支持乡村社区的健康发展;向乡村居民提供经济发展的机会;为美国的农林业产品和服务开拓海外市场;消除美国乃至世界的饥饿现象。

其子机构农业服务研究部门(Agricultural Research Service,ARS)是美国农业部内部的科学研究机构。ARS 对农业问题进行研究,同时制定和实施重点农业问题的解决方案,并进行信息传播和推广,确保美国人民能够食用优质、安全的食品和其他农产品,此外其职能还包括评估美国人的营养需求;保持充满竞争力的农业经济;加强自然资源基础和环境的保护;为农民、社区和整个社会提供经济机会;提供创建和维护多元化工作场所所需的基础设施等。膳食补充剂成分数据库(DSID)就是由该部门负责进行维护和更新的,具体介绍详见附录一"美国膳食补充剂相关数据库介绍"第四节"美国膳食补充剂成分数据库"。

四、联邦贸易委员会(Federal Trade Commission,FTC)

FTC 负责管理膳食补充剂及绝大多数消费品广告,包括商业宣传片。具体检查膳食补充剂的广告宣称是否合法,要求所有的信息是真实的,没有误导。联邦贸易委员会(FTC)通过网站①发布了膳食补充剂广告指南(Dietary Supplements:An Advertising Guide for Industry)。

五、膳食补充剂标签委员会(CDSL)

DSHEA 要求成立一个 CDSL,委员会成员包括来自生产、研究、管理、销售和使用的各方人员。负责进行有关膳食补充剂的研究和标签宣传管理,并制定评价各种功能宣传程序,以更好地评价产品宣传的科学性、有效性及真实性,使消费者做出明智和正确的选择。制造商有责任保证"补充成分"标签和成分表是精确的,其中膳食成分是安全的,其含量符合标签标注。

---

① https://www. ftc. gov/tips-advice/business-center/guidance/dietary-supplements-advertising-guide-industry。

第三节　美国膳食补充剂监管

美国对膳食补充剂的管理更加强调从原料采购到组织生产、产品检验等全过程的监督管理，典型的监管事宜可分为两类：第一类，通常称为"上市前监管"，比如涉及新膳食成分、新型添加剂的审批流程。第二类被称为"上市后监管"，包括 FDA 的一切执法活动：检查国内外企业、进口商品、购买市场销售产品检测及处理刑事案件。FDA 拥有没收和行政扣留、召回、进口拒绝和进口警令、限制令或禁令及暂停注册等执法手段。

制造商必须遵循 cGMP，以确保这些产品加工、标签和包装与生产规范要求一致，并符合质量标准。一旦膳食补充剂上市，FDA 通过研究和跟踪消费者，医疗保健提供者和膳食补充剂公司报告的任何副作用信息来评估安全性。如果 FDA 发现产品不安全，可以对制造商和/或分销商采取行动，并可能发出警告或要求将产品从市场上退出。另外，一旦膳食补充剂投放市场，FDA 将监控产品信息，例如标签声明和包装展示。

FDA 动态核查膳食补充剂企业的项目包括产品的生产、包装、贴标、储存和分销，FDA 核查的大部分结果会发出警告信。cGMP 工厂检查主要是基于产品风险的抽检，企业被核查的主要原因有：一是对召回的产品检查；二是来自竞争者或顾客向 FDA 的举报；三是 FDA 详查制造或使用了一种有安全风险疑问或不确定性的特殊原材料；四是随机抽查。事实上，21 CFR 111 要求生产膳食补充剂的工作人员必须定时接受培训，而在培训上的投入一定比产品质量出现问题后应对同意判决令、警告信、483s（缺陷报告）、FDA 罚款、打官司和产品召回的成本低得多，最重要的是可以避免对品牌声誉的损害或是生产企业形象的损害。

膳食补充剂的规定与处方药或非处方药的规定不同。膳食补充剂的制造商有责任确保其产品的安全，标签信息是真实的，没有误导。然而，膳食补充剂制造商在市场销售前不必向 FDA 提供证明其安全性数据，相反，药物制造商必须向 FDA 提供证据，证明其产品是安全的。制造商可以为其膳食补充剂提出三种类型的声称：健康声明，结构/功能声明和营养素含量声明。其中一些声明描述了食品与疾病或健康相关的状况之间的联系；使用产品的预期好处；或产品中营养物质或膳食成分的含量。不同要求适用于每种类型的声称。如果膳食补充剂生产商对产品效果提出要求，制造商必须有数据支持该要求。关于补充剂如何影响身体结构或功能的说法.必须加上"**本声明未经 FDA 评估,本产品不用于诊断、治疗、治愈或预防任何疾病**"。

2015 年美国 NYAG 事件也是让消费者大跌眼镜,四大零售商出售的草药补充剂存在质量问题,同时在产品标签方面也未标注含过敏原料。同时,部分生产商还存在夸大宣传产品功效,非法添加事件也是此起彼伏。美国通过实施诸多法律和规章促进膳食补充剂行业安全和透明化,比如维持良好的生产方式、精确的产品标签信息、详细的销售信息等。这些法律和规章被美国联邦机构强制实施,包括 FDA、FTC、USDA、EPA 以及其他机构。生产要求严格执行美国颁布的 FD & C Act,膳食补充剂生产商必须按照 cGMP 相关要求生产、包装、标签、贮存和分销。如果一款膳食补充剂产品含污染物,或与产品标签中标注的成分不符,FDA 将认定该款补充剂属于掺假或假标签产品。

FDA 有权撤销市场上掺假或假标签产品,对售卖该类产品的营销人员实施强制措施。同时,负责任的生产商或经销商通常会采取自愿召回措施,以避免产生更大的负面影响。

研究发现,高剂量维生素具有一定的预防疾病作用(如 VC 具有预防流感),这在一定程度上也促进了美国膳食补充剂行业的兴盛。当然,膳食补充剂也存在一些安全性问题,摄入量不当会产生不良反应(如表 1-3 所示)。市场需求的旺盛增加了不良反应的潜在风险,FDA 决定进行系统监管。

表 1-3　膳食补充剂的不良反应

膳食补充剂种类	潜在的不良反应
脂溶性维生素 VA、VD	过量导致的体内蓄积
鱼油(EPA,DHA)	自由基反应和不饱和脂肪酸氧化,需要增加 VE 等抗氧剂
抗坏血酸 VC	影响铁的吸收
叶酸	会影响 B12 的吸收,影响神经系统功能
花粉、壳聚糖	过敏反应
草药	副产物的肝毒性、腹泻等
胡萝卜素	过量导致皮肤的色素产生变化成橙黄色;大量胡萝卜素与酒精一同进入人体,在肝脏中产生毒素,导致肝病

此前,FDA 对膳食补充剂大多按照普通食品管理,其根据 1958 年 FD & C Act 有关食品添加剂补充条款对每一种 NDI 的安全性进行评价,包括膳食补充剂的成分。随着维生素、矿物质的广泛应用,法规允许特殊膳食用途的强化食品

概念出现,1990 年以前,FDA 和 FTC 一起加强了标签声明的管理,禁止使用健康声明,以确保产品安全、完善,标识真实,避免误导消费者。膳食补充剂不属于食品添加剂的范畴,因而不能用"食品添加剂"的概念来管理。如果该产品在作为膳食补充剂之前已作为药品销售(相同摄入途径和相同剂量),那么其安全性要经 FDA 审核。NDI 或含有 NDI 产品需向 FDA 提交有关安全性资料和应用方面的证据,供其在 90 日做出审批决定。FDA 应用识别掺假产品的检验方法,确信制造商或分销商申报产品的安全性后才批准上市。

需要注意的是,膳食成分必须是对人体产生一定影响。如果添加膳食补充剂的某种成分对人体没有任何作用,那么需要在使用前先获得审批,其中包括食品添加剂或色素,他们需要按照"一般认为安全(GRAS)"进行监管。

一、NDI 审批制度确保原料来源安全

联邦法律规定膳食补充剂原料通常包括维生素、矿物质、草药和植物、氨基酸和其他物质,还可以是任何前述物质的浓缩物、代谢物、组成物、萃取物或是以上所列物的组合物。对膳食补充剂原料严格把关,从根源上杜绝膳食补充剂的食品安全问题。在美国药典(USP - NF)中膳食补充剂使用的原料有相应标准,相关生产厂家使用的膳食补充剂原料必须符合该标准,使用符合相应标准原料制成的膳食补充剂是对人体安全无毒害危险的。而对于膳食补充剂中含有的任何一种新原料、NDI 及含有 NDI 的膳食补充剂其在上市之前必须提交 NDI 备案申请,以便于 FDA 验证产品的安全性。制造商或分销商在申请 NDI 备案时需要提交以下资料:确认一种成分类别;关于判定该成分为 NDI 这一结论的论据;物理性质、化学或分子组成或成分结构的描述;供应商名单;原料和成分规格(纯度、杂质或污染物的识别和等级);毒理研究获得的安全性数据包括无明显损害作用水平(NOAEL)和无明显作用水平(NOEL);每日容许最大摄入量(ADI);怎样计算 ADI;动物实验或人体实验(如果需要);生产工艺流程。NDI 备案可以电子化提交,一旦提交了备案申请,FDA 将在 75 天内给出回应。如果在此期间需要补充更多的信息或更新备案申请中的某些信息(例如更改生产工艺流程),将重新按照 75 天进行计算。在 FDA 回应前,此膳食补充剂不可以分销或售卖。根据 21 USC 321(ff)(1)或 21 USC 321(ff)(2)的相关规定,FDA 会对 NDI 备案申请做出如下回应:无异议的确认信;不足以说明 21 CFR 190.6 部分;存在安全性漏洞的拒绝信。NDI 备案会在通过后 90 天进行公示,如果公司希望对其申请的 NDI 备案进行保密,需在提交申请期间告知 FDA,FDA 则不会将其公布在网站上。其他公司若想引用该 NDI 备案中的资料,必须得到持有

者的书面授权。即使其他公司可以引用现有的 NDI 备案资料,也必须在申请中提交自己的数据和证据。根据相关法令,厂商必须在产品上市前至少 75 天向 FDA 提供相关实验数据,FDA 对新原料进行严格的安全性评价与审查,以验证其确实安全;原料审查一经通过,可适用于任何保健产品,不必再单独进行注册登记。此外,膳食补充剂中包含的成分与标签上所注剂量不符,含有标签上没有标注的成分或者含有细菌、杀虫剂、重金属等有害物质,在法律上等同于"掺假",FDA 有权对违法厂商进行严厉处罚,甚至强制相关膳食补充剂退市。使用的所有原料应符合法规规定,同时在 1994 年 10 月之前具有安全的使用历史经验,这些物质可享受 FDA 的豁免。药物级别原料不等同于膳食成分,含药物级别原料的产品属于药品,且需通过 FDA 的批准才算是合法,如果未获得批准,该产品将被认为是假标签和掺假药物。

膳食补充剂上市前原料审核有三种情况:一是企业进行自我评估后发现膳食补充剂不含有任何 NDI;二是企业评估后发现 NDI,但与该成分化学上相同的原料已经应用于食品中;三是企业评估发现新的膳食补充成分,且该成分未应用于食品中。三种情况中只有最后一种需要向 FDA 递交 NDI 申报,NDI 申报必须在产品上市前 75 天递交给 FDA。申报时应提供该成分在预定使用条件之下可以被认为是安全的科学证据。在 FDA 给企业拒绝申请的回函中最常提到的问题是安全数据不完整。尽管对安全数据的要求不难理解,FDA 还是在已经公开的审核中拒绝了大多数 NDI 申报。FDA 建议 NDI 申报中的安全数据最好是来源于对原料的膳食补充安全性专门进行研究的实验。但是,在人们看到的大批公开的 NDI 申报中,企业引用的安全数据却多是在原料的效用研发实验(比如增进肌肉功能)中得到的。另一个值得一提的是中草药的安全使用历史经常在新成分申报中被引用,但是,除非可以证明历史上使用的中草药与申报中的膳食补充原料为同一成分并有着相同的使用剂量,FDA 一般不会认为这样的历史使用数据可以作为唯一的安全依据。

DSHEA 中最容易被忽视,但同时对企业前期商业可行性调研最为重要的是"首先上市"条款。在该条款之下,如果特定的膳食补充成分在美国已经被作为药品的活性成分获批,或者还未获批,但已经作为药品在研而且经过了大量公开的临床研究,那么此成分除了下面列举的情况之外将不能作为膳食补充剂销售。具体来讲,对于已经被批准为新药的某特定成分只有在下面两种情况下可以作为膳食补充剂销售:一是 FDA 将其批准为新药前已经作为膳食补充剂合法销售;二是 FDA 制定特别法规授权其作为膳食补充剂销售。"首先上市"条款的制定是为了保护制药行业在新药研发上的巨大投入不会受到膳食补充剂行业的不当侵犯。同理,对于作为药物在研,并经过大量临床研究且已经公开的成分,也只有在类似的两种情况下可以作为膳食补充剂销售:在大量临床研究开始以前已经作为膳食补充剂销售,或得到 FDA 特别法规授权可以添加到饮食中的物质。

尤为值得一提的是,FDA 对化学合成成分是否符合膳食补充成分的定义有着详细规定。在 2016 年颁布的 FDA 指南文件(草案)《膳食补充剂:新膳食补充成分的申报和相关问题》中区别了化学合成与天然植物活性成分完全相同而来源不同的膳食补充成分。但是,对于在食品中已经有过应用的,包括像香兰素和肉桂酸等,通常由化学合成生产并用于调味的食品成分,即使是化学合成,也可以被认定为符合 DSHEA 中膳食补充成分的定义。对于希望能够在美销售化学合成的保健品原料企业来说,如果将原料首先应用于食品,便可在一定程度上避免一些因为不符合 DSHEA 中膳食补充成分的定义而不能将合成品应用于保健品中的情况。

FDA 曾运用"首先上市"条款在 1997 年判定 Pharmanex Inc. 公司的一种名为"Cholestin"产品不能作为膳食补充剂销售。该产品含有与当时的新药洛伐他汀(lovastatin)同样的活性化学成分。因为含有此种活性成分的膳食补充剂在洛伐他汀被 FDA 作为新药被批准之前并没有在市场上销售,FDA 引用"首先上市"条款判定该产品不符合膳食补充剂定义并禁止其按照原配方继续销售。对于生产研发保健品原料的企业来说,前期调研应包括研究该特定成分是否已经被 FDA 批准为新药的活性成分,是否作为药物在研和其相关的研究进度,以及此原料用于膳食补充剂在美国销售的历史。这些信息将帮助企业评估其产品是否有触发 FDA 引用"首先上市"条款的风险。

二、膳食补充剂生产、加工、贴标等环节合规性调查

21 CFR 111 适用于膳食补充剂产品的整个供应链(生产、包装、标签、储存、发运),执行流程是:检查通知—观察事项清单(FDA 483)—企业检查报告(EIR)—警告信—法律制裁。生产类型的抽检企业主要为膳食补充剂成品生产企业、从事批量包装和贴标签膳食补充剂成品企业、膳食补充剂成品贴标企业及其他类型企业。基于产品类型的企业主要包括生产动物和植物提取物、油脂类物,也包括维生素、矿物质和蛋白质的企业。

膳食补充剂生产必须要符合 cGMP 的规定,cGMP 要求膳食补充剂生产厂家在机构、人员、设施设备、厂房、卫生、验证、质量管理、生产管理、产品销售与回收、投诉与不良反应报告、文件、自检等方面都必须制订系统的、规范化的规程,

通过执行这一系列规程保证产品的安全性。cGMP 强调从原料采购到组织生产、产品检验等全过程的监督管理。美国首次以立法的形式，授予 FDA 在整个食品供应链建立全面的、预防性控制体系。FDA 要求食品企业（food facilities）制订书面预防控制计划，评估在生产、加工、包装、储存和分销食品过程中的危害因素，进行危害分析，确认和实施有效的预防性措施防止污染，建立纠正计划（发生问题后的补救措施），及保存实施预防控制计划的记录等。为了保证预防控制体系的实施，FSMA 还确立了以风险为基础的检查制度，该法明确规定 FDA 将不断提高对所有食品企业（包括出口美国的食品企业）进行检查的频率。膳食补充剂合规调查需遵循合规手册（Compliance Manuals）（详见网址①），包括：FD & C Act、合规手册含膳食补充剂共 24 个符合性项目指南（CPGM）（详见网址②）、FDA 合规政策指南（CPG）、管理程序手册（RPM）。

美国国会在 1953 年通过了《工厂检查修正案》，该修正案在 60 多年后仍是一部重要法案。《工厂检查修正案》明确只要 FDA 在合理时间内，出示证件与《482 现场检查通知书》，便可进入任何工厂检查，任何拒绝检查人员进入工厂者，均需承担刑事责任。检查结束后，FDA 调查员会用《483 现场检查报告》指出检查过程中发现的重大违规现象。

FDA 安排检查人员负责面包店、糖果厂等工艺简单的企业检查、收集样本或调查日常客户投诉。调查人员除完成相同任务外，还需接受更多培训，并拥有技术背景或高等学历，这样才能检查工艺更为复杂的企业，处理更加棘手的投诉，如膳食补充剂生产企业。何种人员对工厂进行检查，不仅取决于工厂本身，也受到现场工作人员整体安排的影响。在 FDA 调查活动中，严格执行《检查操作手册》《监管程序手册》（RPM），《483 现场检查报告》最引人注目，并获得广泛认可。《483 现场检查报告》是一份通知书，它陈述了调查人员的意见，关于调查期间发现的任何重大违规现象。调查人员在《483 现场检查报告》的基础上撰写《设施检查报告》（Eestablishment Inspection Report，EIR）。这两个报告均向合规官员或区域负责人指出可能存在的违规行为。随后，合规官员对《483 现场检查报告》和《设施检查报告》进行审查，以决定是否采取进一步行动，如发送警告信等。

检查报告不但要具有实际意义，还应与监管产品或检查过程息息相关。尚

---

① https://www.fda.gov/ICECI/ComplianceManuals/default.htm。

② https://www.fda.gov/Food/ComplianceEnforcement/FoodCompliancePrograms/ucm071496.htm。

存重大疑问的观察结果不得列入《483 现场检查报告》,但应同公司管理层沟通,使其了解未纠正的问题如何有可能转变成违法行为。

照片也是 FDA 检查中必不可少的一部分,因为它们能真实地展现企业状况。如果 FDA 检查人员认为,通过照片才能进行有效的特定检查,那么禁止他或他们拍照便可能被认定为限制检查。例如,照片能有效记录企业状况或企业实践,包括啮齿动物或昆虫侵扰的证据;建筑缺陷或设备设施维护;产品储存条件;产品标签和标记以及原材料或成品上的明显污染,在《检查操作手册》5.3 中可找到 FDA 在拍照问题上的立场。

公司收到《483 现场检查报告》15 天内,可向 FDA 提交回复。此项回复并非强制性的,但若不回应,FDA 合规官员可能会偏信《设施检查报告》和《483 现场检查报告》之言。适当的回应能避免或减少进一步的执法行动,反之,则会加剧或加速其他执法活动。需要强调指出:在复核有关规定、检查结果和纠正措施前,避免贸然回应。应保持镇定,清晰明确地处理各个检查结果。企业应表明其了解问题、整顿企业的能力及应对即将到来的潜在危机的方法。

从 FDA 发布的 2006 年至 2017 年 FDA 现场调查食品企业,发现问题涉及的法规有 21 CFR 1、21 CFR 106、21 CFR 107、21 CFR 108、21 CFR 110、21 CFR 111、21 CFR 113、21 CFR 114、21 CFR 120、21 CFR 129、21 CFR 118、21 CFR 123、21 CFR 700.25(c)、21 CFR 117、FDCA 402(a)、FDCA 417(d)(1)(A)、FDCA 761(b)(1)、FDCA 761(c)(1)、FDCA(d)、FDCA 601(a)、FDCA 601(c)。涉及的产品类别包括膳食补充剂、水产品、果蔬汁、罐头、酸化食品、婴幼儿配方食品、瓶装饮用水、蛋制品等。从表 1-4 可以看出:从 2007 年 10 月 1 日开始依据 21 CFR 111 现场调查膳食补充剂企业,2007 年 10 月 1 日至 2008 年 9 月 30 日,发现膳食补充剂企业问题和涉及的法规条款数均为 1 项,2009 年至 2013 年逐年增加,2014 年至 2017 年基本稳定。值得指出的是膳食补充剂企业调查发现问题涉及 21 CFR 111 法规的条款数几乎占到总数的 40% 左右,可见熟悉 21 CFR 111 法规条款相当重要。从 2017 年现场合规性调查数据(详见网址①)发现,涉及 21 CFR 1L 部分"食品进口商的外国供应商验证程序"(FSVP 实施的具体要求)1.500 至 1.512 条款的问题项多达 28 条,出现频次达 177 次,可见要多关注相关新法规的合规期。需要说明的是发布的 483 表格统计数据并不代表整个财政年度,因为有些 483 表格是手工编制的,不能用这种格式,所有产品领域的 483 汇总的问题总和将大于本财年发行的实际总数。FDA 在官网发布

---

① https://www.fda.gov/ICECI/Inspections/ucm250720.htm。

2005 年 10 月 1 日—2017 年 9 月 30 日 FDA 检查食品企业问题统计是 483 实际总数。

表 1-4   2005 年 10 月 1 日—2017 年 9 月 30 日 FDA 检查食品企业问题统计

年份	食品企业（包括膳食补充剂）			膳食补充剂（21 CFR 111）	
	总问题数	涉及的法规条款数	问题出现频次	涉及的法规条款数	问题出现频次
2005.10.01—2006.09.30	2 452	348	9 588	0	0
2006.10.01—2006.09.30	1 914	364	7 388	0	0
2007.10.01—2008.09.30	1 854	371	7 252	1	1
2008.10.01—2009.09.30	2 084	492	9 660	90	130
2009.10.01—2010.09.30	2 976	698	13 291	269	631
2010.10.01—2011.09.30	3 827	842	17 201	344	1 328
2011.10.01—2012.09.30	3 057	804	13 041	352	1 964
2012.10.01—2013.09.30	2 386	707	10 486	366	2 211
2013.10.01—2014.09.30	2 476	753	10 592	320	1 549
2014.10.01—2015.09.30	2 300	695	9 547	290	1 294
2015.10.01—2016.09.30	2 196	735	8 929	336	1 638
2016.10.01—2017.09.30	2 662	801	10 152	321	1 842

2005 年 10 月 1 日—2016 年 9 月 30 日 FDA 检查膳食补充剂企业发现频次超过 20 次的不符合项汇总详见表 1-5 所示。

表 1－5　FDA 检查发现频次超过 20 次的不符合项（2015. 10. 01—2016. 9. 30）

条款	描述	频次
21 CFR 111. 70(e)	制定产品的标准:鉴别、纯度、含量和配方（Specifications-identity，purity，strength，composition）	69
21 CFR 111. 75(a)(1)(i)	膳食成分的鉴别（Component-verify identity，dietary ingredient）	50
21 CFR 111. 103	质量控制书面程序（Written procedures-quality control operations）	48
21 CFR 111. 205(a)	每批次的主生产记录（Master manufacturing record-each batch）	44
21 CFR 111. 255(b)	完整的批次生产记录（Batch record-complete）	39
21 CFR 111. 70(b)(1)	每个膳食成分的鉴别标准（Specifications-component identity）	38
21 CFR 111. 75(a)(2)(ii)(A)	确认供应商的测试或检查结果（Component-qualify supplier）	38
21 CFR 111. 70(b)(2)	每个膳食成分的鉴别、纯度、含量和配方（Specifications-component purity，strength，composition）	34
21 CFR 111. 75(c)	检测成品批次符合产品的标准（Specifications met-verify；finished batch）	33
21 CFR 111. 553	产品投诉书面程序（Written procedures-product complaint）	31
21 CFR 111. 453	产品储存和分销书面程序（Written procedures-holding）	30
21 CFR 111. 475(b)(1)	储存和发运操作的书面记录（Written procedures-holding；distributing）	27
21 CFR 111. 570(b)(1)	产品投诉审查、调查处理的完整记录（Written procedures-product complaint；review，investigate）	25
21 CFR 111. 255(a)	每次生产的批次记录（Batch record-every batch）	25
21 CFR 111. 205(a)	每批次的主生产记录（Master manufacturing record-unique formulation）	25
21 CFR 111. 83(a)	留样本—收集,保留（Reserve sample-collect，hold）	23
21 CFR 111. 503	书面程序—退回膳食补充剂（Written procedures-returned dietary supplement）	22
21 CFR 111. 535(b)(1)	记录—符合退回膳食补充剂书面程序（Records-returned dietary supplement：written procedures）	22
21 CFR 111. 65	膳食补充剂质量控制（Quality control-quality，dietary supplement）	20
21 CFR 111. 75(c)(2)	测试、检查、合规的标准（Specifications met-test，examinations；compliance）	20

三、膳食补充剂广告监管和市场监管

严格的标签管理制度。《营养标示与教育法》(NLEA)对膳食补充剂的标签进行了严格的规定,要求其应当对产品营养成分和含量进行明确标注。同时允许声称膳食补充剂的保健功能,允许声称如果人体内缺乏这种营养物质将与相关疾病联系,还建立了膳食补充剂保健声称的审批程序。还要有"膳食补充剂"的字样,标签内容必须符合所有现行的法规。

CFSAN 负责检查膳食补充剂的包装、标签或促销资料中对产品功能的要求等,从而对膳食补充剂进行全面监管。标签管理是政府进行市场监管的依据,同时也可以保证消费者得以选择安全的产品,是指导消费者理智选购的依据。FDA 在检查市场销售膳食补充剂产品标签的同时,对购买产品进行实验室检测,验证产品标签声称与实际膳食成分含量的一致性。

严格的广告监管制度。FDAMA 严禁对膳食补充剂进行夸大功效及虚假宣传,要求标签上必须标注膳食补充剂名称,为消费者提供充分的说明和警告,提醒消费者不能将其作为膳食或药品食用,同时还不能对其进行功能性声称,以避免因警示不足而承担巨额赔偿责任。联邦贸易委员会(FTC)主要负责对膳食补充剂的广告有无违法进行全面审查,比如广告的宣传内容是否合法等。1983年通过的《惠勒·利修正案》规定,联邦贸易委员会(FTC)如果有证据证明一个膳食补充剂广告存在危害消费者身体健康的虚假广告的可能性时,则有权通过地方法院发布"停止涉嫌广告令"以阻止此广告的继续发布,对于具有误导性的广告,则可要求做出矫正广告,以消除对消费者不利影响。FTC 要求膳食补充剂广告主对自己在广告中所声称的功能和性能提供一定的证据加以说明和证实,以表明其发布的不是虚假广告。美国广告媒体发布的膳食补充剂广告如果被认为是虚假广告,那么电视台等媒体部门都将因此而受到牵连,严重者会被吊销营业执照甚至是破产,因此,要求媒体在发布膳食补充剂广告时必须进行严格审查,以免出现虚假广告。如果广告被认定为是虚假广告,则广告经营者和广告主将会承担巨额罚款,甚至将导致破产。美国对名人代言的膳食补充剂广告实行明示担保制度,即名人必须是此种膳食补充剂的直接食用者和受益者方可对其代言,否则将被认定为是代言虚假广告而受到严厉处罚。此外,美国虚假膳食补充剂广告的受害者可以进行集体诉讼,向膳食补充剂广告主、广告经营者和广告发布者索赔,即使全体受害者不能都参加诉讼也能获得损害赔偿。巨额的赔偿费将增加公司的财务风险。

还有同行业竞争者之间的相互监督。美国的膳食补充剂生产经营者或广告

经营者可以根据《美国商标法》规定,对发布虚假膳食补充剂广告的生产经营者和广告经营者提起诉讼,他们起诉的目的不是为了得到多大数额的赔偿,而是为了让法院判令停止对方膳食补充剂的广告刊播,从而让自己在竞争中处于优势地位。

四、完善事后应对措施

FSMA 反映了美国食品安全监管基本模式的转变——由事后应对转为事前预防。但再严密的预防措施,也不能实现"零风险",因此,该法在强调预防控制的同时,也强化了事后应对措施。这些措施包括强制召回、扩展行政扣留程序、吊销注册、强化食品追溯能力以及对高风险食品的额外记录保存要求。

(1)召回(Recalls),即将产品退出市场。大多数产品退出是因为爆发了某种食源性疾病。主流媒体的评论表明,最大规模的召回都与这些食源性疾病暴发有关。但并非所有召回都因食源性疾病而起,还有其他许多情形也会导致产品召回。召回是将产品退出市场的最常用方式,例如存货回收。在大多数情况下,召回是一种自愿行为。企业必须采取行动,移除市场上的潜在有害产品。一方面,这是出于遵守法律法规的原因;另一方面,也是为了保护消费者,保护其自身品牌。FSMA 为 FD & C Act 增加了第 206 节,规定 FDA 为企业提供自行召回的机会后,在某些情形下可下令强制召回。如今,强制召回本质上是一种强迫性行为。

根据产品问题的相关风险,《检查操作手册》第 7 章将召回分第 Ⅰ 类、Ⅱ 类或 Ⅲ 类。第 Ⅰ 类召回常见于新闻媒体中,即召回受食源性疾病(如沙门氏菌或肉毒杆菌毒素)污染的食品,也包括召回未申报过敏原便流入市场的食品等使用或接触违规产品便存在严重危害人体健康或导致死亡合理可能性的情形。第 Ⅱ 类召回适用于使用或接触违规产品,可能造成短暂的或医学上可恢复的不良健康后果,或造成严重不良健康后果概率较小的情形。第 Ⅲ 类召回适用于使用或接触违规产品,不太可能对人体健康造成不良后果的情形。

在特定情形下,存货回收或市场撤回可能会取代召回。存货回收意味着产品仍然存在工厂仓库或经销商仓库。法律明确规定,当产品尚未进入市场,且仍处于企业的直接控制中时,才可回收存货(21 CFR 7.3)。市场撤回与召回具有相似性,二者都是将产品从市场上撤除,但前者仅适用于违规情节较小的产品。仅对 FDA 不予处理的产品问题,才可适用市场撤回(21 CFR 7.3)。在选择召回前,企业应先对存货回收及市场撤回进行评估。

产品退出程序如表 1-6 所示。

表 1-6　产品退出程序

问题产品	产品退出方式
尚未上市的问题产品	存货回收
上市的问题产品，但违规情节较小	市场撤回
上市的重大问题产品	自愿召回、强制召回

（2）行政扣留。2011 年 FSMA 修订了行政扣留的法定标准，已经取消了严格的客观标准。现在，仅需"有理由相信食品存在掺杂或贴错假标签的情形"，便可采取行政扣留措施。如今，任何概念的掺杂或贴错假标签都会受到 FDA 为期 30 天的行政扣留处罚。在此期间，行政扣留与没收具有同等效力，均禁止产品离开 FDA 的管控范围。此时，FDA 的评估方式包括产品取样和设备检查。

（3）警告信，是 FDA 采用的第一个非正式执法工具，但 FDA 未必这么认为。根据 FDA 的政策，警告信仅被视为"非正式执法行动"，只为达成合规要求提供建议。然而，这些非正式建议却能带来真正的改变，与正式执法行动一样，对企业产生影响。但对 FDA 而言，警告信仅起着"预先通知"作用。预先通知既是通知，又是最后通牒。《监管程序手册》（RPM）第 10 章对"预先通知"进行了阐述，FDA 也阐明了预先通知的实用性：一方面，强迫或诱导企业自愿达到合规要求；另一方面，又可作为违规行为的证明或证据，而又不会如正式执法行动般耗费时间或成本。预先通知不是法定要求，而是行政机构的自身政策。因此，FDA 可在不发出警告信的情况下采取正式执法行动。

根据出现的风险及所涉及的企业，FDA 可采取不同的执法行动。所有执法行动均为保护公众免受危险产品或欺诈性产品的伤害。有的执法行动可将产品退出市场，或在一定程度上阻止产品进入市场。而其他的执法行动既具惩治性，又具保护性。首次履行正式执法权要求获得法院批准。仅在存有安全问题的情形下，如未申报过敏原、贴错假标签或产品污染，FDA 才可没收产品。FDA 必须取得联邦地区法院的授权令，否则不得自行没收产品。当联邦地区法院颁布授权令后，美国法警（非 FDA 的代表）可占有或没收授权令中的指定食品。FDA 将间接参与产品的实际没收。

面对被没收的情形，产品所有者仅有以下几个选择：一是从产品没收事件中抽身而出，不采取任何行动。这种情况下，法官会发布一项默认指令，指导销毁所没收产品。二是依据宪法和相关法规规定，复查没收事件，对没收行为有效性提出质疑。常见方式是质疑授权令的有效性。三是当无法找到推翻没收事件的依据时，可同 FDA 就如何修整产品进行协商。如果产品修整具有可行性，如重新申报产品过敏原,FDA 则可出具附带解决方案的同意令。唯有这三种途径可解决产品没收事件。

（4）建立完善的协调机制。FDA 的药物评估研究中心和食品安全与应用营养中心两个中心负责协调处理 DSHEA 实施关于那些具有结构/功能和/或疾病索赔的产品。

五、强化进口食品监管

在注册资格方面,新增了暂停和恢复注册程序,如果 FDA 有证据表明某企业生产、加工、包装或贮存的食品有可能造成严重的公共卫生危害或致人死亡,FDA 可能直接吊销该厂的注册资格,被撤销注册资格的企业在完成相关整改之前,不得恢复注册资格,被撤销资格的食品企业可以向 FDA 提出举行听证会的权利。

FSMA 不仅规制美国国内的食品安全,也要求进口食品符合其相关法律要求。为此,FSMA 在进口商问责、自愿合格进口商项目、第三方认证、禁止入境等方面为 FDA 提供了新的授权和监管工具。FSMA 首次明确了进口商的责任,《国外供应商确认项目》(Foreign Supplier Verification Program,FSVP)要求进口国外食品(如膳食补充剂)的国内进口商确认、核实与进口产品相关的风险控制状况。在某些情况下,针对供应商的核查可能要求对国外企业进行现场检查。审核活动包括监测出货记录、逐批合格认证、年度实地检验、检查国外供应商基于风险的预防控制计划以及定期检测和抽样出货。若不能提供相关文件,证明已采取该规定所要求的行动,便为 FDA 代表认定货物存在"似乎"掺杂情形提供新的依据。届时,仅依据《国外供应商确认项目》出具进口警令便不足为奇了。无法证明自己符合《国外供应商确认项目》规定的企业,将被列入进口警令名单,随之其所有货物会被扣留,并存在被拒入的可能,直到申请解除警令。

在此基础上,FSMA 还为进口商确立了一个快速通道项目——"自愿合格进口商项目"(Voluntary Qualified Importer Program),对于自愿参与该项目、获得资质的进口商,适用快速审查进口程序。FDA 还获得授权建立第三方认证项目,把获得合格第三方认证作为高风险食品进入美国的先决条件。如果外国企业或国家拒绝 FDA 及其委托机构或人员的检测,FDA 则有权拒绝其食品的进口。FDA 应在 FSMA 生效后 2 年内建立认证机构的认证体系,以使具备资格的第三方机构开展国外食品设施符合美国食品安全标准的认证工作。此处的"第三方认证机构"可以是外国政府、外国政府的机构、外国企业或任何 FDA 认为符合相关标准的第三方。

拒绝进口与进口警令。进口产品必须通过海关和 FDA 才能进入美国市场,所有货物必须向海关人员申报,一旦所申报货物属于 FDA 监管范围,海关人员便向 FDA 请求协助,决定是否允许货物入境。评估产品是否符合 FDA 规定,主要方式之一便是检查。对于大规模的进口商品而言,FDA 不会对所有产品都进行检查。2010 年之前,FDA 代表在值班时,会依据自身经验,甚至仅凭直觉,对集装箱进行随意抽查。2010 年,FDA 推出"规范进口货物动态风险评价预测系统"(PREDICT),即利用复杂的演算来确定违规存在的可能性。该系统为 FDA 代表进行重点检查提供了一种客观方法。

与 FDA 的其他诸多法案一样,为加强对食品、饮料和膳食补充剂的进口管理,1938 年 FD & C Act 又授予 FDA 相应的检查权。该法第 801 节对进口产品设置了一个简单明了的扣留门槛,即仅需进口产品出现违反 FD & C Act 的情形,即便 FDA 的意见尚未得到证实,也允许扣留进口产品。

FDA 进口警令通知。FDA 做出拒绝准入决定后,应向进口商发出通知。一旦拒绝,FDA 会发送一份《FDA 扣留通知书》,大致陈述拒绝理由,通常引用 FD & C Act 第 801 节掺假或贴错假标签的有关规定。为了弥补《FDA 扣留通知书》中的信息不足,在拒入时合规官员会提供更多信息。通知书的收件人为货物"收货人",因此,收件人可以是国外制造商的承运人、联邦快递或美国经销商。FDA 并无通知国外制造商的义务,避免涉及境外实体,而使问题复杂化。

产品拒入后,可能面临放行、退回、修整或销毁。在达成产品拒入的解决协议前,扣留产品不得离开出入境区域。如果进口商能证明其产品符合规定,则予以放行。进口商也可要求对产品进行修整,比如重新标识、保税等。只要产品修整后获得批准,便予以放行。如果涉及承销商、货主、进口商或指定代表拒不答复通知书或其提供的证据不足,便会再次发送通知书,即《FDA 拒入通知书》。该通知书将直接送达进口商,要求产品退回或销毁。如果产品在收到《FDA 拒入通知书》的规定时间内未退回便将自动销毁。

有一系列因素促使 FDA 适用进口警令。最常见的理由是:将企业列入进口警令是一种预先拒入。企业被列入黑名单可能与特定企业或其产品本身无关。列入进口警令的标准包括特定国家或地区条件、已知产品类别所存在的问题(如特定的膳食成分)或其他因素。《监管程序手册》第 9 - 6 分章阐述了可能发布进口警令的情形。

整个进口过程非常迅速,以至于外国制造商完全未意识到被拒入或被列入警令名单。所有通知书(扣留通知书、拒入通知书和进口警令)仅送达"货物所有者或收件人"。法律或政策并未强制要求发送进口警令通知,大多数情况送达通知仅是出于礼貌。FDA 在其官网上公布进口警令,作为对案及当事方的一种通知形式。进口警令在搜索引擎中的排行靠前,因此不易错失。国外制造商无法通过随后的《扣留通知书》或《拒入通知书》来确定自己是否被列入警报名单。因为这些通知书并不会声明,进口警令意味着产品的扣留或拒入。唯有稳固的契约安排和主动合规,才是保持良性循环的最佳方法。

一旦被列入进口警令,增加了退出市场的风险。进口警令实质上是一份黑名单,一份针对外国制造商的禁令,正式名为"自动扣留"(DWPE)。进口警令上的企业将面临扣留情形,且其所有货物通常也会面临拒入,仅因其出现在黑名单上。即使产品本身可能不存在任何问题,但因生产商出现在黑名单上,便会面临详细审查,这是一个冗长的请求过程,整个过程可能超过一年。移除申请必须表明是如何纠正违规行为。FDA 会对这一申请进行评估,确定同一违规行为再次发生的可能性。此申请可能涉及若干客观因素,比如抽样证明、微生物测试、重新标识、登记注册、成分批准及良好操作管理规范的执行情况等。

遏制令或禁令(Restraining Order or Injunctions)。一些情形下,FDA 需要一个执法工具来迅速控制风险。而没收令需要提供合理证据,这通常会导致不可接受的延误。起初,FSMA 中的行政扣留可能充当了遏制令的角色。如今,当没收令不切合实际需要时,司法禁令或遏制令便成为控制风险的首选方式。

临时措施与永久禁令之间还有几个其他执法措施,当潜在危害不大时,FDA 可能会向法官申请临时遏制令,临时遏制令的有效期为 10 天,10 天后FDA 必须对产品予以放行或采取永久禁令。永久禁令要求举行听证会,并证明产品确实存在危害。初步禁令执行期长短取决于法官的自由裁量权,在满足某些条件前,如 FDA 进行检查或企业采取整改行动前,永久禁令可能会一直有效。当临时遏制令到期,而 FDA 希望继续扣留产品时,便要求取得永久禁令。永久禁令可能是问题的解决结果,FDA 可能会承诺保留其他民事处罚,换取永久禁令或审判员在场的听证会。永久禁令是一项法院命令,要求举行单独听证会,并获得撤销指令。

暂停注册(Suspension of Registration)。在 FSMA 出现前,暂停企业注册并不是一种执法方式。所有受 FDA 监管的企业均被要求完成某种形式的注册,便于 FDA 对其检查内容进行监管。这有助于 FDA 找出疾病暴发、消费者投诉或其他问题的根源。FSMA 赋予了 FDA 一项新权力,即暂停企业注册。暂停注册的实际作用在于停止企业运营,在暂停注册期间,企业不得生产、销售或让产品进入市场。

值得关注的是进口商遇到食品似乎被掺假或贴错标签,FDA 可能拒绝进口食品进入美国,被自动扣留(DWPE)时,在拒绝承认决定之前,进口物品的所有者或收货人可能希望提供证据证明,经常使用私人实验室来测试他们的食品进口情况,并将这些测试结果提交给 FDA。2004 年 4 月 29 日 FDA 提出一项规定《与进口食品有关的取样服务和私营实验室的要求》,解决了私营实验室提交给 FDA 的分析数据格式和内容保存一致的问题;要求独立抽样,以确保由私人实验室所收集样品的完整性和代表性;要求私人实验室直接向 FDA 报告分析结果,以确保结果报告的公平等问题。

六、多部门联合监管与利益相关者共同参与

在美国,政府监管是市场的补充而非替代。解决食品安全问题的手段还有很多,如独立的司法审判可以解决食品安全侵权纠纷,有效的市场竞争会形成优胜劣汰的良性质量提升机制,行业协会的引导能够让企业产生自律压力,媒体监督可以曝光不法生产经营者,消费者参与则有助于守住食品安全的入口关。

第一,多部门联合监管。美国联邦政府具有监管职能的机构有 56 个之多,近 15 万名职员从事相关工作,投入到食品安全方面的经费预算更是惊人,多达 4 600 亿元[1]。其中主要有 5 个职能部门,包括:FSIS、EPA、FDA、APHIS、CBP。但为了完善多部门联合体系、增强机构间的协调性和团队合作方法,美国不久后便建立了"食品传染疾病发生反应协调组"和"总统食品安全委员会",以密切各食品安全机构间的交流。

第二,利益相关者共同参与。食品安全利益相关者如生产者包括农户、加工商、销售商、政府、消费者等都是控制食品安全的主体,他们在食品安全的不同环节分别承担着生产、销售、管理、消费等责任和义务。广泛的利益主体参与使监管范围得到扩大、监管内容得到了丰富,使之对食品安全的要求更加严格。

第三,行业协会的自律性。行业协会在许多发达国家食品安全治理中发挥了重要作用,如美国草药协会(AHPA)要求会员企业必须遵守《道德与商业惯例模式》,该模式已经有 30 年的发展历史,现已形成 20 条贸易需求准则。此外,AHPA 还推出指南政策去推动商业化草药产品的安全性。这些政策解决了各种各样的标签和制造问题,同时也反映出 AHPA 成员之间达成的共识。这些政策中还包括部分建议内容,如消费者在使用膳食补充剂产品时可咨询相关专业人员;整个行业采取适当的措施以确保膳食补充剂产品使用的原料不含掺假物。同时,AHPA 还鼓励会员和非会员企业积极实施上述政策,从而促进行业监管

---

① 见参考文献 6,第 51 页。

更加统一和持续。未来,膳食补充剂行业还将继续采取新政策去应对新的问题,并保持消费者对高质量和安全补充剂的知情权。

与其他国家相比较,美国对膳食补充剂的管理比较宽松,这很大一部分原因在于膳食补充剂企业与行业协会的自律性较高,消费市场也相对成熟。根据FDA 的调查显示,绝大部分产品生产销售与标签声称能够符合法律规定,说明生产商有较高的守法自觉性和自律性。

2011 年通过的 FSMA 明确授权和指示 FDA 要进一步与相关机构进行深度合作和协调,建立统一整合和协同运行的全国食品安全体系。具体内容包括:第一,FDA 与各州和地方政府合作、协调和整合。在监管的同时,FDA 必须制定和贯彻一系列战略和方案,以充分利用和提高各州及地方政府在食品安全和事故防御方面的能力。联邦政府为 FDA 提供的经费中,有一部分专门用于帮助各州提高食品安全能力。第二,FDA 与外国政府相关机构合作、协调和整合。FSMA 法律规定,FDA 必须制订全面计划,以帮助增强和扩大外国政府及外国食品工业在食品安全保障方面的能力。如帮助培训外国政府和食品生产者,以加强他们对美国食品安全法规和流程的了解。第三,FSMA 明确要求 FDA 充分依靠联邦其他部门、州和地方政府,通过政府机构间协议,共同制定和执行国家农业和食品安全与防范战略,来贯彻其日益增加的对国内外食品企业进行监督检查的任务。FSMA 还要求 FDA 与其他联邦、州和地方机构建立起合作伙伴关系,如建立食品分析实验室,网络和综合性的食品安全行业联盟或协会,共建全国食源性疾病监测系统等。由此建立和运行立体网络型的有机协同和有效执法的长效机制。

七、将第三方审核机制纳入监管工作

一是针对国外食品企业监督检查。对国外食品企业检查频率必须每年翻一倍,到 2016 年监督检查的次数须 20 000 次以上。因此确定借助第三方审核机构来达到这一要求,外国食品加工企业拒绝接受检查的代价是其生产食品会被拒绝出口到美国;二是要求进口商创建外国供应商验证计划,强调进口商必须确保其外国供应商采取可靠的预防方法以保障食品安全,并且要求进口商遵守美国法律,即按要求进行生产,不可掺杂使假。为保证审核报告的独立性,规定经认可的第三方审核机构在实施对企业监管性审核时,不能兼任被审核企业的管理者或者控制者,明确规定了审核员和第三方审核机构的具体要求及监管措施。第三方审核的行为规范规定认可机构在认可审核单位时需遵照所拟定的规范化认可标准,也就是说必须保证第三方审核机构履行职责时满足这些要求。

参考文献：

　　[1] 美国法典. 网址 http://uscode. house. gov/browse. xhtml.

　　[2] 21 CFR Part 1 L 部分"食品进口商的外国供应商验证程序"，网址 https://www. accessdata. fda. gov/scripts/cdrh/cfdocs/cfcfr/CFRSearch. cfm? CFRPart=1&showFR=1&subpartNode=21:1. 0. 1. 1. 1. 11.

　　[3] 膳食补充剂指导文件和监管信息. 网址 https://www. fda. gov/Food/GuidanceRegulation/GuidanceDocumentsRegulatoryInformation/DietarySupplements/default. htm.

　　[4] 河南省食品药品监督管理局组织编写. 美国食品安全与监管[M]. 北京:中国医药科技出版社,2017. 8.

　　[5] 王浦劢,刘新胜. 美国食品安全监管职权体系及其借鉴意义[J]. 科学决策,2016,03.

　　[6] 朱慧娴. 欧美食品安全监管体系研究[D]. 华中农业大学硕士学位论文,2014. 6.

　　[7] 郭静. 食品法律法规概述翻译实践报告[D]. 西南石油大学专业学位硕士学位论文,2014. 6.

　　[8] 袁雪. 保健食品分类监管法律制度研究[D]. 西南大学硕士学位论文,2015. 6.

　　[9] 膳食补充剂广告指南. https://www. ftc. gov/tips-advice/business-center/guidance/dietary-supplements-advertising-guide-industry.

第二章 美国《膳食补充剂健康与教育法》(DSHEA)介绍

一、美国 DSHEA 发布的背景及意义

在美国 20 世纪 90 年代前,随着维生素、矿物质在食品行业的广泛运用,经过营养强化的特殊膳食食品出现,美国强化食品概念逐渐形成,出现了健康食品、膳食补充剂(Dietary Supplement)、强化食品、特殊膳食食品等。1990 年之前,在美国被列入膳食补充剂的只有人体必需的营养素,包括维生素、矿物质和蛋白质等三大类。1990 年,美国《营养标示与教育法》(NLEA)将草本植物和类似的营养物质列入膳食补充剂。1994 年前,美国食品药品监督管理局(FDA)和美国联邦贸易委员会(FTC)对膳食补充剂大多按照普通食品管理,主要参考 FD & C Act 中关于食品添加剂补充条款中的要求进行安全性评价监管,同时按照《联邦法规 21 篇"食品与药品"》对标签进行监管。监管要求主要有两个方面:一是对食品标签的声明进行严格监管,禁止使用健康申明,确保产品标识真实,避免误导消费者;二是在上市前需向 FDA 申请,FDA 将对每一种食品新成分或新功能进行安全性评价,确保产品安全。

1994 年 10 月 25 日,经美国国会参众两院通过,克林顿总统签署了《膳食补充剂健康教育法》(DSHEA),该法是对 FD & C Act 的修正完善,第一次从法规制度上明确了美国膳食补充剂的监管框架和要求。DSHEA 的发布是美国膳食补充剂行业的一个重要里程碑,目前已成为 FDA 管理市场上的各种保健食品的主要法律依据。

DSHEA 的发布第一次从法规制度上明确了美国膳食补充剂的监管框架和要求,是美国膳食补充剂产业的主要法律依据。首先,明确了膳食补充剂的定义,确定了产品的食品属性,不属于药品和食品添加剂,对产品的范围及形态进行了扩大。其次,从 DSHEA 的内容看,美国对"膳食补充剂"的官方监管和上市要求较 DSHEA 未发布前变得更为宽松,膳食补充剂明确以生产商为责任主体,其承担产品上市前的安全性保证和标签标识的真实性等方面的主体责任,只要能确保膳食补充剂在上市前是安全的,不涉及新膳食成分(NDI),生产商不再需

要向 FDA 申请安全性认可评价,不需要注册产品,即可自由上市,美国 FDA 仅对上市后的产品安全进行监测。第三,与宽松的官方监管要求相对应的,是产品在上市前的安全性保证和标签标识等方面对企业有严格的要求,生产商必须确保其产品(包括其使用的各种新原料)对人体的安全性,要求必须标识为"膳食补充剂",不允许虚假、放大宣传,不能描述为可治疗或预防某种疾病,必须是真实可信且不会误导消费者,要求生产厂家能提供资料证实其真实性,产品标签的宣传用语要附带如下用加粗字体突出显示的语句:"**本产品未经 FDA 评价,本产品不能用于诊断、治疗、治愈或预防任何疾病。**"

在 1994 年 DSHEA 发布后,美国的膳食补充剂行业有了明确的法律规范依据,其介于药品与食品之间,但偏向食品,也正是明确了其食品的属性,所以官方监管要求制定得较为宽松,体现的是企业的主体责任。最终,宽松的监管环境促进了美国膳食补充剂产业的蓬勃发展,让美国成了全球最大的膳食补充剂市场,但也正由于美国官方监管的宽松,导致了美国市场上的膳食补充剂产品和生产厂家非常多,膳食补充剂类产品质量良莠不齐,经常爆出一些负面新闻。

二、美国 DSHEA 的框架简介

DSHEA 共包括 13 个章节,分别是:第一章,简称、参考、目录(Short title; reference; table of contents);第二章,调查结果(Findings),具体是本法案出台的背景介绍;第三章,膳食补充剂的定义(Definitions);第四章,膳食补充剂的安全性及美国 FDA 所应担负的责任(Safety of dietary supplements and burden of proof on FDA);第五章,膳食补充剂声明(Dietary supplement claims),具体是对企业责任的豁免说明;第六章,营养补充说明(Statements of nutritional support),具体是对企业宣传用语方面要求的说明;第七章,膳食补充剂的成分标签和营养信息标签(Dietary supplement ingredient labeling and nutrition information labeling);第八章,新膳食成分界定(New dietary ingredients);第九章,良好生产规范要求(Good manufacturing practices);第十章,整合修订(Conforming amendments),具体是对 FD & C Act 修订的补充说明;第十一章,撤回的程序及通知(Withdrawal of the regulations and notice),具体是对旧的规章进行作废声明;第十二章,膳食补充剂标签管理委员会(Commission on dietary supplement labels),具体是对该机构设置和职能的说明;第十三章,膳食补充剂管理办公室(Office cf dietary supplements),具体是对该机构设置和职能的说明。其中部分条款内容在 1994 年发布的 DSHEA 中仅进行了初步描述,在美国之后发布的相关法案中进行了补充完善,在后文将进行详细说明。

三、美国 DSHEA 的主要内容介绍

DSHEA 开篇即明确说明该法是对 FD ＆ C Act 的修正,目的是建立膳食补充剂的相关标准和要求,在 DSHEA 通过后,美国国会将对 FD ＆ C Act 进行修订。

DSHEA 第二章"调查结果"中,详细描述了 DSHEA 制定出台的 15 个原因,综合起来,主要有以下几点:(1) 预防疾病、改善公民健康的需要;(2) 现有研究证明膳食补充剂在营养、健康促进、疾病预防方面有一定的正面效果,通过健康的饮食可以预防疾病或降低发病率,减少医疗卫生开支的需要;(3) 消费者有选择预防保健方案的权力;(4) 降低卫生保健公共开支的需要;(5) 促进行业发展的需要,政府应减少不合理的监管障碍;(6) 风险评估认为膳食补充剂相对安全;(7) 膳食补充剂行业发展的现状要求建立一个全国性的法规框架,以取代之前临时的、参差不齐的监管政策。在 1994 年该法发布后,美国膳食补充剂制造业蓬勃发展,从行业发展的总体情况看,该法发布得非常及时。不过因该法在监管要求上的相对宽容,也出现了一些负面现象,如伪劣膳食补充剂的泛滥带来了一些安全问题。

DSHEA 第三章对膳食补充剂进行了明确定义,这是美国的法规首次对膳食补充剂进行明确详细的定义,澄清了以前膳食补充剂概念不清的状况。DSHEA 通过对 4 个方面要求的说明,明确了其定义:

一种旨在补充膳食的产品(烟草除外),它可能含有一种或多种如下膳食成分:维生素、矿物质、草药或其他植物药、氨基酸,用以增加每日总摄入量来补充膳食的食物成分或前述成分的浓缩物、代谢物、成分、提取物或组合产品等。

不能代替传统食物,不能作为一餐或食谱的唯一项目,必须标识为"膳食补充剂"。

包括一些新批准的药品、抗生素或生物制品,主要指在 FDA 批准该新药、新抗生素或新生物制品上市前,已作为膳食补充剂或食品在美国合法上市的产品,且按照《公共卫生服务法》(PHSA)经 FDA 认定符合 DSHEA 要求。

是一种食品,产品形式可为粉状、胶囊、软胶囊、片剂。

该定义将膳食补充剂的产品范围扩大到非营养素,扩大到除维生素、矿物质、蛋白质以外的其他多种植物产品(包括植物提取物及相关产品),并允许多成分的组合膳食补充剂产品。对产品的摄入形式进行了扩大,从胶囊形式扩大到粉状、胶囊、软胶囊、片剂。该法明确指出膳食补充剂是一种食品,归属于食品大类下的小类"膳食补充剂",不再按照食品添加剂进行管理。所有膳食补充剂的

标签上必须标识为"膳食补充剂",这一要求在 DSHEA 第七章再次进行了明确。该条也对可作为药品、抗生素或生物制品的产品,如需按照膳食补充剂进行生产经营明确了要求,即需向 FDA 申请进行安全性认定。

DSHEA 第四章至第十章是对膳食补充剂生产、标识及安全方面的要求,包括第四章的膳食补充剂的安全性及 FDA 的举证责任、第五章的膳食补充剂声明、第六章的营养补充说明、第七章的膳食补充剂的成分标签和营养信息标签、第八章的新膳食成分界定、第九章的良好生产规范要求、第十章的整合修订说明,这些章节主要是对企业主体责任的要求,相关要求前后关联,互为补充。

和其他的食品要求一样,DSHEA 明确指出,企业承担膳食补充剂上市前的安全性评价、标签正确标识、良好生产规范的主体责任,制造商在其膳食补充剂上市之前有责任确保其产品是安全的,除非含有新膳食成分,无需向 FDA 申请安全性评价,美国 FDA 也无须在膳食补充剂上市前核准其安全、有效性。

DSHEA 修订了原 FD & C Act 中有关安全性的条款,认为凡具有重大或不合理的疾病或伤害的风险,都认定为掺假食品,包括两种情况:某种膳食补充剂如果它本身或其中某些成分在标签指示下食用或在正常情况下食用(如未标明建议、推荐使用要求),具有重大或不合理的疾病或伤害的风险;某种膳食补充剂中所含有的新食物成分(指 1994 年 10 月 15 日前未作为膳食补充剂在美国上市的食物成分)如缺乏充分资料,不足以保证其不会引起明显或过度的疾病或损伤危险。如果要对上市的某种膳食补充剂采取措施以限制使用或要求撤市,美国政府承担认定该膳食补充剂涉嫌掺假的举证责任,对涉嫌掺假膳食补充剂进行民事诉讼前,给予了企业至少 10 天的被告知权力及口头、书面申辩的法律救济途径。

DSHEA 第五章至第七章对膳食补充剂标签进行了明确的规定,包括责任豁免说明、营养说明,成分标识和营养信息标签。在第五章明确了哪些情况不属于产品标签的信息,这些信息如发现违法违规,不属于企业的虚假宣传或违规行为,这是对企业法律责任的一个豁免条款,主要包括公开出版物刊登的、出版物编辑或作者编写的内容(包括出版物的一个章节、一本书的节选、专业科学摘要或其他第三方的出版物等),但也明确规定这些出版物应符合以下情况,否则将认定为企业的标签声明,不得豁免责任:这些信息不得是虚假或带误导性的;不得针对某个生产商或品牌进行的宣传;必须与其他资料一起对某项膳食补充剂提供科学平衡的观点;必须与产品分开;不得通过任何方式与产品关联(包括促销材料等)。发布这些出版物不受任何官方的约束。如果认定上述资料涉及企业的违法行为,美国政府承担认定该膳食补充剂涉嫌掺假的举证责任。应该说,

DSHEA 的这些豁免条款促进了相关企业和第三方对营养素、植物性物质的科学研究,但也防范了企业借科研虚假、扩大宣传的可能,同时这些"第三方"资料的获取有助于消费者了解拟消费的膳食补充剂的健康益处。

在第六章 DSHEA 规定了可在膳食补充剂产品上进行宣传的用语,这类用语是否标示,由生产企业自行决定,包括:可阐述某营养素或膳食补充剂对典型的营养素缺乏症的益处,并揭示在美国这样的疾病流行情况,介绍某营养素或膳食补充剂对于影响人体的结构或功能的作用,描述已通过备案的某种作用机理,某营养素或膳食补充剂能对维持人体的结构或功能产生影响,或描述某营养素或膳食补充剂被人体消耗吸收的总体益处。膳食补充剂的生产商必须保证宣传用语是真实可信且不会误导消费者(生产厂家能提供资料证实其真实性),产品标签的宣传用语要附带如下用加粗字体突出显示的语句:**本声明未经 FDA 评价,本产品不用于诊断、治疗、治愈或预防任何疾病。**根据 DSHEA 规定,膳食补充剂可以宣称对人体营养有好处,有一定的保健功能,这类营养上的宣传在产品上市前不需要经 FDA 审批,但约束了宣传用语不得声称能诊断、治疗、治愈或预防任何特定疾病或疾病组合。并且规定,如果膳食补充剂的生产者想按照本段的第一句的描述,在膳食补充剂的标识上增加宣传用语,那必须在第一批产品上市至少 30 天之前向 FDA 报备。

DSHEA 第七章对膳食补充剂标签、标识上必须显示的内容进行了明确,包括成分标识和营养信息标识,这部分信息标示要求为强制性要求,生产企业必须标注。其中,成分标识应标注:产品中每一种成分的名称和用量(可以标识为每种成分的数量,也可以标识为各项成分的混合比例及所有成分的总重量);如产品某成分使用了膳食补充剂类的修饰语,标签应标识"膳食补充剂"字样;如果产品含有《联邦食品、药品和化妆品法》201(ff)(1)(c)所描述的植物成分,标签中应说明该成分来源植物的具体部位(整株或根或茎或叶等);如果产品属于美国官方名录(包括美国药典、美国顺势疗法药典、国家处方集等)中的一种,那么其标签上的内容应当与名录要求的一致;如果产品不属于美国官方名录中的一种,那么其产品特性或效果应当与标签中宣称的一致,其含量、纯度或配方经化学分析或其他方法检验应与标签声称的一致。营养信息标识应按如下方式标注:营养信息应在主要膳食成分中首先列明,并且将 FDA 设立的每日推荐摄入的膳食成分列出,用量少的膳食成分可无须标注,无每日推荐摄入值的成分列在后面;膳食成分列表应将每种补充剂的每种成分的数量列出(或是这些成分的相应混合比例);膳食补充剂的成分列表包含其成分来源;营养标识应在成分标识之前。DSHEA 规定,标签要求的实施日期为本法颁布之日,并给予了缓冲期,

1996 年 12 月 31 日后，必须按照本法进行产品标识。

DSHEA 第八章提出了"新膳食成分"（NDI）这一新概念，是对原 FD & C Act 的补充。膳食补充剂中的新膳食成分是指在 1994 年 10 月 15 日前未在美国上市的物质，不包含在此时间前已在美国上市的物质的成分。这类物质添加到食物中，应确保原食物的化学性质不发生改变，或者它已有多年使用历史，在以往使用中、在推荐条件下使用能保证产品足够安全，否则将认定为掺假食品进行处置。生产这类产品的厂家需在上市前 75 天向 FDA 提出申请，提交的材料包括已出版图书的引用等相应信息，材料应能使 FDA 做出"可保证产品足够安全"的结论。在 90 天内，FDA 对其收到的、按照法规对所提供信息进行保密，超过 90 天的期限后，FDA 会将信息公布于众，涉及商业机密或是绝密的商业信息除外。按照规定，任何个人均可向 FDA 提出新膳食成分的备案申请，FDA 在接到申请的 180 天内做出决定，如通过备案认定，某膳食补充剂会被认定为安全，可上市销售。根据《美国法典》第 7 章第 5 条的规定，FDA 对企业提出的安全性认定申请决定被认为是最终决定。新膳食成分（NDI）备案指南的具体内容详见本书第五章。

DSHEA 第九章提出由 FDA 负责起草有关膳食补充剂生产、包装和存储等方面的 GMP 法规，以确保其安全性。美国 FDA 分别于 1997 年、2003 年和 2007 年分别颁布了 3 个版本的膳食补充剂良好生产规范，其中前两个版本在颁布后陆续收到了多方面发来的意见，在 2007 年 6 月 22 日 FDA 发布了《膳食补充剂良好生产规范》，这是膳食补充剂良好生产规范的最终版本，FDA 把 cGMP 设定为确保膳食补充剂质量安全必须满足的最低要求，2014 年又进行了部分修订，具体详见本书第三章。

DSHEA 第十章是对 FD & C Act 部分条款进行的修订补充说明，以确保相关法规要求的一致，主要针对的是标签的相关要求，按照要求，凡是产品的标签或标识上有类似于膳食补充剂的声明或宣传用语，必须按照膳食补充剂的标签要求进行标识，不能单纯认为是药品，同时对标识了使用说明、警示用语或条件等宣传用语的食品不能简单认定为膳食补充剂的标签不符，强调了对膳食补充剂标签的严格监管，因膳食补充剂（新膳食成分和批准上市的药品、抗生素或生物制品除外）在美国上市前不需向 FDA 提交申请，FDA 对膳食补充剂的上市许可监管要求较低，因此，本条对标签严格监管的要求对规范企业的自主行为，防止掺假膳食补充剂的泛滥有一定的作用。

DSHEA 第十一章至十三章主要是对膳食补充剂的法规变化、官方监管机构的说明。第十一章是对 1993 年 6 月 18 日在《联合公报》上发布的关于膳食补充剂的规章制定通告的作废说明。第十二章是对膳食补充剂标签管理委员会的设立、成员组成及专业要求、职责进行说明。第十三章是对膳食补充剂办公室设置的目的、组成及职责进行说明。这些章节明确了美国膳食补充剂的法规变化、官方监管机构的设置。

参考文献：

［1］Dietary Supplement Health and Education Act of 1994. https：//ods. od. nih. gov/About/DSHEA_Wording. aspx.

［2］赵丹宇.美国膳食补充剂的管理规定［J］.中国食品卫生杂志,1998,10(2)：46、22.

［3］赵丹宇.美国膳食补充剂健康与教育法(DSHEA 1994)简介［J］.中国食品卫生杂志,1999,11(3)：78－79.

［4］柳启沛.膳食补充剂(Dietary supplements)［R］.第六届营养资源与保健食品学术会议,2002：17－19.

［5］刘奂辰,张志强,张立实.美国膳食补充剂良好生产规范及其制修订过程［J］.现代预防医学,2010,37(17)：3223－3225.

［6］柳燕.美国膳食补充剂法规和质量管理系统［J］.精细与专用化学品,2015,23(3)：15－17.

［7］王雪梅,薛仁.美国膳食补充剂的管理［J］.食品与药品,2006,8(9)：70－72.

［8］赵西巨.美国的膳食补充剂立法［J］.200745(9)：50－52.

第三章 Part 111 法规解读(以氨糖为例)

原文网址①
[联邦法规]
[标题 21,第 2 卷]
[2014 年 4 月 1 日修订]
[2017 年 8 月 14 日更新]
[引用:21 CFR 111]

标题 21 食品与药品

第一章 食品与药品监督管理局

卫生及公众服务部

子章节 B 组 供人类食用的食物

PART 111

膳食补充剂生产、包装、标签粘贴、储存现行良好操作规范

Subpart A   General Provisions

A 节   总则

Sec. 111.1   谁受本部分内容的约束?

(a) 除本部分(b)段规定的内容之外,如果从事膳食补充剂的生产、包装、粘贴标签或储存,则必须受到本部分内容的约束,其中包括:

(1) 由你方生产,但由他人负责膳食补充剂包装或粘贴标签;及

(2) 进口或用于销售到美国任何州或地区、哥伦比亚特区或波多黎各自由邦的膳食补充剂。

---

① https://www. accessdata. fda. gov/scripts/cdrh/cfdocs/cfcfr/; cfrsearch. cfm? cfrpart=111。

（b）如果你在零售商店内保存有膳食补充剂，且只用于针对个人消费者直接出售的目的，则保存膳食补充剂的相关要求不适用于你。零售商店不包括零售商的仓库或其他储存设施，不包括向个人消费者直接售货的仓库或其他存储设施。

Sec. 111.3　**本部分内容适用哪些定义？**

《联邦食品、药品和化妆品法》201章节中对术语的定义与解释适用于该部分。针对本部分内容，还使用了下列定义：

实际产量是指某特定膳食补充剂在生产或包装的一定阶段实际产出的数量。

批次是指一定数量标准统一的膳食补充剂、其特性、纯度、效力及成分符合统一规范，并且这些膳食补充剂是按照相同生产周期中的单个生产记录在指定时段内生产完成。

批号、组号或控制号是指一组特有的字母、数字、符号或字母、数字、符号的任意组合，通过批号、组号或控制号可确定一批或一组膳食补充剂生产、包装、标签粘贴及/或保存的完整历史记录。

组分是指用于膳食补充剂生产的任何物质，包括那些可能未体现在膳食补充剂批量成品中的物质。组分包括膳食成分［如该法201（ff）部分所述］及其他成分。

接触面是指会接触到组分或膳食补充剂的任何表面，以及在正常操作过程中，排水会通过其流到组分或膳食补充剂上，或流到组分或膳食补充剂所接触表面的那些表面体。接触面的实例包括容器、器具、设备接触面及包装。

成分是指用于膳食补充剂生产的任何物质，并且将出现在膳食补充剂批量成品中。成分包括（但不一定仅限于）该法201（ff）部分所述的膳食成分。

中间产物是指通过制造、合成、混合、研磨、萃取、转换、消毒方式或通过化学反应得到的物料，或经过其他方式处理，用于膳食补充剂生产的材料。

一组产品是指一批、或一批的指定部分产品，是达到特性、纯度、效力及成分规范的统一产品；或者，在连续生产的膳食补充剂中，是指规定时间单位内生产的规定数量产品，并且为达到特性、纯度、效力及成分规范的统一产品。

微生物是指会对公共健康或卫生产生影响的酵母菌、真菌、细菌及其他类似的微生物。该定义包括具有下列影响的种类：

（1）可能对公共健康产生影响；

（2）可能导致组分或膳食补充剂分解；

（3）显示组分或膳食补充剂会因污物受到污染；或

（4）以其他方式可能导致组分或膳食补充剂被掺入杂质。

必须说明要求。

害虫是指禁止出现的昆虫或其他动物，包括鸟类、啮齿动物、苍蝇、螨类及幼虫。

实体工厂是指膳食补充剂生产、包装、粘贴标签或保存所使用的、相关的全部或部分建筑或设施。

产品投诉是指因膳食补充剂出现与现行生产质量管理规范有关的质量问题，而以书面、电子或口头形式提出意见的一切包含任何主张的通信。产品投诉实例包括：恶臭、变味、疾病或伤害、分解时间、变色、片剂大小或大小变化、容器未满、膳食补充剂容器内有异物、包装不当、贴错标签、膳食补充剂效力过强、效力不足、含有错误成分、含有药物或其他污染物（如细菌、杀虫剂、真菌毒素、玻璃、铅）。

质量是指膳食补充剂达到了关于特性、纯度、效力及成分的规范要求，满足污染物限制条件，并根据该法 402(a)(1)、(a)(2)、(a)(3) 及 (a)(4) 的条件进行生产、包装、粘贴标签与保存，防止掺入杂质。

质量管理是指一套保证膳食补充剂质量、有计划的系统性操作或程序。

质量管理人员是指你所在组织内部或外部指定负责质量管理操作的人员或小组。

代表性样品是指包含有足够数量单位（根据合理标准确定，如随机抽样）的样品，旨在确保样品能够准确代表被抽样的材料。

再加工是指在生产膳食补充剂过程中，使用清洁未被污染的组分或膳食补充剂，这些组分或膳食补充剂之前被抽离了生产过程，后来经过处理适于再用到膳食补充剂的生产过程中。

留样是指在指定时段内保存的代表性产品样品。

消毒是指通过有效杀灭影响公共健康的微生物营养细胞、显著减少其他微生物数量但不会影响产品或消费者安全性的方式，对设备、容器、器具或其他接触面进行的彻底清洁处理。

理论产量是指在不考虑实际生产中损耗或错误情况下，根据所使用组分或包装的数量，在生产或包装的相应阶段某特定膳食补充剂的产出数量。

水分活性（a_w）是衡量组分或膳食补充剂中自由水分的标准，是物质水汽压力除以相同温度下纯水汽压的商。

我们是指美国食品与药物管理局（FDA）。

你是指生产、包装、粘贴标签或保存膳食补充剂的人员。

Sec. 111.5　**是否适用其他法律规定及规章**？

除本部分内容外，你必须遵守该法下关于膳食补充剂的其他可适用法律规定及规章。

+·—·+·—·+·—·+·—·+·—·+·—·+·—·+·—·+·—·+·—·+·—·+·—·+·—·+·—·+

解读：总则部分规定了本法适用对象和适用范围，对一些术语和定义进行了说明。

Subpart B　Personnel
B节　人员

Sec. 111.8　**B节中对于书面程序有什么要求**？

你必须制定并遵守书面程序以满足本部分要求。

Sec. 111.10　**关于防止因患病或受感染工作人员而导致微生物污染，以及卫生规范有什么要求**？

（a）**防止微生物污染**。你必须采取措施防止因身体原因可能成为微生物污染源的人员参与可能因此而造成污染的膳食补充剂生产、包装、标签粘贴或保存过程中所使用材料（包括组分、膳食补充剂及接触面）的操作。这些措施包括：

（1）不得让通过体检发现、人员已承认或通过监督人员观察认为有疾病、感染、开放式伤口或其他异常微生物污染源的人员参与可能导致对组分、膳食补充剂或接触面的微生物产生污染的任何工作，直至该人员的上述身体状况已消失；并且

（2）如果你的员工出现或有可能出现本部分（a）（1）段中所述的身体状况，而可能对组分、膳食补充剂或任何接触面产生微生物污染时，应要求你的员工通知其监督人员。

（b）**卫生操作规范**。如果在你工作期间可能会出现组分、膳食补充剂或接触面被掺入杂质，则你必须实施卫生操作规范防止组分、膳食补充剂或接触面遭到此类污染。这些卫生操作规范包括：

（1）以穿着外套的方式防止组分、膳食补充剂或其他任何接触面遭到污染；

（2）充分保持个人卫生；

（3）通过适当的洗手设备彻底清洗双手（如有必要还应进行消毒，防止微生物污染）：

（i）在开始工作之前；以及

（ii）当手被弄脏或遭到污染的时候；

（4）取掉所有无法固定、可能掉入组分、膳食补充剂、设备或包装中的珠宝饰品或其他物件,在需要手工操作组分或膳食补充剂时取下无法充分消毒的首饰。如果无法取下首饰,则必须用材料加以遮盖,这种材料必须能够保持完好无损、清洁卫生的状态,能够有效防止组分、膳食补充剂或接触面遭到污染;

（5）对组分或膳食补充剂进行操作时所使用的手套应当保持完好无损、清洁卫生。该手套必须采用不可渗透材料;

（6）在适当情况下,应以有效的方式戴上发网、帽子、胡须套或其他实用的发罩;

（7）不得将衣物或其他个人用品存放在组分、膳食补充剂或其他接触面暴露的地方,或者清洗接触面的地方;

（8）在组分、膳食补充剂或其他任何接触面暴露的地方,或在清洗接触面的地方不得吃东西、嚼口香糖、喝饮料或吸烟;

（9）采用其他预防措施,防止组分、膳食补充剂或接触面受到微生物、污物或其他外来杂质,包括汗液、头发、化妆品、烟草、化学品及皮肤表面涂抹药品的污染。

Sec. 111.12　对于人员资质有什么要求?

（a）你方必须有生产、包装、粘贴标签或储存膳食补充剂的合格员工。

（b）你方必须确定质量管理操作的负责人。确定为负责质量管理工作的人员必须是合格人员,具有完成此类工作相关的独立职责,其职责与未负责此项工作人员的职责有所区别。

（c）参与生产、包装、标签粘贴或储存,或从事任何质量管理工作的人员必须接受过完成指定工作的教育与培训,拥有这方面的经验。

Sec. 111.13　对于监督员有什么要求?

（a）你必须指派合格人员监督膳食补充剂的生产、包装、标签粘贴及储存。

（b）你指派的每名监督员必须是合格的,经过教育、培训或拥有完成监督工作方面的经验。

Sec. 111.14　在本 B 节中,你必须完成并保存哪些记录?

（a）必须按照本部分 P 节要求完成并保存 B 节中所规定的记录。

（b）你必须完成并保存下列记录:

（1）满足 B 节要求的书面程序;

（2）培训文件,包括培训日期、培训类型及受训人员。

────────────────────────────────────

解读:一、本节 Sec. 111.10(a) 条款"防止微生物污染"的要求与《安全卫生要求》（国家认监委 2011 年 23 号公告）第五条（二）一致。《安全卫生要求》第五条（二）要求："与食品生产相关的人员应经体检合格后方可上岗并每年进行健康检查，凡出现伤口感染或者患有可能污染食品的皮肤病、消化道疾病或呼吸道疾病者，应立即报告其症状或疾病，不得继续工作"。

（b）条款"卫生操作规范"相对于《安全卫生要求》有几点差异：

（1）**关于工作服**：FDA 特别重视膳食补充剂的组分鉴别和纯度，因此正确穿戴工作服的目的除了防止致病菌等污染物的污染，还要防止因同一车间生产不同产品（例如氨糖和硫酸软骨素）而造成的成分掺杂，在制定卫生操作程序时应考虑这一情况。

（2）**关于员工随身物品**：员工的个人物品一方面可能对食品造成污染，另一方面也可能掺入食品成为异物。FDA 禁止员工携带个人物品或佩戴首饰，但对婚戒等无法取下的物品提供了变通的处理办法，比如戴手套。

（3）**关于手套**：FDA 专门对员工操作中使用的手套进行了规定："对组分或膳食补充剂进行操作时所使用的手套应当保持完好无损、清洁、卫生。该手套必须采用不可渗透材料"。

二、本节 Sec. 111.12 和 Sec. 111.13 对员工资质做出了要求，其中特别强调了"粘贴标签"这一工序要有合格员工，并接受教育培训，且必须指派合格的监督员对这一工序进行监督，体现了 FDA 对膳食补充剂标签的重视，一旦发生标签错贴，将可能严重影响消费者健康安全。此外，FDA 在现场检查时还特别注重核实培训授课人员的资质、关键工序操作人员及监督人员的资质或经验。

为符合本节对人员的要求，输美氨糖企业应在体系文件中制定"组织机构图及岗位职责"，在建立 SSOP 时充分考虑本节对于人员的要求，在"员工的健康卫生""防止交叉污染""手的清洗、消毒及卫生间设施的维护""防止外来污染物的污染"等内容中完全覆盖本节条款的内容。

建立员工健康档案，确保员工持有的健康证明处于有效期内，并建立对员工健康状况的检查制度，保存员工卫生检查记录。

加强员工培训，重点培训员工个人卫生规范，使其充分认识自身健康和卫生操作对于食品安全的影响，同时应将本法规纳入培训内容，特别是不同于我国法规的特殊要求。培训应有《培训计划》和《培训记录》。

三、FDA 现场检查常见不符合项：

涉及条款 21 CFR 111.8：你方未建立并遵守卫生操作书面程序。

涉及条款 21 CFR 111.10（b）（3）：你方人员没有在工作之前或是在手部受到污染后在适当的手部清洗设施中进行彻底手部清洗消毒。

涉及条款 21 CFR 111.10(b)(6)：你方人员未使用有效的方式约束限制头发。

涉及条款 21 CFR 111.14(b)(2)：你方未建立并制定培训文件，包括培训日期、培训类型及受训人员。

不符合项涉及的其他条款还有：21 CFR 111.10(b)、21 CFR 111.10(b)(4)、21 CFR 111.10(b)(5)、21 CFR 111.10(b)(7)、21 CFR 111.10(b)(8)、21 CFR 111.12、21 CFR 111.12(a)、21 CFR 111.12(b)、21 CFR 111.12(c)、21 CFR 111.14(b)(1)。

Subpart C　Physical Plant and Grounds
C 节　实体工厂与地面

Sec. 111.15　对于实体工厂及地面有什么样的卫生要求？

(a) 地面。你必须保持你方实体工厂的地面处于能够防止组分、膳食补充剂或接触面受到污染的状态。充分地维护地面的方法包括：

(1) 合理放置设备，清除垃圾及废弃物，修剪实体工厂附近的杂草、野草，这样就不会吸引、滋生害虫，也无法为害虫提供生存环境；

(2) 保持道路、院落及停车场的清洁卫生，避免它们在有组分、膳食补充剂或接触面暴露的地方形成污染源；

(3) 对于那些可能由于渗漏、污物或其他外来异物，或为害虫提供滋生环境而对组分、膳食补充剂或接触面造成污染的区域，进行充分排水；

(4) 充分利用废弃物处理系统，以使废弃物不会在有组分、膳食补充剂或接触面暴露的地方形成污染源；并且

(5) 如果你方工厂的地面与不属你方控制的场地相邻，并且如果这些相邻场地并没有如本部分所述保持清洁卫生，则你必须在工厂内认真进行检查、查看，或通过其他方式清除有害物、灰尘、污物及其他可能构成污染源的外来异物。

(b) 实体工厂设施。

(1) 必须保持实体工厂处于清洁卫生的状态；

(2) 实体工厂必须有充分的维护，以防止组分、膳食补充剂或接触面受到污染。

(c) 洗涤剂、消毒剂、杀虫剂及其他有毒材料。

(1) 你使用的洗涤剂及消毒剂不得含有会影响公共健康的微生物，在使用时必须安全且足以发挥作用。

（2）在生产或存在组分、膳食补充剂或接触面暴露的实体工厂内，不得使用或保存有毒材料，除非是如下情况所必需的材料：

（i）保持清洁卫生状况；

（ii）用于实验室测试程序；

（iii）用于实体工厂或设备的维护或运行；或者

（iv）用于工厂的运营工作。

（3）你必须确认并保存洗涤剂、消毒剂、杀虫剂、农药等化学品及其他有毒物质，储存方式应防止组分、膳食补充剂或接触面受到污染。

（d）**有害生物控制**。

（1）你方实体工厂任何区域内均不得有动物或有害生物。如果犬只不会导致组分、膳食补充剂或接触面的污染，则实体工厂部分区域允许有警卫犬或导盲犬。

（2）你方必须采取有效措施清除掉实体工厂内的有害生物，防止组分、膳食补充剂及接触面在工厂内遭到有害生物的污染；并且

（3）不得使用杀虫剂、熏蒸剂、杀真菌剂或灭鼠剂，除非你已采取预防措施，可防止组分、膳食补充剂或接触面受到污染。

（e）**供水**。

（1）对于水分不会成为膳食补充剂组分的所有应用场合，必须提供安全卫生、温度适宜、压力满足需要的用水。

（2）对于水分可能成为膳食补充剂组分的用水，如当水接触到组分、膳食补充剂或接触面的场合，至少应当符合可适用的联邦、各州及本地要求，且不会污染膳食补充剂。

（f）**管道**。你方实体工厂内的管道必须有适当的尺寸与设计，其安装与维护能够：

（1）向整个实体工厂内的规定位置输送足量水源；

（2）妥善输送实体工厂产生的污水及液态处理废物；

（3）避免形成组分、膳食补充剂、供水或任何接触面的污染源，或形成不卫生的环境；

（4）在地板会经常冲洗，或者按正常操作会向地板释放或排出水分或其他废液的区域，应保证地面排水顺畅；

（5）排放废水或污水的管道系统，以及输送膳食补充剂生产用水、清洁接触面水、浴室或洗手设施用水的管道系统等，不允许出现回流或交叉。

（g）**污水处理**。你方必须通过适当的污水系统或通过其他适当方式完成污

水的处理。

（h）**卫生间设施。**你方必须为员工提供适当的、便于使用的卫生间。卫生间必须保持清洁，不得成为组分、膳食补充剂或接触面的潜在污染源。

（i）**洗手设施。**你方必须提供洗手设施，所提供的洗手设施必须方便实用，具有适当温度的自来水，从而确保员工的双手不会成为组分、膳食补充剂或接触面的污染源。

（j）**废弃物处理**：必须对废弃物进行运输、储存及处理，以便：

（1）尽量减少异味生成；

（2）尽量减小废弃物吸引、藏匿有害生物或成为有害生物滋生地的可能性；

（3）防止组分、膳食补充剂、接触面、供水及你方实体工厂周围地面受到污染；并且

（4）控制有害废弃物，防止对组分、膳食补充剂及接触面造成污染。

（k）**卫生监督员。**你必须指派一名或多名员工监督整体卫生情况。每名监督员在制定并监督卫生程序方面所受的教育、培训或经验必须符合要求。

Sec. 111.16　C 节中对于书面程序有什么要求？

你必须制定并遵循实体工厂清洁及有害物控制的书面程序。

Sec. 111.20　对于你方实体工厂有什么结构与设计要求？

你方用于生产、包装、粘贴标签或储存膳食补充剂的任何实体工厂必须：

（a）大小、结构及设计合理，便于开展维护、清洁及消毒工作；

（b）具有充足的空间，便于有序放置设备并保存维护、清洁、消毒工作所需的材料，防止在生产、包装、标签粘贴或储存过程中组分及膳食补充剂遭到污染或混合；

（c）允许采取适当的预防措施，减少组分、膳食补充剂或接触面与微生物、化学品、污物或其他外来异物混合或遭到污染的可能性。你方实体工厂必须设有、你方也必须使用大小适当的独立或指定区域或其他控制系统（如计算机化库存控制或自动化分离系统），以防止在下列工作过程中组分及膳食补充剂遭到污染或混合：

（1）在膳食补充剂生产、包装、标签粘贴或储存过程中，将接收、识别、储存即将使用、已用或在用的组分、膳食补充剂、包装及标签隔离开来；

（2）根据需要，应将生产过程中用到的组分、膳食补充剂、包装及标签与正在等待材料审核及处理意见、再加工或拒收后等待处理的组分、膳食补充剂、包装或标签分离开来；

（3）分离不同类型产品的生产、包装、标签粘贴及储存作业，包括不同类型

的膳食补充剂或其他食品、化妆品及药品；

（4）进行实验室分析，并保存实验室供给品及样品；

（5）对接触面进行清洁消毒；

（6）包装及标签工作；

（7）保存组分或膳食补充剂。

（d）其设计与建筑形式应当能够防止组分、膳食补充剂或接触面受到污染。

（1）设计及建设必须包括：

（i）地板、墙壁及天花板能够得到适当的清扫，并保持清洁及良好的维修状况；

（ii）固定装置、线管及管道不会因滴水或其他泄漏、冷凝物对组分、膳食补充剂或接触面造成污染；

（iii）有充分的通风或环境控制设备（诸如换气系统），包括过滤器、风扇及其他鼓风设备，在异味或水汽可能污染组分、膳食补充剂或接触面的区域尽量减少异味及水汽（包括蒸汽及刺激性烟雾）；

（iv）控制温度及湿度的设备，如果该设备系保证膳食补充剂质量所必需；以及

（v）设备与墙壁之间的过道或作业空间不得遭到阻塞，并具有充分的宽度，允许所有人员完成其工作，并可防止组分、膳食补充剂或接触面受到衣物或人员接触引起的污染。

（2）在使用风扇及其他通风设备时，这些风扇及设备的位置及使用方式必须尽量减少微生物及颗粒物质污染组分、膳食补充剂或接触面的可能性。

（e）为下列区域提供充分的照明：

（1）所有用以检查、加工或储存组分或膳食补充剂的区域；

（2）所有清洁接触面的区域；

（3）洗手区，衣帽间及盥洗室。

（f）在准备过程中，如果暴露组分或膳食补充剂上方悬挂有灯泡、固定装置、天窗、其他玻璃或类玻璃材料，则应使用安全型灯泡、固定装置、天窗或其他玻璃或类玻璃材料，除非你方实体工厂的设计建设能够在玻璃或类玻璃材料发生碎裂时防止组分或膳食补充剂受到污染。

（g）通过下列措施为防止大量发酵容器内组分及膳食补充剂受到污染提供有效保护，如：

（1）使用防护罩；

（2）置于能够消除容器周围有害物藏匿处的地方；

（3）置于能够定期检查有害物、有害物侵扰、污物或其他外来异物情况的地方；

（4）使用撇渣设备。

（h）根据需要使用风幕或其他虫害防护装置。

Sec. 111.23　在 C 节中，你必须完成并保存哪些记录？

（a）必须按照文中 P 节要求完成并保存 C 节所规定的记录。

（b）必须制作并保存实体工厂清洁及有害物控制书面程序的记录。

（c）如果用水的方式可能导致水分成为膳食补充剂的组成部分，则必须制作并保存显示用水达到了 111.15（e）（2）部分要求的记录。

+—+

解读：一、本节 Sec. 111.15（a）条款"地面"要求与《出口食品生产企业安全卫生要求》（以下简称安全卫生要求）第六条（一）至（五）的内容基本一致，只是 FDA 对工厂周边场地环境的要求更为宽松一些，《安全卫生要求》第六条（一）规定"企业选址应远离有毒有害场所及其他污染源"，而本法规允许通过检查、灭鼠等措施来解决。输美氨糖企业除了应关注厂区外环境的变化，还特别应关注甲壳素原料生产区域与 GMP 净化车间等洁净区域的隔离，以避免交叉污染。

二、本节 Sec. 111.15（b）条款"实体工厂设施"要求与《安全卫生要求》第三条（三）和（七）基本一致。需要强调的是本条款所述防止交叉污染与 B 节工作服要求一样，要防止不同产品之间的掺杂，也包括过敏源的交叉污染。

三、本节 Sec. 111.15（c）条款"洗涤剂、消毒剂、杀虫剂及其他有毒材料"的总体要求与《安全卫生要求》第十二条一致，所不同的是 FDA 除了强调有毒有害化合物的安全性以外，还特别强调了清洗消毒用化合物的有效性，输美氨糖企业应将此类化合物纳入合格供方评定，对其安全性和有效性进行评估，必要时还应采取有效手段进行验证。此外，FDA 列出了可以在食品暴露区域使用或存放的化合物，但企业应注意确保这类化合物处于受控状态。

四、本节 Sec. 111.15（c）条款"有害生物控制"的要求与《安全卫生要求》第六条（八）的区别在于：一是 FDA 特别强调了在膳食补充剂工厂的任何区域都不得有有害生物，而《安全卫生要求》没有明确提出；二是 FDA 允许在采取有效措施防止污染的前提下使用杀虫剂、熏蒸剂、杀真菌剂或灭鼠剂，而《安全卫生要求》规定"不得使用有毒饵料"。

FDA 在现场检查中非常关注有害生物控制，会对照防虫、鼠设施示意图查看虫、鼠控制记录，并会深入排查厂区内每个可能发生虫、鼠害的角落，同时与有害生物控制管理人员充分沟通交流，充分收集企业虫害控制不足的证据。输美氨糖生产企业应设置充足的虫害控制设施，并注意对此类设施的维护和更换。企业控制虫害，一是消除兹生地和吸引物，二是保持车间的密闭性，消除虫害进入车间的机会，三是将虫害从车间中驱逐，而不是将它们杀死在车间内。

五、本节 Sec. 111.15（e）条款"供水"的要求与《安全卫生要求》第八条（一）、（二）、（三）相似。我国的市政供水能够满足美国标准要求，但自备水源须充分考虑各种污染可能，做好防护，定期进行检测。

六、本节 Sec. 111.15（f）条款"管道"的要求与《安全卫生要求》第六条（七）和第八条（五）相似。加工用水与其他不与食品接触的用水应以完全分离的管道输送，避免交叉污染。排水系统的设计和建造应保证排水通畅、便于清洁维护；应适应食品生产的需要，保证食品及生产、清洁用水不受污染。FDA 在现场检查时特别注重查看供水管道是否能够防止回流，包括有无止回阀、出水口是否直接浸入水池、水管是否落地、污水排放口与排水沟水面的距离等。

七、本节 Sec. 111.15（g）条款"污水处理"的要求与《安全卫生要求》第七条（十二）一致。Sec. 111.15（h）条款"卫生间设施"的要求与《安全卫生要求》第七条（八）基本一致。Sec. 111.15（i）条款"洗手设施"的要求与《安全卫生要求》第七条（七）基本一致。Sec. 111.15（j）条款"废物处理"的要求与《安全卫生要求》第六条（五）基本一致。

八、本节 Sec. 111.20"厂房结构和设计要求"与《安全卫生要求》第七条基本一致，不同之处在于 FDA 特别强调了散装发酵容器的预防控制，并且详细列举了保护这类容器的预防控制措施。现实中，输美氨糖企业存在虾蟹壳原料露天存放、前处理工艺在室外等类似情况，应参照本条款要求做好预防控制措施。

为符合本节对厂区及地面的要求，输美氨糖企业应在新建厂房车间时充分考虑本节的硬件要求，在日常维护时检查是否持续符合要求，并记录（例如洁净厂房检查记录、洁净厂房维修记录、洁净厂房设施保养记录等）。

九、在建立 SSOP 时充分考虑本节的要求，在"加工用水的安全""防止交叉污染""手的清洗、消毒及卫生间设施的维护""防止外来污染物的污染""害虫与鼠类的清除与控制"等内容中完全覆盖本节条款的内容。

对于有毒、有害物品的管理，应将其纳入合格供方评定程序，有合格供方名录，对供应商进行评价并记录，保存供应商的资质证明材料和产品合格证明，企业还应建立有毒有害物品清单，入库和领用台账、配制记录等。

此外，涉及本节的文件记录还包括：水的检测报告、虫鼠控制记录、灭蝇灯检查记录、车间窗玻璃等易碎品检查记录等。

十、FDA 现场检查常见不符合项:

涉及条款 21 CFR 111.15(c)(3):你方未能以合适的方式鉴别并保存洗涤剂、消毒剂、杀虫剂、杀虫剂化学品及其他有毒材料,以防止组分、膳食补充剂或接触面受到污染。

涉及条款 21 CFR 111.20(d)(1)(i):地板、墙壁及天花板的设计和构造不利于进行适当的清扫并保持清洁及良好的维修状况。

涉及条款 21 CFR 111.20(f):你方未在暴露的组分或膳食补充剂上方使用安全类型的灯泡、固定装置、天窗、玻璃。

不符合项涉及的其他条款还有:21 CFR 111.15(a)、21 CFR 111.15(a)(1)、21 CFR 111.15(a)(2)、21 CFR 111.15(b)(1)、21 CFR 111.15(c)(1)、21 CFR 111.15(d)(2)、21 CFR 111.15(f)(2)、21 CFR 111.15(f)(3)、21 CFR 111.15(f)(5)、21 CFR 111.15(h)、21 CFR 111.15(i)、21 CFR 111.15(k)、21 CFR 111.16、21 CFR 111.20(b)、21 CFR 111.20(c)、21 CFR 111.20(c)(3)、21 CFR 111.20(d)、21 CFR 111.20(d)(1)(iii)、21 CFR 111.20(d)(1)(iv)、21 CFR 111.20(e)(1)、21 CFR 111.20(h)、21 CFR 111.23(b)。

+ +

Subpart D   Equipment and Utensils
D 节   设备与器具

Sec. 111.25   D 节中对于书面程序有什么要求?

你必须制定并遵循满足 D 节所要求的书面程序,包括针对下列情况的书面程序:

(a) 校准用于生产或测试组分或膳食补充剂的仪器及控制器;

(b) 校准、检查并检验自动化、机械及电子设备;以及

(c) 对用于组分或膳食补充剂生产、包装、标签粘贴或储存的所有设备、器具及其他接触面进行维护、清洁与消毒。

Sec. 111.27   对于你使用的设备及器具有什么要求?

(a) 必须使用具备适当设计、制造及工艺的设备与器具,以使其适于指定用途,并能够得到充分清洁与适当维护。

(1) 设备与器具包括以下

(i) 用于储存或运输的设备;

(ii) 用于测量的设备;

(iii) 使用压缩空气或气体的设备;

(iv) 在密闭管道或容器内完成加工的设备；

(v) 自动化、机械或电子系统内使用的设备。

(2) 必须使用经过适当设计与制造的设备及器具，以免在使用时因下列物质对组分或膳食补充剂造成污染：

(i) 润滑剂；

(ii) 燃料；

(iii) 冷却剂；

(iv) 金属或玻璃碎片；

(v) 污物或其他外来异物；

(vi) 被污染的水；或

(vii) 其他污染物。

(3) 你使用的所有设备与器具必须：

(i) 其安装与维护应便于清洁设备、器具及所有相邻的空间；

(ii) 如果这些设备或器具会接触到组分或膳食补充剂，则应具有抗腐蚀性；

(iii) 采用无毒材料制造；

(iv) 其设计与结构应当能够承受其使用时的环境条件，组分或膳食补充剂的作用，以及清洁剂与消毒剂的作用；

(v) 进行维护保养以防止组分及膳食补充剂受到任何污染源的污染。

(4) 所使用设备及器具的接缝黏合必须平整光滑，以尽量减少灰尘、污物、有机物质、组分或膳食补充剂颗粒、其他外来异物或污染物的聚积。

(5) 用于储存组分或膳食补充剂的每个冷冻机、冰箱及其他冷藏室：

(i) 必须安装温度指示计、温度测量装置或温度记录装置，以便准确指示并记录（或允许手工记录）冷藏室内的温度；

(ii) 必须有调节温度的自动化装置，或指示手工操作中温度明显变化的自动报警系统。

(6) 膳食补充剂生产、包装、标签粘贴或储存时使用的仪器或控制器，用于测量、调节或记录温度、氢离子浓度(pH)、水分活性或其他情况，或用于控制或防止微生物或其他污染物生长的仪器或控制器必须：

(i) 精确、准确；

(ii) 得到适当的维护；

(iii) 备有充足数量用于指定用途。

(7) 通过机械方式引入到组分、膳食补充剂或接触面，或用于清洁接触面的压缩空气或其他气体必须按一定的方式进行处理，以确保组分、膳食补充剂或接触面不会受到污染。

(b)必须校准用于生产或测试组分或膳食补充剂的仪器及控制器。你必须进行校准工作：

(1)在首次使用之前；

(2)遵守仪器及控制器制造商书面规定的频率进行校准；或者

(3)遵守例行频率或根据需要进行校准，以确保仪器及控制器的精确性与准确性。

(c)你必须修理或更换无法调整到参考标准的仪器或控制器。

(d)对用于组分或膳食补充剂生产、包装、标签粘贴或储存的所有设备、器具及任何其他接触面，你必须加以维护、清洁与消毒。

(1)设备及器具必须根据需要拆开进行彻底的维护、清洁与消毒。

(2)用于生产或储存低水分含量组分或膳食补充剂的所有接触面，在使用时必须确保处于干燥清洁状态。接触面用水清洗之后，下次使用之前应根据需要进行消毒，并彻底干燥。

(3)如果在生产过程中运用了湿处理，则必须对所有接触面进行清洁消毒，以防止微生物进入组分或膳食补充剂。如有必要进行清洁和消毒，则在使用之前或接触面可能在其间受到污染的中断使用期后，你必须对所有接触面进行清洁消毒。如果在连续生产作业或涉及不同批次同类膳食补充剂的连续作业中使用接触面，则必须对接触面进行充分的清洁消毒。

(4)你必须按必要的频率清洁未与组分或膳食补充剂直接接触的表面，以防止污染组分或膳食补充剂。

(5)一次性物品(如一次性使用的器具，纸杯及纸巾)必须：

(i)存放在适当的容器内；

(ii)搬运、分发、使用及处理方式应当防止组分、膳食补充剂或其他任何接触面遭到污染。

(6)必须备有足量清洁剂、消毒剂用于预定用途，且必须保证正常使用条件下的安全；

(7)具有接触面、经过清洁消毒的便携式设备与器具，其存放位置和方式应当能够防止受到污染。

Sec. 111.30　对于自动化、机械或电子设备有什么要求？

对于用于生产、包装、粘贴标签或储存膳食补充剂的自动化、机械或电子设备，必须：

(a)设备的设计或选择应当确保始终如一地满足膳食补充剂规范要求；

（b）确保设备能在工艺规定的作业条件下正常运行，从而确定设备的适用性；

（c）例行性校准、检查或核验设备，确保其正常运行。你方质量管理人员必须定期评估这些校准、检查或检验工作；

（d）制定并采用适于自动化、机械及电子设备的控制程序（包括计算机控制程序软件），确保生产、包装、标签粘贴、储存或其他作业的任何变化均能得到质量管理人员的批准，并且只能由授权人员完成；并且

（e）制定并采用适当的控制程序，确保设备按照其设计用途正常发挥作用。这些控制程序必须得到质量管理人员的批准。

Sec. 111.35　在 D 节中，你必须完成并保存哪些记录？

（a）必须按照文中 P 节要求完成并保存 D 节所规定的记录。

（b）你必须完成并保存下列记录：

（1）满足本节要求的书面程序，包括针对下列内容的书面程序：

（i）校准用于生产或测试组分或膳食补充剂的仪器及控制器；

（ii）校准、检查并检验自动化、机械及电子设备；

（iii）对用于组分或膳食补充剂生产、包装、标签粘贴或保存的所有设备、器具及其他接触面加以维护、清洁与消毒；

（2）单个设备日志中设备使用、维护、清洁及消毒当天的文件，除非这些文件与成批记录保存在一起；

（3）用于生产或测试组分或膳食补充剂的仪器及控制器的校准文件（每次进行校准时）。在文件中，你必须：

（i）标明校准的仪器或控制器；

（ii）提供校准日期；

（iii）确定使用的参考标准，包括根据已知参考标准发布的精确性证明以及精确性证明的历史记录；

（iv）指明所使用的校准方法，包括校准时仪器及控制器精确性与准确性的相关限制条件；

（v）提供校准读数；

（vi）如果仪器及控制器的精确性或准确性条件，或精确性和准确性限制条件均未达到要求，则应指明所使用的重新校准方法，以及相关读数；

（vii）包括进行校准工作及任何重新校准人员的首字母签名。

（4）校准、检查、检验自动化、机械及电子设备的书面程序；

（5）当前软件程序（以及在当前软件无法检索记录时，根据本文 P 节规定要

求你保存的检索记录所必需的过期软件)备份文件,及输入计算机系统用于生产、包装、粘贴标签或保存膳食补充剂的数据的备份文件。

（i）你方备份文件(如你输入数据的硬拷贝、磁盘、磁带、缩微胶片或光盘)必须是你输入数据准确完整的记录。

（ii）你方必须保存好备份软件程序及数据,防止遭到修改、意外删除或丢失。

（6）用于确保设备按照预定用途正常发挥作用的控制程序文件。

解读:一、本节 Sec. 111.27(a)条款的要求与《安全卫生要求》的差异主要是:

（1）**关于设备及其相邻空间的清洁维护**:本节规定"设备的安装必须便于设备及其相邻空间的清洁和维护",而《安全卫生要求》并未做出规定。现实中企业往往会因为设备安置的不合理而留下令人尴尬的空间,设备既不与墙面、地面或天花紧密连接,留下的空间又不足以进行充分的清洁维护。

（2）**关于设备和工器具与食品接触面的材质**:本节除了与《安全卫生要求》一样,要求接触面材质耐腐蚀、无毒外,还特别强调了"其设计与结构应当能够承受其使用时的环境条件,组分或膳食补充剂的作用,以及清洁剂与消毒剂的作用",意为接触面在其使用环境中(包括温度、湿度等)保持状态稳定,在清洗消毒过程中不与清洁剂、消毒剂发生反应,且能耐受与之对应的清洗方式,例如高温消毒或是用力擦拭,避免发生变形或出现划痕凹槽,成为致病菌寄生场所,污染产品。

（3）**关于冷库(或是冷藏、冷冻设备)**:相较于《安全卫生要求》更为宽松,一是允许不配置自动温度记录装置而手工记录,二是允许冷库没有温度自动调节装置,但必须有指示手工操作的自动报警装置。

（4）**关于温、湿度计等测量装置**:本条款强调了装置的数量应满足其指定用途。例如在较大的有多个"热点"的冷库中应放置多个温度计或探针。

（5）**关于设备和工器具的接缝黏合处**:FDA 现场检查时非常重视设备和工器具接触面的结构,会仔细查看是否有容易藏污纳垢的不光滑的焊接缝、凹槽或是孔洞,特别是管道内部,如果发现一处焊接不良,会逐个检查所有的相似设备和位置,搜集证据。

二、本节 Sec. 111.27(b)和(c)关于校准的条款要求与《安全卫生要求》一致。

本节 Sec. 111.27(d)"接触面"条款的要求与《安全卫生要求》相比较：

（1）**关于低水分含量产品**：《安全卫生要求》第三条要求"建立并有效执行食品接触面的卫生控制程序"应该包含了低水分含量产品这一情况。FDA 特别强调了这一情况下，接触面应在使用前进行消毒和彻底干燥。氨糖即是典型的低水分含量产品，企业应在制定设备和工器具维护程序时充分考虑干燥的要求，并根据需要设置干燥设备或区域，在班前卫生检查时查看干燥情况。

（2）**关于一次性用品**：FDA 专门针对一次性用品做出规定，存放在适当的容器中，防止交叉污染。

三、本节 Sec. 111.30"自动化、机械或电子设备"条款强调"建立适用于自动化、机械及电子设备的控制程序（包括计算机控制程序软件），确保生产、包装、标签粘贴、保存或其他作业的任何变化均能得到质量管理人员的批准，并且只能由授权人员完成"，氨糖企业多采用全自动化管道设备，应遵循加工过程不对产品造成污染、不存在卫生死角、方便清洗，材质符合卫生工艺要求和生产技术参数要求等原则。操作人员应严格按照质量管理人员批准的设备、设施控制程序进行操作。

四、为符合 D 节对设备与器具的要求，输美氨糖企业应建立设备一览表、设备维护保养计划、加工设备设施维护程序、清洗消毒程序，并进行记录，记录可以是单个设备当天的使用、维护、清洁、消毒日志，也可以按产品批与其他文件保存在一起。

对于监视测量设备，应建立检定校准程序，列出检定校准设备清单，制定监视测量设备校对校准计划和外校计划，监视测量设备内校记录。FDA 对检定校准做了详细的规定，例如在校准记录中显示设备名称、校准日期、参考标准、校准方法、校准读数、校准人签字等。同时还特别强调了应建立对全自动化设备的检定校准控制程序，以及应对电脑中的记录和数据进行备份。

五、FDA 现场检查常见不符合项：

涉及条款 21 CFR 111.25(c)：你方未建立并遵守关于维修、清洁、消毒用于生产、包装、粘贴标签或是储存组分或膳食补充剂的设备和器具的书面程序。

涉及条款 21 CFR 111.27(a)(5)(ii)：你方用于储存组分或膳食补充剂的冰箱、冷库或其他冷藏设备没有温度自动调节装置或是温度变化自动报警系统。

涉及条款 21 CFR 111.27(d)：你方未维修、清洁、消毒用于生产、包装、粘贴标签或是储存组分或膳食补充剂的设备和器具。

不符合项涉及的其他条款还有：21 CFR 111.25、21 CFR 111.25(a)、21 CFR 111.25(b)、21 CFR 111.27(a)、21 CFR 111.27(a)(3)(v)、21 CFR 111.27

(a)(4)、21 CFR 111.27(a)(5)(i)、21 CFR 111.27(b)、21 CFR 111.27(d)(2)、
21 CFR 111.27(d)(4)、21 CFR 111.27(d)(6)、21 CFR 111.27(d)(7)、21 CFR
111.30(b)、21 CFR 111.30(c)、21 CFR 111.35(b)(1)、21 21 CFR 111.35(b)
(1)(i)、CFR 111.35(b)(1)(iii)、21 CFR 111.35(b)(2)、21 CFR 111.35(b)(3)、
21 CFR 111.35(b)(4)、21 CFR 111.35(b)(6)。

+‑+

Subpart E   Requirement to Establish a Production and Process Control System
E 节   建立生产和过程控制体系的要求

Sec. 111.55   实施生产和过程控制系统的要求是什么？

你方实施的生产和过程控制体系,须覆盖膳食补充剂生产、包装、标签粘贴和储存的全过程以保证其质量以及按照主生产记录要求进行膳食补充剂的标签粘贴和包装。

Sec. 111.60   生产和过程控制系统的设计要求是什么？

(a)生产和过程控制体系设计时,须保证膳食补充剂在保证质量的状态下生产、包装、粘贴标签和储存,并按照主生产记录规定包装、粘贴标签;

(b)生产和中间过程控制体系须包括本部分 E 到 L 节的所有要求,必须由质量控制人员复审及批准。

Sec. 111.65   质量控制操作的要求是什么？

你方必须在生产、包装、粘贴标签和储存工序中执行质量控制操作,以确保膳食补充剂的质量、以及按照主生产记录的规定包装和粘贴标签。

Sec. 111.70   你方需要建立什么规范？

(a)在生产过程中,凡是必要的控制点、控制步骤、控制阶段都须建立规范以确保膳食补充剂的质量以及按照主生产记录的规定进行包装和粘贴标签。

(b)对于在生产膳食补充剂的过程中使用到的每一种组分,都必须建立组分规范:

(1)必须建立鉴别标准;

(2)必须确保组分符合鉴别标准,从而使生产出来的膳食补充剂的纯度、效力及成分能符合产品的质量标准;

(3)必须对那些可能掺杂或者可能导致批量成品膳食补充剂掺杂的污染物设定限值,以确保膳食补充剂的质量。

(c)对于中间体:

(1)对于主生产记录中必要的控制点、控制步骤和控制阶段,均须制定中

间过程控制规范,以确保膳食补充剂的特性、纯度、效力及成分符合产品标准;对必要的控制点、控制步骤和控制阶段均制定可能导致掺入杂质的污染物限量;

(2)你方必须提供适当的文件,证明为什么符合过程控制规范和组分规范,有助于确保膳食补充剂的特性、纯度、效力及成分符合产品标准,有助于确保可能掺杂或者可能导致批量成品掺杂的污染物符合限量要求;

(3)质量控制人员必须审核并且批准你方按照本部分(c)(2)提供的文件。

(d)建立膳食补充剂标签标准(标签规格)和可能接触膳食补充剂的包装标准(包装规格)。与膳食补充剂接触的包装必须是安全、适用的,不能发生反应或有吸收性或对膳食补充剂的质量和安全有负面影响。

(e)对于你方所生产的每一种膳食补充剂,都必须建立有关产品特性、纯度、效力及成分的产品技术规范,以及可能掺杂或导致批量成品掺杂的污染物限量标准,以确保膳食补充剂的质量。

(f)如果你方是从供应商处接收膳食补充剂,用于包装和粘贴标签(用于分销而不是返销给供应商)的,你方必须制定规范以充分保证你方接收到的产品被充分鉴别并与订单一致。

(g)对于完成包装和粘贴标签的膳食补充剂,必须建立包装和标签粘贴的规范,包括确保使用指定的包装材料和标签。

Sec. 111.73　对于判断制定的规范标准是否被遵守,你方有什么责任?

你方必须确认是否遵守根据 111.70 制定的质量标准。

Sec. 111.75　为了判断规范标准是否被遵守,你方必须要做的是什么?

(a)使用组分前,须:

(1)(i)除非根据本节(a)(1)(ii),向机构申请并且该机构豁免了该项测试,否则你方进行至少一次适当的测试或是检查,来鉴别任何组分是膳食成分;

(ii)可以根据 21 CFR 10.30 提交申请,要求豁免本节(a)(1)(i)中的测试要求。申请书中必须阐明提出替代性测试方法的科学原理,并且必须随附支持性数据和信息,以证明从申请书中确定的一个或多个供应商处获得的膳食成分的含量与 100% 鉴别标准所提供的保证相比没有实质性减少。如果 FDA 批准申请,你必须按照 FDA 在批准申请时指定的条款进行膳食成分的测试和检查,否则根据 111.75(a)(1)(i)要求;

(2)进行其他组分的鉴别,决定其他组分是否符合按照 111.70(b)制定的组分质量标准。为此,你必须:

(i)进行适当的检测检验;

(ii) 依据组分供应商的检验证明书(certificate of analysis,COA),条件是:

(A) 首先对供应商进行合格评定,从而证明其提供的测试或检验报告的可靠性;

(B) COA 包括检测检验方法的描述、检测检验限值和实际的检测检验结果;

(C) 应保存供应商合格评定的证据;

(D) 定期重新进行供应商合格评定,确认供应商 COA;并且

(E) 质量管理人员审核和批准供应商合格评定(再评定)文件。

(b) 监测必要的中间程序控制点、控制步骤或控制阶段,以确保膳食补充剂批量成品的质量:

(1) 判断是否符合中间体标准;

(2) 监测任何可能导致质量不符合标准的偏差和紧急情况。

(c) 根据完整的统计抽样计划,对膳食补充剂批量成品的亚批(或每一批量成品)进行特性鉴别,必须证实成品批膳食补充剂的特性、纯度、效力及成分符合产品标准;并且满足对于可能导致膳食补充剂批量成品污染或出现掺杂情况的污染物限量规定。需:

(1) 如果对批量成品进行检验检测,必须选择关于膳食补充剂特性、纯度、效力和成分以及可能导致膳食补充剂批量成品污染或出现掺杂情况的污染物限量的一个或多个已建立的标准,并证实在生产和过程控制系统中生产的膳食补充剂符合所有质量标准规范[或是符合除了由质量控制人员依据本条款(d)豁免的以外的那些标准规范];

(2) 必须实施适当的检测和检验,以判断符合本条款(c)(1)部分选择的标准规范;

(3) 必须提供充分的文件,说明通过采用本条款(c)(2)部分规定的适当的检测和检验,判定符合本条款(c)(1)所选择的标准规范的理由,以确保你的膳食补充剂批量成品达到了特性、纯度、效力、成分方面的产品标准,并且满足对于可能导致膳食补充剂污染或出现掺杂情况的污染物限量规定;并且

(4) 质量控制人员必须审核并批准依据本条款(c)(3)部分提供的文件。

(d) (1) 如果你方判定并证明(c)(1)中一个或多个标准,对生产与过程控制系统生产的膳食补充剂符合产品标准没有验证作用,并且在成品阶段没有科学合理的检测检验方法,你方可以豁免该质量标准。在这样的情况下,你方必须出具证明文件,如组分和中间体检测、检验或监测以及其他信息,确保可以在未经过定期成品检测的情况下,成品符合被豁免的质量标准;

（2）你方的质量管理人员必须审核并批准按照本条款（d）（1）部分提供的文件。

（e）对于将要包装和粘贴标签的膳食补充剂（用于分销而不是返销给供应商），在包装和粘贴标签之前，你方必须进行外观检查，并且记录产品是否符合依据111.70（f）制定的标准规范的判定。

（f）（1）在使用包装材料之前，必须至少对容器和封盖实施外观检查，并且审核供应商发票、保证书或证明，以判断是否符合包装材料标准规范；并且

（2）在使用标签之前，必须至少对标签实施感官检验，并且审核供应商发票、保证书或证明，以判断是否符合标签标准规范。

（g）你方至少要对已完成包装和粘贴标签的膳食补充剂（成品）的包装和标签进行外观检查，以确定是否使用了指定的包装材料和标签。

（h）（1）你方须确保用来判断产品是否符合质量标准规范的检验检测方法是适宜的、科学有效的。

（2）你方使用的检验检测方法必须包括以下至少一项：

（i）数量、重量等显而易见的感官分析；

（ii）产品规格、色泽、杂质等肉眼分析；

（iii）微生物分析；

（iv）化学分析；

（v）其他科学有效的方法。

（i）你方必须建立当产品不符合已制定的标准规范时的纠正性行动计划。

Sec. 111.77　如果不符合已建立的标准规范，你方必须：

（a）对于不符合根据111.70（a）、（b）（2）、（b）（3）、（c）、（d）、（e）及（g）部分所制定标准规范的情况，质量控制人员必须按照本法规F节的要求拒收组分、膳食补充剂、包装材料或标签，除非质量控制人员批准对其进行能够保证膳食补充剂成品质量、并保证膳食补充剂按照主生产记录的规定进行包装并粘贴标签的处理、中间过程调整或重新加工。除非符合111.123（b）的要求，否则膳食补充剂的批量成品不得放行用于分销。

（b）对于不符合111.70（b）（1）部分中标准规范要求的情况，质量控制人员必须拒收组分，并且这些组分不得用于膳食补充剂的生产。

（c）对于不符合111.70（f）部分中标准规范要求的情况，质量控制人员必须拒收这些产品，并且这些产品不得作为膳食补充剂进行包装，或粘贴标签，或分销。

Sec. 111.80 你方必须收集哪些代表性样品？

你方必须收集的代表性样品包括：

(a) 每组唯一组分、包装和标签的代表性样品，用于确定这些组分、包装和标签是否符合 111.70(b)、(d)部分所制定标准规范的要求，同样 111.70(a)也适用（即，当收到供应商提供的组分、包装材料和标签时，须对每一运输单位中的每一批号进行抽样）；

(b) 在主生产记录所规定的生产程序中需要加以控制的点、步骤或阶段处，每个生产批次中间体的代表性样品，以确保膳食补充剂的特性、纯度、效力及成分，确定中间产物是否符合依据本法 111.70(c)所制定的标准规范要求，同样本法也适用于 111.70(a)；

(c) 所生产的每一成品批膳食补充剂的亚批（拼混前每个生产批）的代表性样品，在成品进入分销前，按照合理可靠的统计学方法（或每一批次成品）加以确定，以验证成品批膳食补充剂达到依据 111.70(e)所确定的产品的标准规范的要求，同样也适用于本法 111.70(a)；

(d) 用于包装或粘贴标签的膳食补充剂（用于分销而不是返销给供应商），须对收到的每个运输单位，或每一个运输单位中的每一批号的产品，抽取代表性样品进行检查，确定所收到的产品是否符合依据本法 111.70(f)所制定的标准规范要求，同样本法也适用于 111.70(a)；

(e) 对每一批包装好的和贴好标签的膳食补充剂产品，须抽样检验，确定其包装和标签是否符合依据 111.70(g)所制定质量标准规范的要求，同样也适用于 111.70(a)。

Sec. 111.83 留样的要求是什么？

(a) 必须对分销每一组已包装并贴标签的膳食补充剂抽取样品，并保留样品。

(b) 留样必须：

(1) 贮存在与包装、粘贴了标签并用于分销的产品一致的密闭容器内，如果所销售的产品是提供给其他厂家用于包装和粘贴标签，那么所抽取的样品须保存在基本相同性质的密闭容器内，以防止污染或变质；

(2) 明确标示批号、组号或控制号；

(3) 留样保存到保存期限后一年（如果采用了保存期限），或保存到最后一批产品配送后的两年时间，以备相关调查之用；

(4) 至少保留能确保膳食补充剂是否符合产品标准规范要求的所有测试或检验用量两倍的样品量。

Sec. 111.87　谁进行材料审核或者做出处理决定？

质量控制人员必须实施所有必要的材料审核，并且做出所有必要的处置决定。

Sec. 111.90　当存在偏差和出现意外情况、或不符合根据 111.70 制定的标准规范时，处理、中间过程调整和重新加工的要求是什么？

（a）不可再加工不合格的膳食补充剂，也不可对组分、包装材料或者标签进行处理或中间过程调整，以使其适用于膳食补充剂的生产，除非：

（1）质量控制人员对材料进行审查并做出处置决定，批准再加工、处理或中间过程调整；

（2）根据 111.77 中条款，允许再加工、处理或中间过程调整；

（b）不可再加工任何膳食补充剂，也不可对组分进行处理或中间过程调整，使其适用于膳食补充剂的生产，除非：

（1）质量控制人员基于科学有效的理由，对材料进行审查并做出处置决定，批准再加工、处理或中间程序调整；

（2）根据 111.77 中条款，允许再加工、处理或中间过程调整；

（c）经过再加工、含有经过处理组分、或进行了中间过程调整令其适合用于膳食补充剂生产的任意批次膳食补充剂，在分销前必须得到质量控制人员的批准，并符合 111.123(b) 的要求。

Sec. 111.95　在本 E 节中，你必须完成和保存的记录有哪些？

（a）你方必须依照本法 P 节的要求，完成并保存 E 节所规定的记录。

（b）根据 E 节的要求，你方必须完成并保存的记录有：

（1）制定的标准规范；

（2）用于确定供应商可信度的供应商合格评定的证明文件；

（3）有助于确保膳食补充剂特性、纯度、效力及成分的标准规范要求，说明为什么达到中间体标准及组分标准的证明文件，可能导致膳食补充剂批量成品污染或出现掺杂情况的污染物限量规定的文件；

（4）确保 111.75(c)(1) 项下检验检测结果符合膳食补充剂产品标准的文件；

（5）说明为什么一些组分及中间测试、检验、监测或其他信息，无须通过批量成品定期测试验证即可确保达到 111.75(d) 所规定免除的产品规范要求的文件，包括说明根据 111.75(c)(1) 部分规定所选择的测试或检验规范并不能验证生产及过程控制体系能够生产出符合豁免产品规范要求的膳食补充剂，而同时没有科学有效的方法在批量成品阶段测试或检验此类豁免产品规范的相关文件。

（6）FDA 对于依据 111.75(a)(1)(ii)提出的免除 111.75(a)(1)(i)规定的申请的回复文件。

+·+

解读：一、本节详细规定了建立生产和过程控制体系的要求。这里需要了解和区分一些名词解释：

（1）组分（component）与膳食成分（ingredient）的关系。组分是指用于膳食补充剂生产的任何物质，包括那些可能未体现在膳食补充剂批量成品中的物质。组分包括膳食成分及其他成分。而膳食成分是指用于膳食补充剂生产的任何物质，并且将出现在膳食补充剂批量成品中。例如，氨糖生产中用于虾蟹壳脱脂用的氢氧化钠以及洗涤用的酒精等并不存在于终产品，它们属于组分，而不是膳食成分。而甘油、维生素等则既是组分，又是膳食成分。

（2）批号（batch number）和组号（lot number）的关系。一组产品是指一整批产品，或者是一整批产品中具有统一的特定可被识别的部分产品。一组或多组产品构成一批产品，例如，使用相同批次原料，在同一生产周期内生产的，特性、纯度、效力和成分都统一的氨基葡萄糖盐酸盐是一批产品，而将这一批氨基葡萄糖盐酸盐分别按 15 千克/桶和 25 千克/桶包装分销给两个客户，那么这一批产品就被分为了两组。

为符合本节规定，输美氨糖企业应建立覆盖膳食补充剂生产、包装、标签粘贴和储存的全过程的生产和过程控制体系，并且在必要的控制点、控制步骤和控制阶段都要建立标准规范。对于每一种组分，都要建立组分标准规范。此外，中间过程、标签、包装材料、成品膳食补充剂、未完成包装标签的用于分销的膳食补充剂、以及包装和粘贴标签的过程都要制定标准规范。这些关于标准规范制定的要求都是围绕 FDA 对于膳食补充剂的关注重点，即确保膳食补充剂的特性、纯度、效力和成分符合要求，以及防止污染提出的。这些规范包括了原辅料、包材、标签等的采购及进货验收控制程序、设备设施和环境控制程序、生产过程控制程序、产品标识和可追溯性控制程序，以及组分、成品的实验室检测技术标准等文件。事实上，FDA 检查时会特别关注企业有没有针对每一种组分以及每一种膳食补充剂成品建立关于特性、纯度、效力和成分以及污染物限量的质量技术标准，并核实是否按照这一标准进行了检测并记录。

二、输美氨糖企业在制定这些标准规范时，应涵盖 FDA 在本法规中特别强调的几点要求：

（1）应针对作为膳食成分的组分进行至少一次特性（身份同一性）鉴定检

测,除非按规定可以豁免;针对其他组分,可以通过检测来鉴别身份,也可以依据供应商提供的分析报告,前提是经质量控制人员审核,供应商资质合格并定期再评价,分析报告上要有检测方法描述、检测限和检测结果。

（2）要对必要的控制点、步骤或阶段进行监控,并建立纠正和预防控制程序。

（3）要建立产品监视和测量控制程序以及取样和留样操作规程。对代表性样品进行检测或检验,代表性样品包括:① 每一种组分、每一种包装和每一种标签;② 关键控制点、步骤、阶段处的中间产物;③ 膳食补充剂成品亚批(指尚未包装和粘贴标签的成品);④ 供应商提供的膳食补充剂半成品(包装和粘贴标签后分销);⑤ 已进行包装并粘贴标签的膳食补充剂成品。要对企业分销的每一组已包装和粘贴标签的膳食补充剂进行留样,留样期限是保存期限后一年或者是最后一批产品分销后的两年,留样量至少是检测用量 2 倍,氨糖产品在药典中规定的检测量为 100～150 克,因而留样量至少是 300 克。

（4）豁免特性鉴定检测:如果对成品膳食补充剂没有科学合理的检测方法,可以在组分和中间体检测等信息能够保证成品质量的前提下豁免。

（5）包装和粘贴标签作业指导书或记录中,应当有操作人员外观检查以及核对与生产记录是否一致的项目。

（6）对于本企业使用的检测方法,应提供的材料应证明其适宜性和科学有效性。

（7）质量控制人员应审核并批准各类控制文件,拒收不合规产品,批准缺陷产品的处理、中间过程调整或是再加工,以及批准这类产品的分销。

三、FDA 现场检查常见的不符合项:

涉及条款 21 CFR 111.65:你方没有执行质量控制操作,以确保膳食补充剂的质量。

涉及条款 21 CFR 111.70(a)(1)(i):你方未在其使用前,实施至少一次适当的测试或是检查,以核实膳食成分的身份特性。

涉及条款 21 CFR 111.70(b)(1):你方没有为每一种组分建立鉴别规范。

涉及条款 21 CFR 111.70(b)(2):你方没有建立涉及纯度、效力及成分构成的组分规范。

涉及条款 21 CFR 111.70(d):你方没有建立关于标签和包装的技术规范。

涉及条款 21 CFR 111.70(e):你方没有为膳食补充剂成品建立有关产品特性、纯度、效力及成分的产品技术规范。

涉及条款 21 CFR 111.75(a)(2)(ii)(A):你方未通过确认供应商测试或检

验的结果确立供应商分析证明的可靠性,从而证明供应商是合格的。

涉及条款 21 CFR 111.75(c):你方未核实成品批膳食补充剂符合产品技术规范。

涉及条款 21 CFR 111.83(a):你方未采集和保存你方所分销的已包装和粘贴标签的膳食补充剂样品。

不符合项涉及的其他条款还有:21 CFR 111.55、21 CFR 111.60(a)、21 CFR 111.70(a)、21 CFR 111.70(b)(3)、21 CFR 111.70(c)(1)、21 CFR 111.70(c)(2)、21 CFR 111.70(f)、21 CFR 111.70(g)、21 CFR 111.73、21 CFR 111.75(a)(2)、21 CFR 111.75(a)(2)(ii)(B)、21 CFR 111.75(a)(2)(ii)(D)、21 CFR 111.75(a)(2)(ii)(E)、21 CFR 111.75(c)(2)、21 CFR 111.75(c)(3)、21 CFR 111.75(c)(4)、21 CFR 111.77(a)、21 CFR 111.77(b)、21 CFR 111.77(c)、21 CFR 111.80(a)、21 CFR 111.80(c)、21 CFR 111.80(d)、21 CFR 111.80(e)、21 CFR 111.83(b)(1)、21 CFR 111.83(b)(2)、21 CFR 111.83(b)(3)、21 CFR 111.83(b)(4)、21 CFR 111.87、21 CFR 111.90(b)(1)、21 CFR 111.95(b)(1)、21 CFR 111.95(b)(2)、21 CFR 111.95(b)(3)、21 CFR 111.95(b)(4)。

Subpart F　Production and Process Control System: Requirements for Quality Control

F节　生产和过程控制体系:质量控制的要求

Sec. 111.103　F节中对于书面程序有什么要求?

你方必须制定并遵守关于质量控制操作职责的书面程序,包括进行材料审核并做出处理决定、批准或否决重新加工的书面程序。

Sec. 111.105　质量控制人员必须要做什么?

质量控制人员必须确保你方生产、包装、粘贴标签及储存操作能够保证膳食补充剂的质量,保证膳食补充剂如主生产记录所述进行包装并粘贴标签。为了达到这个目标,质量控制人员必须执行的操作包括:

(a)批准或否决可能影响膳食补充剂特性、纯度、效力或成分的所有程序、规范、书面程序、控制、测试和检验,以及对它们的变更和修改;

(b)审核并批准说明供应商合格原因的文件;

(c)审核并批准说明为什么达到中间过程规范及组分规范要求即可有助于确保满足膳食补充剂特性、纯度、效力及成分要求的原因的文件;

(d)审核并批准说明为什么根据111.75(c)(1)规定选择的产品规范所进行

的测试或检验获得结果将确保膳食补充剂批量成品满足产品规范原因的文件；

（e）对豁免于 111.75(c)(1) 中的核查要求的文件,进行审查和批准;对成品未进行检测的情况下,组分和中间体检测、检验、监测或其他方式会确保豁免产品符合标准的文件,进行审查和批准;

（f）确认必要的代表性样品已取得;

（g）确认必要的留样已取得并保存;

（h）确定是否符合所有按照 111.70(a) 建立的规范;

（i）履行本节要求的其他操作。

Sec. 111.110　与生产和过程控制体系有关的实验室操作,需要哪些质量控制操作?

与生产和过程控制体系有关的实验室操作,需要的质量控制操作包括:

（a）审核并批准所有与生产和过程控制体系有关的实验室控制程序;

（b）确保进行了所有的 111.75 部分要求的检测与检验;

（c）审核并批准 111.75 部分要求的检测与检验结果。

Sec. 111.113　对于材料审核与处理决定,需要哪些质量控制操作?

（a）质量控制人员必须对材料进行审核并做出处理决定,如果:

（1）不能符合根据 111.70 制定的规范;

（2）与主生产记录有偏差,包括任何一个主生产记录中的步骤未能全部完成,以及任何违反规范要求的情况;

（3）在生产过程中出现了意外情况,可能向组分、膳食补充剂或包装中掺杂或导致其掺杂,可能导致使用未经主生产记录指定的标签;

（4）仪器校准或控制出现问题,导致无法确保产品质量;

（5）膳食补充剂被退回。

（b）（1）当生产及过程控制体系出现偏差或意外情况,导致或可能导致组分、膳食补充剂或包装出现掺杂现象,或导致使用不是主生产记录指定的标签时,质量控制人员必须拒收这些组分、膳食补充剂、包装材料或者标签,除非已批准通过处理、中间过程调整或者再加工来纠正这些偏差或意外情况。

（2）在不符合根据 111.70 制定的规范时,质量控制人员必须拒收组分、膳食补充剂、包装材料或者标签,除非质量控制人员已批准了按照 111.77 所允许的处理、中间过程调整或者再加工。

（c）负责材料审核并做出决定的人员必须在完成工作时记录下材料审核情况及处理意见。

Sec. 111. 117 设备、仪器、控制系统的质量控制操作的要求是什么?

设备、仪器、控制系统的质量控制操作的要求包括:

(a) 审核和批准校准仪器和控制系统的所有流程;

(b) 定期审核仪器和控制系统校准的所有记录;

(c) 定期审核自动化、机械及电子设备校准、检查和检验的所有记录;

(d) 审核和批准控制系统,确保自动化、机械及电子设备按照预期运行。

Sec. 111. 120 在用于生产膳食补充剂之前,对于组分、包装材料、标签的质量控制操作的要求是什么?

在生产膳食补充剂之前,对于组分、包装材料、标签的质量控制操作的要求包括:

(a) 审核组分、包装材料和标签的收货记录;

(b) 确定组分、包装材料和标签是否符合依据 111.70(b)和(d)制定的规范;

(c) 实施必要的材料审核,做出必要的处理决定;

(d) 批准或驳回对组分、包装材料或标签的处理、中间程序调整,以确保其适用于膳食补充剂的生产;

(e) 在使用前,对组分、包装材料和标签批准并放行。

Sec. 111. 123 主生产记录、批生产记录、生产操作的质量控制措施要求是什么?

(a) 主生产记录、批生产记录、生产操作的质量控制操作必须包括:

(1) 审核和批准主生产记录和主生产记录的变更;

(2) 审核和批准所有批量生产相关的记录;

(3) 审核 E 节所要求的所有监测工作;

(4) 实施必要的材料审核,做出必要的处理决定;

(5) 批准或否决重新加工作业;

(6) 判断是否符合依据 111.70(c)制定的中间过程规范;

(7) 判断每批成品是否符合根据 111.70(e)制定的产品规范要求;

(8) 批准并放行,或否决每一批成品的分销,包括成品的再加工。

(b) 质量控制人员不得批准并放行下列产品用于分销:

(1) 其中有组分不符合特性规范要求的任何一批膳食补充剂;

(2) 不能符合根据 111.70(e)制定的所有产品规范的任何一批膳食补充剂,包括再加工的批次;

(3) 未在可防止掺杂的条件下[根据该法 402(a)(1)、(a)(2)、(a)(3)和(a)

(4)] 生产、包装、粘贴标签及储存的任何一批膳食补充剂,包括再加工的批次;

(4) 从供应商处接收的用于包装和粘贴标签的膳食补充剂(用于分销而不是返销给供应商),没有足够的保证能得到充分的识别,没有足够的保证能够确定产品符合你方订单要求。

Sec. 111.127　包装和粘贴标签要求有哪些质量控制操作?

包装和粘贴标签的质量控制操作必须包含:

(a) 审核感官检查的结果和文件,确保你方接收的用作包装和粘贴标签的膳食补充剂(用于分销而不是返销给供应商)符合 111.70(f) 制定的规范要求;

(b) 在对接收的用于包装和粘贴标签的膳食补充剂(用于分销而不是返销给供应商)进行包装和粘贴标签前,应批准并放行这些产品;

(c) 审核和批准所有包装和粘贴标签的记录;

(d) 确定已进行包装并粘贴标签的膳食补充剂是否符合依据 111.70(g) 制定的规范要求;

(e) 实施必要的材料审核,做出必要的处理决定;

(f) 批准或否决已包装的膳食补充剂的重新包装;

(g) 批准或否决已包装并粘贴标签的膳食补充剂的重贴标签;

(h) 批准放行,或者否决任何已包装和粘贴标签的膳食补充剂(包括重新包装或者重新粘贴标签的膳食补充剂)的分销。

Sec. 111.130　对于退回的膳食补充剂,要求有哪些质量控制操作?

对于退回的膳食补充剂,质量控制操作有:

(a) 实施必要的材料审核,做出必要的处理决定,包括:

(1) 确定是否需要进行检验检测,以确定是否符合根据 111.70(e) 制定的产品规范要求;

(2) 审核为了确定是否符合根据 111.70(e) 制定的产品规范而进行的检验检测的结果。

(b) 批准或否决对退回膳食补充剂进行补救并重新分销;

(c) 批准或否决对退回的膳食补充剂进行再加工;

(d) 确定经过再加工的膳食补充剂是否符合规范要求,并批准放行或者否决经过再加工的退回膳食补充剂。

Sec. 111.135　对于产品投诉,要求有哪些质量控制操作?

产品投诉的质量控制操作必须包括审核并批准是否调查产品投诉的决定,审核并批准调查发现的结果及后续措施。

Sec. 111.140　在本 F 节中,你必须完成并保存哪些记录?

(a) 必须按照本部分 P 节要求完成并保存 F 节中所规定的记录。

(b) 你方需完成并保存以下记录:

(1) 质量控制操作职责的书面程序,包括进行材料审核并做出处理决定的书面程序,批准或否决重新加工意见的书面程序;

(2) 质量控制人员进行审核、批准或否决时,记录了以下内容的书面文件:

(i) 审核、批准或否决日期;

(ii) 执行审核、批准或否决的人员的签名;

(3) 进行材料审核、做出处理决定和后续操作的文件。这些文件必须包括在合适的批生产记录中,且必须包括:

(i) 确定偏差和意外情况;

(ii) 描述你所调查的偏差或意外情况发生的原因;

(iii) 对偏差或意外情况进行评估,判断是否已经导致或可能导致产品质量无法保证,或未按照主生产记录进行包装和粘贴标签;

(iv) 偏差和意外情况的纠正和预防措施;

(v) 解释说明你方完成的有关组分、膳食补充剂、包装材料或标签的工作;

(vi) 对于不合格的膳食补充剂的再加工,以及不合格的组分的处理或中间过程调整,应有科学有效的理由;

(vii) 进行材料审核并且做出处理决定的执行质量控制操作的人员的签名,以及提供资料审核和处理决定相关信息的有资质的人员的签名。

+-+

解读:一、本节主要是对质量控制人员在整个生产和过程控制体系中所必须实施的质量控制操作以及相应的记录进行了详细的规定。

为符合本节的要求,输美氨糖企业应按照本法 B 节的资质要求配备各类质量控制人员,并将本节所规定的所有质量控制操作要求全部纳入各环节控制程序以及质量控制人员岗位职责中。这些操作包括:制定和修改可能影响到产品质量的控制程序、工艺,以及组分、中间体和成品的质量标准和检验规程等文件;审批合格供方资质文件;生产和过程中发生偏差或异常情况时做出处置决定。此外,这些操作还包括:

(1) **实验室**:审批所有与生产和过程控制相关的实验室控制程序;确认取得了必要的代表性样品,并确保进行了所有必要的检验检测,审批这些检验检测的结果,确认留样符合规范。

　(2) **仪器设备**：审批所有校准控制程序,定期审核校准记录,确保自动化、机械及电子设备的预期运行。

　(3) **组分、包材、标签**：审核验收记录,确认物料符合规范要求,批准合格物料用于生产,批准对物料进行处理、调整。

　(4) **生产过程**：审批主生产记录及其变更,审核所有的监测工作,审批重新加工作业,判断中间过程规范和产品规范是否得到遵守,批准成品用于销售,批准对成品进行重新加工。FDA 特别强调了质量控制人员应否决这些产品用于销售：一是含有身份特性不符合要求的组分的膳食补充剂;二是不合格的成品;三是生产过程未能有效防止掺杂的产品;四是由溯源不清的半成品包装加工而来的产品。

　(5) **包装和粘贴标签**：审核半成品符合质量标准要求,并批准其用于包装和粘贴标签,审批包装和粘贴标签工作的记录,确认完成包装和粘贴标签的成品合格,批准或否决产品的重新包装或重新粘贴标签。

　(6) **退回的产品**：质量控制人员判断退回的产品是否需要检测,如果检测,审核检测结果;批准进行补救措施然后重新销售,例如重新加贴标签;批准进行重新加工,并确认重新加工过的产品符合质量标准。

　(7) **产品投诉**：审批对产品投诉进行调查的决定,审批调查结果及后续措施。

　以上所有的操作都应体现在各流程的控制记录中,并且由相应的质量控制人员签字。

　二、FDA 现场检查常见不符合项：

　涉及条款 21 CFR 111.103：你方未制定并遵守关于质量控制操作的书面程序。

　涉及条款 21 CFR 111.105(b)：你方质量控制人员未审核并批准陈述供应商合格资格的证明材料。

　涉及条款 21 CFR 111.105(g)：你方质量控制人员没有确保法定的留样被收集和保存。

　不符合项涉及的其他条款还有：21 CFR 111.105、21 CFR 111.105(a)、21 CFR 111.105(c)、21 CFR 111.105(d)、21 CFR 111.105(h)、21 CFR 111.105(i)、21 CFR 111.110(c)、21 CFR 111.113、21 CFR 111.113(a)(1)、21 CFR 111.113(a)(2)、21 CFR 111.113(a)(3)、21 CFR 111.113(a)(5)、21 CFR 111.113(b)(2)、21 CFR 111.113(c)、21 CFR 111.120(b)、21 CFR 111.120(c)、21 CFR 111.120(e)、21 CFR 111.123、21 CFR 111.123(a)(1)、21 CFR 111.123

(a)(2)、21 CFR 111.123(a)(4)、21 CFR 111.123(a)(6)、21 CFR 111.123(a)(7)、21 CFR 111.123(a)(8)、21 CFR 111.123(b)(1)、21 CFR 111.123(b)(2)、21 CFR 111.123(b)(4)、21 CFR 111.127、21 CFR 111.127(c)、21 CFR 111.127(d)、21 CFR 111.130、21 CFR 111.135、21 CFR 111.140(a)、21 CFR 111.140(b)(1)、21 CFR 111.140(b)(2)、21 CFR 111.140(b)(3)、21 CFR 111.140(b)(3)(iii)。

+-+

Subpart G   Production and Process Control System：Requirements for Components，Packaging，and Labels and for Product That You Receive for Packaging or Labeling as a Dietary Supplement

G 节   生产和过程控制体系：组分、包装材料和标签、用于包装和粘贴标签的膳食补充剂的要求

Sec. 111.153   G 节中对于书面程序有什么要求？

你必须制定并遵守书面程序以满足本部分要求。

Sec. 111.155   膳食补充剂组分的要求是什么？

（a）对你方接收的每一个或同一运输批次的每一组组分的直接包装容器进行合适的成分标签、容器损坏或封条破坏等外观检查，以判断该包装是否会导致组分污染或变质；

（b）审核供应商发票、保证书或证明，以确保组分与采购订单一致；

（c）你方必须在将组分投入膳食补充剂生产前，对它们隔离保存，直到：

（1）每一批（接收到的每一个运输单位、每一个运输单位中的每个批次）组分，进行了代表性取样；

（2）质量控制人员审核并批准了检验检测结果；

（3）质量控制人员批准组分用于生产膳食补充剂，包括批准为了更加适用于膳食补充剂的生产而进行的组分处理（包括加工处理）和检验放行。

（d）（1）对每一个运输单位中的每一批组分进行标识，以便追溯供应商、收货日期、组分名称、组分状态（已检测、批准使用、驳回使用），以及用来生产或分销的膳食补充剂；

（2）对每一个运输单位中每一批组分使用进行记录时，并使用唯一编码。

（e）在防止污染、变质和混淆的条件下储存。

Sec. 111.160   包装材料和标签的要求是什么？

（a）对每一个和每一批包装材料、标签的直接包装容器进行合适的内容物标签、容器损坏或封条破损等外观检查，以确保该包装是否会导致包装材料和标签被污染或变质；

（b）审核供应商发票、保证书或证明，以确保包装或标签与采购订单一致；

（c）你必须在将包装材料和标签投入到膳食补充剂生产前，对它们隔离保存，直到：

（1）接收到的每一个运输单位、每一个运输单位中的每个批次的包装材料和标签，进行代表性取样并至少检查了外观和密闭性；

（2）质量控制人员审核并批准了检验检测结果；

（3）质量控制人员批准组分用于生产膳食补充剂，包括批准为了更加适用于膳食补充剂的生产而进行的组分处理（包括加工处理）和检验放行。

（d）（1）对每一个运输单位中的每一批包装材料和标签进行标识，以便追溯供应商、收货日期、包装材料和标签的名称、包装材料和标签的状态（已检测、批准使用、驳回使用）和用来生产或分销的膳食补充剂；

（2）对每一个运输单位中每一批包装材料和标签使用进行记录时，使用唯一编码。

（e）在防止污染、变质和混淆的条件下储存。

Sec. 111.165　用于包装或粘贴标签的膳食补充剂（用于分销而不是退回供应商）的要求是什么？

（a）对每一个和每一批用于包装或粘贴标签的膳食补充剂半成品（用于分销而不是退回供应商）的直接包装容器，进行合适的内容物标签、容器损坏或封条损坏等外观检查，以判断该包装是否会导致产品污染或变质；

（b）审核供应商发票、保证书或证明，以确保与采购订单一致；

（c）你必须隔离保存接收的产品直到：

（1）接收到的每一个运输单位、每一个运输单位中的每个批次的产品，进行了代表性取样；

（2）质量控制人员审核并批准了证明产品是否符合 111.70(f)标准的文件；

（3）质量控制人员批准产品用于包装和粘贴标签和检验放行。

（d）（1）对每一个运输单位中的每一批产品进行标识，以便追溯供应商、收货日期、产品名称、产品状态（已检测、批准使用、驳回使用）和用来生产或分销的膳食补充剂；

（2）对每一个运输单位中每一批产品的使用进行记录时，并使用唯一编码。

（e）在防止污染、变质和混淆的条件下储存。

Sec. 111.170　拒绝签收组分、包装材料、标签和用于包装和粘贴标签的膳食补充剂的要求是什么？

对于拒绝签收和不适合用在生产、包装和粘贴标签操作中组分、包装材料、标签和用于包装和粘贴标签的膳食补充剂(用于分销而不是退回至供应商)，必须清晰标识、储藏、控制在一个隔离区域内。

Sec. 111.180　在 G 节中，你必须完成并保存哪些记录？

(a) 必须按照本部分 G 节要求完成并保存 P 节中所规定的记录。

(b) 你方需完成并保存以下记录：

(1) 满足本节要求的书面规程；

(2) 组分、包装材料、标签和用于包装和粘贴标签的膳食补充剂(用于分销而不是退回至供应商)的收货记录(包括 COA、供应商发票、供应商保险单)；

(3) 本节要求被遵守的证明文件：

(i) 所需要的行为执行时.其执行人员需签名；

(ii) 文件包括：

(A) 组分、包装材料、标签和用于包装和粘贴标签的膳食补充剂的收货日期；

(B) 执行相关要求的操作时人员的首字母签名；

(C) 组分、包装材料、标签和用于包装和粘贴标签的膳食补充剂的检验检测结果；

(D) 组分、包装材料、标签和用于包装和粘贴标签的膳食补充剂的审查和处理决定。

- -

解读：一、本节主要是对拟用于膳食补充剂生产的组分、包装、标签，以及尚未包装和粘贴标签的半成品等物料的验收、保存、溯源管理等过程进行了规定。

为符合本节规定，输美氨糖企业应当针对用于生产的物料建立严格的过程控制程序以确保最终的膳食补充剂成品不受污染、并且标识正确、溯源清晰。这些要求包括：

(1) **进货验收程序和记录**：包括对物料的感官检验以及审核随物料一并接收的供应方提供的合格证明材料。

(2) **物料存储**：在有效防止污染和变质的条件下保存物料，这里的防止污染也包括防止交叉混合，保存区域立设有专门的隔离区，这个隔离区也不仅是针对不合格物料，还包括使用剩余，为防止交叉混合而进行隔离的物料。保存的物料在抽样检验、审核检验结果之后，才能由质量控制人员以放行单的方式批准用于生产。

（3）**溯源管理**：接收到的每个运输批次中的每一组物料都必须使用独一无二的身份识别标识予以标注，以确保能够溯源，同时这种标识还应能反映物料的状态，例如已检测、已批准使用或是不批准使用等。

二、FDA 现场检查常见不符合项：

涉及条款 21 CFR 111.153：你方未建立并遵守关于标签验收要求的书面程序。

涉及条款 21 CFR 111.155(c)：你方未在将组分投入膳食补充剂生产前，对它们实施隔离保存。

涉及条款 21 CFR 111.160(d)(2)：你方未使用唯一编码对每一个运输单位中每一批包装材料和标签使用进行记录。

不符合项涉及的其他条款还有：21 CFR 111.155(b)、21 CFR 111.155(c)(1)、21 CFR 111.155(d)(1)、21 CFR 111.155(d)(2)、21 CFR 111.155(e)、21 CFR 111.160(c)、21 CFR 111.160(c)(3)、21 CFR 111.160(d)(1)、21 CFR 111.165(b)、21 CFR 111.165(c)、21 CFR 111.165(c)(2)、21 CFR 111.165(d)(1)、21 CFR 111.165(e)、21 CFR 111.170、21 CFR 111.180(a)、21 CFR 111.180(b)(1)、21 CFR 111.180(b)(2)、21 CFR 111.180(b)(3)、21 CFR 111.180(b)(3)(ii)(C)。

-+-

Subpart H Production and Process Control System：Requirements for the Master Manufacturing Record

H 节　生产与过程控制体系：主生产记录的要求

Sec. 111.205　建立主生产记录的要求是什么？

（a）你必须为你生产的每一种独特配方和每一种规格的膳食补充剂起草并执行一份主生产记录，以确保批量成品批与批之间的一致性。

（b）主生产记录必须：

（1）对生产过程中必要的控制点、控制步骤或控制阶段设立规范，以确保膳食补充剂的质量，并按照主生产记录的要求包装及粘贴标签；

（2）制定管理措施和程序，以确保每批产品均符合按照本部分(b)(1)制定的标准。

（c）你方需根据本法 P 节制定并保存主生产记录。

Sec. 111.210　主生产记录需包括哪些内容？

主生产记录须包括：

（a）膳食补充剂的名称、每个批量产品中每一种膳食成分的效力、浓度、重量或者体积；

（b）所使用的组分的完整列表；

（c）所使用的每种组分的精确的重量或体积清单；

（d）将会在食品补充剂实际标签上标示的每种膳食成分的特性（identity）、重量或体积，以及将会在膳食补充剂成分列表上标示的每种成分的特性（identity）；

（e）刻意添加的过量膳食成分的陈述；

（f）制定在为确保膳食补充剂质量而在生产过程中需要控制的每个点、步骤或阶段上期望的膳食补充剂生产的理论产量，制定当生产完成时你的预期产量，包括占理论产量最大和最小百分比，当超出此范围时，需要进行批次偏差调查、物料审核以及处置决定；

（g）包装材料和代表性标签的描述，或者标签实物或代表性标签的参照比对信息；

（h）书面说明，包括：

（1）为了保证产品质量，并确保按照主生产记录的标准包装和粘贴标签，制定的生产过程中的每个必要控制点、控制步骤或控制阶段的标准；

（2）取样规程和检测检验的参考规程；

（3）为了保证产品质量，并确保按照主生产记录的标准保证和粘贴标签，制定的控制点、控制步骤或控制阶段的执行和验证的行为规范；

（i）该行为规范需要包括组分重量或体积核查及组分加料核查；

（ii）对于手工操作，该行为规范需包括：

（A）一个人称重或量体积，另外一个人复核重量或体积；

（B）一个人加料，另外一个人复核；

（4）特殊符号说明及需遵循的预防措施；

（5）当标准未达到时的纠正方案。

Subpart Ⅰ Production and Process Control System: Requirements for the Batch Production Record

Ⅰ节 生产与过程控制体系：批生产记录的要求

Sec. 111.255 建立批生产记录的要求是什么？

（a）生产每一批膳食补充剂时，均须准备一份批生产记录；

（b）批生产记录必须包括与本批产品生产与控制相关的完整信息；

（c）批生产记录必须准确地遵循主生产记录，生产时需按生产步骤逐一执行；

（d）根据本部分 P 节的要求，完成批生产记录并保存。

Sec. 111.260　批生产记录须包括哪些内容？

批生产记录须包括：

（a）批号、组号，或者控制号：

（1）膳食补充剂的成品批；

（2）根据 111.415(f)，为下列产品分配号码：

（i）成品批膳食补充剂中已包装和粘贴标签的每一组产品；

（ii）成品批膳食补充剂，用于销售给其他厂家进行包装和粘贴标签的每一组产品。

（b）用于生产该批产品的设备和生产线的识别符；

（c）用于生产该批产品的设备和生产线维护、清洗、消毒的时间和日期，或是保留这些信息的参照记录（譬如独立的设备日志）；

（d）分配给每一个组分（或者，当适用时，分配给从供应商处获得的用于包装和标签粘贴的膳食补充剂）、包装材料和标签的独一无二的识别符；

（e）每个组分的身份鉴别（特性）、重量或体积；

（f）在适当的生产阶段，记录实际产量占理论产量的百分比；

（g）在任何监控过程中得到的实际结果；

（h）批生产过程中执行的任何检验检测的结果，或者参照结果；

（i）完成批的膳食补充剂符合根据 111.70(e) 和 (g) 制定的规范的证明文件；

（j）执行本批生产操作时的证明文件，包括：

（1）主生产记录中每一个步骤的执行日期；

（2）每一个步骤的人员首字母签名，包括：

（i）组分称重和测量的负责人员签名；

（ii）组分核对的负责人员签名；

（iii）投料的负责人员签名；

（iv）投料核对的负责人员签名。

（k）执行包装、粘贴标签操作的记录，包括：

（1）分配给包装材料和标签的单一识别号，包装和标签使用数量，当需要清点标签数量时，核对标签的发放和使用中的任何差异；

（2）一个标签实物或样张，或者参照主生产记录详细说明的标签实物或样张；

（3）任何包装并粘贴标签的膳食补充剂（包括重新包装或重新粘贴标签的膳食补充剂）的检测检验结果，或者是可参照结果。

（l）质量控制人员记录：

（1）批生产记录的审核，包括：

（i）对本部分 E 节中要求的监测进行审核；

（ii）检测检验结果审核，包括组分、中间体、成品批的膳食补充剂及完成包装和标签粘贴的膳食补充剂；

（2）再加工或者重新包装的批准或驳回；

（3）本批（包括再加工）产品发放的批准、放行或驳回；

（4）完成包装和粘贴标签（包括重新包装和重新粘贴标签）的膳食补充剂的批准、放行或驳回。

（m）在任何必需的材料审查和处置决定执行时的记录。

（n）执行再加工时的记录。

+·+

解读：一、H 节和 I 节是对主生产记录和批生产记录的要求。FDA 要求膳食补充剂生产企业要建立主生产记录和批生产记录两种记录，两者的区别与联系是：

（1）批生产记录从属于主生产记录，主生产记录是为某一种配方和某一种规格的一类膳食补充剂建立的，这一类膳食补充剂可以被生产一批或若干批，批生产记录对应按照主生产记录生产的每一批产品，建立主生产记录的一个重要目的是确保各批次之间的一致性。

（2）主生产记录列出了生产与过程控制程序中对关键控制步骤设立的规范要求，批生产记录必须准确地遵循这些要求，并对逐一执行的情况进行记录。

（3）主生产记录有完整的组分列表，重量或体积清单，生产过程分析，纠偏措施，人员操作情况以及中控分析数据等。批生产记录如实记录车间每批产品生产情况，按工序一步步填写。批生产记录必须按每批岗位操作记录串联审核，内容必须与生产工艺规程、岗位操作规程一致。各工序记录数量、质量、批号、容器号必须一致，发现异常情况必须填写偏差处理。必须双人复核。同时应建立批记录审核和成品放行程序。

用于生产批产品的设备和生产线的维护、清洗、消毒，不一定在批生产记录中体现，也可以在设备维护、清洗、消毒记录（设备日志）中体现。

FDA 现场检查某企业时开具的不符合项为："没有完全按产品主生产记录

进行控制，干燥温度 55℃～65℃，干燥时间 1.5～2 小时没有被遵守。"氨基葡萄糖盐酸盐半成品主生产记录规定了"干燥温度 55℃～65℃，干燥时间 1.5～2 小时"，而批生产记录中记录的温度和时间不在此范围内。

　　二、FDA 现场检查常见不符合项：

　　涉及条款 21 CFR 111.205(a)：你方没有为你方所生产的每一规格批次的膳食补充剂制定一份主生产记录并遵守。/你方没有为你方所生产的每一独特配方的膳食补充剂制定一份主生产记录并遵守。

　　涉及条款 21 CFR 111.210(h)(5)：你方主生产记录的书面说明未包括当不符合规范要求时的纠正方案。

　　涉及条款 21 CFR 111.255(a)：你方没有做到在生产每一批膳食补充剂时，均准备一份批生产记录。

　　涉及条款 21 CFR 111.255(b)：你方批生产记录未包含完整的每批次产品信息和控制信息。

　　不符合项涉及的其他条款还有：21 CFR 111.205(b)(1)、21 CFR 111.205(b)(2)、21 CFR 111.205(c)、21 CFR 111.210(a)、21 CFR 111.210(b)、21 CFR 111.210(c)、21 CFR 111.210(e)、21 CFR 111.210(f)、21 CFR 111.210(g)、21 CFR 111.210(h)(1)、21 CFR 111.210(h)(2)、21 CFR 111.210(h)(3)、21 CFR 111.210(h)(3)(i)、21 CFR 111.210(h)(3)(ii)(A)、21 CFR 111.210(h)(3)(ii)(B)、21 CFR 111.255(c)、21 CFR 111.255(d)、21 CFR 111.260(b)、21 CFR 111.260(c)、21 CFR 111.260(d)、21 CFR 111.260(e)、21 CFR 111.260(f)、21 CFR 111.260(g)、21 CFR 111.260(h)、21 CFR 111.260(i)、21 CFR 111.260(j)(1)、21 CFR 111.260(j)(2)、21 CFR 111.260(j)(2)(i)、21 CFR 111.260(j)(2)(ii)、21 CFR 111.260(j)(2)(iii)、21 CFR 111.260(j)(2)(iv)、21 CFR 111.260(k)、21 CFR 111.260(k)(1)、21 CFR 111.260(k)(2)、21 CFR 111.260(l)(1)(i)、21 CFR 111.260(l)(3)、21 CFR 111.260(l)(4)、21 CFR 111.260(m)。

+·+

Subpart J　Production and Process Control System：Requirements for Laboratory Operations

J 节　生产与过程控制体系：实验室操作的要求

　　Sec. 111.303　J 节中对于书面程序有什么要求？

　　你方须制定实验室操作的书面规程并按照该书面规程执行，用于产品的检测检验以判断产品是否符合标准。

Sec. 111.310 你方使用的实验室设施的要求是什么？

你方须使用合适的实验室设备来进行检测检验，以判断：

（a）组分是否符合标准；

（b）中间体是否符合主生产记录的标准；

（c）成品是否符合标准。

Sec. 111.315 实验室控制程序的要求是什么？

你方须建立并遵循由质量管理人员审核和批准的实验室控制程序，包括：

（a）建立可适用标准的准则；

（b）依据本法 E 节，采用抽样方案以获取具有代表性的样品，含：

（1）组分、包装材料、标签；

（2）中间体；

（3）膳食补充剂批量成品；

（4）用于包装或粘贴标签的膳食补充剂（用于分销而不是退回给供应商的产品）；

（5）包装并粘贴好标签的膳食补充剂。

（c）选择适当的检测检验方法的准则；

（d）选择用于检验检测的标准参照材料的准则；

（e）按照既定的标准来检测和使用检测方法。

Sec. 111.320 实验室检测检验方法的要求是什么？

（a）你方必须验证实验室检验检测方法是适用于它们的预期用途的；

（b）对每一个已制定的检验检测标准，均须采用科学有效的方法来确认，以确保标准是否符合要求。

Sec. 111.325 在本 J 节中，你必须完成并保存哪些记录？

（a）必须按照本部分 P 节要求完成并保存 J 节中所规定的记录。

（b）你方须完成并保存以下记录：

（1）实验室操作的书面规程，包括用于判断是否满足标准要求的检测检验的书面规程；

（2）根据本节建立的实验室方法的文件；

（i）操作人员需根据 J 节制定的实验室方法进行操作并记录；

（ii）实验室检测检验文件必须包括检测检验的结果。

++

解读：一、化验室检验和试验管理规程。为了规范检验、试验秩序和行为，实现生产分析检验和试验活动的有效性和时效性,准确提供数据,符合质量体系要求。

　　检验、测量和试验设备控制规程。对检验、测量和试验设备进行有效的控制,确保检验、测量和试验结果的正确。

　　采样后按规定的标准和试验方法进行检验和试验,检验标准依据美国药典或者国标。企业标准方法必须经过验证。

　　二、FDA 现场检查常见不符合项:

　　涉及条款 21 CFR 111.320(b):对每一个已制定的检验检测标准,你方未采用科学有效的方法来确认,以确保标准是否符合要求。

　　不符合项涉及的其他条款还有:21 CFR 111.303、21 CFR 111.315、21 CFR 111.315(b)、21 CFR 111.315(b)(3)、21 CFR 111.315(d)、21 CFR 111.315(e)、21 CFR 111.320(a)、21 CFR 111.325(b)(2)。

+-+

Subpart K　Production and Process Control System: Requirements for Manufacturing Operations

K 节　生产与过程控制体系:生产操作

　　Sec. 111.353　K 节中对于书面程序有什么要求?

　　你方须制定并遵循产品生产操作的书面规程。

　　Sec. 111.355　本节中,书面规程设计的要求是什么?

　　你方必须设计或选择生产工艺流程,以确保产品标准被始终如一地满足。

　　Sec. 111.360　卫生要求是什么?

　　你方必须依据合理的卫生准则实施所有生产操作。

　　Sec. 111.365　防止污染的预防措施有哪些?

　　你方必须在膳食补充剂加工过程中制定所有必要的防范措施,以防止组分或膳食补充剂的污染。这些预防措施包括:

　　(a) 在能够防止潜在的微生物滋生和污染的条件下进行生产操作;

　　(b) 清洗或清洁包含土壤或其他污染物的组分;

　　(c) 当使用水作为成品的组成时,最低限度应遵循适用的联邦、州或者当地的要求,不能对产品造成污染;

　　(d) 必要时进行化学、微生物或其他检测,以防止使用受污染的组分;

　　(e) 采用高温灭菌、巴氏灭菌、冷冻、冷藏、控制氢离子浓度(pH)、控制湿度、控制水分活度(a_w)或其他有效方法来去除、破坏或阻止微生物的生长并且

防止腐烂变质;

(f) 储存组分和膳食补充剂在某种程度上会支持公共卫生学意义上的微生物迅速生长,因此,保存组分和膳食补充剂要防止它们掺杂;

(g) 对需要进行审查和处置决定的任何组分和成品进行标志与单独储存,以保护不需被审查的组分及成品,防止其受到需审查的组分和成品污染或与其混淆;

(h) 在进行机械制造相关步骤(例如切割、分类、检查、粉碎、干燥、研磨、混合和过筛)时,通过有效的方式保护膳食补充剂免受污染,如:

(1) 对接触表面进行清洁与消毒;

(2) 控制温度;

(3) 控制时间。

(i) 通过有效的方式,防止金属或其他异物进入组分或成品,如:

(1) 滤器或滤网,

(2) 收集器,

(3) 磁铁,

(4) 金属检测机。

(j) 对特定批次产品的容器进行分离存放和标识以判断其内容物,必要时,可识别其生产步骤;

(k) 对生产过程中所有的流水线和主要设备进行标识以指示其内容,包括膳食补充剂名称、特殊批号或组号,必要时,包括生产阶段。

Sec. 111.370 适用于不合格膳食补充剂的要求是什么?

对于不合格的,并且不适宜被适用于生产、包装、或粘贴标签操作的任何膳食补充剂,你方必须清晰标识、保存、并控制在隔离区域以进行合适的处置。

Sec. 111.375 在本 K 节中,你必须完成并保存哪些记录?

(a) 必须按照本部分 P 节要求完成并保存 K 节中所规定的记录。

(b) 你方必须完成并保存生产操作书面规程的记录。

+-+

解读:一、为了规范,生产操作依据研发部工艺规程,工艺流程须经过研发部制定,审核并验证,确保产品始终如一地生产,必须制定过程控制程序文件。

为了防止污染,必须制定车间清洁消毒程序,异物污染控制程序,防止交叉污染控制程序,虫鼠害控制程序,过敏原控制程序等。必须制定卫生标准操作程序,须包括遇不合格品必须进行隔离、标识,分别储存,等待质量部评估,进行销毁或返工处理等。

必须制定潜在不安全产品和不合格品控制程序,须明确规定不合格品隔离、分别储存及标识,等待质量部评估后,进行销毁或返工处理等要求。

二、FDA 现场检查常见不符合项:

涉及条款 21 CFR 111.365(a):你方没有在能够防止潜在的微生物滋生和污染的条件下进行生产操作。

不符合项涉及的其他条款还有:21 CFR 111.353、21 CFR 111.360、21 CFR 111.365、21 CFR 111.365(d)、21 CFR 111.365(i)。

+·+

Subpart L Production and Process Control System:Requirements for Packaging and Labeling Operations

L 节 生产与过程控制体系:包装与粘贴标签

Sec. 111.403 L 节中对于书面程序有什么要求?

你方须制定并遵循产品包装与标签粘贴的书面规程。

Sec. 111.410 适用于包装与粘贴标签的要求是什么?

(a) 你方须采取必要的措施以确定产品包装是否符合质量标准,从而保证包装条件能够确保产品质量;

(b) 你方必须控制包装和标签的发放和使用,并且核对任何发放和使用的差异。对于成卷标签,如果在标签粘贴过程或粘贴好之后,通过合适的电子或机器设备,检测到标签使用 100% 准确,则不需清点标签数量;

(c) 在包装和标签粘贴前,你方须检查每批膳食补充剂的标签与包装材料,以确保其符合主生产记录的要求;

(d) 你方必须能够确定完整的生产历史,并控制产品包装、标签粘贴直到销售的全过程。

Sec. 111.415 对于罐装、组装、包装、标签粘贴等相关操作的要求是什么?

进行灌装、组装、包装、贴标签等相关操作时,均须确保产品的质量,并且产品的包装和标签均须按照主生产记录进行。因此,须采取有效的手段或措施,包括:

(a) 所有的灌装和包装用的设备、器具、和产品的包装材料,都要采用适宜的方法进行清洁和消毒;

(b) 防止成品的污染,尤其是空气传播的污染;

(c) 采用卫生处理规程;

(d) 设立物理或空间隔离,用于包装和粘贴标签操作,将其与其他组分和产

品的操作分开,防止混淆;

(e) 采取有效的手段或措施,对已经灌装了的产品、放置一旁尚未贴标签、并等待贴标签操作的容器进行标识,防止混淆;

(f) 指定批号、组号或监管码用于:

(1) 包装并贴好标签的同一批量成品的每一个组号的产品;

(2) 来自同一批量成品,分销给其他厂家进行包装和标签粘贴的每一组号的膳食补充剂。

(g) 每一批次包装并贴好标签的产品都要进行抽样检查,确定是否符合依据本法 111.70(g)制定的标准要求;

(h) 对于废弃的或错误的的包装材料和标签,须采取适当的方法处理,以确保不再使用到以后的包装和标签的操作中。

Sec. 111.420 重新包装及重新粘贴标签的要求是什么?

(a) 质量监管人员批准后,方可重新包装和重新贴标签。

(b) 对于重新包装和重新贴标签的产品进行抽样检查,以确保其符合依据本法 111.70(g)制定的标准要求。

(c) 在产品放行分销之前,质量监管人员需对重新包装和重新贴标签的每一批产品进行批准或予以驳回。

Sec. 111.425 对于已包装及粘贴标签的,但未被允许进入分销的产品的要求是什么?

任何已包装及粘贴标签的,但未被允许进入分销的产品都存放在隔离环境中,清晰地标示、保存和控制,待适宜的处理。

Sec. 111.430 在本 L 节中,你方必须完成并保存哪些记录?

(a) 必须按照本部分 P 节要求完成并保存 L 节中所规定的记录。

(b) 你方必须完成并保存包装和粘贴标签操作的书面规程的记录。

解读:一、制定产品标识和可追溯性控制程序。包装应标明产品名称、规格、批次、数量、产品代号等,包装后的产品堆放挂有标识牌。标签由质量控制(QA)复核后给车间领用,做好追溯。

制定成品标签的控制规程。车间领取标签核对品名、规格或批号、数量等,并检查印刷质量、做好标签领用记录并负责保管,已印批号的标签,按批存放。车间按批包装指令正确贴签,并对贴签工序进行检查。发剩和残缺或批号取消的应予以销毁。由于客户的原因或者国家法律法规标准等发生改变时,质量部经过复核后,方可进行重新包装和重新贴标签。质量部确保每批更换品种包装及标签符合要求。

　　制定产品入库管理规程。对外包装破损的成品及标签不清,不符实物的成品不得入库,退回生产车间,更换包装,纠正标签后,方能入库。

　　二、FDA 现场检查常见不符合项涉及的条款如下：21 CFR 111.403、21 CFR 111.410(b)、21 CFR 111.410(d)、21 CFR 111.415、21 CFR 111.415(a)、21 CFR 111.415(b)、21 CFR 111.415(c)、21 CFR 111.415(d)、21 CFR 111.415(g)、21 CFR 111.415(h)、21 CFR 111.420(b)、21 CFR 111.430(a)、21 CFR 111.430(b)。

Subpart M　Holding and Distributing
M 节　储存与分销

Sec. 111.453　M 节中对于书面程序有什么要求？

你方须制定并遵循产品储存与运输的书面规程。

Sec. 111.455　组分、成品、包装材料、标签的储存要求是什么？

　　(a) 你方须在适宜的温度、湿度和光照条件下储存组分和成品,以确保有效成分、纯度、强度及组分不受影响。

　　(b) 你方须在适宜条件下储存包装材料和标签,以免产生不利影响。

　　(c) 组分、成品、包装材料和标签均需完好储存,避免之间的混淆、污染、或变质。

111.460　储存中间体的要求是什么？

　　(a) 中间体须完好储存并明确标示,避免之间的混淆、污染、或变质。

　　(b) 须在适宜的温度、湿度和光照条件下储存中间体。

Sec. 111.465　储存留样的要求是什么？

　　(a) 留样的储存须防止污染和变质。包括：

　　(1) 留样须储存在与标签标示一致的储存条件下,或者若标签上无推荐储存条件,则储存在普通条件下;

　　(2) 使用与用于分销的已包装和已加贴标签的膳食补充剂相同的密闭容器,如产品被包装并粘贴标签,则留样也须使用同样的容器密封系统并同样被包装或粘贴标签,以防止污染与变质。

　　(b) 如有保质期,留样须保存至保质期一年后;或者保存至该产品最后一批销售完两年后,以用于适当的研究使用。

Sec. 111.470　运输膳食补充剂的要求是什么？

产品的运输须在防止产品污染和变质的条件下进行。

Sec. 111.475　**在本 M 节中,你方必须完成并保存哪些记录？**

(a) 必须按照本部分 P 节要求完成并保存 M 节中所规定的记录。

(b) 你方须完成以下记录并保存:

(1) 储存和分销(运输)操作的书面规程;

(2) 产品分销(运输)记录。

+-+

解读:一、编制贮藏与运输管理规程。仓库内物品应有序摆放,各区域标识清楚,离地离墙,对有储存期限的物品要明确标识有效期。

成品以及包装物有专门的成品库储存。阴凉、干燥,分区摆放。离墙离地。库房干净整洁。制订库房管理规程。

车间设有 10 万级 GMP 厂房,恒温恒湿,中间体全部贮藏于车间内,明确标识。

留样室必须保持清洁、干燥、通风,样品要分类、分批存放,存取方便,并做好取样记录。留样期限为保质期后一年,需要强调指出:所留样品必须使用与成品一致的包装,储存在与成品相同条件的留样室中。编制留样观察管理规程。根据产品的特点,配置适宜的搬运工具,规定合理的搬运方法,运输车辆与使用的容器不会对产品的安全与质量带来风险。

运输车辆应清洁,无异味等。

二、FDA 现场检查常见不符合项:

涉及条款 21 CFR 111.453:你方未制定并遵循产品贮藏与运输的书面规程。

涉及条款 21 CFR 111.455(a):你方未在适宜的温度、湿度和光照条件下贮藏组分和成品,以确保有效成分、纯度、强度及组分不受影响。

不符合项涉及的其他条款还有:21 CFR 111.455(c)、21 CFR 111.460(a)、21 CFR 111.465(a)、21 CFR 111.465(a)(1)、21 CFR 111.465(b)、21 CFR 111.475(a)、21 CFR 111.475(b)(1)、21 CFR 111.475(b)(2)。

+-+

Subpart N　Returned Dietary Supplements

N 节　退回的膳食补充剂

Sec. 111.503　**N 节中对于书面程序有什么要求？**

你方必须制定并遵守书面程序以满足本部分要求。

Sec. 111.510 **对于收到退回产品的要求是什么**?

在质量管理人员进行材料审核及处理决定之前,你方必须对退回产品进行识别和隔离。

Sec. 111.515 **在什么情况下,退回产品需要被销毁或适当处理**?

退回产品需要被销毁或适当处理,除非质量管理人员在材料审核后,做出如下处理决定:

(a) 批准退回产品用于重新分销或者

(b) 批准退货产品进行再加工。

Sec. 111.520 **什么情况下,退回产品可补救**?

在质量管理人员对退回产品进行审核并做出补救决定时,退回产品才可进行补救。

111.525 **质量管理人员在什么情况下,可以批准退回产品的再加工**?

(a) 须确保退回产品再加工后,满足根据111.70(e)建立的产品标准;

(b) 质量管理人员负责退回产品再加工后的放行批准与驳回。

Sec. 111.530 **什么时候须对生产工艺和相关批次进行调查**?

当产品退回的原因涉及其他批次产品,你方须对生产工艺及产品的其他各个批次进行调查,并判断其是否符合产品质量标准。

Sec. 111.535 **在本N节中,你必须完成并保存哪些记录**?

(a) 必须按照本部分P节要求完成并保存N节中所规定的记录。

(b) 你方须完成并保存以下记录:

(1) 满足N节要求的书面规程。

(2) 关于退回产品的任何物料审核及处置决定;

(3) 任何检验检测的结果须确定符合根据111.70(e)要求建立的产品标准;

(4) 质量管理人员对再加工产品进行重新评估的证明文件,以及质量管理人员判定再加工产品是否符合根据111.70(e)要求建立的产品标准的证明文件。

解读:一、风险管理和撤回程序。公司成立撤回小组,由总经理任组长。市场部收集意见来源,质量部核实信息来源,做出风险评估,决定撤回产品,以及撤回产品的善后工作。当产品退回的原因涉及其他批次产品,需要对产品工艺和其他批次进行调查,判断是否符合产品相关标准。

潜在不安全产品和不合格品控制程序。不合格品的最终处理方式必须得到评估,确保最终对食物链不会造成二次污染。退回产品经质量部安全评估合格后才能做补救措施,重新分销或者返工处理,如成品检验结果显示有效;受影响批次的产品符合确定的食品安全危害可接受水平等。质量部在评估安全风险后,确定的退回产品可以进行再加工必须满足以下三个条件:(1) 除监视系统外的其他证据证实控制措施有效;(2) 针对特定产品的控制措施的整体作用达到预期效果;(3) 充分抽检、分析和充分的验证结果证实受影响的批次产品符合确定的食品安全危害可接受水平。

二、FDA 现场检查常见不符合项:

涉及条款 21 CFR 111.503:你方未制定并遵守接收退回的膳食补充剂的书面程序。

涉及条款 21 CFR 111.535(b)(1):你方未制定并保持有关于满足退回膳食补充剂要求的书面程序的记录。

不符合项涉及的其他条款还有:21 CFR 111.510、21 CFR 111.515、21 CFR 111.530、21 CFR 111.535(a)、21 CFR 111.535(b)(2)、21 CFR 111.535(b)(4)。

Subpart O Product Complaints
O 节 产品投诉

Sec. 111.553 O 节中对于书面程序有什么要求?

你方须制定并遵循书面规程,以满足本节的要求。

Sec. 111.560 产品投诉的审核与调查的要求是什么?

(a) 授权人必须:

(1) 审核所有的产品投诉,确定产品投诉是否涉及膳食补充剂不符合质量标准或本法 111 部分的其他要求的失误,包括标准和其他要求;以及如果不符合,可能会导致疾病或损伤的风险;

(2) 涉及膳食补充剂不符合质量标准或本法 111 部分的其他要求的失误,包括标准和其他要求;如果不符合,可能会导致疾病或损伤的风险,对属于以上情况的产品投诉进行调查。

(b) 质量管理人员须审核和批准是否需要对产品进行调查的,审核并批准调查结果和后续工作。

(c) 授权人对产品投诉的审查和调查,以及质量管理人员对是否调查产品投诉的审查以及调查的结果和后续行动,都必须扩展到所有相关批次和记录。

Sec. 111.570 在 O 节中,你方必须完成并保存哪些记录?

(a) 必须按照本部分 P 节要求完成并保存 O 节中所规定的记录。

（b）你方须完成并保存以下记录：

（1）满足本节要求的书面规程，

（2）涉及良好生产规范的每项产品投诉的书面记录。

（i）按照本节必要文件要求执行的人员，须有文件证明其执行符合要求。

（ii）产品投诉的书面记录必须包括以下内容：

（A）膳食补充剂的名称和描述；

（B）膳食补充剂的批号、组号或质量监控编码（如有）；

（C）接到投诉的日期以及投诉人的姓名、地址或电话号码（如有）；

（D）投诉产品的性质，如果知道的话，记录产品的使用方法；

（E）对申诉人的回复（如有）；

（F）当进行调查时，须记录调查结果及采取的后续措施。

+--+

解读：一、与顾客有关过程控制程序。遇产品投诉，及时、有效与客户沟通，妥善解决。不断改进产品的安全、质量、服务等。

质量部审核所有的产品投诉，确定投诉是否涉及产品质量标准，进行风险评估，调查处理。做好投诉产品的后续工作如退货、召回、销毁等。

客户投诉，做好投诉记录。投诉记录涉及产品名称、投诉原因、批号、数量、投诉人、联系方式、地址以及采取的后续措施。

相关记录：顾客满意度调查表、客户投诉处理表、顾客投诉分析表。

二、FDA 现场检查常见不符合项：

涉及条款 21 CFR 111.553：你方未建立并遵守涉及回顾和调查产品投诉要求的书面程序。

涉及条款 21 CFR 111.570：你方未制定并保持满足适用于回顾和调查产品投诉要求的书面程序。

不符合项涉及的其他条款还有：21 CFR 111.560（a）（1）、21 CFR 111.560（a）（2）、21 CFR 111.560（b）、21 CFR 111.560（c）、21 CFR 111.570（a）、21 CFR 111.570（b）（1）、21 CFR 111.570（b）（2）、21 CFR 111.570（b）（2）（i）、21 CFR 111.570（b）（2）（ii）（B）、21 CFR 111.570（b）（2）（ii）（C）、21 CFR 111.570（b）（2）（ii）（F）。

Subpart P   Records and Recordkeeping

P 节   记录及记录保存

Sec. 111.605   对于记录和记录保存的要求是什么？

(a)所有的记录须保存到产品有效期的一年以后(如有产品有效期标示)，或最后一批产品分销之后两年。

(b)所有记录须保存原始记录，包括真实的复制品(如，影印件、微缩胶卷、微缩胶片，以及其他精确原始记录复印件等)或电子记录。

(c)所有电子记录须遵守本章 part 11 的规定。

Sec. 111.610   必须使 FDA 可获得的记录是什么？

(a)你方须具有本法规要求的所有记录或复印件，在保存期间内可随时取用，以便需要时由 FDA 检查或复印。

(b)如果你方使用微缩技术，如微缩胶卷，你方须向 FDA 提供合适的读取器和复印设备。

解读：一、所有记录至少保存保质期后 1 年，记录保存于档案室。

记录必须真实、全面、完整、随时接受 FDA 的检查。

二、FDA 现场检查常见不符合项涉及的条款：21 CFR 111.605、21 CFR 111.605(c)、21 CFR 111.610(a)。

参考文献：

http://www.fda.gov/ICECI/Inspections/ucm250720.htm.

第四章 21 CFR Part 101 中与膳食补充剂标签有关内容介绍及美国膳食补充剂标签指南

第一节 21 CFR Part 101 中与膳食补充剂标签有关内容介绍

美国已建立起比较完善的食品标签法规体系,21 CFR Part 101 详细规定了不同种类食品产品的营养和健康声称及标签标识要求。其中,21 CFR 101.36 规定了膳食补充剂的营养标注要求,21 CFR 101.93 规定了膳食补充剂说明的几种形式,两个文件最新版本的修订时间均为 2017 年 4 月 1 日。21 CFR 101.36 的 FDA 官方网址①,21 CFR 101.93 的 FDA 官方网址②。

另外,美国在 2005 年 4 月还出台了一份膳食补充剂标签指南,其 FDA 官方网址③。

一、膳食补充剂的营养标注要求(21 CFR 101.36)

(a)市场销售膳食补充剂的标签需按此规定进行营养标注,除非属于本节(h)规定的豁免情况。

(b)标签上的营养声称信息及标签上的营养信息应包含下列信息,使用(e)段规定的子栏目和指定的格式。

(1) 每份含量。

(i) 副标题"每份含量"应放在标题"膳食补充成分表"下,与营养标签的左

---

① https://www.accessdata.fda.gov/scripts/cdrh/cfdocs/cfcfr/cfrsearch.cfm? fr=101.36。

② https://www.accessdata.fda.gov/scripts/cdrh/cfdocs/cfcfr/cfrsearch.cfm? fr=101.93。

③ https://www.fda.gov/food/guidanceregulation/guidancedocumen-tsregulatoryinformation/dietarysupplements/ucm2006823.htm。

边对齐。每份含量应当按照 101.9(b)和 101.12(b)表 2 的规定。膳食补充剂每份含量的描述应使用恰当的术语表示,例如"片""胶囊""包"或"茶匙"。

(ii) 副标题"每包装含量"应当放在副标题"每份含量"下,与营养标签的左边对齐,如果在产品净重声称上有相应描述,那么此项可以不标示。

(2) 101.9(c)规定的具有每日摄入参考值(RDI)或每日推荐值(DRV)的膳食营养成分及其衍生物的信息[以下简称"(b)(2)膳食成分"]。

(i) 关于(b)(2) 膳食成分声明,即总热量、总脂肪、饱和脂肪、反式脂肪、胆固醇、钠、总碳水化合物、膳食纤维、总糖、添加糖、蛋白质、维生素 D、钙、铁和钾,当产品中上述定量的膳食成分含量超过 101.9(c)规定可以标示为零的含量时,应予以标示。来自饱和脂肪、多不饱和脂肪、单不饱和脂肪、可溶性纤维、不可溶性纤维、糖醇和其他碳水化合物的能量可以标示,但当其有含量声称时必须标示。任何不存在的(b)(2)膳食成分,或者满足 101.9(c)零标注规定的膳食成分含量均不需标识。(例如,含量少于 RDI 值 2%的维生素和矿物质)。与仅仅因为技术原因添加的成分不同,在仅含有单独氨基酸的产品中,不得标示蛋白质。

(A) 每种(b)(2)膳食成分的名称和重量应该在"每份含量"下标注。如果空间允许,(b)(2)膳食成分的含量按照此部分(b)(2)(ii)的规定应居中标示在栏中。标题与含量要一致,比如"每片包含",或"每 2 片"可用"每份含量"替代。其他适当的用词包括胶囊、包或匙。

(B) 本部分(b)(2)(i)膳食成分的名称标示应该在营养标签上应左对齐,顺序与缩进格式应该按照 101.9(c)要求标示。特殊要求为,钙和铁应在泛酸之后标示,钠和钾应在氯之后标示。维生素和矿物质按照以下顺序标示:维生素 A、维生素 C、维生素 D、维生素 E、维生素 K、硫胺素、核黄素、烟酸、维生素 B6、叶酸、维生素 B12、生物素、泛酸、钙、铁、磷、碘、镁、锌、硒、铜、锰、铬、钼、氯、钠和钾。(b)(2)膳食成分应按 101.9 中指定的命名或按照(b)(2)(i)部分的要求分列出。

① 当"卡路里"有宣称时,应当首先列在前面,在名单中用格线分隔标题"每份含量"。当标示"卡路里来自脂肪"或"卡路里来自饱和脂肪"时,应当在"卡路里"项下缩进。

② 下列同义词可在(b)(2)膳食成分后括号内添加:维生素 C(抗坏血酸)、硫胺素(维生素 B1)、核黄素(维生素 B2)。每份能量值可以用千焦耳单位,在紧跟卡路里用语后括号内标示。

③ 由于维生素 A 以 β-胡萝卜素的形式存在,β-胡萝卜素可以用维生素 A 百分数的形式标示,当 β-胡萝卜素有声称时需要标示,标示时百分数应修约为最接近的整数,百分比应毗邻或在维生素 A 下面[如维生素 A(90%为 β-胡萝卜素)]。β-胡萝卜素含量用微克(mcg)标示,可在括号中声明[例如维生素 A

(90％(810 mcg) β−胡萝卜素)]。

(ii) 如果标示卡路里的数值,每份产品膳食成分的重量值的膳食成分需要按照此部分(b)(2)(i)的规定在一个单独的列与名称右对齐或在同一列标示在名称后。含量值代表膳食成分的含量而不是膳食成分来源物的重量(如,钙的含量而不是碳酸钙的含量)。

(A) 当这些含量值有增量时,应该按照 101.9(c)(1)规定以(c)(7)的形式标示,其中包括钠的增量。

(B) 各种维生素和矿物质,包括钠和钾,包含的维生素或矿物质应该是在每份产品的含量,使用的单位和给定的显著性水平见 101.9(c)(8)(iv),当小数点位数不足以标示更微小的含量时,小数点后面的零可省略(如,锌的 RDI 值是以整毫克给定的,但实际含量可能含有十进制小数)。在未强制要求单位必须以mcg 标注时,维生素 D 含量声称的单位可以以国际单位 IUs 标注;任何维生素 D 含量声称的单位标注为国际单位 IUs 时,必须在其后加注括号,内以 mcg 为单位标注维生素 D 的含量。

(iii) (b)(2)(i)下所有膳食成分的每日推荐值的百分比应全部标示,除了蛋白质每日推荐质的标示,应使用 101.9(c)(7)(ii)规定的蛋白质校正量;没有 DRV 值或 RDI 的次组分不应标注百分比;此外,对于提供给 12 个月龄以上婴儿的食品,可以省略蛋白质 RDI 百分比值的标注。(iii)(b)(2)(i)下所有膳食成分的每日推荐值的百分比应全部标示,除了蛋白质每日推荐值的标示应使用 101.9(c)(7)(ii)规定的蛋白质校正量,没有 DRV 值或 RDI 值的次组分不应标注百分比;此外,对于提供给 12 个月龄以上婴儿的食品,可以省略蛋白质 RDZ 百分比值的标注。

(A) 当标示每日推荐值的百分比时,这些信息应当在一列栏目中右对齐,栏目名称为"％DV"的标题下,右边的列的数量。标题"％ Daily Value(DV)""％ DV""Percent Daily Value"或"Percent DV"尽量统一标示为 "％ Daily Value"。标题"％ Daily Value"应放置在标题"每份含量"相同的一行,当缩略词"DV"无法在标题注释时,此时脚注是必需的,按照这一节中的(b)(2)(3)(D)、(b)(2)(3)(F)或(b)(3)(iv)的规定标注[如"每日值(DV)未建立"]。

(B) 每日值的百分比计算是以每份产品膳食成分的含量除以(b)(2)膳食成分的 101.9(c)(8)(iv)规定的 RDI 或 101.9(c)(9)规定的 DRV 再乘以 100,除了蛋白质百分比值,标示时应按照 101.9(c)(7)(ii)的规定标示(标签上总脂肪、饱和脂肪、胆固醇、钠、钾、总碳水化合物、膳食纤维在标签上定量标示时按四舍五入进行数值标示,其他每种膳食成分的含量不应四舍五入)。数值应随附百分比的符号(如％)。

(C) 基于 RDI 的百分比和 DRV 应当以最近的百分比来标示,除非某些膳食成分 DRV 没有建立。"不到 1%"或"< 1%"的使用是指"%DV"的膳食成分含量按重量足够应该标示,但量经过计算的比值又很小,当四舍五入为最接近的百分比是零(如,一个产品,其中包含 1 克总碳水化合物含量应标示每日百分比值"不到 1%"或"< 1%")。

(D) 如果产品声称是供 1～3 岁儿童食用,用每日百分比值来标示总脂肪、总碳水化合物、膳食纤维、蛋白质或添加糖,在营养标签底部使用相同的标示符号列出营养成分的值,按照本节(e)(6)的规定,紧随其后标示声明"每日摄入量以 1 000 卡路里的饮食为基础。"

(E) DV 百分比应当依据按照成人和 4 年或以上年龄儿童的 RDI 和 DRV 值来计算,除非该产品是专门针对十二月以下的婴儿、1～3 岁儿童、孕妇或者哺乳期妇女,在这种情况下,栏目标题应明确说明预期的消费群体。如果产品适用于多个组别内的人员,则每个组别的每日价值百分比应按本节(e)(11)(ii)所示分开列显示。

(F) 如果标示的子组分没有 DRV 值或 RDI 值,应在"每日百分比值"列中,加上一个符号(如星号),在营养标签的底部栏目中用同样的符号标注"每日值未建立"。

(G) 当有热量、卡路里来自脂肪,或卡路里来自饱和脂肪此类的宣称时,"% Daily Value"列下的空间为这些项目标识留空。当没有其他(b)(2)膳食成分中声明时,该列所示可以按照本节的(e)(11)(vii)省略。当"% Daily Value"列不是必需的,那么列出的膳食成分应当按照这一节的(b)(2)(3)(F)的规定标示,该段要求的符号应立即按照"每份含量"列下标示每一膳食成分含量。

(3) 膳食成分的 RDI 和 DRV 尚未建立的信息。

(i) FDA 没有建立 RDI 或 DRV 的膳食成分,和不受本节的(b)(2)规定约束的膳食成分(以下简称"其他膳食成分")。此类成分出现在膳食补充剂标签中时应以它们统一的或通常的名称标示,具体在(b)(2)(b)(i)规定名称栏中,或者只要没有列出其他膳食成分,使用线排标示,在(e)(6)款中所述粗线下,除了如果没有(b)(2)膳食成分标示,其他膳食成分直接标示在(b)(2)(1)(a)规定的"每份含量"标题栏下方。

(ii) 其他膳食成分的含量应该按照本节(b)(2)(ii)的规定以相同的方式标示,或者当以线性排列标示时,应当提交相应的信息,或者使用一个线性显示时,应当随后标示其他膳食成分的名称。应列出的其他膳食成分的含量而不是其他任何组分或来源物的含量。

(A) 这些数量应使用适当的公制单位表示,如 1 000 或更多的单位应当以更高的一级单位,如 1100 mg 应当标示为 1.1g。

（B）如果有些膳食成分是液体提取物同时溶剂没有被去除，此时列出的应该是总提取物的体积或重量。起始物料的状况应加以提示，如新鲜、干燥。信息可能包括膳食成分的浓度和溶剂使用，例如："新鲜蒲公英根提取物、$x(y:z)$ 以70％的乙醇提取"，x 是整个提取物的毫升数或毫克，y 是起始物料的重量，z 是溶剂的体积（mL）。当溶剂已被部分去除时（非干燥），最终的浓度应当说明（如，如果最初提取比是 $1:5$，50％的溶剂去除，所以最终的浓度应当标示为 $1:2.5$）。溶剂的名称使用不包括在营养标签的规定范围，它是需要按照 101.4（g）的规定进行标示。

（C）如果膳食成分提取物中的溶剂已被去除，那么该成分的含量应等于干提取物的重量。

（iii）本节（b）（3）（i）中描述的成分应该在膳食成分下中缩进标示，随后标示每份产品的含量，除了（b）（2）中的膳食成分应该按照规定标示。当本节（b）（3）（i）列出的膳食成分标示时，所有其他膳食成分应当在同一列中标示；然而，成分本身可能在另一列或一个线性排列标示。

（iv）其他膳食成分应当用符号（如，星号）在"％ Daily Value"列下标示，在营养标签的底部用同一符号标注，标示"每日值未建立"，没有使用标题"％ Daily Value"栏时，符号应当标示在每一个膳食成分的含量之后。

（c）专有的混合膳食成分应当包含在本节（b）（3）（i）段落中描述的膳食成分列表中，可以用特有术语"专有混合物"或其他适当的描述性术语或新奇的名字，应该以粗体突出显示。除了本段描述的情况，所有其他膳食成分的标示要求都是适用的。

（1）专有混合物中的（b）（2）膳食成分应当依照本节（b）（2）的规定标示。

（2）专有混合物中的（b）（3）列出的膳食成分（即"其他膳食成分"）应当以含量下降的顺序标示，使用一列或线性方式，以"专有混合物"或其他适当的描述性术语或有想象力的名称栏目下缩进标示。

（3）对于以重量定义数量的专有混合膳食成分，数量应为该专有混合膳食成分中所有其他膳食成分的总重量，并且应放在术语"专有混合膳食成分"同一行的右边，或者放在（b）（2）（ii）中列出的其他适当的描述性术语或稀奇的名字下面。应在"％Daily Value"下，或者紧跟在以重量计的专有混合膳食成分之后，加一个符号（例如，星号）。同时在营养标签底部标示同样的符号。

（4）在本节（e）（11）（v）段所展示的标签示例，表明了一种营养标签上显示专有混合膳食成分的方法。

（d）提供膳食组分的来源成分可在营养标签中标示，以圆括号紧跟膳食成分的名称之后，或者在膳食成分的下面缩进排版，前面冠以"as"或"from"，例如

"钙(as 碳酸钙)",除非当膳食成分名称(例如,东方人参)或者膳食成分名称的同义词(例如,维生素 C)本身就是成分来源,这种情况下不需要上述表示方式。当一种来源成分已在营养标签面板标示,或者当膳食成分的名称或其同义词本身就是来源成分,则不需要在营养标签外部的成分声明中再次标示。当一种来源成分没有在营养标签面板标示,则需要根据 101.4(g)的要求在成分声明中列出,可以紧跟在营养标签的下面显示,或者,如果营养标签的下面没有足够的空间,则直接在邻近营养标签的右侧显示。

(1) 在营养声明或者营养标签中,来源成分均应依据 101.4 的要求列示(例如,应该用普通或常见名称,并且在列明植物源性成分时应该标清楚该成分是从植物的哪个部分提取而来)。

(2) 当来源成分在营养标签中列示,并且两个或两个以上的来源成分被用来提供同一个膳食成分,则所有的来源应在圆括号内以重量的降序列出。

(3) 来源成分表述如果符合一个官方的规范,可以包括在营养标签或成分列表中[例如,钙(碳酸钙 USP)]。

(e) 除了本节第(i)(2)列出的小包装和中等大小包装,标题、题头和注脚以外的所有信息,应该以不小于 3 磅的统一字体标示。"热量"及"热量"抬头的标示应使用至少 2 磅以上的字号,并且每份实际的热量数应使用粗体或特粗字体。不小于 6 磅的字号可用于栏目标题(例如,"每份含量"和"占每日所需营养素的百分比")以及注脚(例如,"每日所需标准百分比,是基于热量 2000 卡之膳食")。

(1) 标题"营养成分",其字号应大于营养标签上的所有其他字号,并且应与营养标签同宽,除非确实难以做到。标题"营养成分"和所有的题头都要加粗,以区别于其他信息。

(2) 营养信息应标识在以细线制作的表格中。

(3) 营养标签中的所有信息应使用:

(i) 单一、易读的字体;

(ii) 黑色或同一种颜色,印在白色或者其他任何可用的中性对比背景上;

(iii) 大写字母和小写字母,对于总面积小于 12 平方英寸的包装,可全部使用大写字母;

(iv) 至少有一个导引(例如,文本之间的空格),以及

(v) 互相不接触的字母.

(4) 除了本节第(i)(2)列出的小包装和中等大小包装,标题、题头和注脚以外的所有信息,应该以不小于 8 磅的统一字体标示。不小于 6 磅的字号可用于栏目标题(例如,"每份含量"和"占每日所需营养素的百分比")以及注脚(例如,"每日所需标准百分比,是基于热量 2000 卡之膳食")。

（5）应该用一条细线将本节第（b）（2）及（b）（3）条所规定的每种膳食成分上下分开，如本节第（e）（10）段所示。

（6）应该放置一条粗线条：

（i）在副标题"每个包装含几份"下面，除非不需要标识"每个包装含几份"；在不标识"每个包装含几份"的情况下，该粗线应该放置在副标题"每次服用量"下面。

（ii）在最后一个本节第（b）（2）（i）段列出的膳食营养成分后面，并且，

（iii）在最后一个本节第（b）（3）段列出的其他膳食营养成分后面。

（7）应该在"每份含量"和"占每日所需营养素的百分比"下面放置一条细线。

（8）如果该产品含有两个或更多的独立包装且互不相同的膳食补充剂（例如，该产品含有早上食用的和下午食用的不同小包装），则定量及每日营养值百分比需要以单独的营养标签加以标识，或者采用本节第（e）（11）（iii）里插图所示的总量营养标签。

（9）（i）对于（b）（2）膳食成分，除了本节（b）（2）（ii）和（b）（2）（iii）规定的"每份"以外；对于其他膳食成分，除了本节（b）（3）（ii）和（b）（3）（iv）规定的"每份"以外；每种膳食组分的重量（或者体积，如果可以）和每日营养值百分比可以标识为"每单位"。

或者，（ii）对于（b）（2）—膳食成分，除了本节（b）（2）（ii）和（b）（2）（iii）规定的"每份"以外；对于其他膳食成分，除了本节（b）（3）（ii）和（b）（3）（iv）规定的"每份"以外；如果在标签中的其他部分做出推荐，一种膳食补充剂每天食用多次，则总重量（或总体积，如果可以）以及每种膳食组分的每日营养值百分比可以被标示为"每天"。

如果提供了"每天"信息，则必须标示在"每份"右边的一栏内，并且可以通过合适的标题清晰地辨认，或者标示为"每份"的附加声明。

本节第（e）（11）（viii）段提供了"每天"的样本插图格式。如图 4－8 所示，额外的"每天"列标题跟在推荐的每日食用数量旁边［例如："每天（3 片）"］。

当"份量"后的附加声明格式作为一个替代的栏目，该声明必须提供不多于一个简单的关于如何计算"每天"量的指引，对于标签其他部分推荐的每天食用的数量［例如："份量：1 片（全天的量为 3 片）"］。当"份量"后的附加声明格式作为一个独立的栏目，该声明必须提供不多于一个简单的关于如何计算"每天"量的指引，对于标签其他部分推荐的每天食用的数量［例如："份量：1 片（全天的量：每天 3 片）"］。

（10）出于统一表达的需要，FDA 强烈希望使用 part 101 附录 B 中的图形规格来标示有关信息。

（11）以下简单的标签供参考（图 4－1 至图 4－9 从原法则中截图，不够清

晰，仅供参考）：

(i) 多种维生素（包括自愿标注维生素 D），如图 4－1 所示。

(i) Multiple vitamins (Includes voluntary listing of vitamin D in IUs)

Supplement Facts

Serving Size 1 Gelcap
Servings Per Container 100

	Amount Per Serving	% Daily Value
Vitamin A (as retinyl acetate and 50% as beta-carotene)	900 mcg	100%
Vitamin C (as ascorbic acid)	90 mg	100%
Vitamin D (as cholecalciferol)	20 mcg (800 IU)	100%
Vitamin E (as dl-alpha tocopheryl acetate)	15 mg	100%
Thiamin (as thiamin mononitrate)	1.2 mg	100%
Riboflavin	1.3 mg	100%
Niacin (as niacinamide)	16 mg	100%
Vitamin B_6 (as pyridoxine hydrochloride)	1.7 mg	100%
Folate	400 mcg DFE (240 mcg folic acid)	100%
Vitamin B_{12} (as cyanocobalamin)	2.4 mcg	100%
Biotin	3 mcg	10%
Pantothenic Acid (as calcium pantothenate)	5 mg	100%

Other ingredients: Gelatin, lactose, magnesium stearate, microcrystalline cellulose, FD&C Yellow No. 6, propylene glycol, preservatives (propylparaben and sodium benzoate).

图 4－1　多种维生素标签

(ii) 用于儿童和成人的多种维生素（除了每个包装的份数以内容物净含量的说明来标示），如图 4－2 所示。

(ii) Multiple vitamins for children and adults (excludes Servings Per Container which is stated in the net quantity of contents declaration)

Supplement Facts

Serving Size 1 Tablet

Amount Per Serving		% Daily Value for Children 1 through 3 Years of Age	% Daily Value for Adults and Children 4 or more Years of Age
Calories	5		
Total Carbohydrate	1 g	<1%**	<1%*
Total Sugars	1 g	†	†
Includes 1g Added Sugars		4%**	2%*
Vitamin A (50% as beta-carotene)	450 mcg	150%	50%
Vitamin C	60 mg	400%	67%
Vitamin D	20 mcg	133%	100%
Vitamin E	8 mg	133%	53%
Thiamin	0.9 mg	180%	75%
Riboflavin	0.9 mg	180%	69%
Niacin	11.2 mg	187%	70%
Vitamin B_6	0.9 mg	180%	53%
Folate	300 mcg DFE (180 mcg folic acid)	200%	75%
Vitamin B_{12}	2.0 mcg	222%	83%

* Percent Daily Values are based on a 2,000 calorie diet
** Percent Daily Values are based on a 1,000 calorie diet
† Daily Value not established

Other ingredients: Sucrose, sodium ascorbate, gelatin, maltodextrin, dl-alpha tocopheryl acetate, niacinamide, magnesium stearate, Yellow 6, artificial colors, stearic acid, palmitic acid, artificial flavors, pyridoxine hydrochloride, thiamin mononitrate, vitamin A acetate, cholecalciferol, and cyanocobalamin.

图 4－2　用于儿童和成人的多种维生素标签

(iii) 多盒装的多种维生素(包括自愿标注维生素 D),如图 4-3 所示。

(iii) Multiple vitamins in packets (Includes voluntary listing of vitamin D in IUs)

Supplement Facts

Serving Size 1 Packet
Servings Per Container 10

	AM Packet		PM Packet	
Amount Per Serving		% Daily Value		% Daily Value
Vitamin A	450 mcg	50%	450 mcg	50%
Vitamin C	90 mg	100%	90 mg	100%
Vitamin D	20 mcg (800 IU)	100%		
Vitamin E	15 mg	100%		
Thiamin	1.2 mg	100%	1.2 mg	100%
Riboflavin	1.3 mg	100%	1.3 mg	100%
Niacin	16 mg	100%	16 mg	100%
Vitamin B_6	1.7 mg	100%	1.7 mg	100%
Folate	200 mcg DFE (120 mcg folic acid)	50%	200 mcg DFE (120 mcg folic acid)	50%
Vitamin B_{12}	1.2 mcg	50%	1.2 mcg	50%
Biotin			3 mcg	10%
Pantothenic Acid	2.5 mg	50%	2.5 mg	50%

Ingredients: Sodium ascorbate, ascorbic acid, calcium pantothenate, niacinamide, dl-alpha tocopheryl acetate, microcrystalline cellulose, dextrin, starch, mono- and diglycerides, vitamin A acetate, magnesium stearate, gelatin, FD&C Blue #1, FD&C Red #3, artificial colors, thiamin mononitrate, pyridoxine hydrochloride, citric acid, lactose, sorbic acid (preservative), tricalcium phosphate, sodium benzoate (preservative), sodium caseinate, preservatives (methylparaben, potassium sorbate, BHA, BHT), ergocalciferol, cyanocobalamin, and artificial flavors.

图 4-3 盒装多种维生素标签

(iv) 包含膳食成分的膳食补充剂,有或无每日参考摄入量(RDIs)和每日营养素参考值(DRVs),如图 4-4 所示。

(iv) Dietary supplement containing dietary ingredient with and without RDIs and DRVs

Supplement Facts

Serving Size 1 Capsule
Servings Per Container 100

Amount Per Capsule	% Daily Value
Calories 20	
Total Fat 2 g	3%*
Saturated Fat 0.5 g	3%*
Trans Fat 0 g	†
Polyunsaturated Fat 1 g	†
Monounsaturated Fat 0.5 g	†
Vitamin A 765 mcg	85%
Vitamin D 21 mcg	105%
Omega-3 fatty acids 0.5 g	†

* Percent Daily Values are based on a 2,000 calorie diet.
† Daily Value not established.

Ingredients: Cod liver oil, gelatin, water, and glycerin.

图 4-4 有或无每日参考摄入量标签

(v) 膳食成分的专有配方，如图 4 - 5 所示。

(v) A proprietary blend of dietary ingredients

Supplement Facts

Serving Size 1 tsp (3g) (makes 8 fl oz prepared)
Servings Per Container 24

	Amount Per Teaspoon	% Daily Value
Calories	10	
Total Carbohydrate	2 g	<1%*
Total Sugars	2 g	†
Includes 2g Added Sugars		4%*
Proprietary Blend	0.7 g	
German Chamomile (flower)		†
Hyssop (leaf)		†

* Percent Daily Values are based on a 2,000 calorie diet
† Daily Value not established

Other ingredients: Fructose, lactose, starch, and stearic acid

图 4 - 5　专有配方的标签

(vi) 草药膳食补充剂，如图 4 - 6 所示。

(vi) Dietary supplement of an herb

Supplement Facts

Serving Size 1 Capsule
Servings Per Container 100

Amount Per Capsule	
Oriental Ginseng, powdered (root)	250 mcg*

* Daily Value not established

Other ingredients: Gelatin, water, and glycerin

图 4 - 6　草药膳食补充剂标签

(vii) 氨基酸膳食补充剂，如图 4－7 所示。

(vii) Dietary supplement of amino acids

Supplement Facts

Serving Size 1 Tablet
Servings Per Container 60

Amount Per Tablet	
Calories	15
Isoleucine (as L-isoleucine hydrochloride)	450 mg*
Leucine (as L-leucine hydrochloride)	620 mg*
Lysine (as L-lysine hydrochloride)	500 mg*
Methionine (as L-methionine hydrochloride)	350 mg*
Cystine (as L-cystine hydrochloride)	200 mg*
Phenylalanine (as L-phenylalanine hydrochloride)	220 mg*
Tyrosine (as L-tyrosine hydrochloride)	900 mg*
Threonine (as L-threonine hydrochloride)	300 mg*
Valine (as L-valine hydrochloride)	650 mg*

* Daily Value not established.

Other ingredients: Cellulose, lactose, and magnesium stearate.

图 4－7 氨基酸膳食补充剂标签

(viii) 提供了“每份”和“每天”信息的膳食补充剂(包括自愿标注维生素 D)，如图 4－8 所示。

(viii) Dietary supplement illustrating "per serving" and "per day" information (Includes voluntary listing of vitamin D in IUs)

Supplement Facts

Serving Size 1 Caplet
Servings Per Container 100

	Per Caplet		Per Day (3 Caplets)	
	Amount	% Daily Value	Amount	% Daily Value
Vitamin D (as cholecalciferol)	7 mcg (280 IU)	35%	21 mcg (840 IU)	105%
Calcium (as calcium citrate)	650 mg	50%	1950 mg	150%

Other ingredients: Hydroxypropylmethylcellulose (HPMC), microcrystalline cellulose, maltodextrin, and magnesium stearate.

图 4－8 提供“每份”和“每天”信息的膳食补充剂标签

(12) 正如本节(e)(11)条列出的标签样本那样，如果空间不足以列出所需的信息，则列表可以从右侧分隔开，在标题重复的情况下继续标示。右侧的清单必须以一条线隔开，与左侧的膳食成分和每日营养摄入信息隔开。下面的标签样张显示了这种标示方式，如图 4－9 所示。

Supplement Facts

Serving Size 1 Packet

Amount Per Packet		% Daily Value	Amount Per Packet		% Daily
Vitamin A (from cod liver oil)	5,000 IU	100%	Zinc (as zinc oxide)	15 mg	100%
Vitamin C (as ascorbic acid)	250 mg	417%	Selenium (as sodium selenate)	25 mcg	36%
Vitamin D (as ergocalciferol)	400 IU	100%	Copper (as cupric oxide)	1 mg	50%
Vitamin E (as d-alpha tocopherol)	150 IU	500%	Manganese (as manganese sulfate)	5 mg	250%
Thiamin (as thiamin mononitrate)	75 mg	5000%	Chromium (as chromium chloride)	50 mcg	42%
Riboflavin	75 mg	4412%	Molybdenum (as sodium molybdate)	50 mcg	67%
Niacin (as niacinamide)	75 mg	375%	Potassium (as potassium chloride)	10 mg	< 1%
Vitamin B6 (as pyridoxine hydrochloride)	75 mg	3750%			
Folic Acid	400 mcg	100%	Choline (as choline chloride)	100 mg	*
Vitamin B12 (as cyanocobalamin)	100 mcg	1667%	Betaine (as betaine hydrochloride)	25 mg	*
Biotin	100 mcg	33%	Glutamic Acid (as L-glutamic acid)	25 mg	*
Pantothenic Acid (as calcium pantothenate)	75 mg	750%	Inositol (as inositol monophosphate)	75 mg	*
Calcium (from oystershell)	100 mg	10%	Para-Aminobenzoic acid	30 mg	*
Iron (as ferrous fumarate)	10 mg	56%	Deoxyribonucleic acid	50 mg	*
Iodine (from kelp)	150 mcg	100%	Boron	500 mcg	*
Magnesium (as magnesium oxide)	60 mg	15%			

* Daily Value not established

Other ingredients: Cellulose, stearic acid and silica.

图 4-9　左、右两侧标示的标签

（f）（1）根据 101.9(g)(1) 至 (g)(8) 的要求，确定标签是否符合本节要求，除非用于分析的样本应该包括 12 个附属样本（消费包装）的组合，或者相同检验批次 10% 数量（或者任何更小的值）的包装被随机选取用来代表该批次。101.9(g)(3) 和 (g)(4) 中给出的一级和二级营养素指标，亦可以适用于本节（b）（3）（i）中描述的其他膳食组成。在现有的良好生产规范下，这些其他膳食组成成分的值在合理的范围内超出标识数量是可以接受的。

（2）根据 101.9(g)(9)，当技术上不可行，或者一些其他特定情况导致其无法实施，为了使企业符合本节要求，FDA 可以批准能够达到一致性要求的替代手段或者给予额外的豁免。需要这种特殊批准的企业，应该将其请求以书面形式提交给：Office of Nutritional Products，Labeling and Dietary Supplements（HFS - 800），Food and Drug Administration，5100 Paint Branch Pkwy.，College Park，MD 20740.

（g）除了本节第（i）（2）和（i）节列明的例外情况，标签上营养信息的位置应符合 101.2 的要求。

（h）符合以下特定要求的膳食补充剂可豁免：

（1）第 101.9(j)(1) 部分，对于由个人直接向消费者销售的食品（例如，一个零售商），其年度总的产品销售额或已销售给消费者的产品总金额不超过 500 000 美元，或年度总销售额或已销售给消费者的食品总金额不超过 50 000 美元，并且其标签、贴标和广告均不提供营养信息或者制定营养成分或者健康生命的；

(2) 第 101.9(j)(18)节,对于小体积的食品[即满足 101.9(j)(18)(i) 或者 (j)(18)(ii)的要求];除去 101.9(j)(18)(iv)里列出的,其他声明豁免提供 101.9 (j)(18)(iv)所需信息的;声称豁免提交的时间段开始之前的一段时间;只要其普通全职雇员符合 101.1(j)(18)(i)或(j)(18)(ii)的要求,无论是生产商、包装商还是分销商,即可提出豁免声明;并且其标签、贴标和广告均不提供营养信息或者制定营养成分或者健康生命;

(3) 101.9(j)(9)节,对于以散装形式运输但不以散装形式销售给消费者的食品,以及仅用于生产其他膳食补充剂或者用于在其原始加工或包装地以外进行加工、标记或者重新包装。

(i) 膳食补充剂应符合下面列出的特别标签规定:

(1) 第 101.9(j)(5)(i)节,除了婴儿配方食品以外,对于标明或声称是婴儿和不满 2 岁儿童专用食品,其营养标签不应包括热量(来自脂肪)、热量(来自饱和脂肪)、饱和脂肪、多不饱和脂肪、单不饱和脂肪和胆固醇。

(2) 第 101.9(j)(13)节,对于小包装或中等尺寸包装,不包括:

(i) 对于可供标注总表面积小于 12 平方英寸的小包装,其标签中的所有信息应该用不小于 4.5 磅的字体标示。

(ii) 对于可供标注总表面积在 12~40 平方英寸之间的中等包装,其标签中的所有信息应该用不小于 6 磅的字体标示。对于可供标示面积小于 20 平方英寸且需标示超过 8 种膳食成分的包装,以及可供标示面积在 20~40 平方英寸且需标示超过 16 种膳食成分的包装,可以用不小于 4.5 磅的字体标示。

(iii) 当营养信息表述在 101.9(j)(13)(ii)(D)中列出的任何版面中,则成分列表应在紧接着营养标签的下方予以标示,或者,如果在营养标签下面没有足够的空间,则应按照 101.4(g)的要求在营养标签右侧紧邻的地方标示。

(iv) 对于包含在外包装之内的小包装或者中等包装,当不能满足上述字号的要求时,则其主要(内部)容器上面的营养标签字号可以根据需要缩小,以容纳所有需要标示的标签信息,主要容器需要牢固地包含在外包装内,外包装的营养标签应符合有关字号的要求,并且该外包装在销售时不可与主要包装分开。

(v) 对于小包装或者中等包装,如果没有足够的空间用于标示满足最小字号 4.5 磅要求的营养标签,如果根据本节(e)(5)段的要求使用了细线,则该细线可以省略并且用一排圆点替代,这些圆点连接包括每种膳食成分名称及定量的栏目(重量和占每日所需营养素的百分比)。

(3) 第 101.9(j)(15)节,对于有复合食品包装容器的食品;

(4) 第 101.9(j)(16)节,对于在散装容器销售的食品;以及

(5) 第 101.9(j)(17)节,对于可供标签使用之总表面积大于 40 平方英寸但其主要展示版面和信息版面没有提供足够空间容纳所有需标注的标签信息的包装食品,除去成分列表应该在营养标签下面紧邻标示,或者,如果在营养标签下面的空间不足,则应按照 101.4(g)的要求在营养标签右侧紧邻的地方标示。

(j) 应该判定为 101.9(k)中错误标识的膳食补充剂。

二、关于膳食补充剂的声明(21 CFR 101.93)

(a) (1)在一种膳食补充剂上市 30 天内,制造商、包装商、经销商应通知营养食品、商标及膳食补充剂办公室[the office of Nutritional Products, Labeling and Dietary Supplements (HFS‐810)]、食品安全及应用营养中心(Center for Food Safety and Applied Nutrition)和食品药品监督管理局(地址 5100 Paint Branch Pkwy.,College Park,MD 20740),此膳食补充剂在产品商标或标签上有相关声明。需提交此通知的一份原件及两份复印件。

(2) 通知应包含以下内容:

(i) 具备声明的膳食补充剂的制造商、包装商或经销商的名称与地址;

(ii) 声明的文本;

(iii) 声明相关的膳食组成或补充剂的名称(如果声明文本中没有给出);及

(iv) 膳食补充剂的名称(包括商标名称)[如果商品标签没有给出(a)(2)(iii)的内容]。

(3) 通知应由能证明信息准确性的负责人签署。该负责人应证明通知中的信息是完整准确的,并且其公司要有证据证实声明是真实且无误导性的。

(b) 免责声明。此节内容中的要求适用于膳食补充剂的标签和标注,在标签和标注中膳食补充剂具有 FD & C Act 403(r)(6)规定的声明,制造商、包装商,或经销商希望利用对该法 201(g)(1)(c)的免责(由该法 403 节 r6 提供)。

(c) 免责声明文本。

(1) 在有一项声明的地方,免责声明应依照此节 d 段内容放置,并作陈述:**该声明还未由 FDA 评估。该产品不能诊断、治疗、治愈或预防任何疾病。**

(2) 标签或标注里有一项声明以上时,每项声明依照该节 c1 段都应具有免责声明,或依照该节 d 段放置一个多重的免责声明,并作陈述:**该声明还未由 FDA 评估。该产品不能诊断、治疗、治愈或预防任何疾病。**

(d) 布局。该免责声明应放置在声明旁边,没有间隔;或在声明最后以符号(如星号)与声明连接,与该节(c)(1)或(c)(2)段规定的免责声明旁边的符号一致。在产品标签上和标注里(如宣传册,目录),免责声明应出现在每页有声明的地方。该免责声明应在不邻近问题声明的方框里加以区分。

（e）字号。该节 c 段的免责声明应使用黑体字,字号不小于十六分之一英寸。

（f）允许的结构/功能声明。膳食补充剂标签或标注,受制于该节 a 到 e 段中的要求,可以具有描述营养或膳食组成作用的声明,这些膳食组成意在影响人体结构或功能;或具有备有文件证明的原理,通过此原理营养或膳食组成可以维持那些结构和功能,只要这些声明不是 g 段中的疾病声明。如果膳食补充剂产品的标签或标注具有 g 段定义的一个疾病声明,则该产品将作为药品管理,除非此声明是被批准用于该产品的健康声明。

（g）疾病声明（1）根据 21 USC. 343（r）（6）,某种"疾病"是指一个器官、部分、结构或身体系统的损伤,导致其无法正常运行（如心血管疾病）,或者健康状态导致功能紊乱（如高血压）;除了由必需营养素不足引起的疾病（比如维生素 C 缺乏、糙皮病）不包含在这个定义中。

（2）如果产品符合下列一个或多个标准,FDA 将在 21 USC. 343（r）（6）下裁决产品对诊断、缓解、治疗、治愈或预防疾病（不包括传统的营养素不足疾病）的声明。这些标准不被归类到疾病声明,（疾病声明指的是一个产品保持健康结构或功能的能力）除非该声明意味着疾病预防或治疗。在决定一个声明是否是这些标准下的疾病声明,FDA 将考虑声明的语境。一个声明声称可以诊断、缓解、治疗、治愈或预防疾病,如果其清楚或含蓄地声明该产品:

（i）对某个特定疾病或某种疾病有疗效。

（ii）使用科学或专业术语对某个特定疾病或某种疾病的典型症状有疗效。

（iii）如果异常情况不常见,或可能造成重大或永久伤害,则对与自然状态或过程相关的异常情况有疗效。

（iv）通过以下一种或多种因素,对一种或多种疾病有疗效。

（A）产品名称;

（B）关于产品配方的一个声明,包括产品构成成分的声明〔除非成分是 21 USC. 321（ff）（3）下膳食补充剂的定义里包含的物质〕,该产品已被 FDA 规定为药品,而且消费者熟悉其预防治疗一种疾病的用途或声称的用途;

（C）出版物或参考书目的引证,如果该引证指一个疾病用途,且如果在整个标签语境中,该引证意为疾病的治疗或预防,如,通过产品直接的标签或包装,不恰当的突出,或缺乏与产品声明的关系。

（D）使用术语"疾病"或"生病的",除了在关于疾病预防的通用声明里（该声明不是指某一疾病或某种疾病或者一种特定产品或成分）;或

（E）使用图片、插图、符号、或其他手段；

（v）属于一类旨在诊断、缓解、治疗、治愈或预防疾病的产品；

（vi）是一个疾病的疗法的产品代替品；

（vii）旨在诊断、缓解、治疗、治愈或预防疾病的一种疗法或药品作用的辅助添加；

（viii）在身体对疾病或对病媒反应上有作用；

（ix）治疗、预防、或缓解（与疾病疗法相关的）不良反应，如果不良反应构成疾病；或

（x）另外暗示对疾病的疗效。

第二节　膳食补充剂标签指南

膳食补充剂标签指南由美国食品和药物管理局食品安全与应用营养中心（CFSAN）的营养产品、标签和膳食补充剂办公室（ONPLDS）撰写。以下是2005年4月版（最新更新时间2018年2月15日）指南原文翻译稿，原文网址①。

> 该指南完成时，将代表当前美国食品药品监督管理局（FDA）对于这个主题的思考。它不会创造或授予任何个人权利，也不会对 FDA 或公众进行约束。如果方法满足适用的法律和法规的要求，你可以使用另一种方法。如果你想讨论另一种方法，可与 FDA 负责实施这一指南的工作人员联系。如果你不能确定合适的 FDA 人员，请采用该指南标题页上列出的适当号码。

一、介绍

本指南包含不具约束力的建议。美国食品药品监督管理局（FDA）接到许多关于膳食补充剂标签的问题。这些问题是在过去几年的标签标示过程中产生的。相关的膳食补充剂标签的一些重要事件包括：

● 1990 年的《营养标示与教育法》以多种重要方式修订了 FD & C Act。值得注意的是，包括膳食补充剂在内的多数食品都有营养标签。

● 1994 年的《膳食补充剂健康与教育法》（DSHEA）修改了 FD & C Act。在某种程度上，通过定义"膳食补充剂"，添加特定的膳食补充剂标签要求，并提

---

① https://www. fda. gov/Food/GuidanceRegulation/GuidanceDocumentsRegulatoryInformation/DietarySupplements/ucm2006823. htm。

供可选标签声明。

● 1997 年 9 月 23 日(62 FR 49826),通过发布几个关键规定实施了 DSHEA,规定包括:类别声明、营养标签、成分标签、营养含量和膳食补充剂健康声称。1998 年 6 月 5 日(63 FR 30615),修改了有关膳食补充剂营养标签中提取物的规定。

● 1997 年 1 月 15 日(62 FR 2218),出版法规要求膳食补充剂标签警告声明添加了铁。这些规定还要求剂量单位包装应含有 30 毫克或更多,但这一要求于 2003 年 1 月由于法律诉讼被消除。

● 2003 年 7 月 11 日(68 FR 41434),发表了最后一个规定,修改膳食补充剂的标签要求,以及传统的食物,这将使反式脂肪成为强制性营养声称。该监管要求规定,当含量在 0.5 克或更多时,反式脂肪应该在膳食补充剂补充成分版面中列出清单的饱和脂肪下单独列一行标示,规定于 2006 年 1 月 1 日起施行。

FDA 制定本指南来帮助确保在美国销售的膳食补充剂正确标记。本指南适用于生产在国内以及在国外生产的膳食补充剂。在 FDA 规定下,进口或分发膳食补充剂不需要标签许可。

指南中包括使用"问答"格式解答了标签的膳食补充剂最常质疑的问题。如果你有问题不在本指南,请联系 FDA 地区办公室(参见本指南附录 a)或:

膳食补充剂项目组(HFS‑810)

营养产品、标签和膳食补充剂办公室

食品安全与应用营养中心

联邦食品药品监督管理局

5100 Paint Branch Parkway, College Park, Maryland 20740‑3835

(301)436‑301 (更新电话:240‑402‑2375)

请注意,除了本指南的规定,还必须遵守任何之后发布的规定。新规定在有效日期之前将发表在《联邦公报》上,每年在联邦法规上有更新(21 CFR 101)。新规定摘要(拟议法规和最终法规)发布在 FDA 的网站(http://www.fda.gov)。

FDA 的指导文件,包括本指南,不承担强制执行的责任。相反,本指南用来描述 FDA 当前的监管思路,应被视为是 FDA 的建议,除非有特定监管规定或引用的法定要求。使用"应该"这个词在指南中意味着一些建议或推荐,但不是必需的。

二、目录

(1)一般膳食补充剂标签

(2)身份声明

(3)净含量

(4) 营养标签

(5) 成分标签

(6) 声称

(7) 新膳食成分预先市场通知

(8) 其他标签信息

三、附录

A. FDA 地区办公室。

B. 4 岁或以上年龄的儿童和成人每日食用量（也称为食品标签指导参考值），2015 年 5 月 27 日更新①。

这些值可以在食品标签指南营养标签的参考值中找到。注意，表中的营养成分按照 21 CFR 101.9(c) 的顺序排列在传统食品的标签上。膳食补充剂标签的顺序（即："补充剂标示"）在 21 CFR 101.36(b)(2)(i)(B)。

本节第(b)(2)(i)项下声明的膳食成分的名称应在营养标签左侧的一栏中，按第 101.9(c) 指定的顺序和方式排列，除了钙和铁要紧跟泛酸，钠和钾应该跟氯化物一起。维生素和矿物质的排列顺序结果如下：维生素 A，维生素 C，维生素 D，维生素 E，维生素 K，维生素 b1，核黄素（维生素 B2），烟酸，维生素 B6，叶酸，维生素 B12，生物素，泛酸（维生素 B5），钙，铁，磷，碘，镁，锌，硒，铜，锰，铬，钼，氯，钠，钾。%DVs（每日推荐值的百分比）必须基于这些值，而不是由美国国家科学院建立的饮食参考摄入量（DRIs）。

C. 婴儿、小于 4 岁的儿童、孕妇或哺乳期妇女的每日食用量，2018 年 2 月 1 日更新②。

这些值尚未编入法典，但已在联邦公报上公布，以指导制造商提供所列出的营养成分（58 FR 2206 at 2213，1993 年 1 月 6 日）。"国际单位"的缩写为"IU"，毫克为"mg"，"mcg"缩写用于微克，"μg"也可以用于微克的缩写。此外，该机构还修改了四种营养素的测量单位。钙和磷的值表达为 mg，生物素和叶酸值用 mcg（60 FR 67164 at 67174）。具体如表 4-1 所示。

---

① https://www.fda.gov/Food/GuidanceRegulation/GuidanceDocumentsRegulatoryInformation/DietarySupplements/ucm070617.htm.

② https://www.fda.gov/Food/GuidanceRegulation/GuidanceDocumentsRegulatoryInformation/DietarySupplements/ucm070620.htm.

表4-1 补充剂标示指导

维生素和矿物质	婴儿	不到4岁幼儿	孕期及哺乳期妇女	计量单位
维生素 A Vitamin A	1,500	2,500	8,000	IU
维生素 C Vitamin C	35	40	60	mg
钙 Calcium	600	800	1,300	mg
铁 Iron	15	10	18	mg
维生素 D Vitamin D	400	400	400	IU
维生素 E Vitamin E	5	10	30	IU
维生素 B1 Thiamin	0.5	0.7	1.7	mg
核黄素 Riboflavin	0.6	0.8	2.0	mg
烟酸 Niacin	8	9	20	mg
维生素 B6 Vitamin B6	0.4	0.7	2.5	mg
叶酸 Folate	100	200	800	mcg
维生素 B12 Vitamin B12	2	3	8	mcg
生物素 Biotin	50	150	300	mcg
泛酸(维生素 B5)Pantothenic acid	3	5	10	mg
磷 Phosphorus	500	800	1,300	mg
碘 Iodine	45	70	150	mcg
镁 Magnesium	70	200	450	mg
锌 Zinc	5	8	15	mg
铜 Copper	0.6	1.0	2.0	mg

D. 营养成分含量声称(包括食品标签指南附录 A 和 B),2018 年 2 月 1 日更新[①]。

营养成分声明位于食品标签指南"附录 A—营养成分声明的定义"和"附录 B—成比例的(或比较)的声明"。请注意,这些信息一般都是针对食物的,例如,有关描述膳食营养成分的使用说明并不适用于膳食补充剂。还有 21 CFR 101.

---

① https://www.fda.gov/Food/GuidanceRegulation/GuidanceDocuments-RegulatoryInformation/DietarySupplements/ucm070622.htm。

60(a)(4)提供了"无热量"和"低热量"的说法,如果它是一种类似的产品,每一份含有超过40卡路里的热量,那么它就可以被制成膳食补充剂。

　　E. 授权的健康声明(包括食品标签指南附录C和FDAMA声明),2015年5月27日更新①。

　　授权健康声明的信息位于食品标签指南附录C-健康声明和1997年FDA现代化法案(FDAMA)网页上。你可以在引用的法规和21 CFR 101.14的健康声称的一般要求中找到关于这些声称使用的完整信息。

　　F. 合格的健康声明,2018年2月1日更新②。

　　有关合格健康声称的信息,位于符合条件的健康声明的概述的网页,2018年2月15日更新③。要获得更完整的信息,请参见合格的健康声明,2017年12月27日更新④。主要有FDA实施的行业指南:"合格健康声明"问题和答案,2006年5月12日。2009年1月,关于基于证据的审查制度—科学评估健康声明的行业指南等指导性文件。

　　索引具体如表4-2所示。

表4-2　索　引

替代主要展示版面 Alternate principal display panel	I
和/或"脂肪和油成分标签" "And/or" labeling of fat and oil ingredients	V
抗氧化剂声称 Antioxidant claims	VI
人工色素 Artificial colors	V
人工香料 Artificial flavors	V
植物萃取类 Botanicals	IV
散装容器 Bulk containers	IV
化学防腐剂 Chemical preservatives	V
常见的或通常的名称 Common or usual name	II and V

---

　　① https://www.fda.gov/Food/GuidanceRegulation/Guidance-DocumentsRegulatoryInformation/DietarySupplements/ucm070624.htm。

　　② https://www.fda.gov/Food/GuidanceRegulation/GuidanceDocumentsRegulatoryInformation/DietarySupplements/ucm070625.htm。

　　③ https://www.fda.gov/Food/LabelingNutrition/ucm073992.htm。

　　④ https://www.fda.gov/Food/LabelingNutrition/ucm2006877.htm。

（续表）

突出 Conspicuousness	I and III
原产地 Country of origin	I
日平均值 Daily Values	IV
膳食补充剂的定义 Definition of dietary supplements	I
显著率 Degree of Prominence	I and II
降序排列的优势 Descending order of predominance	IV and V
确定净含量 Determining the net quantity	III
膳食成分 Dietary ingredients	I，II，IV，V，VI and VII
不同的包装规格 Different package sizes	III
免责声明 Disclaimer	VI
公开声明 Disclosure statements	VI
营养标签豁免 Exemptions from nutrition labeling	IV
有效期 Expiration dating	I
提取物 Extracts	IV
叶酸 Folic acid	VIII
"成分表"版面格式 Format of "Supplement Facts" panel	IV
"豁免"声明 "Free" claims	VI
"良好来源"声明 "Good source" claims	VI
健康声称 Health claims	VI
"高效能"声称 "High potency" claims	VI
偶然的添加剂 Incidental additives	V
信息面板 Information panel	I
成分清单 Ingredient list	V
含铁膳食补充剂 Iron-containing dietary supplements	VIII
果汁 Juice	VIII
标签声明 Label statements	I
拉丁名称 Latin names	IV

（续表）

名称和地址 Name and address	I
"低"声称"Low" claims	VI
膳食补充剂的名称 Name of dietary supplement	II
天然香料 Natural flavors	V
净含量声明 Net quantity of contents statement	III
新膳食成分 New dietary ingredient	VII
新膳食补充剂 New dietary supplements	VII
命名法 Nomenclature	IV
通知要求 Notification for a claim	VI
营养素含量声称 Nutrient content claims	VI
营养标签 Nutrition labeling	IV
营养标签的豁免 Nutrition labeling exemptions	IV
欧米珈-3脂肪酸 Omega - 3 fatty acids	VI
有机 Organic	VIII
其他膳食成分 Other dietary ingredients	IV
盎司,克 Ounces and grams	III
日摄入量百分数 Percent of Daily Value	IV
比例声称 Percentage claims	VI
身份声明的位置 Placement of statement of identity	II
售前通知 Premarket notification	VII
主要展示版面 Principal display panel	I and III
突显 Prominence	I
自主品牌(专有配方) Proprietary blends	IV
声称第403(r)(6)条 Section 403(r)(6)claims	VI
份量 Serving sizes	IV
小包装 Small packages	IV
特殊标签规定 Special labeling provisions	VI
成分声明 Statement of identity	II

（续表）

结构/功能声称 Structure/Function claims	Ⅵ
成分表 "Supplement Facts"	Ⅳ
反式脂肪酸 Trans fat	Ⅳ
字号 Type size	Ⅰ-Ⅵ
关于铁的警告声明 Warning statement about iron	Ⅵ
水分 Water	Ⅴ

四、指南内容

Ⅰ　一般膳食补充剂标签

（1）膳食补充剂是如何定义的？

膳食补充剂的定义：某种程度上，（除了烟草）旨在补充膳食的产品，具有或包含一个或多个下列膳食成分：

① 一种维生素；

② 一种矿物质；

③ 一种草本或其他植物；

④ 一种氨基酸；

⑤ 一种增加总膳食摄入量供人使用来补充饮食的营养物质；或

⑥ 一种浓缩物、代谢物、成分、提取物或任何上述成分的组合。

进一步讲，膳食补充剂产品用于摄入吸收，并不代表作为传统食物或唯一的一顿饭或一项饮食，并贴上膳食补充剂标签。完整的法定定义中可查看 FD & C Act 201(ff)部分(21 USC 321)。

（2）在膳食补充剂的容器和包装上需要什么标签声明？

声明的五个要求：

① 成分声明（膳食补充剂的名称）；

② 净含量（膳食补充剂的数量）；

③ 营养标签；

④ 成分表；

⑤ 制造商的名称和营业地点、包装厂或经销商。详见 21 CFR 101.3(a)，21 CFR 101.105(a)，21 CFR 101.36，21 CFR 101.4(a)(1)，和 21 CFR 101.5。

（3）我把所需的标签声明放在哪里？

你必须在前标签面板上放置所有必需的标签说明（主要展示版面）或在信息

版面上（在消费者面对产品时，通常在标签主要版面右边的主要展示版面），除非另有规定（例如豁免）。详见 21 CFR 101.2(b)和(d)，21 CFR 101.9(j)(13)和(j)(17)，21 CFR 101.36(g)、(i)(2)和(i)(5)。

（4）在主要展示版面必须有什么标签声明？

必须把产品属性的声明和净含量的声明标注在主要展示版面上。如果产品包装具有相间的主要展示版面，必须将这些信息放在每个相间的主要展示版面。详见 21 CFR 101.1，21 CFR 101.3(a)和 21 CFR 101.105(a)。

（5）如何确定主要展示版面？

在零售购买时，标签的主要展示版面是包装中最有可能被消费者发现的部分。许多容器具有两个或两个以上的不同的表面设计，适合作为主要展示版面。这些是备用的主要展示版面。详见 21 CFR 101.1。

（6）在信息版面必须标注什么声明？

必须有"膳食补充剂成分表"版块。如果成分列表、制造商名称和营业地点、包装厂家或经销商等信息没有出现在主要展示版面，除非空间不足，可以查看 21 CFR 101.36(i)(2)(iii) and (i)(5)中"膳食补充剂成分表"特别规定。在第四章问题 46、56 查看更多细节。详见 21 CFR 101.2(b)和(d)，101.36(i)(2)(iii)和(i)(5)，101.5，101.9(j)(13)(i)(A)和(j)(17)。

（7）信息版面在哪里？

信息版面是消费者面对产品时紧邻主要展示版面右边的版面。如果由于包装设计和结构（如折叠）导致这个版面并不可用，那么右边的这一部分可以用于信息版面。当一个容器的顶部是主要展示版面，信息版面可以是任何相邻的版面。详见 21 CFR 101.2(a)。

（8）产品标签上必须列出何种名称和地址？

如果没有当前城市目录或电话簿、城镇、州和邮政编码，必须列出街道地址。可列出主要营业地点地址代替实际地址。详见 21 CFR 101.5。

（9）我可以插入其他项目在信息版面吗？

不。您不可以在信息面板上所需的标签信息之间插入其他项目，这个其他项目被定义为不是必要的标签信息（例如，UPC 条形码）。详见21 CFR 101.2(e)。

（10）在主要展示版面和信息版面应该使用什么字号、突出和醒目？

必须使用一个突出、引人注目的图案或字体、容易阅读。必须使用基于小写字母"o"至少十六分之一（1/16）英寸高度和不超过三倍宽的字母，除非按照 21 CFR 101.2(f)要求申请豁免。字体必须与背景有鲜明对比（不一定要黑色和白色）很容易阅读。参见第四章营养标签的字体要求。详见 21 CFR 101.2(c)和

(f)，21 CFR 101.15，和 21 CFR 101.105(h)。

(11) 如果产品或其中的成分不是来自美国，需要明确产品的原产地吗？

是的。除非法律规定以外，关税法案要求来自国外的每个物品（包括其容器）进口到美国时需明显显示原产国的英文国名。1930 年关税法案 304 条款，(19 USC 304)修订版。

(12) 谁管理"美国制造"这种声明？

FDA 对此类声明没有监管权限。美国海关监管原产地标注（例如"美国制造"），由 1930 年的关税法案授权。他们的网站是 www.customs.ustreas.gov。

(13) 如何获得 UPC 条形码？

UPC 条形码可以从统一代码委员会获得。他们的网站是 www.uccouncil.org。点击按钮，"我需要一个 UPC 条形码。"

(14) 保质期必须在膳食补充剂标签上标注吗？

不。但是，如果公司有证据证明，其并非虚假或具有误导性，则公司可以标注此信息。

Ⅱ 身份声明(2016 年 1 月)

(1) 什么是膳食补充剂的身份声明，把它标在哪？

膳食补充剂的身份声明是指出现在标签上的膳食补充剂名称。一般情况下，食品属性的声明是指（包括膳食补充剂）被联邦法律或法规指定的名称，或者，如果没有指定这样的名字，应该为食物的常见的或通常的名称。如果食物没有共同的或通常的名称而且食物的属性不明显，属性声明必须是适当的描述性术语。在膳食补充剂的范围，按照《联邦食品、药品和化妆品法》和联邦食品药品监督管理局的规定，属性声明必须包含"膳食补充剂"，除了"膳食"这个词可能被产品中膳食成分的描述语言所取代（如"草本补充剂"）或一个或多个膳食成分的名称在产品上体现（如蜂花粉补充剂）。你必须把属性描述标注在膳食补充剂的主要展示版面和任何相间的主要展示版面。品牌名称不被认为是身份的陈述，与身份陈述相比，不应该过分突出。详见 21 USC 321(ff)(2)(C)，21 USC 343(s)(2)(B)，21 CFR 101.1 和 21 CFR 101.3。

(2) 怎样识别一个膳食补充剂的属性？

你必须使用术语"膳食补充剂"来识别一个膳食补充剂的属性，除了你可以删除"膳食"这个词，并将其替换为产品中的膳食成分的名称（例如，"钙补充剂"），或在你的膳食补充剂产品以一个适当的描述性术语表明产品类型（如"草药补充剂和维生素"）。详见 21 USC 321(ff)(2)(C)，21 USC 343(s)(2)(B)和

21 CFR 101.3(g)。

(3)"膳食补充剂"一词本身可以被认为是属性的声明吗?

是的。这一术语描述了膳食补充剂的基本性质,因此是一个"恰当的描述性术语",可以用来作为产品的标识语。因此,膳食补充剂的身份声明可能仅仅是"膳食补充剂"一词。或者"膳食补充剂"可能是一种更长的身份声明的一部分(例如,"鱼肝油液体膳食补充剂")膳食补充剂可能由简单的术语"膳食补充剂"或"膳食补充剂"可能是较长描述属性的语句的一部分(例如"鱼肝油液体膳食补充剂")。在任何一种情况下,"膳食"一词可能被删除,取而代之的是另一个适当的描述产品的术语,如"钙补充剂""草药补充剂"或"含维生素的草药补充剂"。详见 21 CFR 101.3(g)。

(4)我应该使属性声明更加凸显吗?

是的。你必须使属性声明在主要展示版面是最重要的要素之一。要做到这一点,你必须使用粗体和合理字体大小显著的标注在你的标签主版面上。详见 21 CFR 101.3(d)。

(5)我该如何把属性声明标注在主要展示版面上?

你必须把膳食补充剂产品属性声明排成直线,通常平行于产品包装基线。详见 21 CFR 101.3(d)。

Ⅲ　净含量

(1)什么是膳食补充剂的净含量?

膳食补充剂的净含量的描述,是指告知消费者膳食补充剂在容器或包装内的量。详见 21 CFR 101.105(a)。

(2)我应该把净含量的声明标示在标签哪个部位?

你必须把净含量的标示作为一种独特的项目,标在主要展示版面底部的30%,直线排列平行于包装基线。如果产品的主要展示版面只有 5 平方英寸或更少,净含量放置在底部 30% 的不能满足要求时,需满足 21 CFR 101 的其他要求。详见 21 CFR 101.105(f)。

(3)在标签上怎样标示净含量?

净含量内容可以是重量、体积尺寸、计算数值或者数值和重量或体积尺寸的组合。当你以重量或体积尺寸标示净含量时,你必须指定两个单位,公制单位(克,千克,毫升或升)和美国常用系统单位(磅,盎司或液量盎司)。详见公法(Public Law)102—329,1992 年 8 月 3 日和 21 CFR 101.105。

（4）为什么我必须计算主要展示版面的面积？

必须计算主要展示版面的面积（以平方英寸或平方厘米计算）来确定净含量的最小字体的大小。详见 21 CFR 101.1。

（5）怎么计算主要展示版面的面积？

矩形或方形形状包装的主要展示版面的面积可以高度乘以宽度（英寸或厘米），圆柱形状的包装以周长乘以高度 40% 来确定。例如，一个 8 英寸高和 6 英寸宽的矩形包装的主要展示版面为 48 平方英寸。一个周长 10 英寸和 2 英寸高度的圆柱形包装会有一个 8 平方英寸的主要展示版面。详见 21 CFR 101.1。

（6）需要将净含量的内容语句在产品标签上凸显吗？

是的。你需要使用风格突出的字体引人注目，容易阅读，字母高度不超过三倍自身宽度。使用与背景对比充分的字母。详见 21 CFR 101.15 和 21 CFR 101.105(h)。

（7）净含量的表述中可以使用的最小字体大小是什么？

净含量最小字体的大小取决于主要展示版面的大小。当全部使用大写字母时，你可以通过测量确定字体高度，当大小写字母混合使用时，以小写字母 o 或相同的高度为基准。表 4-3 设定了最小字体大小（英寸），与公制单位换算值在括号中[毫米（mm）和厘米（cm）]。详见 21 CFR 101.105(h)和(i)。

表4-3　展示版面面积与字体大小的关系

最小字体	主要展示版面
1/16 英寸（1.6 mm）	5 in² (32 cm²) 或更小
1/8 英寸（3.2 mm）	超过 5 in² (32 cm²) 但不超过 25 in² (161 cm²)
3/16 英寸（4.8 mm）	超过 25 in² (161 cm²) 但不超过 100 in² (645 cm²)
1/4 英寸（6.4 mm）	超过 100 in² (645 cm²) 但不超过 400 in² (2 580 cm²)
1/2 英寸（12.7 mm）	400 in² (2 580 cm²) 以上

（8）以净重为表述的净含量中应该包含哪些内容？

你必须标注膳食补充剂在容器中的重量，而不包括容器、包装和包装材料的重量，但是如果包装容器设计时用压力传输摄入膳食补充剂时，那么推进剂的重量是包含在净含量声明中的。详见 21 CFR 101.105(g)。

（9）净含量以数量为准做表述时应该包括哪些内容？

必须标注在容器内单位包装的数量，例如"100 片"。详见 21 CFR 101.105(a)。

（10）我可以在净含量表述中使用限制性用语吗？

不。你不能在单位重量、体积尺寸或计数上使用限制性短语（比如"巨型夸脱"和"全加仑"）表述净含量，因为他们倾向于夸大膳食补充剂在容器中的含量。详见 21 CFR 101.105(f)。

Ⅳ 营养标签

4.1 常规

（1）膳食补充剂的营养标签是什么？

膳食补充剂的营养标签被称为"补充成分"版面（见本章最后样品标签）。详见 21 CFR 101.36(b)(1)(i)。

（2）"补充成分"如何不同于"营养成分"？

"补充成分"和"营养成分"版面之间的主要差异如下：

① 必须在膳食补充剂的"补充成分"版面中列出没有 RDIs 或 DRVs 的膳食成分。而食品的"营养成分"版面是不允许列出这些成分的。② 在膳食补充剂当中你可以把膳食成分的来源标注在"补充成分"版面。而在食品的"营养成分"版面你不能列出膳食成分的来源。③ 如果膳食成分的来源已经在"膳食成分表"中列出，你就不需要在膳食补充剂成分表中列出了。④ 在膳食补充剂中"补充成分表"上需要列出提炼膳食成分的植物来源部分。而在食品"营养成分"版面上你不允许列出植物部分。⑤ 在膳食补充剂中"补充成分表"上不允许列出"零"含量的营养成分。在食品"营养成分"版面上你需要列出"零"含量的营养成分。详见 21 CFR 101.36(b)(3) 和 (b)(2)(i)，21 CFR 101.4(h)，21 CFR 101.36(d) 和 (d)(1)，和 21 CFR 101.9。

（3）"补充成分"版面上必须列出哪些信息？

必须列出产品的名称和膳食成分含量、"每份含量"和"每包装含量"。然而，"每包装含量"等于"净含量"时不需要标示。例如，当净含量是 100 片时，并且每份含量为一片，"每包装含量"也是 100 片时，此时不需要标示每包装含量。详见 21 CFR 101.36(b)。

4.2 食用份量（Serving Size）

（4）膳食补充剂的每份含量是什么？

一份膳食补充剂等于建议的最大推荐摄入量，一般情况，标签上每标示的一次的服用量，或在没有推荐的情况下，一个单位（如片、胶囊、包、一茶匙的量，等等）。例如标签上的指示说早餐服用 1～3 片，建议的最大推荐摄入量是 3 片。详见 21 CFR 101.12(b) 表 2 其他类别（in the Miscellaneous Category）。

（5）每份含量的用语可以适当改变吗？

不可以。必须使用"食用份量"这个术语。详见 21 CFR 101.36(b)(1)。

4.3　营养声明

（6）在"补充成分"版面需要列入哪些营养成分？

总热量，来自脂肪的热量、总脂肪、饱和脂肪、胆固醇、钠、总碳水化合物、膳食纤维、糖类、蛋白质、维生素 A、维生素 C、钙和铁，当它们的含量可以测出时必须列出。按照 21 CFR 101.9(c)所规定，可测量的量超过常规食品营养标签中可宣布为"零"的量，自 2006 年 1 月 1 日起，反式脂肪如果存在可测量的量，必须列在饱和脂肪的下面单独的一行。

可以标示来自饱和脂肪和多不饱和脂肪的热量、单不饱和脂肪、可溶性纤维、不溶性纤维、糖醇和其他碳水化合物可能会标示，但如果有相关声称则它们必须要标示。详见 21 CFR 101.36(b)(2)(i)（见 68 FR 41434 at 41505，2006 年7 月 11 日）。

（7）我必须声明在 21 CFR 101.9(c)(8)(iv)和(c)(9)中列出的维生素和矿物质（除了维生素 A、维生素 C、钙、和铁）吗？

不。当它们以补充膳食为目的被添加到产品，或者如果有相应声称时才必须进行标示。详见 21 CFR 101.36(b)(2)(i)。

（8）如果对其他任何营养成分进行声称时我需要标示吗？

是的。当你声称从饱和脂肪、不可溶性纤维、多不饱和脂肪、糖醇、单不饱和脂肪、其他碳水化合物和可溶性纤维中获得热量时，你必须列出这些营养素。详见 21 CFR 101.36(b)(2)(i)。

（9）可以声明没有每日膳食推荐值（如 RDIs or DRVs）的膳食营养成分吗？

是的。当没有建立每日膳食成分值的膳食成分出现在产品中时，需要标示出共同的或通常的名称。他们必须确定没有每日推荐值，在"％每日推荐值"那一列使用脚注标示"无每日推荐值。"详见 21 CFR 101.36(b)(2)(iii)(F)和(b)(3)。

（10）如果用镁盐作为黏合剂，必须在哪里声明？

必须在"膳食成分"的成分表（配料表）中列出特定的镁盐，而不是在"营养成分"面板中。膳食补充剂中不作为膳食成分的成分，如黏结剂、赋形剂、填充剂，必须在成分说明中标示。详见 21 CFR 101.4(g)。

（11）当产品中天然含有维生素 E 时，而且没有相应声称，我要进行声明吗？

不。因为维生素 E 不是 14 种必需的饮食成分之一，天然含有时不需要声明。详见 21 CFR 101.36(b)(2)(i)。

(12) 如果我的产品只含有单独的氨基酸,我可以在标签上声明含蛋白质吗?不,产品只含有氨基酸不能声明含蛋白质。详见 21 CFR 101.36(b)(2)(i)。

(13) 需要按指定顺序标示膳食成分吗?

是的。你必须把有每日推荐值的膳食成分值按照普通食品的顺序要求进行标示,除了维生素、矿物质和电解质组合在一起。维生素和矿物质按照以下顺序:维生素 A、维生素 C、维生素 D、维生素 E、维生素 K、硫胺素、核黄素、烟酸、维生素 B6、叶酸、维生素 B12、生物素、泛酸、钙、铁、磷、碘、镁、锌、硒、铜、锰、铬、钼、氯、钠和钾。详见 21 CFR 101.36(b)(2)(i)(B)。

(14) 标示我的膳食成分可以使用同义词吗?

是的。你可以在膳食成分中插入使用下列同义词:维生素 C(抗坏血酸)、硫胺素(维生素 B1)、核黄素(维生素 B2)、叶酸(叶酸类似物或叶酸)、卡路里(能量)。或者,可能使用"叶酸"或"叶酸类似物"直接替代叶酸。能量也可以千焦耳的形式标示,后面跟着标示卡路里值。详见 21 CFR 101.36(b)(2)(i)(B)(2)。

4.4 含量

(15) 如果我的产品中碳酸钙提供钙源,我应该列出整个碳酸盐的重量还是钙元素的重量?

在"补充成分"版面,必须列出的钙元素的重量、而不是碳酸钙的重量。详见 21 CFR 101.36(b)(2)(ii)。

(16) 我可以把我的膳食成分的数量标在一个单独的列中吗?

可以。可以把你的膳食成分的数量标在一个单独的列或后紧邻你的膳食成分名称。详见 21 CFR 101.36(b)(2)(ii)。

(17) 当我使用一个单独的列标示含量时,列的名称可以用每份含量吗?

可以。详见 21 CFR 101.36(b)(2)(i)(A)。

(18) 我可以用其他语言标示"每份含量吗?"

是的。标示要与每份含量一致的语言,如"每片包含"或"每 2 片含量"可替代标题"每份含量"。你也可以使用其他术语,如胶囊、包或一茶匙的量。详见 21 CFR 101.36(b)(2)(i)(A)。

(19) 可以在"单位含量"的基础上标示信息吗?

是的。你可以在"每单位"的基础上标示信息。也可以在"每份"的基础上。详见 21 CFR 101.36(b)(2)(iv)。

（20）可以标示多份剂量的信息吗？

是的。当你有一个产品要求不同份食用时，你可以用附加列，如早上一片和晚上两片。你必须适当准确标示此列，例如"每片含量"和"每两片含量"。详见 21 CFR 101.36(b)(2)(i)(A)。

（21）在"营养成分"版面上我需要使用指定的计量单位吗？

是的。例如，在"营养成分"和"补充成分"版面脂肪含量都用克标示。然而，在"营养成分"版面维生素和矿物质的计量单位并没有指定使用，因为它们必须列出每日推荐量％，不是按重量计。在"补充成分"版面上，你应该按照 21 CFR 101.9(c)(8)(iv) 要求使用的度量单位标示维生素和矿物质。如维生素 C 的数量必须使用毫克标示，因为每日推荐值是用毫克。详见 21 CFR 101.36(b)(2)(ii)(B)和 101.9(c)。

4.5　每日推荐值的百分比(％DV)

（22）每日推荐值的百分比(％DV)是什么？

％DV 是每日推荐值的百分比(参考每日摄入量或每日参考值)，即一份产品中含有的膳食成分。详见 21 CFR 101.36(b)(2)(ii)(B)，21 CFR 101.9(c)(8)和(9)。

（23）在我的标签上我需要列出％DV？

所有膳食成分的％DV 必须声明，FDA 建立了每日推荐值，除了① 蛋白质的百分比可以省略，和② 在婴儿，小于 4 岁的儿童，孕妇或哺乳期妇女使用的膳食补充剂标签上，不能列出所有的脂肪、饱和脂肪、胆固醇、碳水化合物、膳食纤维、维生素 K、硒、锰、铬、钼、氯化物、钠或钾。请参阅"附录 B　4 岁或以上年龄的儿童和成人每日食用量"和"附录 C—婴儿、小于 4 岁的儿童、孕妇或哺乳期妇女的每日食用量"详见 21 CFR 101.36(b)(2)(iii)。

（24）我怎么计算 DV％？

用膳食成分的重量除以每日推荐值和乘以 100[除了蛋白质的％DV 必须按照 21 CFR 101.9(c)(7)(iii) 计算]。

在这个计算中，使用的重量值不应四舍五入，除了总脂肪、饱和脂肪、胆固醇、钠、钾、总碳水化合物和膳食纤维，可以使用标签上声明的值(即四舍五入的值)。例如，60 毫克的维生素 C 的每日值百分比是 100(60 毫克除以每天所需的维生素 C，乘以 100)。详见 21 CFR 101.36(b)(2)(iii)(B)，21 CFR 101.9(c)(7)(iii)。

（25）计算％DV 有什么修约规则？

必须将百分比表示为最接近的整数百分比，但％DV 修约后最接近的百分比是零时,应使用"不到 1%"或"< 1%"标示。例如,产品含有 1 克碳水化合物总量时,将以 % DV"不到 1%"或"< 1%标示。"详见 21 CFR 101.36(b)(2)(iii)(C)。

(26) 产品中膳食成分的含量足够高时,可以标示,但如果非常低,% DV 接近于为零时怎么标示?

必须声明"不到 1%"或"< 1%",因为你的标签如果同时标示 5 毫克和 0% DV 可能会误导消费者。例如,如果一个产品包含 5 毫克的钾,DV % 计算到 0.14%(5 毫克/3500 毫克),你可能经修约为零。在这种情况下,你应标示为"不到 1%"或"<"1% % DV。

注意:这并不适用于有 RDI 的膳食成分,因为如果 RDI 不到 2% 是不会标示的。详见 21 CFR 101.36(b)(2)(iii)(C)和 101.36(b)(2)(i)。

(27) 我可以用多个列标示 DV %?

是的。你可以显示多个列。

FDA 建立了四组包含许多营养成分的每日膳食推荐值。

附录 B 显示了用于成人和 4 岁或以上年龄儿童的每日值和附录 C 有用于 4 岁以下的儿童、婴儿、孕妇和哺乳期妇女的每日值。

显示多个列时,你必须清楚地确定每一列属性(如 4 岁以下儿童每天%值)。详见 21 CFR 101.36(b)(2)(iii)(E)和(e)(10)(ii)。

4.6 其他膳食成分

(28) 什么是"其他膳食成分"?

"其他膳食成分"是那些没有每日推荐值的膳食成分(即 RDIs 或 DRVs),如磷脂酰丝氨酸。详见 21 CFR 101.36(b)(3)(i)。

(29) 在哪标示"其他膳食成分"?

你必须在有每日值的"补充成分"版面后列出"其他膳食成分"。详见 21 CFR 101.36(b)(3)(i)。

(30) 怎样标示"其他膳食成分"?

必须列出"其他膳食成分"通用或常用名称用一栏或线性标示。FDA 并没有一个必须遵守的指令。必须按照膳食成分的名称或单独的栏目列出每份重量的定量数量。在 DV% 的列中必须放置一个符号,指向脚注"无每日推荐值",当不使用列格式时符号放在成分含量后面。详见 CFR 101.36(b)(3)。

(31) 怎样标示液体提取物?

必须使用体积或重量标示提取物的含量,以及提取前新鲜状态下原料的体积或重量。你可能会标示膳食成分的浓度和使用的溶剂,例如:"新鲜蒲公英根提取物、$x(y,z)$ 在 70％的乙醇"，"x"是整个提取物的毫升或毫克、"y"起始物料的重量，"z"（mL）是溶剂的体积。在营养标签或成分列表中你必须确定溶剂属性。详见 21 CFR 101.36（b）（3）（ii）（B）。

（32）怎样标示干提取物？

干提取物是指经提取的膳食成分把溶剂去除，你必须标示干提取物的重量。详见 21 CFR 101.36（b）（3）（ii）（C）。

（33）可以列出膳食成分的化学组成吗？

是的。你可能将化学组成在列表中缩进膳食成分的下面，后面标注每份的重量。你可能在一列或线性标示（linear display）。详见 21 CFR 101.36（b）（3）（iii）。

（34）怎样标示专利配方？

你必须区别专有的混合使用术语"专利配方"和一个适当的描述性术语或特定的名字。在同一行，你必须列出混合物中"其他膳食成分"的重量。在混合物的下面缩进，必须列出混合物中的其他膳食成分，以列或线性方式，按照重量降序排列。这些成分由符号相应脚注标示"无每日推荐值有 RDI 或 DRVs"的膳食成分，必须单独列出名称和各自重量。详见 21 CFR 101.36（b）（2）和（c）。

4.7　版面

（35）怎样显示"补充成分"版面？

"补充成分"营养信息（称为版面）必须由使用细线封闭在一个方框里。标题"补充成分"，必须大于所有其他版面字体，在条件允许的情况下，必须横向布满整个版面。标题和所有小标题必须区别于其他信息用粗体标示。详见 21 CFR 101.36（e）。

（36）必须如何呈现"补充成分"版面中的信息？

必须按照以下要求标示所有信息：

a. 字体简单易读；b. 均为黑色或使用同一种颜色，印在白色或中性的对比背景；c. 大小写字母，除了在小包装上使用大写字母（包装总表面积可以承担标签面积少于 12 平方英寸）；d. 至少有一个字符的行距（即文本行之间的空间），e. 字母之间不接触。详见 21 CFR 101.36（e）。

（37）"补充成分"版面有什么字体要求？

除了小型和中型包装，包括标题、小标题和脚注必须统一使用字号不小于 8 磅的字体标注。在营养标签上标题"补充成分"的字体大小必须大于标签上任何一处文字。列标题和脚注的字体应当不小于 6 磅大小。关于小型和中型包装的部分参考"特殊标签条款"。详见 21 CFR 101.36(e)。

(38)在补充成分版面我必须使用细线吗?

除了小型和中型包装,在上下两个膳食成分之间你必须使用一个细线作为分隔。FDA 为包装受到约束的情况提供了豁免。小型和中型包装的部分参见"特殊标签条款"。详见 21 CFR 101.36(e)。

(39)必须完全遵循法规 101 附录 B 部分中"FDA 所使用的图形增强实例"吗?

你不需要遵守法规 101 附录 B 部分。FDA 为了能够体现标示的一致性,在附录 B 及其特殊规定中给出了特定的样式,例如,21 CFR 101.36(e)(3)(i)要求使用"易读"类型的字体风格,而不一定是附录 B 建议的 Helvetica 字体(一种被广泛使用的西文字体),详见 21 CFR 101.36(e)(9)。

(40)当我的产品含有两和或更多的营养补充剂时,如何提供营养标签(例如,早上服用的胶囊和晚上服用的包装不同)?

你可以在一个单独的营养标签上提供每一个包装的信息(例如,早上的一包胶囊和晚上的不同包装),或者你可以使用一个营养标签。对于两个包,这将包含五个列。在第一列中列出所有的饮食成分。在第二和第三列中列出早晨包的数量和百分比,以及在第四和第五列晚上包的类似信息[参见 21 CFR 101.36(e)(10)(10)(iii)]的综合营养标签的说明。你可能要标注每包的信息(如,早上一包胶囊和晚上另一包),可以各自标示营养标签或你可能聚合在一起使用一个营养标签。两包,这将包括 5 列。列出所有膳食成分名称的第一列。列表的第二和第三列用来标示早上包的数量和百分比,类似的,信息晚上的包在第四和第五列标示[参见聚合营养标签的说明 21 CFR 101.36(e)(10)]。详见 21 CFR 101.36(e)(8)。

4.8　声明

(41)FDA 怎样抽取样品确定符合 21 CFR 101.36?

FDA 将收集 12 个的复合次级样本(直接提供给消费者的包装)或同一检验批的包装件数的 10%,取其数量小的。FDA 将随机抽取包装。详见 21 CFR 101.36(f)(1)。

(42)如果技术上执行营养标签的要求时不可行怎么办?

FDA 可能允许你使用另一种方法执行要求,或执行 21 CFR 101.9(g)(9)附加的豁免条款。如果你的公司需要这样的特殊照顾,你必须将你的书面的请求寄至营养产品、标签和膳食补充剂(HFS-800)办公室,联邦食品药品监督管理局,5100 Paint Branch Parkway, College Park, Maryland 20740-3835。详见 21 CFR 101.36(f)(2)。

（43）我添加到产品中的膳食成分必须 100％ 的符合我的声明吗？

特别添加膳食成分的产品，必须包含 100％ 的标签上声明的体积或重量，除了因分析方法而引起的偏差。含有小于这个数量的这种膳食成分属于错误标签并违反法律规定。膳食成分，是自然产生的必须占申报值的 80％。

例如，如果你添加来自天然营养源或合成的维生素 C 到膳食补充剂产品，它将符合 100％ 的要求。

然而，如果你添加玫瑰果产品，玫瑰果的维生素 C 是天然存在的，必须含有至少 80％ 的申明含量。详见 21 CFR 101.9(g)(3)和(g)(4)。

4.9　豁免

（44）什么情况下我的膳食补充剂产品将免于营养标签的要求？

符合以下条件，你的膳食补充剂产品可以豁免标注"补充成分"版面：

a. 按照 21 CFR 101.36(h)(1)要求，贵公司是一个小型企业，其销售额不超过 5 万美元，销售给消费者的食品销售额或营业收入不超过 50 万美元；

b. 按照 21 CFR 101.36(h)(2)和年度通知 FDA 的文件规定［21 CFR 101.9(j)(18)(iv)］，每年销售的产品少于 10 万件，你的公司只有不到 100 名全职员工；或

c. 按照 21 CFR 101.36(h)(3)的要求，你的产品以散装形式，不将它分发给消费者，而且你提供它用于继续加工用的其他膳食补充剂。

只有当你的产品标签没有声称或其他营养信息时，小企业和小批量产品可以获得（a. 和 b.）这 2 种豁免。详见 21 CFR 101.36(h)(1)～(3)。

4.10　特殊标签规定

（45）什么是小包装？

小包装是指可用于标示标签的总表面面积少于 12 平方英寸的包装。详见 21 CFR 101.36(i)(2)和 21 CFR 101.9(j)(13)。

（46）为什么在小包装上提供电话号码？

"补充成分"版面被替代的情况下，你可以在小包装标签上打印电话号码或地址，消费者可以通过它来获取营养信息。只有在标签上没有声称或标示其他营养信息时，才可以使用一个电话号码或者一个地址替代"补充成分"版面。详见 21 CFR 101.36(i)(2)、21 CFR 101.9(j)(13)(i)。

（47）可以在小包装上使用的最小类型是什么？

可以在小包装产品标签的"补充成分"版面上使用不少于 4.5 磅的字号。详

见 21 CFR 101.36(i)(2)(i)。

(48) 在小包装上我可以用一个表格或线性格式展示"补充成分"版面吗?

是的。你可以在小包装上使用表格格式。如果"补充成分"版面不适合以表格格式标示,你也可使用一个线性排列呈现"补充成分"信息[参见 21 CFR 101.9(j)(13)(2)(A)(1)一个列表格式的显示 linear display 说明和 21 CFR 101.9(j)(13)(2)(A)(2)的一个线性显示(linear display)的说明]。详见 21 CFR 101.36(i)(2)和 21 CFR 101.9(j)(13)(ii)(A)。

(49) 中型包装是什么?

中型包是指可用于标示标签的总表面面积介于 12 至 40 平方英寸的包装。详见 21 CFR 101.36(i)(2)(ii)。

(50) 中等包装的最小字体大小有什么要求?

中型包类型标签的"补充成分"版面上必须使用的字体尺寸不小于磅值 6 点,除了在 20 到 40 平方英寸的包装上使用不得小于磅值 4.5 点的字体,此类标签列出了 16 种以上的膳食成分。同样,磅值 4.5 点大小的字体也可以用于包装表面积不到 20 平方英寸,列出超过 8 种膳食成分的包装。

此外,如果外包装上的"补充成分"符合这些字体大小的要求,在内包装"补充成分"版面上使用的字号可以小到需要适应必需的信息展示的大小。详见 21 CFR 101.36(i)(2)(ii) and (i)(2)(iv)。

(51) 可以在一个中型包装产品上用一个表格或线性格式标示"补充成分"版面吗?

如果包装的形状或大小不能容纳垂直列的形式,你可以在一个中型包装上用一个表格格式标示。

如果标签不适应表格格式,你可以用一个线性格式[参见 21 CFR 101.9(j)(13)(ii)(A)(1)一个列表展示说明和 21 CFR 101.9(j)(13)(2)(ii)(2)为一个线性展示说明]。详见 21 CFR 101.36(i)(2) and 21 CFR 101.9(j)(13)(ii)(A)。

(52) 可以在中等包装的标签上缩写标签信息吗?

你可以在小型和中型包装的"补充成分"版面按照 21 CFR 101.9(j)(13)(ii)(B)的要求使用缩写,例如"每份"代替"每份含量"和"份"代替"每包含几份"。详见 21 CFR 101.9(j)(13)(ii)(B)。

(53) 必须在中等包装的标签上使用细线吗?

不。如果你使用最小字体而且没有足够的空间供你使用细线,你可以用连续的点连接每列,在一个小型或中型包装的"补充成分"版面上包含每个膳食成分的名称和含量(按重量与每日值的百分比)。详见 21 CFR 101.36(i)(2)(v)。

(54) 在儿童的膳食补充剂的标签上必须遵循这些特殊要求吗?

是的。对不到两岁儿童的产品,除了婴儿配方奶粉,你不能声明卡路里来自脂肪,卡路里来自饱和脂肪、饱和脂肪、多不饱和脂肪、单不饱和脂肪和胆固醇。同时,小于 4 岁的儿童的产品,你可不标示总脂肪、饱和脂肪、胆固醇、总碳水化合物、膳食纤维、维生素 K、硒、锰、铬、钼、氯、钠、钾的 DV%。详见 21 CFR 101.36(b)(2)(iii)和(i)(1)。

(55) 在产品补充成分版面中必须使用一个脚注用来比较 2000 卡路里的饮食与 2500 卡路里的饮食吗?

不。你不需要在膳食补充剂标示脚注,那是在传统食品的要求[21 CFR 101.9(d)(9)]。然而,当你声明总脂肪、饱和脂肪、总碳水化合物、膳食纤维、蛋白质时,你必须包括脚注"每日百分比值是基于 2000 卡路里的饮食"。详见 21 CFR 101.36(b)(2)(iii)(D)。

(56) 可以在"补充成分"版面以外的信息版面标注补充成分吗?

是的。按照 21 CFR 101.9(j)(17)要求,如果在"补充成分"版面或者主要展示版面中没有足够的空间标示信息,你可以找到它在其他版面,很容易被消费者看见的版面。详见 21 CFR 101.36(i)(2)(iii)和(i)(5)、21 CFR 101.9(j)(17)。

(57) 在多个小包装的产品上可以省略"补充成分"吗?

是的。你可以在单个包装上省略"补充成分",如果营养信息完全在外包装上标注,多个单元包装是安全封闭的而且不被分离销售的。按照 21 CFR 101.9(j)(15)要求,你必须标签在每个单位包装声明"这个产品不单独零售"。详见 21 CFR 101.36(i)(3)、21 CFR 101.9(j)(15)。

(58) 如果膳食补充剂是散装的,怎么提供"补充成分"版面信息?

零售商必须在销售点购物的时候显示一个"补充成分"版面信息(例如计数器卡、标志、产品标签贴,或其他适当的设备)。

或者,所需的信息可能被放置在一个小册子里,活页式地随附在产品上,或在购物的时候是可用的其他适当的形式。详见 21 CFR 101.36(i)(4),21 CFR 101.9(a)(2)和(j)(16)。

(59) FDA 有膳食补充剂的样品标签吗?

是的。

A) 含有多种维生素膳食补充剂 [见 21 CFR 101.36(e)(10)(i)],如图 4-10 所示。

Supplement Facts

Serving Size 1 Tablet

	Amount Per Serving	% Daily Value
Vitamin A (as retinyl acetate and 50% as beta-carotene)	5000 IU	100%
Vitamin C (as ascorbic acid)	60 mg	100%
Vitamin D (as cholecalciferol)	400 IU	100%
Vitamin E (as di-alpha tocopheryl acetate)	30 IU	100%
Thiamin (as thiamin mononitrate)	1.5 mg	100%
Riboflavin	1.7 mg	100%
Niacin (as niacinamide)	20 mg	100%
Vitamin B_6 (as pyridoxine hydrochloride)	2.0 mg	100%
Folate (as folic acid)	400 mcg	100%
Vitamin B_{12} (as cyanocobalamin)	6 mcg	100%
Biotin	30 mcg	10%
Pantothenic Acid (as calcium pantothenate)	10 mg	100%

Other ingredients: Gelatin, lactose, magnesium stearate, microcrystalline cellulose, FD&C Yellow No. 6, propylene glycol, propylparaben, and sodium benzoate.

图 4 - 10   多种维生素膳食补充剂标签

B) 含有多种维生素儿童和成人膳食补充剂［参见 21 CFR 101.36(e)(10)(ii)］,如图 4 - 11 所示。

Supplement Facts

Serving Size 1 Tablet

Amount Per Serving		% Daily Value for Children Under 4 Years of Age	% Daily Value for Adults and Children 4 or more Years of Age
Calories	5		
Total Carbohydrate	1 g	†	< 1%*
Sugars	1 g	†	†
Vitamin A (50% as beta-carotene)	2500 IU	100%	50%
Vitamin C	40 mg	100%	67%
Vitamin D	400 IU	100%	100%
Vitamin E	15 IU	150%	50%
Thiamin	1.1 mg	157%	73%
Riboflavin	1.2 mg	150%	71%
Niacin	14 mg	156%	70%
Vitamin B_6	1.1 mg	157%	55%
Folate	300 mcg	150%	75%
Vitamin B_{12}	5 mcg	167%	83%

* Percent Daily Values are based on a 2,000 calorie diet.
† Daily Value not established.

Other ingredients: Sucrose, sodium ascorbate, stearic acid, gelatin, maltodextrins, artificial flavors, di-alpha tocopheryl acetate, niacinamide, magnesium stearate Yellow 6, artificial colors, stearic acid, palmitic acid, pyridoxine hydrochloride, thiamin mononitrate, vitamin A acetate, beta-carotene, folic acid, cholecalciferol, and cyanocobalamin.

图 4 - 11   多种维生素儿童和成人膳食补充剂标签

C）多盒装的多种维生素的补充剂[见 21 CFR 101.36(e)(10)(iii)]，如图 4-12 所示。

Supplement Facts

Serving Size 1 Packet
Servings Per Container 10

Amount Per Serving	AM Packet	% Daily Value	PM Packet	% Daily Value
Vitamin A	2500 IU	50%	2500 IU	50%
Vitamin C	60 mg	100%	60 mg	100%
Vitamin D	400 IU	100%		
Vitamin E	30 IU	100%		
Thiamin	1.5 mg	100%	1.5 mg	100%
Riboflavin	1.7 mg	100%	1.7 mg	100%
Niacin	20 mg	100%	20 mg	100%
Vitamin B₆	2.0 mg	100%	2.0 mg	100%
Folic Acid	200 mcg	50%	200 mcg	50%
Vitamin B₁₂	3 mcg	50%	3 mcg	50%
Biotin			30 mcg	10%
Pantothenic Acid	5 mg	50%	5 mg	50%

Ingredients: Sodium ascorbate, ascorbic acid, calcium pantothenate, niacinamide, dl-alpha tocopheryl acetate, microcrystalline cellulose, artificial flavors, dextrin, starch, mono- and diglycerides, vitamin A acetate, magnesium stearate, gelatin, FD&C Blue #1, FD&C Red #3, artificial colors, thiamin mononitrate, pyridoxine hydrochloride, citric acid, lactose, sorbic acid, tricalcium phosphate, sodium benzoate, sodium caseinate, methylparaben, potassium sorbate, BHA, BHT, ergocalciferol and cyanocobalamin.

图 4-12 早晚包装的多种维生素标签

D）含有和没有 RDIs 和 DRVs 营养成分的膳食补充剂[见 21 CFR 101.36 (e)(10)(iv)]，如图 4-13 所示。

Supplement Facts

Serving Size 1 Capsule

Amount Per Capsule	% Daily Value
Calories 20	
Calories from Fat 20	
Total Fat 2 g	3%*
Saturated Fat 0.5 g	3%*
Polyunsaturated Fat 1 g	†
Monounsaturated Fat 0.5 g	†
Vitamin A 4250 IU	85%
Vitamin D 425 IU	106%
Omega-3 fatty acids 0.5 g	†

* Percent Daily Values are based on a 2,000 calorie diet.
† Daily Value not established.

Ingredients: Cod liver oil, gelatin, water, and glycerin.

图 4-13 含有和没有 RDIs 和 DRVs 的标签

V 成分标签

（1）什么是一种"成分"？

膳食补充剂健康与教育法案使用的术语"成分"是指用于制造一种膳食补充剂的化合物。例如，当碳酸钙用于提供钙源，碳酸钙是一种"成分"，而钙是一个"膳食成分"。"成分"一词也指的是物质，如黏合剂、着色剂、赋形剂、填充料、香料和甜味剂。

公法 103～417，FR 67194 at 67199（1995 年 12 月 28 日）

（2）膳食补充剂的成分标签有什么独特之处？

原料来源的膳食成分可能会列在"补充成分"版面中，例如：钙（碳酸钙），当以这种方式列出成分时，他们不必再列出成分声明（也称为一个成分列表）。详见 21 CFR 101. 36(d)。

（3）所有的成分都列在"补充成分"版面，还需要声明吗？

不。如果你把所有源成分标示在"补充成分"版面中，而且没有其他成分，如赋形剂或填充料，你就不需要一个成分声明。详见 21 CFR 101.4(a)(1)。

（4）如何确定成分列表？

必须在成分表中以"成分"为标题，在营养标签中作为营养源还有其他成分时，要用"其他成分"标示。详见 21 CFR 101.4(g)。

（5）标签上的成分列表必须放在哪？

当存在时，在膳食补充剂营养标签的下面标示成分列表，或如果营养标签下面没有足够的空间，可以放在营养标签的右边。详见 21 CFR 101.4(g)。

（6）必须用什么样的字体标示成分列表？

按照 21 CFR 101. 105(h)(2)要求，你必须突出和明显地标示这个信息，但在任何情况下字体大小不小于 1/16 英寸，大小以小写字母"o"或相同高度为基准。详见 21 CFR 101.2(c)，21 CFR 101. 15，和 21 CFR 101. 105(h)(1)和(2)。

（7）必须按指定顺序列出成分吗？

是的。必须按照成分含量大小的降序排列，这意味着最重要、含量最大的成分是最先的，而含量最小的成分是最后的。详见 21 CFR 101.4(a)。

（8）怎样声明香料、天然香料或人工香料？

在成分列表中必须声明这些成分，通过使用特定的通用或常用的名称或使用声明"香料""天然香料"或"人造风味"或任何组合。详见 21 CFR 101.22(h)(1)和 21 CFR 101.4(a)(1)。

（9）可以标示一种香料同时也是一个着色剂吗？

是的。辣椒粉、姜黄、藏红花和其他香料也是色素，可以声明名字或术语"香料和色素"。例如,红辣椒可以列为"红辣椒"或"香料和色素"。详见 21 CFR 101.22(a)(2)。

(10) 如何声明人工色素?

这取决于人工色素是否经过认证。可以使用其特定名称或缩写名称列出通过认证的色素,例如:"FD & C 红色 40 号"或"红色 40"。如果色素没有经过认证,可能列为一个"人工色素""添加人工色素""添加色素"或者由其特定的通用或常用的名称。详见 21 CFR 101.22(k)(1)和(k)(2)。

(11) 可以用"和/或"标示脂肪和油吗?

是的。当一个脂肪和/或油混合物不是你的产品的主要成分,而且含有多样,你可以使用"和/或"标示或词语,如成分:植物起酥油(包含一个或多个以下:棉花籽油、棕榈油、豆油)。详见 21 CFR 101.4(b)(14)。

(12) 需要列出水吗?

是的。你必须确定水的含量符合降序排列的要求。例如,成分:鱼肝油、明胶、水和甘油。详见 21 CFR 101.4(a)和(c)与 21 CFR 101.36(e)(10)(iv)。

(13) 如何列出一个化学防腐剂?

必须列出防腐剂通用或常用的名称,紧随其后的是解释其功能的描述。例如,"防腐剂""延缓腐败""霉菌抑制剂""帮助保持味道"或"促进颜色保留"。详见 21 CFR 101.22(j)。

Ⅵ 声称

6.1 营养成分含量声称

(1) 营养成分含量声称是什么?

营养成分含量声称是指在膳食补充剂中用明确的或隐含标示含有的营养成分的水平。详见 21 CFR 101.13(b)。

(2) 在我的膳食补充剂产品中什么样的营养水平才允许使用营养成分含量声称?

需要声称营养水平的含量声称参见标签指南的附录 D。

(3) 产品标签上可以使用不包括在 FDA 规定的营养成分含量声称吗?

不。只有那些声称或其同义词,法规专门规定才可以使用。详见 21 CFR 101.13(b)。

(4) 在哪里可以找到 FDA 专门规定的营养成分含量声称?

在 21 CFR 101 法规 D 部分(营养成分含量要求的具体规定)会发现具体的声称如下:

§101.54(b)"高"声称

§101.54(c)"良好来源"声称

§101.54(e)"更多"声称

§101.54(f)"高能效"声称

§101.54(g)"抗氧化"声称

§101.56 "少"或"轻"声称

§101.60 "卡路里或糖"的声称

§101.61 "钠或盐"声称

§101.62 "脂肪、脂肪酸和胆固醇"声称

§101.65 暗示养分含量声称

§101.65(d)"健康"声称

§101.67 黄油养分含量声称的使用

(5) 营养成分含量声称有什么字体要求吗?

营养成分含量声称的字体可能不会大于属性声明(品名)两倍,相比属性的声明不得过分突出风格。详见 21 CFR 101.13(f)。

(6) 当声称时需要提供一个"补充成分"版面吗?

是的。如果进行了营养成分含量的声称需要补充成分版面。详见 21 CFR 101.13(n)。

(7) 什么是公开声明?

它是一个膳食补充剂中一个或更多的营养(营养声称的主题)声明,引起消费者的注意,例如:见脂肪含量的营养信息。详见 21 CFR 101.13(h)(1)。

(8) 何时需要进行公开声明?

当你使用营养声称时必须进行声明,或者你的食品(包括膳食补充剂)每份,或者 30 克左右的参考量、或 2 汤匙,每 50 克含有的一种或多种营养成分(如表4-3 所示)超出下表水平时:

表4-3　需进行公开声明的参考量

脂肪	13.0 g
饱和脂肪	4.0 g
胆固醇	60 mg
钠	480 mg
详见 21 CFR 101.13(h)(1)	

（9）怎样在标签上展示声明呢？

必须使用清晰可辨的粗体字，与其他字体要有明显不同。详见 21 CFR 101.13(h)(4)(i)。

（10）公开声明的字体大小有什么要求？

声明字体的要求与净含量的描述要求相同[见 21 CFR 101.105(i)]，当声称字体不到净重含量描述的 2 倍时，此时公开声明应不低于声称的二分之一，但不小于十六分之一(1/16)英寸。如果食品包装的可用标签空间少于三平方英寸，并且是在餐馆用餐时提供的单个包装时，则允许使用三十二分之一(1/32)英寸的免责声明。详见 21 CFR 101.105(i) 和 21 CFR 101.13(h)(4)(i)。

（11）公开声明必须放在哪里？

除了食品类别描述或其他需要声称的任何信息之外，必须把公开声明紧靠声称（比如右边相邻），中间不能有干扰（如装饰或其他图形），详见 21 CFR 101.13(h)(4)(ii)。

（12）什么时候可以省略营养信息版面中公开声明？

当营养素含量声称出现在标签上多个版面时，你可以省略营养信息版面的公开声明。详见 21 CFR 101.13(h)(4)(ii)。

（13）在标签版面每次声称都要有一个公开声明吗？

不。当你在同一版面进行多个声称时，只需要有一个公开声明。声明需要印刷在相邻的版面上并在该版面上使用最大字体。详见 21 CFR 101.13(h)(4)(iii)。

（14）什么时候可以声称"高"或"好的来源"呢？

当你的膳食补充剂含有至少 20% 的每日值(DV)[即每日参考摄入量(RDI)或每日参考值(DRV)]的营养声称时，可以做一个"高"的声称。当你的膳食补充剂含有 10%～19% 的 DV 可以做一个"好的来源"声称。详见 21 CFR 101.54(b)(1) 和(c)(1)。

（15）怎样让消费者知道产品含有的营养物质没有推荐食用量，如磷脂酰丝氨酸？

当营养素没有推荐摄入值(DV)时，可以声称营养素的含量，并不表明有很多或少的营养素含量（如"x 克磷脂酰丝氨酸"）。必须列出没有 DV 的膳食成分和含量，在"膳食成分"版面中营养成分下面有 DV 值。这些营养成分必须被认定为没有 DV 值，且使用脚注标注"没有每日参考值。"详见 21 CFR 101.13(i)(3) 和 21 CFR 101.36(b)(3)。

（16）在没有 DV 值的营养成分中能使用"含有"和"提供"的声称吗？

是的。可以使用这样的声明，而且只有当含有特定量的营养物质时使用（如"每份含有 x 克磷脂酰丝氨酸"或"提供 x g 的磷脂酰丝氨酸"）。详见 21 CFR 101.13(i)(3)和 101.54(c)(1)。

（17）在膳食补充剂产品中描述维生素或矿物质的 RDI 含量的一份声明是否属于营养成分声明？

是的。这些说法被认为是营养成分含量声称，不豁免公开声明。详见 21 CFR 101.13(b)(1)，(c)和(i)。

（18）当膳食补充剂产品经过特殊加工，可以声称"低"或"无"吗？

是的。如果类似的膳食补充剂通常是含有营养，而且膳食补充剂是经过特殊加工、改变、制定或在新配方中降低食物中的营养，去除食物中的营养或不包括营养，那么你可以声称"低"或"无"。详见 21 CFR 101.13(e)(1)。

（19）如果产品中的营养素通常含量低或无，可以做一个"低"或"无"的声称，并且进行适当的免责声明吗？

不可以。但是，如果你声明，它是指所有类型的产品，而不仅仅指该特定的品牌，则可以使用该声称。详见 21 CFR 101.13(e)(2)。

（20）如"100％不含牛奶"和"不含防腐剂"符合养分含量声称的要求吗？

不。这样的声明不是营养成分含量声称，只要他们使用在语境中，不隐含涉及 21 CFR 101.13(b)(2)中的内容。声明"100％无牛奶成分"通常是一个更好的显示非奶制品的标识。"不含防腐剂"是关于没有营养的功能的一种物质。详见 21 CFR 101.65(b)(1)和(b)(2)。

（21）一个"无糖"声称需要符合营养成分含量声称吗？

是的。糖含量声称需符合营养成分含量声称的要求。详见 21 CFR 101.60(c)(1)。

（22）什么时候可以声称"不添加糖"？

为了避免误导消费者，"不添加糖"一词应限制在膳食补充剂不添加糖但通常会包含它们时使用。详见 21 CFR 101.60(c)(2)(iv)。

（23）符合"无糖"声称要求的膳食补充剂必须要标注"低卡路里"吗？

不。"低热量"可以不在膳食补充剂上标注，除非等量的膳食补充剂替代品（如另一种蛋白质补充剂），通常超过"低热量"的范畴。详见 21 CFR 101.60(c)(1)(iii)(A)。

6.2 抗氧化剂声称

（24）什么是抗氧化剂的营养含量声称？

它是一种营养素含量声称，表征膳食补充剂中存在一种或多种抗氧化营养素的水平。详见 21 CFR 101.54(g)。

(25) 使用抗氧化剂声称时,营养素或膳食成分必须要有 RDI?

是的,除非出现以下问题(28)所示。详见 21 CFR 101.54(g)(1)。

(26) 膳食补充剂中符合抗氧化营养成分含量声称条件的还有其他要求吗?

是的。声称的主要营养成分必须有公认的抗氧化活性。

此外,声称的每个营养成分必须满足"高"声称在 21 CFR 101.54(b),"好的来源"声称在 21 CFR 101.54(c),或"更多"声称 21 CFR 101.54(e)。例如,对于产品有资格获得"富含抗氧化剂维生素 C"声称,它必须包含 20% 或更多的 RDI 维生素 C。也就是说,它必须满足"高"级别 §101.54(b)中的要求。当一个产品声称"抗氧化剂维生素 C 的良好来源",它必须包含 RDI 的 10%～19% 维生素 C。详见 21 CFR 101.54(g)(2)和(g)(3)。

(27) "公认的抗氧化活性"是什么意思?

公认的抗氧化活性意味着有科学证据表明,从胃肠道吸收后,这种物质参与生理、生化、细胞过程,灭活自由基或防止自由基产生的化学反应。详见 21 CFR 101.54(g)(2)。

(28) 没有 RDI 的 β-胡萝卜素,可以声称是一种抗氧化吗?

是的。当维生素 A 以 β-胡萝卜素的形式存在,且含量充足可以进行声称。例如,当 RDI 的 10% 或更多的维生素 A 以 β-胡萝卜素的形式存在时,可以声称"抗氧化剂 β-胡萝卜素的良好来源"。详见 21 CFR 101.54(g)(3)。

(29) 当使用抗氧化剂含量声称时,必须列出所有在产品中的抗氧化剂吗?

是的。声称时营养成分的名字必须是声称的一部分(例如,富含抗氧化剂维生素 C 和 E)。或者,在含量声称中你可以用一个符号(如星号)链接"抗氧化剂"或"抗氧化剂"(如"富含抗氧化物")。使相同的符号出现在同一版面中列出具有公认的抗氧化活性的营养成分。这个列表的字应该在至少 1/16 英寸高度或不小于营养成分含量声称中最大字体一半的大小,不管哪个更大。详见 21 CFR 101.54(g)(4)。

(30) 可以在产品上使用描述其他抗氧化特性的声称吗?

是的。你可以起草一份声明,符合 403 节(a)(虚假及误导性规定)的要求,描述没有 RDI 的膳食成分怎样参与抗氧化过程。同样,关于抗氧化剂的结构/功能声称,只要这些言论没有虚假或没有误导性,如果合适,可以依照第 403 节(r)(6)的要求进行声称(营养支持声明规定)。

例如,声称,上面写着"_____,参与抗氧化过程"是可以接受的,只要它是:

① 真实的不误导人的;及

② 满足 403 条款(r)(6)的要求[见本章问题(44)至(51)]。详见 62 FR 49868 at 49873 (1997 年 9 月 23 日)。

6.3 高含量(效能)声称

(31) 可以用"高含量"这个词来形容个别的营养素吗?

是的。在膳食补充剂标签中可以使用术语"高含量"来描述某种维生素或矿物质含量是通常消费的 100% 或更多的 RDI 参考量。详见 21 CFR 101.54(f)(1)(i)。

(32) "高含量"一词可用于植物和维生素的组合产品吗?

是的。然而,当你在包含其他营养物质或膳食成分的产品中使用"高效"这个词来形容某种维生素或矿物质时,你必须清楚地确定哪些维生素或矿物质是高含量的(例如,"具有高效维生素 E"的"植物 X")。详见 21 CFR 101.54(f)(1)(ii)。

(33) 复合营养产品中的 100%DV 营养成分含量达到多少时才符合"高含量"这个词?

在复合营养产品中你可以使用声称"高含量"描述产品,如果它包含至少三分之二的 21 CFR 101.9(c)(3)(iv)中的维生素和矿物质,这是 2% 或更多的 RDI 的产品(如"高效复合维生素,多矿物膳食补充片剂")。详见 21 CFR 101.54(f)(2)。

6.4 比例声称

(34) 比例声称是什么?

它是用来描述没有参考每日摄入量(RDI)或每日参考值(DRV)的膳食成分所占的比例。可以对你的产品进行比例声称,没有特别要求。这些语句必须符合 21 CFR 101.13(h)公开声明要求,有简单的比例声称和比较比例声称。详见 21 CFR 101.13(q)(3)(ii)。

(35) 一个简单的比例声称是怎样的?

它是一个声明,描述没有 RDI 或 DRV 水平的膳食成分所占的百分比(如 ω-3 脂肪酸、氨基酸、植物化学物质)。每份实际含量的膳食成分的声明必须在比例声称旁边(如 ω-3 脂肪酸 40%,10 毫克胶囊)。详见 21 CFR 101.13(q)(3)(ii)(A)。

(36) 比较比例声称是什么?

它是一个声明,比较产品中没有 RDI 或 DRV 的膳食成分的百分比水平与参考食品中膳食成分的数量。必须清楚地确定参考食品,必须确定食品的数量,并且必须宣布膳食补充剂和参考食品中的膳食成分的实际数量信息[例如,每胶囊(80 毫克)ω－3 脂肪酸是 100 毫克的鲱鱼油(40 毫克)当中的两倍]。详见 21 CFR 101.13(q)(3)(ii)(B)。

6.5　健康声称

(37) 什么是健康声称?

健康声称是一个明示或暗示的某种物质和疾病或健康状况之间的特征关系。这种类型的声称需要科学依据证实,必须由 FDA 授权。声称可以是一份书面声明,引用"第三方",一个符号,或装饰图案。详见 21 CFR 101.14(a)(1)和(c)。

(38) 健康声称与结构/功能方面的声称有哪些不同?

健康声称描述了一种物质对减少或防止疾病风险的作用,例如:钙可以减少骨质疏松症的风险。在其使用之前健康声称要求在 FDA 评估和授权。结构/功能声称是为了维持身体的结构和功能而描述物质的作用。结构/功能声称不需要 FDA 预批准。详见 21 CFR 101.14(a)(1)和(c), 21 CFR 101.93(f)。

(39) 什么健康声称可用于膳食补充剂标签?

本指南的附录 E 中包含一系列的 FDA 授权健康声明。

在互联网上也有一个更新的列表:食品标签指南-附录 C。除了这些授权的健康功效,有些"合格"健康声称也被 FDA 准许。合格的健康声称在此指南的附录 F 中和网络上均能找到。

(40) 什么是一个合格的健康声称?

一个合格的健康声称相对于授权健康声称缺乏更多的科学依据。FDA 要求限制性的声称应该伴随着一个免责声明,用来标示科学依据支持的水平。与授权的健康声称相比,FDA 不针对限制性的健康声称设立规定。详见 2003 年 7 月,FDA 行业指南,《传统的人类食品和人类膳食补充剂标签中对合格健康声称的暂行办法》。

(41) 如果 FDA 没有授权,怎样使用一个限制性的健康声称?

FDA 将允许使用一个限制性的健康声称只要① FDA 发布了一份关于健康声称将考虑行使执法自由裁量权的研究报告;② 限制性声称要随附代理认可的免责声明,和③ 声称需符合所有 21 CFR 101.14 中关于健康声称的所有要求,除了声称的依据要符合授权的有效性标准,还要和授权标准的要求一致。详见 2003 年 7 月,FDA 行业指南,《传统人类食物和膳食补充剂的标签中限制性健康声称暂行办法》。

(42) 什么是代理认可的免责声明?

代理认可免责声明是关于展示科学依据能够证实健康声称水平的描述。

FDA 专责小组最终报告:消费者健康信息更好的营养计划,附件 E-《传统人类食物和膳食补充剂的标签中限制性健康声称暂行办法》(2003 年 7 月)。

(43) 怎样使用附加的健康声称?

使用额外的健康功效,个体必须按照 21 CFR 101.70 的要求提交一份健康声称的申请。一个新的健康声称,在 FDA 发布一个授权规定或一份关于限制性声称的自由裁量条件研究报告。详见 21 CFR 101.14 和 21 CFR 101.70。

6.6 结构/功能声称

(44) 在第 403 节(r)(6)的要求下进行什么类型的结构/功能声称?

你可在 403 节(r)(6)的约束下进行以下类型的结构/功能声称:

① 一份声明,声称能给常见的营养缺乏病带来好处,并揭示这种疾病在美国的普遍发病率;或者

② 声明中描述了营养和膳食成分影响人体的结构或功能,或者依靠营养或膳食成分维持有科学记载的人体机构功能的机理。

③ 声明中可以描述从营养或膳食成分中获取的益处。详见 21 USC 343 (r)(6)。

(45) 产品标签的结构/功能声称必须做些什么?

必须① 证实这样的声明是真实的而不是误导;② 包括免责声明;③ 依照 21 CFR 101.93 要求做出声明,并不迟于第一次销售产品 30 天申报 FDA。详见 21 CFR 101.93。

(46) 免责声明必须包含哪些内容?

必须使用以下文本免责声明,适当的是:

单一的:本声明并没有经 FDA 评估。本产品不用于诊断、治疗、治愈或预防任何疾病;或

复合的:这些语句没有被 FDA 评估。本产品不用于诊断、治疗、治愈或预防任何疾病。

不能修改这些免责声明的措辞。详见 21 CFR 101.93(c)。

(47) 必须把所需的免责声明标示在哪里?

必须把免责声明标在声称旁边,并且没有其他干扰,或在声明的同一版面或页面。在后一种情况下,声明必须放置在一个方框里,在每个声明的末尾处用统一的符号链接。详见 21 CFR 101.93(d)。

(48) 免责声明应该用什么样的字体?

免责声明应该使用黑体且字号不小于十六分之一英寸(1/16)的字体。详见 21 CFR 101.93(e)。

(49) 什么是结构/功能通知程序?

通知程序要求你作为一个制造商、包装商或经销商做出这样的声明,必须:

① 符合 403(r)(6)部分的标签或标签声明,在第一次销售产品后不少于 30 天内通知 FDA;

② 提交一份正本和两份副本通知给联邦食品药品监督管理局的营养产品、标签和膳食补充剂(hfs - 800)办公室、食品安全及应用营养中心,地址:5100 Paint Branch Parkway, College Park, MD 20740 - 3835;

③ 必须有一个能证明通知中的信息完整、准确的人签署,并且公司声明符合 403 节(r)(6)的要求且是真实的,不会引起误导。详见 21 CFR 101.93(a)(1)和(a)(3)。

(50) 必须使用什么格式通知 FDA?

没有官方的格式使用。你可以写一封包含所需信息的信,任何格式只要方便即可。

(51) 哪些信息必须包含在结构/功能声称的通知?

你在通知中必须包括以下信息:

① 进行声明的膳食补充剂制造包装商或经销商的名称和地址;

② 你标示的声明;

③ 膳食成分或膳食补充剂主要成分的名称,和

④ 标签或在其声明中出现的膳食补充剂的名称(包括其品牌名称)的标签。详见 21 CFR 101.93(a)(2)。

Ⅶ　新膳食成分(NDI)上市前的通知

(1) 什么是一个 NDI?

NDI 是指在 1994 年 10 月 15 日之前在美国市场没有进行销售的,不包括在此之前销售的任何膳食成分。详见 21 USC 350b(c)。

(2) NDI 需要上市前的通知吗?

是的。制造商或分销商的膳食补充剂包含的新成分必须在州际贸易至少 75 天之前向 FDA 提交通知。详见 21 USC 305b(a)。

(3) NDI 上市前的通知有规定吗?

是的。FDA 发布了 NDI 上市前的规定见 21 CFR 190.6。详见 21 CFR 190.6。

(4) 在哪里提交 NDI 上市前的通知?

必须将上市前的通知寄至联邦食品药品监督管理局的营养产品、标签和膳

食补充剂（HFS - 800）办公室、食品安全及应用营养中心，地址：5100 Paint Branch Parkway, College Park, MD 20740 - 3835。

你必须提交文档的正本和两份副本。详见 21 CFR 190.6(a)。

（5）在 NDI 上市前的通知必须包括什么信息呢？

必须提交以下资料：

包含 NDI 或含 NDI 的膳食补充剂的制造商或分销商的名称和完整的地址；

上市前的通知主题是 NDI 的名称，包括任何草药或其他植物拉丁名称（包括作者）；

含 NDI 的膳食补充剂的描述将包括：

① NDI 在膳食补充剂的水平；和

② 膳食补充剂标签上推荐或建议的使用方法，或如果标签没有推荐或建议使用条件的膳食补充剂，应有常见的使用方法。

膳食补充剂的食用历史或其他证据证明，在标签上的膳食补充剂推荐或建议的食用条件下，应该合理预期是安全的，包括在任何引用发表的文章或其他证据的基础上得出结论，新膳食补充剂将被合理预期是安全的。必须提交用来参考支持声明的再版或复印的出版资料的副本。你必须提交一个任何外语材料的准确和完整的英文翻译版本。你的签名，或者你指定的一个人。详见 21 CFR 190.6(b)。

（6）收到我的 NDI 上市前的通知，FDA 怎样处理？

根据 413 条款的要求 FDA 收到通知后将会通知你收到这样的通知。代理接收到通知的日期即是申请日期。申请日期后 75 天内，含有 NDI 的任何膳食补充剂在州际贸易中不能提供或使用。详见 21 CFR 190.6(c)。

（7）如果我提交额外的信息会怎样？

如果你提供额外的信息，包括代理咨询的反馈，以支持你的 NDI 通知，那么该机构将审查决定是否是实质性的信息。

如果该机构确定新提交的是实质性的补充，那么该机构将确定 FDA 收到新提交通知的日期作为新的申请日期。FDA 将收到额外的信息，当适用时，将通知你新申请的日期，75 天的时间将重新计算。详见 21 CFR 190.6(d)。

（8）FDA 将对上市前的通知 NDI 保守秘密吗？

在申请 90 天后，FDA 将不会透露 NDI 的存在，或产品中包含的信息。申请 90 天后，FDA 将对所有通知信息进行公告，除了任何商业秘密或其他机密商业信息。详见 21 CFR 190.6(e)。

(9) FDA 没有回应新的膳食成分上市前的通知表明 FDA 认定产品是安全的而且不是掺假的?

不。按照 402 节(21 USC 342),中介代理没有收到反馈并不证明新的饮食成分或包含新的膳食成分的膳食补充剂是安全的或不掺假的。详见 21 CFR 190.6(f)。

Ⅷ　其他标识信息

(1) 含铁膳食补充剂有特殊的标签要求吗?

是的。你必须在任何含铁或铁盐作为铁源的固体口服剂型膳食补充剂(如药片或胶囊)标签上标注一个特定的警告声明。详见 21 CFR 101.17(e)。

(2) 警告语句的内容是什么?

警告声明内容如下:

警告:6 岁以下儿童过量食用含铁补充剂是导致致命中毒的主要原因。勿让儿童接触此产品。在意外过量的情况下,立即叫医生或送至医疗控制中心。详见 21 CFR 101.17(e)(1)。

(3) 我可以与指定的警告语句的内容有偏差吗?

不。你不能偏离特定的规定。详见 21 CFR 101.17(e)(1)。

(4) 我在哪里标注警告声明?

你必须将警告声明突出和明显地放在产品容器的信息版面。你必须把警示语句放在细线方框里。在标签上的任何警告内容中也应标注。如果内包装外面还有外包装,那么你也必须把警告声明在外包装上标示。详见 21 CFR 101.17(e)(2)~(5)。

(5) 含铁膳食补充剂在包装方面有要求吗?

没有。2003 年 10 月 17 日,FDA 撤销了对"含铁膳食补充剂的包装"(21 CFR 111.5)的规定,作为对美国联邦上诉法院的一项裁决的回应,美国联邦上诉法院裁定,FDA 没有权力要求为防止中毒而要求使用单位剂量的膳食补充剂。详见 68 FR 59714;2003 年 10 月 17 日。

(6) 膳食补充剂中的叶酸含量有限制吗?

没有。FDA 在膳食补充剂关于叶酸含量不指定任何限制的。

(7) 哪个部门主管我是否可以声称我的产品是有机的?

有机声称需符合国家有机认证计划,主管部门是由美国农业部,其网站是www.usda.gov。

第五章　新膳食成分(NDI)备案指南

　　根据 FD & C Act[21 USC 350b(a)(2)]第 413(a)(2)条、DSHEA、21 CFR Part 190"膳食补充剂"的规定:生产和销售 NDI 及含有 NDI 的膳食补充剂需要在上市前至少 75 天向 FDA 提交上市前告知(Notification),提交的信息支持 NDI 在说明书指导下食用是安全的,上市前安全通知通常被称为 NDI 通知。

　　2016 年 8 月,美国 FDA 在其官网发布了 NDI 备案指南修订草案。该草案是 2011 年奥巴马签署 FSMA 后,FDA 出台的第一版 NDI 备案指南的修订版。当前,该草案正在进行为期 60 天的公开征求意见。膳食补充剂 NDI 指南旨在帮助制造商、分销商决定是否向 FDA 提交 NDI 和含 NDI 的产品上市前安全通知,如何准备 NDI 通知等常见问题进行了解答。以下是 2016 年 8 月版指南原文翻译稿,见原文网址①。

包含非强制性建议草案——非执行

膳食补充剂:NDI 通知和相关问题行业指导

草案(本指南仅供讨论之用)

　　虽然你可以随时对草案进行建议,但为确保我们确定终稿之前,FDA 能够充分考虑你的建议,请在联邦公告公布 60 日以内,通过提交电子或纸质草稿进行建议,告知我们指导草案的可行性。请通过 http://www. regulations. gov 提交电子建议,通过 5630 Fishers Lane, rm. 1061, Rockville, MD 20852,向 FDA 提交纸质的草稿建议。联邦公报的可行性通知上印有标示号码,请将所有建议标示为 FDA - 2011 - D - 0376。

---

　　① https://www. fda. gov/downloads/Food/GuidanceRegulation/GuidanceDocuments-RegulatoryInformation/UCM515733. pdf。

有关本文件草案的问题，请联系 FDA 膳食补充剂计划部门，地址：5001 Campus Drive（HFS - 810），College Park，MD 20740，免费电话（855）543 -3784，或者 240 - 402 - 2375.

> 美国卫生及公共服务部
> 美国食品药品监督管理局
> 食品安全及应用营养中心
> 2016 年 8 月
> 替代 2011 年 7 月发布的指导草案
> 包含非强制性建议（非颁布实施草案）

目　录

未在美国销售,能否作为一种新膳食成分?

9. 一种膳食成分在 1994 年 10 月 15 日之前已经销售,FDA 要求出示哪些证明文件?

10. 在 1994 年 10 月 15 日之前,市场销售任何使用的一种原料,是否足以得出结论它不是 NDI 吗?

11. 在 1994 年 10 月 15 日之前,是否有一份权威的膳食成分列表(所谓的"原始名单"或"老膳食成分表")?

12. 膳食成分 1994 年 10 月 15 日之前在美国已上市,如果改变其加工工艺,是否可以让这个成分成为新膳食成分?

13. 如果我更改了 NDI 的制造过程,而且我没有得到 FDA 的反对,我是否应该提交一个新的 NDI 通知?

B. 在传统食品使用历史记录中特定 NDIs 的通知例外

1. 什么情况下不需要提交 NDI 通知?

2. 膳食成分已被 FDA 列为(a)被公认为安全(GRAS)的食品或(b)在美国批准为直接添加到食品中的直接添加剂,我是否需要提交 NDI 通知?

3. NDI 已被美国 FDA 列入或确认为 GRAS 可直接添加到食品中,或在美国批准为直接食品添加剂,是否适用美国法规 21 USC 342(f)(1)(B)掺假标准?

4. 通过化学过程改变食品结构的例子有哪些?

5. 不通过化学改变得到膳食成分的生产过程有哪些?

C. 其他关于何时需要 NDI 通知的问题

1. 我是否可以提交一个单独的 NDI 通知,其中包含一系列使用条件的安全数据,并包含多个产品?

2. 如果我提交一份关于我生产或分销的膳食补充剂的 NDI 通知,然后决定生产或分销含有相同 NDI 的不同补充剂,我是否应该提交另一个 NDI 通知?

3. 如果膳食补充剂制造商或分销商在 NDI 销售膳食补充剂之前已经提交了 NDI 的通知,然后我打算销售含有相同 NDI 的膳食补充剂,是否也应该提交 NDI 通知?

4. 当我提交一个 NDI 通知时,是否可以采用另一个 NDI 通知或主文件的数据吗?

5. FDA 是否可以提供一个例子来帮助区分不同的情况,对于含有相同的 NDI 的膳食补充剂,同样的 NDI 通知涵盖了多种膳食补充剂?需要单独的通知吗?

6. 我应该向 FDA 通报膳食补充剂中的微生物成分吗？

7. 如果我想要推销一种膳食补充剂，它包含了之前没有在市场上销售的几种 pre - DSHEA 成分，须提交一份 NDI 通知吗？

8. FDA 能否提供视频教学来帮助我决定是否应该提交 NDI 通知？

D. 提交 NDI 通知前需要考虑的其他问题

1. 什么是膳食成分？

2. 在食物供应中发现的污染物可能是一种膳食成分吗？

3. 在什么情况下，FDA 认为合成物质是 FD ＆ C Act 下的膳食成分？

4. 食品接触材料和其他间接食品添加剂是膳食成分吗？次生（secondary direct）食品添加剂呢？

5. 如果我改变了一种膳食成分的化学结构，那么新的物质还是膳食成分吗？

6. 以何种形式可以出售含有 NDI 的膳食补充剂？

7. 当 FDA 审查 NDI 的通知时，机构是否考虑过 FD ＆ C Act 301(ll) 的禁令是否适用于膳食补充剂中的 NDI？

8. 一种未被作为食品或膳食补充剂销售的成分，但是已经被批准为一种新药或者获得生物制品的许可，可以作为 NDI 在膳食补充剂中使用吗？

9. 如果作为一种药物在临床试验，但在美国没有得到批准，可以在膳食补充剂中使用这种成分吗？

10. 如何确定一种膳食成分是被批准或被授权作为一种新药进行研究的成分呢？

11. 如果 IND 被撤销或成分不再作为新药进行研究，那么可以将过去被批准作为新药研究的膳食成分用作膳食补充剂中的 NDI 吗？

12. 这种膳食成分被批准为药物、获得生物制剂许可或者授权 IND 研究之前已经作为食品或膳食补充剂上市，是否可以生产和销售含有这种膳食成分的膳食补充剂？

Ⅴ. NDI 通知程序和时间框架

A. 提交 NDI 通知的程序

1. 谁需要提交 NDI 通知？

2. 在 NDI 通知中应该包含什么内容以及应该如何呈现？

3. 通知中如何描述 NDI？

4. 通知应如何描述膳食补充剂使用的 NDI？

5. NDI 通知中不应该有哪些信息？

6. 我需要解释通知中提供的基础信息如何得出结论：将合理地预期使用含这种 NDI 的膳食补充剂是安全的？

7. FDA 接受 NDI 电子版的申报材料吗？

8. 何时提交 NDI 申报？

9. 提交的 NDI 通知材料需要几份？

10. NDI 申报应该提交哪里？

11. 申报中引用的文献和其他科学信息应如何列出？

12. 未发表的科学工作内容应如何描述？

13. 是否必须提供通知中引用文献的副本给 FDA？

14. 可以使用除英语以外的其他语言发表的材料来支持 NDI 的安全使用吗？

15. 是否应该提供原始数据？

16. 我应该如何识别我认为是商业秘密或机密商业信息的信息？

17. 我应该提供哪些签名和联系方式？

B. NDI 通知提交后会发生什么？

1. 什么时候 NDI 通知被认为是提交的？

2. 导致通知不完整的遗漏的例子是什么？

3. 我何时能从 FDA 得到哪些类型的回复？

Ⅵ. NDI 通知中包含哪些内容？

A. 有关 NDI 和膳食补充剂的鉴别问题

1. 关于 NDI 属性和含有 NDI 膳食补充剂的材料要达到什么要求？

2. NDI 通知中应该包含哪些类型的身份信息？

3. 关于生产过程的描述要详尽到什么程度？

4. 什么是规范？

5. 通知中工艺流程和成分的规范应包括哪些内容？

6. 如果 NDI 是一种独立的化学物质（如维生素、矿物质、氨基酸或另一种膳食成分或代谢物），应该提交哪些额外信息？

7. 如果 NDI 是化合物盐类，应该额外提供哪些化学信息呢？

8. 如果 NDI 是酶类，应该额外提供哪些化学信息呢？

9. 如果 NDI 是膳食成分共价改性的衍生物，应该额外提供哪些化学信息呢？

10. 当 NDI 或膳食补充剂使用的历史或其他类似的物质或产品的安全证据不完全相同时，应该提交哪些信息？

11. 如果产品中含有混合成分，应该额外提供什么样的属性数据呢？

12. 如果我的 NDI 是植物或衍生于植物,我应该提交哪些额外的身份信息?

13. 对于植物性的 NDI,要描述产品的生产方法吗?

14. 申报 NDI 属性材料中如何描述植物或微生物毒素呢?

15. 我应该如何描述一种植物或膳食物质的提取物或浓缩物?

16. 如果 NDI 是通过发酵制成的,应该附加什么额外的信息?

17. 如果 NDI 是一种活的微生物类别的膳食成分,应该提供什么样的补充信息呢?

18. 如果 NDI 或者含有 NDI 的膳食补充剂的标签上有保质期或使用期时,应该在通知中提供什么信息?

19. 应该提交什么信息来描述打算在膳食补充剂标签中推荐或建议的使用条件?

B. 使用历史或者其他安全数据

1. 要什么安全信息来支持 NDI 通知?

2. 我是否应提交 NDI 的安全使用历史和安全测试数据?

3. 我应该提交哪些数据和信息来证实 NDI 的安全使用史?

4. 应该提交 NDI 的使用历史记录吗?

5. 需要对 NDI 的每个历史使用情况进行全面的调查吗?

6. 如何确定历史使用是"每日慢性使用"还是"间歇使用"?

7. 如果我依靠这些相关材料来确定安全使用的历史,需要对含有 NDI 的产品的历史使用量进行评估吗? 这个评估要在 NDI 备案材料里提供吗?

8. 在哪里能够查到用来评估消费者摄入量的信息呢?

9. 使用历史数据的可靠性如何评估?

10. 我是否引用传统医学中使用 NDI 的历史?

11. FDA 是否建议提交额外的动物和人类研究,以补充人类安全使用历史的证据?

12. 除了使用历史数据之外,还有哪些因素有助于评估提交动物或人类安全研究?

13. 如果这些研究引用的文章相似但 NDI 或者含有 NDI 的膳食补充剂不相同,是否应该使用由他人发表或未发表的毒理学或临床研究?

14. 如果建议使用 NDI 导致摄入水平与历史消耗水平相同或者更低,FDA 是否会考虑增加安全数据的情况呢?

15. 如果含有 NDI 的膳食补充剂用于日常慢性使用,NDI 有安全间歇使用历史记录,NDI 的拟摄入量与历史摄入量相同或者更少,FDA 推荐什么类型的数据来评估其安全?

16. 如果含有 NDI 的膳食补充剂用于日常慢性使用,NDI 有长期安全使用历史记录,NDI 的拟摄入量比历史摄入量高,FDA 推荐什么类型的数据来评估其安全?

17. 如果含 NDI 的膳食补充剂日常长期使用,有 NDI 安全间歇(intermittent)使用历史记录,NDI 的拟摄入量比历史摄入量高,FDA 推荐什么类型的数据来评估其安全?

18. 如果含有 NDI 的膳食补充剂用于间歇使用,NDI 有安全间歇使用历史记录,NDI 的拟摄入量比历史摄入量高,FDA 推荐什么类型的数据来评估其安全?

19. 如果含有 NDI 的膳食补充剂用于间歇使用,NDI 有长期安全日常使用历史记录,NDI 的拟摄入量比历史摄入量高,FDA 推荐什么类型的数据来评估其安全?

20. FDA 建议哪些类型的数据可以评估安全性,如果没有使用 NDI 的历史可以依赖提供膳食补充剂中安全使用的证据吗?

21. 只能使用 FDA 版的安全测试指南吗?

22. 哪些来源的安全测试指南可以用于测试 NDIs 和膳食补充剂?

23. 在动物和人类安全研究中使用 NDI 的适当最高剂量是什么?

24. 我应该怎么做以证明使用特定测试指南的理由?

25. 如何使用标准的遗传毒性试验确定潜在的危害,并且确定潜在的遗传毒性危害后该怎么办?

26. NDI 通知是否讨论遗传毒性成分的历史使用记录或者其他的安全数据来证明这种膳食成分是安全的?

27. 在哪里可以找到可用于进行 NDIs 动物和人类研究的遗传毒性方案的良好例子?

28. 亚慢性经口毒性研究的目的是什么?

29. 亚慢性经口毒性研究的适当持续时间是多少?

30. 在哪里可以找到亚慢性经口毒性研究的信息和举例?

31. 生殖毒性和畸形学研究的目的是什么?

32. 在 NDI 材料里应该包括生殖和畸形学研究的讨论吗?

33. 我是否会在生殖和畸形测试终点中确定所有物质相关的变化的"最大无作用剂量"(NOAEL)?

34. 在哪里可以找到生殖和畸形学研究的样本指南?

35. 重复剂量毒性试验的目的是什么？

36. 需要进行人类临床研究来评估 NDI 或含有 NDI 的膳食补充剂的安全性吗？

37. 什么样的人类临床研究有助于评估 NDI 或含有 NDI 膳食补充剂的安全性？

38. "重复剂量"人类研究的目的是什么？这类研究如何进行？

39. 在哪里可以找到可用于进行 NDIs 和膳食补充剂人类研究的更多信息和临床方案的例子？

40. 应该提交哪些信息来证明使用微生物如细菌或酵母发酵产生的 NDI 的安全性？

41. 应该提交哪些信息来证明微生物 NDI 的安全（活的或灭活的）？

42. 应该做些什么来证明一个包含纳米材料的 NDI 的安全性，或者其他涉及纳米技术的应用？

C. 安全结论基础文件摘要

1. NDI 通知应该包括 NDI 和含有 NDI 膳食补充剂独立的安全文件吗？

2. 在 NDI 的综合安全资料中应该包括什么？

3. 膳食补充剂安全叙述应该包括什么？

4. 未观察到作用水平（NOEL）和未观察到损害作用的最低水平（NOAEL）之间的区别是什么，应该使用哪一个？

5. 如果只有动物毒性研究可用，应该使用什么安全系数？

6. FDA 是否建议在 NDI 通知中包括安全边际的讨论？

7. 安全系数和安全边际之间的区别是什么？

8. 每日摄入量（EDI）与每日允许摄入量（ADI）的比例达到多少时足够支持含有 NDI 的膳食补充剂合理预期是安全的结论？

9. 关于 NDI 通知的安全边际的常见错误是什么？

10. 第Ⅵ部分的推荐要求在 NDI 通知安全信息中是必需的吗？

Ⅶ. 定义

Ⅷ. 附录：NDI 通知决策树

膳食补充剂:NDI 备案及
相关问题:行业指南①

> 该草案指南完成时,将代表 FDA 对于这个主题的当前思考。它不会创造或授予任何个人权利,也不会对 FDA 或公众进行约束。如果方法满足适用的法律和法规的要求,你可以使用另一种方法。如果你想讨论另一种方法,可与 FDA 负责实施这一指南的工作人员联系。如果你不能确定适当的 FDA 工作人员,可以拨打指南标题页上列出的电话号码。

I 介绍

根据《联邦食品、药品和化妆品法》第 413 条(a)(2)[21 USC 350b(a)(2)],制造商或分销商必须对即将使用的新膳食成分(NDI)和含有这种 NDI 的膳食补充剂产品上市前至少 75 天提交资料至 FDA 进行强制备案(Notification)。本指南旨在帮助膳食成分和膳食补充剂的制造商和经销商决定是否向 FDA 提交 NDI 或含有 NDI 的产品进行上市前安全通知,这些上市前安全通知通常被称为 NDI 通知。该指南还旨在帮助你准备 NDI 通知,以便我们能够更有效地进行审查并更快速地做出回应。

指南回答了关于 NDI 通知相关的常见问题。指南修订案回答了如下问题:何种物质可以被认定为 NDI? 企业何时需要提交 NDI 备案? 提交 NDI 备案的程序? FDA 推荐企业做安全性评估时需要考虑哪些类型的数据和信息? FDA 推荐哪些需要被包括在 NDI 备案资料里的信息?

此外,指南还特别回答了关于膳食补充剂定义的有关问题,并列出很多实例说明,这将影响某种物质是否可以按照膳食补充剂成分在美国销售②。我们鼓励你在进行含有 NDI 膳食补充剂的安全审查期间和准备 NDI 备案时参考这一指南。

本指南重在解读 FD & C Act 关于 NDI 和含有 NDI 膳食补充剂的规定。

---

① 这一指南是由 FDA 食品安全及应用营养中心的膳食补充剂项目办公室准备的。

② 21 USC 321(ff)明确了膳食补充剂的定义。获取网站:https://www.gpo.gov/fdsys/pkg/USCODE - 2014 - title21/pdf/USCODE - 2014 - title21 - chap9 - subchap Ⅱ - sec321. pdf。

本指南不讨论 FD & C Act 以外的可能会影响某一成分或产品监管状态的部分,例如适用于膳食成分和/或膳食补充剂管理的 FSMA 法案①。

FDA 的指导文件,包括本指南,不存在法律上强制执行的责任。相反,指南描述我们当前关于某个主题的想法,除非引用具体的监管或法定要求,否则只应将其视为建议。"should"这个词在 FDA 指南的使用应该意味着一些建议或推荐,但不是必需的。

Ⅱ　背景

1994 年 10 月 25 日,1994 年的《膳食补充剂健康与教育法》(DSHEA)(publ. 103‒417)签署成为法律。DSHEA 修订了 FD & C Act 中(1) 201(ff)[21 USC 321(ff)]节,增加术语"膳食补充剂"的定义和(2) 413(21 USC 350b)节,增加术语"新膳食成分"的定义,"新膳食成分"这一术语要求 NDI 或含有 NDI 的膳食补充剂的制造商或分销商,在美国境内上市前至少 75 天向 FDA 提交备案申请,除非 NDI 和任何含有 NDI 膳食成分的膳食补充剂已经作为食品成分应用于食品中,并且没有化学变化[21 USC 350b(a)(1)]。

备案申请必须包含以下信息,包括任何引用发表的文章,它能够确保制造商或分销商的 NDI 或膳食补充剂(申报者)将合理判定 NDI 或者含有 NDI 的膳食补充剂是安全的[21 USC 350b(a)(2)]。

按照 FD & C Act[21 USC 3506(a)]的第 413(a)节[21 USC 350b(a)]规定,如果所需的上市前通知未提交给 FDA,根据 FD & C Act[21 USC 342(f)]第 402(f),NDI 或含有 NDI 的膳食补充剂被视为掺假食品。即使按要求提交备案申请,除非有使用历史或其他安全证据,确定 NDI 在标签推荐或建议的使用条件下合理使用预期是安全的,否则被认为掺假。

为了帮助行业遵守 DSHEA,发布了 21 CFR 190.6 法规 (§190.6 或 NDI 法规)便于执行 FD & C Act 中关于含有 NDI 的膳食补充剂上市前的通知要求(62 FR 49886;9 月 23 日,1997)。NDI 法规明确规定了制造商或分销商的产品在上市前应该提交的信息[21 CFR 190.6(b)]②,包括:

- 生产商和分销商的全称和详细的地址。
- NDI 的名称是上市前备案申请的主要内容。对于中草药来说,必须含有植

---

① Pub. L. No. 111‒353, 124 Stat. 3886 (2011)。

② 请参见问题 V.A.2 NDI 通知的格式和内容的推荐模板,Ⅵ.A 部分关于在 NDI 通知中鉴别身份部分包含哪些内容的详细建议。

物学拉丁名称,包括拉丁名称的引用人(植物学拉丁名称命名的科学家的名字)。

■ 含有 NDI 的膳食补充剂的属性描述,包括:NDI 在产品中的含量水平;在膳食补充剂标签上推荐或建议使用的条件,或者如果没有在标签上标注,应有普通的使用条件。

■ 历史使用记录或其他相关证据,用来证明膳食补充剂在标签推荐使用的情况下合理的预期是安全的。

■ 代表生产商或分销商在备案申请的签名。

除了规定了 NDI 通知的内容,NDI 法规对这些备案程序进行了规定。§190.6(c)规定的申请日期定义是 FDA 收到备案申请的日期,与 FD ＆ C Act 第 413(a)(2)的规定一致,申请日期后 75 天之内禁止制造商或分销商将包含 NDI 的膳食补充剂产品在美国境内上市 [21 CFR 190.6(c)]。如果制造商或分销商提交额外的实质性的信息,支持原始 NDI 备案的材料,§190.6(d)规定,补充材料提交给 FDA 的日期成为新的通知申请日期,75 天的期限重新计算。与 FD ＆ C Act 413(a) 的规定一致,§190.6(e)规定,在一个 NDI 备案申请后 90 天之内,FDA 不会透露相关信息的存在。§190.6 节(e)进一步规定,在第 90 天结束后,整个备案信息,除了商业秘密和机密商业信息,按照第 413 条(a)规定将对外公布。最后,§190.6(f)指出,FDA 未能回应 NDI 的备案申请,并不说明含有 NDI 的膳食补充剂是安全的、没有掺杂的(21 USC 342 的 402 部分)。

2011 年 1 月 4 日,奥巴马总统签署了《FDA 食品安全现代化法》(FSMA)(pub L. 111 - 353),FSMA 113(b)部分要求不迟于颁布日期后 180 天内,FDA 应发布:一种 NDI 作为膳食补充剂成分的指南说明,依据 FD ＆ C Act 413 (a)(2)规定,新膳食成分或膳食补充剂的制造商或分销商应向 FDA 提交一个 NDI 备案申请,包括膳食成分的安全数据文档和确认 NDI 属性的适当方法。

2011 年 7 月,按照 FSMA(见 76 FR 39111;2011 年 7 月 5 日)113(b)部分的规定我们发表了指导草案。该修订草案指南替代了 2011 年 7 月指导草案。

Ⅲ 指南的目标和公共卫生重要性的指导

这个指南的一个关键目标是提高遵从 NDI 通知要求的速度。2012 年,FDA 估计,市场上膳食补充剂的数量为 55 600 个,每年有 5 560 个新的膳食补充剂产品上市①。这与 1994 年 DSHEA 颁布时大约 4 000 种产品形成了鲜明的

---

① 膳食补充剂标签要求和在《膳食补充剂和非处方药消费者保护法》下建议,77 FR 35687 (June 14, 2012)。

对比①。截至 2014 年 12 月，自 1995 年②收到第一份 NDI 通知以来，FDA 已收到并完成了超过 750 项的评估。收到这些数据，再加上最近担心的存在未申报的活性成分在膳食补充剂产品市场销售，突出提交 NDI 通知作为预防控制的重要性，确保消费者不受到不必要的新成分与未知的安全配置文件的公共卫生风险③。为了提高公众对 NDI 通知要求的理解，本指南包括对需求范围的深入讨论以及关于不需要通知情况的详细例子。

指南的第二个目标是提高 NDI 通知的质量。我们在 1997 年颁布 NDI 条例的目的是确保 NDI 通知包含 FDA 需要的信息，以评估包含 NDI 的膳食补充剂是否合理地被认为是安全的，而且今天的目标仍然相同。经过多年的 NDI 通知和行业回答的经验，我们已经得出结论，需要一个关于 NDI 问题的指南，以帮助膳食补充剂行业理解并遵守 FD & C Act 第 413 条和 NDI 法规。我们希望额外的解释，本指南中将帮助你决定何时需要 NDI 通知以及该通知应该包含什么内容。

DSHEA 没有指定在 NDI 通知中必须包含的证据的类型或数量。

因此，本指南解释了如何提交上市前通知，并就证据的类型和数量提出详细的建议。如前所述更多的细节在本指南的其余部分中详细阐述，FDA 建议在你的 NDI 通知中包含：

■ 充分说明 NDI 的属性和组成以及将在市场上销售含有 NDI 的膳食补充剂；

■ 得出该物质是 NDI 结论的基础进行讨论；

■ 对膳食补充剂标签中推荐或建议使用的条件进行说明，或者在标签中没有推荐或建议使用的条件，应说明使用补充剂的一般条件；和

■ 在通知中解释使用历史或其他安全证据证明得出含有 NDI 的膳食补充剂合理的预期是安全的结论。

----

① 《膳食补充剂健康与教育法》，1994，Pub. L. 103 - 417，§ 2(12)(C)，108 Stat. 4326. 网址：http://www.fda.gov/regulatoryinformation/legislation/significantamendmentstothefdcact/ucm148003.htm。

② 来自 Fred A. Hines 备忘录文件，FDA 消费者安全官，(December 17, 2014)。

③ 见案例，NDI 通知响应——E. coli Nissle strain (Oct. 28, 2011) 网址：https://www.regulations.gov/document? D＝FDA - 2012 - S - 1178 - 0014；NDI 通知反应——人类胎盘提取物 ND (Apr. 6, 2011)，网址：https://www.regulations.gov/document? D＝FDA - 2011 - S - 0933 - 0133。

Ⅳ 确定一种新膳食成分是否需要公布

A. 什么是新膳食成分?

1. "膳食成分"和"新膳食成分"分别是什么意思?

根据 FD & C Act[21. USC 32(ff)(1)]201(ff)(1)的定义,"膳食成分"是下列的任何一种:

(A) 维生素;

(B) 矿物质;

(C) 一种草药或其他植物;

(D) 一种氨基酸;

(E) 一种膳食物质,供人通过增加总膳食摄入量来补充膳食;或

(F) 在(A)、(B)、(C)、(D)或(E)中所述的任何成分的浓缩物、代谢物、组分、提取物或以上任何成分的组合。

NDI 被定义为一种膳食成分,在 1994 年 10 月 15 日之前没有在美国销售[21 USC 350b(d)]。因此,作为一种 NDI 物质必须是一种膳食成分。

2. 一种不是膳食成分的物质可以是 NDI 吗?

不行。因为"新膳食成分"的定义是指在 1994 年 10 月 15 日前没有在美国销售的一种食品成分,除非它也是一种膳食成分,否则它不能成为一种新的膳食成分。

3. 在 1994 年 10 月 15 日之前已经在美国销售的一种膳食成分须提交 NDI 通知吗?

不必要。1994 年 10 月 15 日之前销售的食品配料(DSHEA 发布前膳食配料)不是 NDI,因此不需要 NDI 通知。FDA 关于 NDI "市场销售"和"膳食成分"[21 USC 350b(d)]定义的更多解释见问题Ⅳ. A. 4,Ⅳ. A. 7 和Ⅳ. A. 10。

4. 在 1994 年 10 月 15 日之前,用来制作传统食品的成分是 NDI 吗?

视情况而定。在 1994 年 10 月 15 日前使用一种传统食品的原料,并不能确定这种成分是否是 NDI。重要的是,这种成分是否作为一种膳食成分来销售——这意味着它在 1994 年 10 月 15 日之前在美国市场上销售,或者作为一种膳食补充剂,或者在美国的膳食补充剂中使用。因此,1994 年 10 月 15 日之前用于制作传统食品的原料仍然是 NDI,除非在 1994 年 10 月 15 日之前,这种成分在美国还被作为一种膳食成分销售。例如,在 1994 年 10 月 15 日前用来给传统食品染色的一种原料,除非在 1994 年 10 月 15 日前,或者作为一种膳食补充

剂，或者作为膳食补充剂中使用的一种膳食成分，否则将是一种 NDI。

我们认识到，直到 1994 年 10 月 15 日以后，"膳食补充剂"和"膳食成分"的定义才被纳入 FD ＆ C Act 中。许多膳食成分作为其他产品类别正在市场销售，如特殊膳食用食品或食品添加剂。因此，我们解释"膳食成分"指的是：(1) 如果上市销售，必须符合 21 USC 321(ff)(1) 项下的"膳食成分"的规定；(2) 1994 年 10 月 15 日前投放市场时，其目的是在一种产品中使用，而该产品目前已被 21 USC 321(ff) 定义为一种"膳食补充剂"，而且它也不符合药品的定义。FDA 关于 NDI "市场销售"和"膳食成分"［21 USC 350b(d)］定义的更多解释见问题 Ⅳ.A.7 和 Ⅳ.A.10。

a. 如果膳食补充剂仅包含作为食物以某种的形式出现在食物供应中也未被化学改性，含有该膳食成分的膳食补充剂需要提交 NDI 通知吗？

不需要。在这种情况下不需 NDI 通知，因为膳食补充剂仅包含食物供应中存在的膳食成分，而食物中的膳食成分没有经过化学结构改变［21 USC 350b(a)(1)］。参考Ⅳ.B 4 和Ⅳ.B5 关于 FDA 对"化学改性"方式的看法。

例如：原料 X 是一种食品添加剂，在 1993 年被批准用于美化烘焙食品，并在 1994 年 10 月 15 日之前销售，但在此之前并没有作为膳食补充剂的膳食成分销售。ABC 公司想要推广一种含有 X 成分的补充剂，并计划使用同样的原料 X 作为烘焙食品的甜味剂。成分 X 将是补充剂中唯一的膳食成分，它将被称为"含有 X 成分"。虽然成分 X 是一个 NDI，因为，它在 1994 年 10 月 15 日之前，原料 X 已经作为食物的一种形式存在于食物中，且化学成分没有发生改变，其还是唯一的膳食成分，所以 ABC 公司不需要提交 NDI 通知。

b. 即使不需要 NDI 通知，21 USC 342(f)(1)(B)①中掺假标准适用于包含该膳食成分的膳食补充剂吗？

是的。美国掺假标准［21 USC 342(f)(1)(B)］适用于含有一种 NDI 的所有膳食补充剂，甚至在没有通知的情况下也是适用的。即使补充剂仅包含食物供应中存在的膳食成分，而食物中的膳食成分没有经过化学结构改变，请参阅第Ⅳ.B节，了解关于化学改性的更多信息以及在食品供应中作为常规食品存在的 NDI 通知要求的例外情况。

5. 1994 年 10 月 15 日之前，如果该成分不是美国市场上销售的一种膳食成分，那么在 1994 年 10 月 15 日前销售的一种传统食品的成分是一种 NDI 吗？

_____

① 21 USC 342(f)(1)(B)规定，含有 NDI 的膳食补充剂是掺假的，除非有足够的信息提供合理的保证 NDI 并没有造成重大或不合理的疾病或伤害风险。

是的，假设成分符合膳食成分的定义。1994 年 10 月 15 日之前市场上销售的一种传统食品的一种成分存在，但并没有确定这种物质在此之前作为一种膳食成分来销售。同样，在 1994 年 10 月 15 日之前，一种较小的成分可能用孤立的化学分析过程来检查销售食品的膳食成分，不足以证明是一个 DSHEA 之前（简称 pre-DSHEA）的膳食成分，甚至是所有的膳食成分。如果它不是一种膳食成分，它就没有资格成为 NDI。如果食物成分符合膳食成分类别（例如，如果它是一种代谢产物或另一种食物成分的提取物），但在 1994 年 10 月 15 日之前并没有作为一种膳食成分销售，它是 NDI；另一方面，如果这种物质在此之前作为一种膳食成分销售（除了作为传统食品使用的销售），那么它就不是 NDI（见Ⅳ.A 问题 4，Ⅳ.A.7、Ⅳ.A.10 中 FDA 对 NDI 定义中"营销"和"膳食成分"的含义的看法）。

6. NDI 是 1994 年 10 月 15 日之前市场上销售的膳食补充剂的成分吗？

答案取决于这种物质是否在 DSHEA 之前膳食补充剂中被用作膳食成分或其他用途。例如赋形剂或加工助剂，如果添加到补充剂中作为一种膳食成分，它不是 NDI，可以在膳食补充剂中使用，而无需向 FDA 提交 NDI 通知。

然而，如果这种物质没有在 DSHEA 之前添加到膳食补充剂中作为一种膳食成分，那么分析就变得复杂了。如果该物质在 DSHEA 之前直接添加到膳食补充剂中，目的是成为成品膳食补充剂的一个组成部分，并有技术上的影响，并且是 GRAS 或被批准作为食品添加剂使用，那么这种物质将是 NDI。然而，由于大多数次生（secondary direct）食品添加剂[①]、间接食品添加剂[②]、食品接触物质[③]、其他间接添加物不打算在食品中产生技术效应或成为成品的组成成分（见

[①] 在食品生产过程中添加了次生（secondary direct）食品添加剂以达到技术效果，但是它们对成品没有任何技术影响。见 FDA，食品配料和包装条款。网址：http://www.fda.gov/Food/IngredientsPackagingLabeling/Definitions/default.htm（accessedApril 22，2015）。

[②] 间接食品添加剂作为包装、储存或加工的一部分，与食品接触，但是它们并不是要直接添加到食物中而成为其中的一种成分，或者对食物产生技术上的影响。在 1997 年的 FDA 现代化法案之前，间接食品添加剂得到了法规的批准。现在，新的间接食品添加剂通过食品接触物质申报程序获得批准。此外，间接食品添加剂可通过 21 CFR 170.39 的规则豁免程序来获得授权。见 FDA，食品配料和包装条款。网址 http://www.fda.gov/Food/IngredientsPackagingLabeling/Definitions/default.htm（accessedApril 22，2015）。

[③] 食品接触物质是一种用于制造、填充物、包装、运输或储存食品材料的一种物质，这种用法不打算在食物中产生任何的技术效果。21 USC 348(h)(6)。如果这种材料不打算对食品产生任何技术影响的话。

问题Ⅳ.D.4),你首先要考虑这样一个物质是否符合膳食成分类别,是否符合 FD & C Act[21 USC 321(ff)(1)]第 201(ff)(1)规定,来确定它是一个 NDI。如果这种物质不符合任何一种膳食成分类别,它既不是 NDI,也不是 DSHEA 之前(简称 pre-DSHEA)的膳食成分。更重要的是,它不能被用作膳食补充剂中的一种膳食成分。

7."销售"一种膳食成分是什么意思?

FDA 认为"市场销售"膳食成分意味着:(1)出售或提供出售的膳食成分或膳食补充剂,(2)散装膳食成分用于膳食补充剂,或(3)作为一种混合或配方的膳食成分用于膳食补充剂制造。

将一种膳食成分列在目录或价格列表中通过网上或在零售场所出售,或者通过广告或其他促销活动来销售,如果促销广告表明可以购买的话,"即将上市"等用语是不合格的。如果在制造商或经销商提交要求的 NDI 通知或通知提交后不到 75 天内出售含有 NDI 的膳食补充剂,则该产品的销售并没有证据表明膳食补充剂或 NDI 是合法销售的。

8.1994 年 10 月 15 日以前在美国境外销售的膳食成分,如果在该日期前未在美国销售,能否作为一种新膳食成分?

是的。在这个日期之前,任何其他国家都在销售这种成分的文件,并没有证明这种成分不是 NDI。唯一与膳食成分是否是 NDI 相关的是在 1994 年 10 月 15 日之前在美国销售①。

9.一种膳食成分在 1994 年 10 月 15 日之前已经销售,FDA 要求出示哪些证明文件?

证明膳食成分不是 NDI 的文件应该包括书面的商业记录、宣传材料或同期的新闻报道,即日期为 1994 年 10 月 15 日前。包括销售记录、提货单、销售合同、生产记录、商业发票、杂志广告、邮购目录或销售手册。

文件应该包括充分的信息,以确定在美国进行销售:市场销售的标识(如化学或植物名称),包括其形式(如药草、水提取物、油)以及这种成分是否被作为一种膳食成分或其他用途销售。例如,在人体健身杂志上的广告可以作为一种膳食成分的充分证据。另一方面,园艺或园林杂志上的广告或其他参考资料不太可能作为一种植物或草药作为一种膳食成分营销的充分证据。

在 1994 年 10 月 15 日之前,一个成分是否作为膳食成分销售,我们也会考

---

① 作为证据,证明在另一个国家进行市场营销是安全的证据,特别要考虑到各国的饮食消费差异,见问题 Ⅵ.B.3。

虑 GRAS 和食品添加剂联邦法规规定作为依据,如果规定涵盖了使用物质的营养补充,1994 年 10 月 15 日之前生效,且包含膳食成分的规格说明,尽管相关引用文献在 1994 年 10 月 15 日之前出版,例如 1992 年版的《商业草药》①,是支持的。我们不可能把商务草药名单作为决定上市的膳食成分的依据,因为这清单可能没有指定必要的信息,如从植物和/或其部分提取的物质。如果你依赖商业药草作为你的膳食成分不是 NDI 的证据,我们建议你保留额外的文件,说明在 1994 年 10 月 15 日之前,这种植物被作为一种膳食成分销售。文献中应该明确植物成分的来源,而植物提取的成分也应注明提取的类型。

如果一种膳食成分首次在市场上销售,那么它就不能证明这种成分在 1994 年 10 月 15 日之前就已经上市了,除非有当时的书面记录支持。因为记忆是不可靠的,尤其是当事件发生在三十多年前,我们不可能把这样的宣誓书,没有任何客观的、可核查的文件作为证据,证明该物质作为膳食成分或用于膳食补充剂在 DSHEA 之前销售。

10. 在 1994 年 10 月 15 日之前,市场销售任何使用的一种原料,是否足以得出结论它不是 NDI 吗?

不能。FDA 并不认为将一种成分作为一种传统食品进行销售,作为一种药物或任何其他非食品的使用,作为证据证明一种成分不是 NDI。除非该成分在 1994 年 10 月 15 日之前作为一种膳食成分或作为一种膳食补充剂销售,否则它是一种 NDI。

11. 在 1994 年 10 月 15 日之前,是否有一份权威的膳食成分列表(所谓的"原始名单"或"老膳食成分表")?

目前还没有。一些行业协会和其他行业组织已经编制了"旧食材"的清单②,尽管 FDA 无法证实这些名单的准确性,因为我们没有看到文件显示这些名单上的成分在 1994 年 10 月 15 日之前是作为膳食成分销售的。这些清单中含有 FDA 认为不太可能被销售为食物成分的成分,比如对乙酰氨基酚或药釉,以及只有模糊描述的混合物,比如"甾醇完整预混料"。此外,一个贸易协会的介

---

① Moley, Timothy, Steven Foster, and Dennis Awang.《商业草药》. Austin, TX: 美国草药产品协会, 1992。

② 见国家营养食品协会,在 1994 年 10 月 15 日之前,NNFA(国家营养食品协会)的膳食补充剂成分清单(April 26, 1996),摘要号:FDA - 2005 - P - 0259 [Document ID: FDA - 2005 - P - 0259 - 0012]。网址:https://www.pharmamedtechbi.com/~/media/Supporting%20Documents/The%20Tan%20Sheet/19/50/111212_UNPA_ODI_List.pdf。

绍说，该协会没有独立证实清单上的物质①在 1994 年 10 月 15 日之前使用。该名单的封面特别声明："该名单仅供参考用途，不构成任何具体的膳食成分在 1994 年 10 月 15 日之前作为膳食补充剂销售的证明。"贸易协会的介绍也指出，"没有明确的'原始'膳食成分的清单。"良策是，任何公司都要保持自己的记录，确认长期使用一种原料。由于支持证据存在的不确定性，FDA 不接受在一份工业清单上包含一种成分，证明该成分不是 NDI。然而，作为对评论的回应，我们准备根据独立和可验证的数据，开发一份权威的成分表。由于 FDA 通常无法获得膳食成分和膳食补充剂的市场销售记录，所以 DSHEA 之前销售的文件必须由行业提供。

FDA 目前的想法是，将一种成分放在权威的 pre - DSHEA 成分列表上，两个主要因素是：(1) 在 1994 年 10 月 15 日之前，有足够的用作膳食补充剂在美国市场销售的资料；(2) 对所销售的膳食成分的准确描述。为支持项目列入清单而提供的记录应该指定在美国上市的日期，并清楚地确定在那个日期销售的成分。一个成分身份识别应该足够精确，是唯一的鉴别成分。参阅Ⅳ. A9 文档的类型关于 FDA 建议在 1994 年 10 月 15 日前销售的膳食成分。

包括 FDA 在 pre - DSHEA 膳食成分表的成分将代表我们的观点，即证据足以得出结论不是"新"膳食成分，因此，不受 NDI 通知要求的限制。然而，仅仅是一种成分不在名单上的事实，或者是膳食补充剂中含有的营养成分被掺入了而没有通知，并不能证明这一成分是一种 NDI。更确切地说，从名单中遗漏的成分将被认为是中性的，不会影响成分的管理地位。FDA 是否会调查不列入名单的膳食成分，以确定是否应该提交 NDI 通知，这通常取决于与公共卫生有关的因素，如潜在的风险、公众接触成分的程度以及与不良事件的关联。

虽然在 1994 年 10 月 15 日之前只有一个营销成分作为膳食成分的实例，但 1994 年（pre - DSHEA 市场营销）仍需要证明一种成分不是 NDI，每个膳食补充剂制造商和分销商负责确定每个膳食成分的膳食补充剂是一种 NDI 和确保公司符合 NDI 通知要求。对于那些不在 FDA 的 pre - DSHEA 膳食成分表的成分，一个公司可以保留自己的膳食成分的 pre - DSHEA 市场的记录，或者依赖另一个公司或组织的记录（得到该实体的许可）。

---

①　诚信保健品协会（CRN）不受 DSHEA（1998 年 9 月）新法律规定的约束膳食成分清单（September 1998），摘要号 FDA - 2005 - P - 0259〔Document ID：FDA - 2005 - P - 0259 - 0010〕。网址：http://www.fda.gov/ohrms/dockets/dockets/05p0305/05p - 0305 - cr00001 - 04 - Council - For - Responsible - Nutrition - vol1.pdf.

12. 膳食成分 1994 年 10 月 15 日之前在美国已上市,如果改变其加工工艺,是否可以让这个成分成为新膳食成分?

答案取决于制造工艺的变化对该成分的影响程度。正如 FDA 关于制造业变化的一个独立指南①所讨论的那样,这样的变化可能会影响到食品成分属性或者安全性和适用性是否适合某些特定的使用条件。制造业的变化也可能影响食品的纯度,如食品中的杂质和污染物的含量。

生产过程中的任何变化都会改变这种成分的特性,这将把之前销售的膳食成分转化为 NDI②。制造改变物理、化学结构或性质、纯度和杂质或生物特性(如生物可利用性或毒性),都会导致成为 NDI。例如,用一种溶剂从一种 pre - DSHEA 膳食成分中制备出一种提取物,就会产生一种 NDI,因为最终的提取物只含有原膳食成分中分馏部分。一种改变原料的生产方式,导致每份含量的改变或产品使用条件的改变,这是一个重大变化的例子,可能会产生 NDI。

此外,改变一种来源物质的成分属性可能会产生 NDI。例如,使用植物的不同部分,即植物根部的提取物是一种 pre - DSHEA 食物成分,同种植物叶子的提取物可能会产生出另一种 NDI。如果新制造过程产生的原料是 NDI,除非 NDI 在食品供应中作为一种食品以一种没有化学变化的形式出现的食品(见第 Ⅳ. B 节),否则不需要 NDI 的通知。另一方面,如果制造工艺的变化没有改变成分的物理、化学结构或性质,纯度、杂质或生物利用性或毒性等生物特性没有变化,当时 pre - DSHEA 成分的监管状态不变,不需要 NDI 的通知。

请注意,制造变化是否会产生一个 NDI 的问题,与制造变化是否构成化学变化,以及不同的标准是否适用的问题不同。FD & C Act 第 413(a)(1)条中的"化学变化"标准仅管理食品原料的制造,这些成分已"在食品中出现",如"用于食品"的成分(即"食品供应")③。在 1994 年 10 月 15 日之前,传统食品成分未被作为一种膳食成分销售,用来决定是否需要 NDI 的通知。总的来说,更多的制造变化将会产生一个 NDI。例如,水或酊的溶液可能会改变前 DSHEA 膳食成分的成分,足以使它成为需要通知的 NDI。然而,水或酊的溶液并不构成传

① FDA 行业指南:评估重大生产过程变更的影响,包括新兴技术、食品成分和食品接触物质的安全性和监管地位,包括颜色添加剂的食物成分。2014 年 6 月,网址:http://www.fda.gov/food/guidanceregulation/guidancedocumentsregulatoryinformation/ucm300661.htm。

② FDA 行业指南:评估重大生产过程变更的影响,包括新兴技术、食品成分和食品接触物质的安全性和监管地位,包括颜色添加剂的食物成分。2014 年 6 月,网址:http://www.fda.gov/food/guidanceregulation/guidancedocumentsregulatoryinformation/ucm300661.htm。

③ 见问题 Ⅳ. B. 1。

统食品成分的"化学改变"（参见问题Ⅳ.B.4Ⅳ.B.5），因此，当用常规食品原料制成的水或溶液作为一种膳食成分时，不需要 NDI 的通知①。

还应该注意到，一些制造的变化可能会改变膳食成分的特性，使其不再满足膳食成分的定义（参见问题Ⅳ.D.5）。计划制造变革的公司被鼓励在任何问题上向 FDA 咨询，以确定这种变化是否会产生一种 NDI 或一种不符合膳食成分定义的成分。

13. 如果我更改了 NDI 的制造过程，而且我没有得到 FDA 的反对，我是否应该提交一个新的 NDI 通知？

这取决于制造过程的变化性质。如果制造工艺的变化不改变膳食成分的化学或分子组成或结构，或描述原料所需的技术参数，则不需要提交第二个 NDI 通知。另一方面，一个制造工艺的改变，指的是在 1 纳米到 100 纳米（近似）范围内产生的一种成分，可以改变 NDI 的化学或分子组成或结构。在这种情况下，之前提交的不使用纳米技术生产的相关物质的通知将不包括用新的制造工艺产生的新成分，另一种独立的 NDI 通知将考虑到产生较小颗粒尺寸的新成分。

如果你正在计划一个工艺的改变，我们鼓励你咨询 FDA，看看这样的改变是否会产生出一种不同的 NDI 或一种不再是膳食成分的物质②（参见问题Ⅳ.A.12 关于制造变更的额外讨论，影响原料的特性）。

B. 在传统食品使用历史记录中特定 NDIs 的通知例外

1. 什么情况下不需要提交 NDI 通知？

NDI 和所有其他膳食成分都出现在食品供应中，而食物中所使用的膳食成分没有经过化学修饰，因此不需要通知。参见问题Ⅳ.B.4 和Ⅳ.B.5，FDA 目前的想法是，当一种膳食成分在食物供应中被使用的形式发生"化学变化"的时候。

FDA 解释了"存在于食品供应中"一词，指的是传统的食品供应。因此，我们解释了一种膳食成分，它是"有历史记录作为食品在食品供应中出现"，指的是传统食品或传统食品成分。在膳食补充剂中，FDA 不考虑食品供应中优先使用原则，将"食品供应"解释为免除 NDI 通知的目的，膳食补充剂中应用这个规则将会异常扩大豁免而导致掩盖风险，因为即使是在一个很小的范围内生产的一种膳食补充剂，在一个小范围内使用，也会使所有含有 NDI 的膳食补充剂不受通知要求的限制，即使摄入的水平和使用条件有很大的不同。此外，鉴于 NDI

---

① 关于膳食补充剂计划办公室的联系信息可以在标题页上找到。
② 关于膳食补充剂计划办公室的联系信息可以在标题页上找到。

通知要求的目的,这样的解释是没有意义的,这是为了确保没有被广泛食用的饮食成分在进入市场之前得到安全评估。因为膳食补充剂通常比传统食品有着更少的食用人数,而且通常比传统食品的使用时间更短,在补充剂中使用前或与以前在常规食品中使用相比,补充剂通常提供的信息要比传统食品的安全性信息少一些。此外,传统食品中添加的物质必须符合常规食品成分的安全标准,这比那些在膳食补充剂中使用的食品成分要高得多。

2. 膳食成分已被 FDA 列为(a)被公认为安全(GRAS)的食品或(b)在美国批准为直接添加到食品中的直接添加剂,我是否需要提交 NDI 通知?

不需要,只要符合以下条件。直接食品添加剂或 GRAS 物质(1)已被用于食品供应(即:在传统食品中)和(2)被用作一种没有化学变化的膳食成分(见Ⅳ.B. 4 和Ⅳ. B. 5 关于化学结构的进一步讨论。)

如果 NDI 在美国合法销售,作为一种用于常规食品的原料,并被引入到食品供应市场中销售,它将免除 FD & C Act 第 413(a)(1)[21 USC 350b(a)(1)]条所规定的通知要求,因为它在食品供应中作为一种食品,以食品的形式出现在食品中,而其成分没有发生化学变化。同样,在美国以外的传统食品中销售的成分如果没有化学变化,也不受 NDI 的通知要求。然而,正如下面问题所讨论的,NDI 掺假标准仍然适用,自愿的 NDI 通知是可取的。

3. 美国法规 21 USC 342(f)(1)(B)掺假标准是否适用于已被美国 FDA 列为直接添加食品或在美国批准的直接食品添加剂的 NDI?

是的。FD & C Act 402(f)(1)(B)掺假标准[21 USC 342(f)(1)(B)]适用于所有 NDIs,包括不需要通知的 NDIs。换句话说,如果一种成分在 1994 年 10 月 15 日之前没有在美国市场上销售作为一种膳食成分(见问题Ⅳ. A. 4,Ⅳ. A. 7 和 10),这是一个 NDI 并适用 NDIs 的掺假标准。该标准规定,含有 NDI 的膳食补充剂是掺假的,除非有足够的信息提供合理的保证,说明该成分不会造成重大或不合理的疾病或伤害风险。

如果在膳食补充剂标签中推荐或建议的 NDI 摄入量的摄入水平与食品添加剂规定中所批准的摄入量相同或低于 GRAS 法规规定,从膳食来源中得到的 NDI 的总摄入量与每日摄入量相同或低于可接受的摄入量(见问题Ⅵ. C. 8),FDA 可能会得出这样的结论:如果其他使用条件不变,就有足够的信息来提供合理的安全性保证。然而,如果膳食补充剂中 NDI 的摄入量高于 NDI 的常规食物摄入量,那么上述情况也不一定是正确的。例如,如果一种通常用在微克量的成分被放在一个胶囊中,它的含量为数百毫克,那么就有必要进行安全分析,以确定膳食补充剂中较高的摄入量的安全性。如果缺乏足够的信息来合理地证明,含有较高 NDI 摄入量的膳食补充剂是安全的,那么膳食补充剂就会认定为掺假。

虽然不需要一个 NDI 通知,如果膳食补充剂中包含一个 NDI 并作为成分已经出现在食品供应中且没有化学改变,即使膳食补充剂比传统食品中含有更多的 NDI,建议你咨询 FDA 并讨论关于结论的依据即有足够的信息来保证 NDI 在膳食补充剂中的使用将不存在重大或不合理的疾病或伤害风险①。就像你想要推销的任何新的膳食补充剂一样,你应该保证产品在被贴上标签的条件下是安全的。为了达到这一目的,当膳食补充剂含有比传统食品中更大的 NDI 含量时,建议主动提交一个 NDI 通知。FDA 已经审查并打算继续审查自愿提交的 NDIs 通知,该通知按 21 USC 350b(a)(1)的要求豁免,因为他们已经在食品供应中出现,而且以一种没有化学变化的形式出现在食品中。

就像每天摄入量增加一样,将 NDI 与其他膳食成分结合在一起也会带来安全风险,如下面的Ⅳ.C.2 所讨论的那样。

4. 通过化学过程改变食品结构的例子有哪些?

下面是一些 FDA 可能会考虑涉及化学改变过程的例子。这些过程也可能会影响膳食成分的安全性。

下面的例子仅仅是为了说明问题,并不是一个导致化学变化过程的综合列表。下面的例子只是为了说明目的,并不是导致化学变化的一系列过程。关于化学变化的进一步讨论参见问题Ⅳ.B.5。

■ 一种制造或破坏化学键的过程,除非该过程产生的化学键在水中溶解时(例如可溶性盐的生成)或在摄食过程中(例如水解)发生反转。

■ 去除某些成分中的水分或溶液,改变混合物的化学或分子组成或结构。例如:色谱、蒸馏和过滤。

■ 使用除水或水乙醇以外的溶剂来制作提取物或酊。DSHEA 的官方曾立法规定"水的溶液"和"酊剂"(含水乙醇溶液)不是化学改变食物的过程②。然而,其他溶剂通常以不同的方式改变提取物的成分,通常是通过提取不同类型的成分,而不是用水和水乙醇提取。

■ 高温烘烤或烹饪,以前没有烤过或煮过,除非这个过程只会造成轻微的影响挥发性成分的损失,化学或分子成分或结构成分没有其他的变化。

■ 改变一种成分的制造方法,使其化学或分子组成或结构有显著的不同。

---

① 关于膳食补充剂计划办公室的联系信息可以在标题页上找到。

② 协议声明,140 Cong. Rec. S14801 (daily ed. Oct. 7, 1994).

例如:改变材料的组成成分、使用不同的溶剂或使用色谱矩阵而不是被动的过滤器。

■ 纳米技术的应用,从而产生新的或改变了成分的化学性质。

■ 改变农业或发酵条件以改变原料的化学或分子成分或结构。例如:用含有大量硒酸钠的培养基将大蒜发芽或发酵,从而产生大量的有机硒化合物。

■ 用发酵培养基发酵不同于使用制造传统食品的发酵工艺。例如以前使用商业生长培养基来生产一种微生物将牛奶发酵成酸奶或奶酪等乳制品。

■ 使用一种植物成分,而不是直接将植物的整株或部分作为传统食品的成分,用生苹果提取物或菌丝体来代替成熟的苹果或真菌子实体。

5. 不通过化学改变得到膳食成分的生产过程有哪些?

正如国会众议院和参议院支持 DSHEA 提案的声明所阐明的那样,声明所说的"化学变化"不包括以下的物理修改:挥发性成分的轻微损失、脱水、碾磨、色泽或水溶液、浆液、粉末或固体悬浮[①]。FDA 认为这个清单代表了不涉及化学改变的生产过程的例子,但不一定是这类过程的完整清单。

FDA 的观点"化学变化"特别是 FD & C Act 413 (a)(1),为 NDI 的 NDI 通知要求提供了豁免,因为 NDI 已经"存在于食品供应中",因为"食品没有经过化学改变的形式用于食品"。因为豁免是指用于食品和食品供应的物品(传统食品及其成分),适用于符合传统食品安全标准的成分,并具有作为食品安全使用的历史。这些防护措施提供了一些信心,只要这些成分在常规食物中没有被化学改变它们的形式,就有可能是安全的。

化学上改变食物供应成分的过程可以引入污染物、溶剂或杂质,而这些物质的安全是未知的[②]。这样一个过程可能会导致一种成分,不仅与源成分不同,而且还有一个未知的安全结构。参见问题 Ⅳ. B. 4 关于化学变化的进一步讨论。一个良好的起始材料在处理后可能不会改变材料的属性,在这种情况下不需要 NDI 通知。然而,膳食补充剂和膳食成分是复杂的混合物,在加工过程中引入了更多的可变性。因此,他们的身份在处理过程中更容易发生变化。

一般来说,FDA 认为一个不会导致化学改变的过程意味着:(1) 包括由单一原料组成的成分,或者是由单一原料衍生而来,使用的制造过程只涉及物理步

---

① 协议声明,140 Cong. Rec. S14801 (daily ed. Oct. 7, 1994)。

② FDA 行业指南:评估重大生产过程的影响,包括新兴技术、对食品成分和食品接触物质的安全性和监管状况,包括颜色添加剂的食品成分,June 2014。网址:http://www.fda.gov/food/guidanceregulation/guidancedocumentsregulatoryinformation/ucm300661.htm。

骤(例如:水的提取和缩合);(2)不包括选择性地增加特定活性成分浓度或引起化学反应(除酯化),以改变原始材料中任何物质的共价键。这种类型的过程不太可能影响成分或含有成分的膳食补充剂的安全性。

在国会的协议声明中,一些被称为"物理改性"的过程(铣削、浆液、粉末或固体悬浮)不会改变成分的化学或分子组成或结构。FDA认为这种改变不太可能改变传统食品中使用成分的安全性。脱水、冻干或酊剂、水溶液,或者悬浮液但只有通过乙醇、酊剂改变含水量的情况下,可以改变配料的成分。FDA认为,这种成分的微小变化极不可能改变传统食品中所使用的成分的安全性。同样在加工过程中,挥发性成分的轻微损失不太可能改变传统食品中所使用的成分的安全性。然而,在一个典型的萃取过程中,第一步是水或其他溶剂的溶解,然后过滤去除未溶解的物质。这是组成成分的一个更大的变化。FDA通常认为提取包括过滤步骤或涉及使用除水或酒精以外的溶剂(乙醇水溶液)作为一种化学过程,它改变了源成分,因此触发了对所产生的膳食成分的NDI通知要求。

随着行业开发新技术,除了在国会声明中被描述为物理修改的过程之外,我们鼓励你考虑在特定情况下是否需要通知时①,以及在提交NDI通知之前咨询我们。我们打算根据本文件所述的化学变化指导,对任何新技术或工艺进行评估。我们还打算考虑该技术或过程是否会影响膳食成分以及含有该膳食成分的膳食补充剂的安全性。

我们愿意考虑科学论证支持的观点,证明特定的制造过程实际上并没有导致化学改变或对成分的安全性有任何影响。在这种情况下,我们鼓励制造商和经销商安排与FDA的预先通知会议,讨论他们的依据。

C　其他关于何时需要NDI通知的问题

1. 我是否可以提交一个单独的NDI通知,其中包含一系列使用条件的安全数据,并包含多个产品?

可以的。FDA接受涵盖多种膳食补充剂的通知,包括一系列剂量的安全数据、每日摄入量水平和/或其他使用条件的变化(例如:在与NDI相结合的情况下,使用pre-DSHEA成分的大小、使用时间、摄入量、摄入频率、目标人群、剂型、或不同配方)。FDA建议你提交安全数据包括最高剂量和每日摄入量,但是,要指出NDI可能在市场上销售的较低的每日摄入量,包括对统计相关数据点进行评估的研究,为了加强安全分析,如每日摄入量的范围。FDA已经收到

---

① 关于膳食补充剂计划办公室的联系信息可以在标题页上找到。

了一系列的通知,包括一系列的剂量和每日的摄入量。这些通知在 www. regulations. gov 上的 NDI 通知摘要中公开。要了解更多信息联系 FDA 膳食补充剂计划办公室①。

你还可以向 FDA 提交一份机密的"NDI 主文件",该文件包含完整的制造、规格和其他描述成分的属性信息。你可以将主文件的内容引用到 NDI 通知中。你也可以授权其他公司参考主文件的内容来描述他们从你那里获得的成分。FDA 预计大多数提交者将把 NDI 主文件和配料规范的内容作为商业机密来识别(见问题 V. A. 16 并且只会和提交他们的公司讨论)。

如果你是膳食补充剂制造商或分销商或者是 NDI 的制造商或经销商提交了一个 NDI 通知,它涵盖了 NDI 将在你的补充剂中使用的条件,你不需要在该补充剂中提交使用 NDI 的新通知。然而,如果你打算在之前的 NDI 通知中提交一份超过最高日摄入量或单份剂量的产品,而这一产品的安全性信息是在之前的 NDI 通知中提交的,你应该提交一个新通知,因为前面 NDI 通知不包括更高的一次性或每日摄入量。同样,如果 NDI 与之前的 NDI 通知中所评估的 NDI 不一样,在你的产品中加入 NDI 的膳食成分与之前通知的产品不同,在新产品中使用 NDI 的其他条件没有在原始通知中进行评估,应提交一个新的通知。参见问题 IV. C. 2 和 IV. C. 3。

2. 如果我提交一份关于我生产或分销的膳食补充剂的 NDI 通知,然后决定生产或分销含有相同 NDI 的不同补充剂,我是否应该提交另一个 NDI 通知?

答案取决于你之前的 NDI 通知所涵盖的内容、FDA 的反应、在新的膳食补充剂中 NDI 建议的使用条件与在通知中评估的情况有所不同。如果你已经提交了一份含有 NDI 的膳食补充剂的 NDI 通知,你就不需要为含有相同的 NDI 的不同膳食补充剂提供一个单独的通知,如果满足以下条件:

■ 在新补充剂的标签中所规定的单服剂量和每日摄入水平低于或等于最初的 NDI 通知中所评估的最高单服剂量和每日摄入量水平;

■ 新的补充剂并没有将 NDI 和其他不包括在你的 NDI 通知中的其他饮食成分结合在一起;

■ 新的补充剂的目标人群与原通知中指定的目标人群相同或子集;

■ 所有其他的使用条件都与你之前的 NDI 通知中描述的使用条件相同或更严格(例如,低剂量和每日摄入,使用时间较短);

■ FDA 没有对你之前的 NDI 通知做出安全或其他监管方面的表述。

---

① 关于膳食补充剂计划办公室的联系信息可以在标题页上找到。

　　如所讨论的那样,你可以提交一份 NDI 通知,其中包含关于每日摄入量的范围的安全信息,以及/或含有 NDI 的膳食补充剂使用的其他条件。一旦你提交了一份包含多种使用条件的 NDI 的通知,你就可以在不提交另一个通知的情况下,使用含有 NDI 的膳食补充剂来销售,只要符合上面的标准。换句话说,如果你计划上市的膳食补充剂的使用条件是在你最初的通知中评估的使用条件,而 FDA 没有反对这个通知,你可以在不提交另一个通知的情况下销售。

　　然而,如果上面的任何一个条件没有达到,你应该提交另一个 NDI 通知。例如,假设你想推销一种膳食补充剂,它的日摄入量高于你最初的通知所评估的水平。一般来说,随着摄入量的增加,这种物质的风险可能会随着摄入量的增加而增加。一些物质较高的摄入量可能会给消费者带来毒性风险。如果你没有评估更高的每日摄入量的安全信息,你就没有足够的依据来得出一个结论,即在更高的水平上含有 NDI 的膳食补充剂将会被合理地认为是安全的。

　　同样的原则也适用于其他使用条件的变化,例如将 NDI 与膳食补充剂相结合,而不是在最初的 NDI 通知中评估的膳食补充剂。当食物成分组合在一起时,它们就能相互作用。在某些情况下,这些交互会给消费者带来风险。例如,不良反应如低血压、低心率、肠胃不适,在严重的情况下,当一种含有胆碱酯酶抑制剂(如石杉碱甲或加兰他敏)的新膳食成分与另一种含有胆碱能的激动剂(例如:育亨宾树的树皮中提取)相结合引起不规则心跳。为了得出一个结论,一种膳食补充剂结合了 NDI 与一种或更多的 pre‐DSHEA 的膳食成分将会被认为是安全的,有必要考虑添加其他饮食成分是否会影响到 NDI 或由此产生的膳食补充剂的安全性。

　　同样的分析也适用于超出原始通知范围的其他使用条件。如果你最初的通知的信息不足以证明你的新膳食补充剂合理地预期是安全的,那么法定要求"制造商或分销商的膳食成分或膳食补充剂"FDA 提供"……在此基础上,制造商或分销商得出结论,一种含有这种膳食成分的膳食补充剂合理的预期是安全的信息"[21 USC 350b(a)(2)]没有得到满足。你的责任是通过进行安全评估,并在你建议的膳食补充剂的使用条件下,提交一份关于 NDI 安全数据的通知。

　　3. 如果膳食补充剂制造商或分销商在 NDI 销售膳食补充剂之前已经提交了 NDI 的通知,然后我打算销售含有相同 NDI 的膳食补充剂,是否也应该提交 NDI 通知?

　　是的。美国 FD & C Act 413(a)(2)节[21 USC 350b(a)(2)]规定:含有 NDI 的膳食补充剂被认为是掺假的,除非膳食成分或膳食补充剂制造商或分销商在美国上市至少 75 天之前提交一个 NDI 通知。注意,在制造商或经销商未提交 NDI 通知的情况下,法律认为含有 NDI 的膳食补充剂是掺假的,除非制造商或分销商提供这个膳食补充剂(特定的膳食补充剂)不是"一个含 NDI"膳食补充剂(其他膳食补充剂含有 NDI)已经提交了一份通知。因此,如果 NDI 制造商或经销商没有提交一份关于 NDI 使用情况的通知,那么每一个含有 NDI 的补充剂的制造商或经销商必须提交一个 NDI 通知,并提供"对已发表的文章的任何引用,这是制造商或分销商得出的结论,即含有此类膳食成分的膳食补充剂合理地预计是安全的基础"[21 USC 350b(a)(2)]。补充剂生产企业或者经销商可以通过实施自身的安全评估或者依靠另一个实体进行的安全评估来满足安全信息的要求。如之前提交的 NDI 通知(见问题Ⅳ.C.4)。一旦制造商或分销商向 FDA 提交一个补充剂的 NDI 通知,如果其他补充剂的使用条件与公司的原始通知中使用的条件相同(见问题Ⅳ.C.2),公司不需要为含有相同 NDI 的其他补充剂提供进一步的通知。

4. 当我提交一个 NDI 通知时,是否可以采用另一个 NDI 通知或主文件的数据吗?

是的,如果有下列情况之一:

■ 你提交了以前的通知或主文件,

■ 你希望依赖的先前通知(或先前通知的一部分)是公开的,或

■ 提交前一个通知或主文件的人允许你从该通知中获得非公开信息的书面许可。

如果你依赖于另一家公司的 NDI 主文件或其他通知的非公开信息,你应该向 FDA 提供文档(比如来自另一个通知者的签名信),表明你被授权使用该信息,以及该授权的持续时间。如果授权没有扩展到整个主文件或通知,前一个通知的授权应该指定你被授权使用的通知部分。

建立 NDI 的身份所需的制造过程和规范通常是在 NDI 文件中不可用的商业机密。应该注意的是,原始的通知人没有义务与其他制造商和分销商分享任何商业秘密或机密商业信息,这是原始通知者产品安全结论的基础。在 NDI 通知中引用通知或主文件的书面授权不包括查看或复制通知或主文件的权利,除非提交者另行指定。请注意,尽管一家公司可能会授权另一家公司在随后的通知中引用机密的安全信息,随后的通知必须证明,提交公司对安全信息有足够的了解,从而得出结论,NDI 的消费在其通知中所描述的使用条件下,新产品合理地预期是安全的。

5. FDA 是否可以提供一个例子来帮助区分不同的情况,对于含有相同的 NDI 的膳食补充剂,同样的 NDI 通知涵盖了多种膳食补充剂?需要单独的通

知吗?

　　在决定是否提交含有 NDI 的膳食补充剂的通知时,应该考虑两个重要因素:

　　① NDI 在第二种产品中使用的条件是否在之前通知中评估的使用条件中?如果没有,你应该提交一个第二种产品单独的通知,因为安全性评价在原始通知中不包括任何使用第二种膳食补充剂新情况的考虑,因此不能得出在这些条件下使用 NDI 合理的预期是安全的。

　　② 谁是之前的通知者,与打算销售第二种产品的制造商或分销商是什么关系(例如同一家公司、供应商或竞争对手)?

　　参阅问题Ⅳ.C.2 和Ⅳ.C.3,下面的例子更多地说明了这个问题的答案如何影响第二种产品的 NDI 通知是否必要。在下面的每个场景中,假设 FDA 已经确认了第一个 NDI 通知的提交,并没有对该通知做出任何安全或监管方面的关注。

　　场景 1:原料供应商提交一个 NDI - A1 的通知和描述其制造过程的主文件。补充剂制造商 X 打算销售一种含有膳食成分(NDI - B1)的单一成分膳食补充剂,声称该补充剂与 NDI - A1 相同,但由不同的食品配料制造商、原料供应商 B 生产。

　　分析:制造商 X 应该在其单成分膳食补充剂中提交 NDI - B1 的NDI 通知,因为供应商 B 没有提交 NDI - B1 的 NDI 通知(见问题Ⅳ.C.3)。但是,如果制造商 X 可以确定 NDI - B1 与 NDI - A1 和供应商A 的预先通知涵盖了在制造商 X 的单成分膳食补充剂中使用 NDI -A1 的条件,NDI - B1 的 NDI 通知可以简单地包含 NDI - B1 与 NDI -A1 相同的数据,参考供应商 A 的安全评估报告,以及供应商 A 的签字授权,以供制造商 X 使用通知和制造主文件任何非公开的安全数据。另一方面,如果制造商 X 不能确定 NDI - B1 与 NDI - A1 相同,那么 X的通知将必须包含 NDI - B1 特定的安全信息,因为不同的 NDI 需要它自己的安全评估[①]。

　　场景 2:原料供应商 A 提交一个 NDI - A2 的通知。供应商 A 的通知包括膳食补充剂片剂的安全信息,其中含有 NDI - A2 作为配方中唯一的膳食成分,用一些非膳食成分作为黏合剂和填充剂。补充剂生

---

① 见 21 USC 350b(a)(2)。

产商 X 希望在膳食补充剂中使用相同水平的 NDI－A2 作为唯一的膳食成分,但在配方中使用不同的非膳食成分作为黏合剂和填充剂。

分析:制造商 X 不需要提交 NDI 通知,因为制造商 X 的产品和所描述的配方之间的唯一区别是对非膳食成分的改变(例如非活性成分)。然而,制造商 X 应该评估这种变化是否会影响膳食补充剂的安全性,并在产品推广之前为其结论提供依据。

场景 3:原料供应商 A 提交了 NDI－A3 的通知,其中包括单成分膳食补充剂配方的安全信息,该配方中含有高达 500 毫克/天的 NDI。补充剂生产商 X 正在使用 NDI－A3 作为一种单一配料的膳食补充剂,每天的摄入量为 250 毫克,但想要增加 NDI－A3 到 500 毫克/天的摄入量。

分析:由于供应商 A 的初始通知包含了 NDI－A3 的安全信息到 500 mg/天,制造商 X 不需要提交 250 毫克/天或 500 毫克/天配方的通知,假设所有其他使用条件与供应商 A 的通知中评估的情况相同。

场景 4:原料供应商 A 提交 NDI－A4 的通知。供应商 A 的通知包括含有 NDI－A4 的膳食补充剂与维生素 A、维生素 C、钠、钙和铁的安全信息。补充剂生产商 X 打算在推荐剂量和每日摄入量不超过供应商 A 的通知中评估范围的上限的情况下使用 NDI－A4 作为膳食补充剂,制造商 X 的补充剂也会包含一些,但不是所有,包括供应商 A 的通知中所含的维生素和矿物质。所有其他使用条件将与在通知中评估的条件相同。

分析:制造商 X 不需要提交另一个通知,因为供应商 A 的通知涵盖了 NDI－A4 在制造商 X 新产品中使用的所有条件。

场景 5:Q 公司想要销售一种铃兰(拉丁学名 Convallaria majalis L)超临界流体萃取液,这种植物列入 pre－DSHEA 膳食成分清单中。

分析:公司 Q 必须提交 NDI 通知。尽管这种植物出现在一份古老的膳食成分表上,但它在历史上只被用作草药,所以在食物中使用的历史还没有建立起来。此外,超临界流体萃取在 1994 年之前并没有被广泛使用,而且没有证据表明这种提取物在 1994 年之前被作为食品销售。

场景6：公司Q收到了一封没有异议的确认信，是在场景5中描述的对铃兰的NDI通知。现在Q公司想要将这一成分与另一种食物成分结合在一起，这是一种来自夹竹桃（拉丁学名Nerium oleander L）的提取物。公司Y是Q公司的竞争对手，Y公司收到一封回复信，没有任何反对意见。这两个通知都详细讨论了提取物的安全性，并描述了生产过程和对苷类物质的规范。这些通知还包括临床试验或在非啮齿类动物试验中检测心脏风险的结果。

分析：公司Q必须提交一份新通知。两个NDIs的组合本身就是一个NDI。

尽管这些通知包括对提取物安全性的深入讨论，但每一种植物都被认为含有具有强烈心脏毒性活动的糖苷，而且很难预测这种组合的毒性。新的通知应该包括对组合安全性的讨论，这可能是一个深入的讨论，因为这两种成分都影响相同的器官系统。鉴于毒理学终点和潜在毒性的严重程度，我们建议新的通知包括安全测试的结果。然而，在没有任何具体的安全问题的通知中，在没有任何特殊的安全问题的情况下，每一个NDIs都是事先通知FDA的，没有异议的情况下，新通知中讨论组合安全的部分可能是简短的。

6. 我应该向FDA通报膳食补充剂中的微生物成分吗？

是的，如果它是一种没有出现在食品供应中的NDI，作为一种食品的成分，这种食品没有经过化学改变[21 USC 350b(a)(1)]。

然而，并不是所有的细菌微生物都是膳食成分，而不是食物成分的微生物也不能成为NDI。例如，细菌的致病种类，如沙门氏菌或大肠杆菌，都不是食物的食材，尽管它们可能是在食物中不经意出现的污染物。那些从未被食用过的细菌不太可能是膳食成分。

细菌微生物是一种食物成分，如果它是一种膳食成分（一种添加的食物成分），否则属于21 USC 321(ff)(1)中列出的膳食成分类别。例如，用于生产未经烹饪或巴氏灭菌的发酵食品的细菌（例如用于生产奶酪或酸奶的乳酸菌）可以是"人类可以通过增加总膳食摄入量来补充营养物质"，这被定义为FD & C Act 201(ff)(1)(E) [21 USC 321(ff)(1)(E)]中规定的膳食成分。FDA并没有一个单独的监管类别或定义，包括由活的或可存活的微生物组成的饮食成分。

7. 如果我想要推销一种膳食补充剂，它包含了之前没有在市场上销售的几种pre-DSHEA成分，须提交一份NDI通知吗？

不需要。NDI 的通知要求只适用于含有至少一个 NDI 的膳食补充剂。如果膳食补充剂中的每一种成分都在 1994 年 10 月 15 日前在美国市场上销售,那么第一次在同一膳食补充剂中一起销售这些成分并没有产生 NDI 需求或触发 NDI 通知要求。

8. FDA 能否提供视频教学来帮助我决定是否应该提交 NDI 通知?

是的。表 5-1 说明了何时需要 NDI 通知,以及何时应用 NDI 掺假标准。此外,第Ⅷ部分附录:NDI 通知的决策树,这个决策树列出具体步骤可以指导你决定是否提交 NDI 通知。

表 5-1　新膳食成分的定义,NDI 通知的要求,NDI 掺假标准的适用性

	新的膳食成分(NDI)	需要 NDI 通知?	NDI 掺假标准适用吗①?
1994 年 10 月 15 日前在美国销售的一种膳食成分	否	否	否
1994 年 10 月 15 日之前在美国没有销售的一种膳食成分,但作为一种食品的成分出现在食品原料中	是	见(a)或(b)	是
(a)没有化学变化	是	否	是
(b)有化学改变	是	是	是
1994 年 10 月 15 日之前在美国没有销售的一种膳食成分,并没有作为食品的成分出现在食品原料中。	是	是	是

D　提交 NDI 通知前需要考虑的其他问题

1. 什么是膳食成分?

21 USC 321(ff)(1)"膳食补充剂"的定义描述了"膳食成分":

(A) 维生素;

(B) 矿物质;

(C) 一种草药或其他植物;

(D) 一种氨基酸;

(E) 一种膳食物质,供人类通过增加总膳食摄入量来补充营养物质;或

(F) 在(A)、(B)、(C)、(D)或(E)中所述的任何成分的浓缩物、代谢物、组分、提取物或以上任何成分的组合。

2. 在食物供应中发现的污染物可能是一种膳食成分吗?

---

① 在 21 USC 342(f)(1)(B)中提供了 NDI 的掺假标准,一个含有 NDI 的膳食补充剂是掺假的,除非有足够的信息来保证 NDI 不存在重大或不合理的疾病或伤害风险。

不是。虽然食品供应中大多数传统食品成分都是"膳食物质",可根据 FD ＆ C Act 201(1)(E)[21 USC 321(ff)(1)(E)]的规定作为膳食成分,但污染物与其他食物成分不同。食物中的污染物(如沙门氏菌或铅)并不是一种膳食物质,即使它对健康无害(例如已杀灭的沙门氏菌),它也不能作为膳食补充剂产品中的一种膳食成分。一种食物的污染物(如沙门氏菌或铅)并不是一种膳食补充剂,即使它对健康无害,因为污染物不是用来摄食的,也不被认为是食物或食物供应的一部分。污染物是无意中消耗的,并不是"通过增加总膳食摄入量来补充饮食的饮食物质"[21 USC 321(ff)(1)(E)]。

3. 在什么情况下,FDA 认为合成物质是 FD ＆ C Act 下的膳食成分?

一种合成物质是否符合膳食成分,取决于该物质是否符合 FD ＆ C Act 201(ff)(1)所定义的膳食成分的一种类型[21 USC 321(ff)(1)]。在某些情况下,FD ＆ C Act 中对该类别的描述包括合成物质;而在另一些国家则不然。下面讨论了六种膳食成分。

■ 维生素、矿物质和氨基酸[21 USC 321(ff)(1)(A),(B),(D)]

合成维生素、矿物质和氨基酸都是膳食成分,因为维生素、矿物质和氨基酸不论来源,在 FD ＆ C Act 201(ff)(1)(A),201(ff)(1)(B)和 201(ff)(1)(D)中分别被明确指定为膳食成分。合成维生素、矿物质和氨基酸被公认为是膳食成分,因为维生素、矿物质或氨基酸是由它的营养功能(它为人体提供营养的能力)而定义的,不是植物的状态决定的。

■ 中草药或其他植物[21 USC 321(ff)(1)(C)]

根据 FD ＆ C Act 的直接表述,一份草本植物或其他植物的合成不符合 FD ＆ C Act 201(1)(C)规定的膳食成分。正如在术语表中所定义的,草药或植物学只包括植物、藻类、真菌、它们的分泌物(分泌物如树液或树脂),以及它们的身体部分。在实验室或工厂中合成的一种物质从来都不是草药或其他植物的一部分,因此,在 FD ＆ C Act 201(ff)(1)(C)项下[①],并不是一种食物成分。

■ 通过增加总膳食摄入量来补充饮食的饮食物质[21 USC 321(ff)(1)(E)]

为了达到 FD ＆ C Act 201(ff)(1)(E)的规定,我们根据其通常的含义解

① 然而,请注意,如果合成副本在传统食品供应中,它本身被作为一种合法的营销成分,它可能是一种供人使用的膳食物质通过增加总膳食摄入来补充饮食,因此,作为一种膳食成分,在 21 USC 321(ff)(1)(E)(参见下一个文本)中,即使它不是一种草本植物或植物营养成分,在 21.321(ff)(1)(1)(C)中。

释"膳食物质",因为该术语没有在 FD & C Act 或法规中定义。根据韦伯斯特的《新河边大学词典》(1994),"膳食"的意思是"或与饮食有关","饮食"是指"生物体通常的食物和饮料""与人类使用"相结合,我们解释"饮食物质",正如第 201 节(ff)(1)(E)中所使用的,指一种通常被用作人类食物或饮料的物质。剩下的定义,它规定了这种物质的使用是"通过增加总的膳食摄入量来补充饮食的"①,进一步的证据表明,"膳食物质"是指人类日常饮食中所吃的食品和食物成分。一个人不能靠增加"总膳食摄入量",来替代人类饮食的一部分。

由于"膳食物质"类别是根据使用的历史来定义的,因此,如果合成物质已被用作合法销售,那么一种植物成分的合成就可以成为第 201 条(ff)(1)(E)项下的一种膳食成分。例如,如果合成物质被用作常规食物供应的原料,一种植物成分的合成材料将是第 201 条(ff)(1)(E)项下的一种膳食成分。两个常见的例子是香兰素和肉桂酸,它们是植物的组成成分,由于经济原因,通常是作为食物中的调味料合成的。

■ 在第(A)、(B)、(C)、(D)、(E) 中所述的膳食成分的浓缩物、代谢物、组分、提取物或以上任何膳食成分的组合[21 USC 321(ff)(1)(F)]。

"成分"是一种物质,它是一个整体的物理部分,可以从整体上分离出来。一种植物成分的合成复制品从来都不是植物学的一部分。因此,合成拷贝并不是植物的"组成部分",也不符合 FD & C Act 201(ff)(1)(F)[21 USC 321(ff)(1)(F)]膳食成分的规定,即使合成副本在化学性质上与植物的组成成分相同②。

同样的原理,一种由植物的一种或多种成分合成的提取物,它不是 FD & C Act 第 201(F)(1)(F)(F)的植物的"提取物"。因为这些成分从来都不是植物的一部分,因此不能从植物中提取出来。类似地,植物浓缩物的合成复制品并不是植物的浓缩物,因为根据定义,"浓缩物"是一种通过去除液体而减少体积的物品。为了使植物成为一种浓缩物,我们必须首先从植物中提取所需的成分,然后再通过降低溶剂的含量来集中成分(例如,通过煮沸提取液),如果合成材料从来没有将植物用作浓缩物的起始点,最终的产物将是合成材料的浓缩物,而不是植物的浓缩物。

---

① 21 USC 321(ff)(1)(E)（着重强调）。

② 见案例,最后规则声明含有麻黄素生物碱的膳食补充剂,因为它们存在不合理的风险, 69 FR 6788, 6793 (Feb. 11, 2004)。

十多年来,FDA 一直在解释 FD & C Act 第 201(ff)(1)(F)部分,不包括植物成分的合成复制品、提取物或浓缩液①。在某些情况下,这种物质可能符合 201(ff)(1)中另一项规定的膳食成分。例如,食物供应中有一些合成的物质,它们是根据 201(ff)(1)(E)下的膳食成分,因为它们是"人类通过增加总膳食摄入量来补充膳食的膳食物质"(参见前面的讨论)。植物成分的合成复制品(如用木质素合成的香兰素),或由植物成分的合成物制成的提取物(如:人工合成香草精),根据第 201 条(ff)(1)(E)的规定,作为一种食品配料有资格作为一种膳食成分。

最后规则:含有麻黄素的膳食补充剂,见网址②;天然产品内幕,消费者团体要求 FDA 没收合成麻黄素的补充剂(Feb. 1,2002)。

公民请愿书(2004P - 0169)DSHEA 联合保护 from Coalition to Preserve DSHEA (Apr. 8,2004),诉讼事件表号 2004P - 0169(要求 FDA 重新考虑植物的膳食成分类别不包括合成物)网址:http://www. fda. gov/ohrms/dockets/dailys/04/apr04/040804/04p - 0169 - cp00001 - vol1. pdf;Letter from Michael M。FDA 食品安全和应用营养中心代理主任 Landa 应对公民 Marc Ullman,Ullman,Shapiro & Ullman,LLP 请愿书 FDA - 2009 - P - 0298 关于 OVOS 自然健康公司(Feb. 23,2011)网址:https://www. regulations. gov/document? D=FDA - 2009 - P - 0298 - 0008。

从另一种膳食成分合成的代谢产物是 201(ff)(1)(F)下的一种膳食成分,可以作为膳食补充剂中的一种膳食成分。虽然代谢产物③的定义需要人摄入食物的成分来增加人体代谢产物的量,但它并不需要在人体制造食物成分的过程中进行新陈代谢。一种代谢产物可能是合成的,只要起始物质是一种膳食成分,而生产过程模仿摄入后体内的代谢过程。

4. 食物接触物和其他间接食品添加剂是膳食成分吗? 次生(secondary dircet)食品添加剂呢?

这些物质通常不符合膳食成分的标准,因为它们被用作食品添加剂。尽管

---

① 这种解释可以追溯到至少 2001 年,从那时起,膳食补充剂行业就已经意识到了这一点,见 FDA 监管事务副主任 Dennis E. Baker 给 FDA 禁药取缔机构(DEA)药物转移管制局副助理署长 Laura M. Nagel 的信(June 21,2001)。网址:http://odspracticum. od. nih. gov/2011/readinglists/dea_ephedrine_letter. pdf。

② http://www. naturalproductsinsider. com/news/2002/02/consumer-group-asks-fda-to-seize-synthetic-ephedri. aspx。

③ 见 Ⅶ部分,"代谢物"。

食物的接触物质①和其他间接食物②可能会出现在食品供应中,因为它们从包装或其他接触食物的物品中迁移到某些食品中,它们在这些食品中的存在只是偶然的。在生产过程或存储中物质迁移到食品并不是一个"营养物质供人类使用补充饮食增加总膳食摄入量"[21 USC 321(ff)(1)(E)],因为它不像一个膳食成分被消耗,而仅仅是作为接触食品的副产品。然而,如果这种物质属于另一种膳食成分,在 FD & C Act 201(ff)(1)中列出,它可以是一种膳食成分。

出于类似的原因,次生食品添加剂一般不符合食品生产中使用的膳食成分。在食品制造过程中添加的食品添加剂以达到技术效果(例如控制微生物的生长),但它们在成品食品中没有技术作用。一般来说,次生食品添加剂被用作加工助剂,而且通常它们也符合食品接触物质的定义③。虽然它们可能在加工后仍留在食物中,如果有的话它们通常只在痕量水平。与间接添加剂一样,次生食品添加剂并不是作为饮食的组成部分被食用,因此,它们不是"人类用来补充饮食的膳食物质,增加了总的饮食摄入量。"然而,与间接添加剂一样,如果它属于FD & C Act 201(ff)(1)所列的其他膳食成分,则间接食品添加剂可能是一种膳食成分。

5. 如果我改变一种膳食成分的化学结构,那么新的物质还是膳食成分吗?

视情况而定。改变膳食成分的化学结构(如:新立体异构体的产生,以及新化学组在酯化过程中的添加),创造出一种新的物质,与最初的食物成分不同。这种新物质不被认为是一种膳食成分,仅仅因为它是从一种膳食成分改变成一种物质,因此,它在某种程度上与膳食成分有关。

然而,在某些情况下,这种新物质可能符合 FD & C Act 第 201(ff)(1)所列的膳食成分类别之一。例如,牛磺酸是半胱氨酸代谢的最终产物。因此,它是氨基酸的代谢物,符合一种膳食成分的定义[见 21 USC 321(ff)(1)(D),(F)]。

---

① 食品接触物质是一种用于制造、填充、包装、运输或储存食品的材料,如果这种用法不打算在食物中产生任何技术效果 21 USC 348(h)(6)。

② 间接食品添加剂作为包装、保存或加工的一部分,与食品接触,但它们不是直接添加到食品中成为食品中的一种成分,或对食品产生技术影响。在 1997 年的 FDA 现代化法案之前,间接食品添加剂得到了法规的批准。现在,额外的间接食品添加剂通过食品接触物质申报程序获得批准。此外,间接食品添加剂可通过 21 CFR 170.39 的规定豁免程序获得批准。参见 FDA 食品成分和包装条款。网址:http://www.fda.gov/Food/IngredientsPackagingLabeling/Definitions/default.htm(accessedApril 22, 2015)。

③ 见 FDA 食品配料和包装条款,网址:http://www.fda.gov/Food/IngredientsPackagingLabeling/Definitions/default.htm(accessedApril 22, 2015)。

通过酶法或合成处理半胱氨酸或其他任何膳食成分的将是一种合适的方法,用于制造一种像牛磺酸这样的膳食成分的代谢物,以供膳食补充剂使用。参见问题Ⅳ.B.4和Ⅳ.B.5关于化学变化的讨论。

6. 以何种形式可以出售含有 NDI 的膳食补充剂?

FD & C Act 特别规定了在片剂、胶囊、粉末、软胶囊、凝胶剂或液体形式的膳食补充剂[21 USC 321(ff)(2)(A)(i),350(c)(1)(B)(i)]。此外,该法令允许其他形式的膳食补充剂,只要该产品是用于摄入,并不代表传统食品,也不代表作为一餐或饮食的唯一食物[21 USC 321(ff)(2),350(c)(1)(B)(ii)]。

7. 当 FDA 审查 NDI 的通知时,机构是否考虑过 FD & C Act 301(ll)的禁令是否适用于膳食补充剂中的 NDI?

没有。FD & C Act 301(ll)节[21 USC 331(ll)]禁止在任何食物的州际贸易中引入或交付含有一种按 21 USC 355 批准的药物,经 42 USC 262 项下许可的生物产品,或一种药物或生物制品已经进行了大量的临床调查并且公开,除非适用 301(ll)(1)~(4)节的豁免。在审查 NDI 通知时,FDA 目前的做法是不考虑 301(ll)或其豁免条款是否适用于 NDI。因此,对于 NDI 通知的"无异议"不应被解释为一种声明,即含有 NDI 的膳食补充剂,如果引入或交付给州际贸易,将不会违反 FD & C Act 的第 301 条(ll)。

8. 一种未被作为食品或膳食补充剂销售的成分,但是已经被批准为一种新药或者获得生物制品的许可,可以作为 NDI 在膳食补充剂中使用吗?

不可以,除非 FDA 发布规定,在通知和评论后发现这种成分,当被用作膳食补充剂时,在 FD & C Act 下是合法的。根据 21 CFR 10.30 下的公民请愿书,可以要求对这种类型的规则进行规定,但迄今为止还没有颁发。一种被批准为一种新药或许可作为生物制剂的成分,不能作为膳食补充剂的一种膳食成分,除非在获得批准或许可之前,这种成分已被作为一种膳食补充剂或一种食品来销售。

9. 如果作为一种药物在临床试验,但在美国没有得到批准,可以在膳食补充剂中使用这种成分吗?

这取决于在一项新的药物应用(IND)的临床试验中,该成分是否被授权进行临床试验,生效日期是否在首次作为食品或膳食补充剂销售的日期之前或之后,临床试验是否"实质性的临床调查",是否公开它们的存在。一般规则是,作为一种新药,或者作为一种生物制剂,在被推销为一种食品或作为一种膳食补充剂之前,如果已经开始对该成分进行大量的临床调查,并且这种调查已经公开,被授权的成分不能作为一种膳食补充剂来销售。

FDA 可以通过规定来设定一个例外,但前提是该机构发现在膳食补充剂中使用的这篇文章是合法的。到目前为止,还没有颁布这样的规定。要求这样一项规定的适当机制是,在 21 CFR 10.30 之下提交公民请愿书。

10. 如何确定一种膳食成分是被批准或被授权作为一种新药进行研究的成分呢?

产品的全部或部分,在 FD & C Act 201(ff)(3)(B) [21 USC 321(ff)(3)(B)]①范畴内,如活性成分,可以是"被批准为新药的物品"或者"被授权作为新药进行调查的物品"。例如,假设物质 A 是植物的组成部分,从来没有作为食品或膳食补充剂来销售,它是 FD & C Act 201(ff)(1)(C)项下的植物营养成分。制药公司正在研究物质 A 的一种盐,"物质 A 盐酸盐,"作为一个试验性新药。在这种情况下,关于物质 A 是否可用于膳食补充剂而不是物质 A 盐酸盐,而是物质 A 本身,因为物质 A 是正在研究其可能的治疗作用的活性部分②,任何含有 A 物质的化合物都被排除在膳食补充剂外③。

11. 如果 IND 被撤销或成分不再作为新药进行研究,那么可以将过去被批准作为新药研究的膳食成分用作膳食补充剂中的 NDI 吗?

这取决于具体的实际情况(见上文的问题Ⅳ.D.9),但撤回 IND 和停止临床试验和成分的引用与是否可以在膳食补充剂使用中没有影响。膳食补充剂类别里不包括授权作为一种新的药物或生物制剂已经进行了大量的实质性临床研究而且研究成果已经公开发表,之前并没有作为膳食补充剂或食品授权销售,除非 FDA 颁布了一项规定,因为根据 FD & C Act[21 USC 321(ff)(3)(B)(ii)]是合法的。"授权调查"指的是这种成分的 IND 已经生效(见 21 CFR 312.40)。

12. 这种膳食成分被批准为药物、获得生物制剂许可或者授权 IND 研究之前已经作为食品或膳食补充剂上市,是否可以生产和销售含有这种膳食成分的膳食补充剂?

是的,在这种情况下,膳食成分可以在膳食补充剂中使用。在考虑一种物质

---

① *Pharmanex v. Shalala*, 221 F.3d 1151, 1154 - 1160 (10th Cir. 2000).

② 21 CFR 316.3(b)(2),"活性部分 active moiety"意思是"分子或离子,不包括那些使药物成为酯的分子的附加部分,盐(含氢盐或配合键的盐),或分子的其他非共价衍生物(如复杂,螯合物,或合物),负责药物的生理或药理作用的物质"。见 21 CFR 314.108(a)。

③ FDA 代理事务副专员 Michael A. Chappell 给 Kathleen M. Sanzo, Morgan, Lewis & Bockius LLP 等公民请愿书(2005P - 0259)的回复信,来自 Biostratum, Inc 诉讼事件表号 FDA - 2005 - P - 0259 [文档编号:FDA - 2005 - P - 0259 - 0004]。

是否被"作为膳食补充剂或食品销售"时,FDA会寻找下列证据之一:

(1)证据表明,这种物质本身在美国出售或作为一种膳食补充剂销售,用于膳食补充剂的膳食成分或传统食品。例如,目录中列出了一种被认定为"物质A补充剂"的产品,将确认物质A作为一种膳食补充剂的市场营销。类似地,商业记录记载,作为一种传统食品的原料,该物质被出售或提供给批发或零售,将确认这种物质作为食品有市场销售。

(2)证据表明,这种物质作为食品或膳食补充剂的成分在美国出售,食品或膳食补充剂的制造商或分销商将含有这种物质的产品进行营销①,例如,对该物质提出声称,或强调其在产品中的存在。例如,在 *Pharmanex v. Shalala* 诉案中某公司销售洛伐他汀,红曲米产品的的一种成分,通过声称洛伐他汀含量促销红曲胶囊②,不过,仅表明该物质作为市售食品中的一种成分存在并不足以证明该物质是"上市"的。

Ⅴ NDI通知程序和时间框架

A. 提交NDI通知的程序

1. 谁需要提交NDI通知?

任何含有NDI的膳食补充剂的制造商或经销商,或NDI的制造商或分销商,必须至少在美国上市这种成分75天之前通知FDA,除非NDI在食品供应中出现,作为一种食品以未经过化学处理的形式出现的一种食品[21 USC 350b(a);21 CFR 190.6(a)]。尽管FDA审查来自制造商和分销商的NDIs的通知,来自原料制造商的通知不免除膳食补充剂制造商或分销商NDI通知的要求,除非NDI的预先通知,否则NDI将被使用:(1)包括对膳食补充剂的描述和21 CFR 190.6(b)所要求的信息;(2)提供了使用的历史或其他安全证据,在此基础上,通知人得出结论,膳食补充剂在标签的条件下使用,合理的预期是安全的。参见问题Ⅳ.C.1和Ⅳ.C.5的更多信息。

2. 在NDI通知中应该包含什么内容以及应该如何呈现?

NDI通知所需的元素在21 CFR 190.6(b)中列出。FDA对附加信息的建议包括在下面的模板中。

企业应该组织好NDI通知申报,以促进FDA的及时审查。我们建议按每

---

① 见 *Pharmanex v. Shalala*, 2001 WL 741419, at* 4 & n.5 (D. Utah March 30, 2001).

② *Id.* at* 3.

节开展申报,在申报中连续分页。每个主题区域都应该从一个新的页面开始,以方便评审人员审查通知。页码应该出现在每个页面的相同位置。

推荐 NDI 申报的建议模板

Ⅰ 封面

消费者安全官员

膳食补充剂计划办公室(HFS－810)

食品安全及应用营养中心

食品药品监督管理局

卫生及公众服务部

5001 Campus Drive

College Park, MD 20740

亲爱的先生或女士:

以下签名,_____(制造商或分销商指定的主要联系人的姓名),根据《联邦食品、药品和化妆品法》第 413(a)(2) 条提交该 NDI 通知,关于_____(含有 NDI 膳食补充剂的名称),其中包含以下新的膳食成分:_____。

[对于草药植物和其他植物类,名称必须包括拉丁双名命名法,包括作者引用 21 CFR 190.6(b)(2)]

附加信息必要独特特征的新膳食成分:_____

● 如果 NDI 是一种植物,或者是来源于植物,那么该通知应该指定植物的一部分,这是新的食物成分的采源(例如叶、树皮、根)。

● 有足够的信息来描述 NDI,它是一个单独的分子实体可以包括公共的或分子实体的一般名称、化学名称,化学结构式应关注 *ChemIDPlus Advanced*,生物活性或国际应用化学联合会(IUPAC)和化学文摘服务(CAS)等注册号码(如果适用)。

● NDIs 由多个分子组成,应以一种准确传达成分的基本性质及其特征成分或组成成分的方式来描述。

例子:

○ 细菌应该用拉丁文的双名命名法和株系名称来描述。

○ 应识别不同寻常的植物种类(如:不成熟的苹果或大麦)。

○ 如果植物生长或培养,过程加入一个不寻常的成分(如:硒酵母),这个事实应该公开。

● 如果此 NDI 的内容是由你或制造商或分销商提交的之前 NDI 通知的内容,你可以从中获得 NDI,请包括摘要报告编号,你可以在 FDA 的信函中找到该报告的反馈。

(由制造商或经销商指定的联系人签名)[此签名需要符合 21 CFR 190.6 (b)(5)的要求,应是主要联系人,在与 FDA 的任何讨论中代表通知者,并在通知或随后的通信中指定任何其他联系人]

主要联系人:

(打印的姓名、职务、地址、电话号码,如适用还需提供主要联系人的电子邮件地址和传真号码)

其他联系人:

(打印的姓名、职务、地址、电话号码,如适用还需提供每名联系人的电子邮件地址及传真号码)

联系人可以是代理人、雇员、警察、顾问或律师。

Ⅱ 目录

内容表应该包含申报中按照它们出现的顺序排列的列表,以及每个部分的起始页号。通知的每个部分都应该从一个新的页面开始。

Ⅲ 申报的正文

A. 必须项

1. NDI 的描述,含有 NDI 的膳食补充剂以及膳食补充剂使用的条件(见问题Ⅴ:A.3,Ⅴ.A.4 和Ⅵ.A.19)。

2. 识别被认为是交易秘密或商业机密的信息,包括确定信息的依据(见问题Ⅴ.A.16)。

3. 膳食补充剂安全叙述(见Ⅵ.C.3)。

B. 用于明确属性的附件

只提供确认你的 NDI 和膳食补充剂的信息。不要提供功效数据,除非它包含在提供身份信息的参考资料中。

1. 详细描述新的膳食成分和膳食补充剂的属性。

2. 生产方法和确认属性及安全依据。

3. 建立识别膳食成分、其他成分和污染物的规范,包括用于每一种的分析方法。

4. 属性参考文献。

本小节应包括所有已出版和未出版的属性参考资料的复印或影印本,这些资料尚未包括在属性部分的其他部分。

C. 安全和毒理学附件

只提供构成你结论的基础信息,你的结论是,含有新膳食成分的膳食补充剂合理地预期是安全的。不要提供疗效数据,除非它包含在提供的安全信息研究中。

1. NDI 综合安全概况 (请参见Ⅵ. C. 2)。

2. 毒理学研究。

3. 人类研究。

4. 其他的研究。

5. 使用的历史。

6. 安全的其他证据。

7. 其他安全和毒物学参考。

本款应包括所有已出版和未出版的安全及毒理学参考资料的全部文本的再版或影印本,这些资料尚未包括在安全与毒理学部分的其他章节。

Ⅳ. 全部文献的引用列表

3. 通知中如何描述 NDI?

你的通知应:(1) 依据 FD & C Act 201(ff)(1) 详细说明膳食成分类别,并解释得出结论的依据;

(2) 描述生产 NDI 的制造过程,包括过程控制;

(3) 描述 NDI 的物理性质、化学或分子组成及结构;

(4) 包括描述 NDI 关键身份和安全属性的规格表(最好是表格式),包括 NDI 的纯度和强度,以及任何杂质和污染物的水平和特性。

有关进一步的信息,请参见Ⅵ. A 节。

4. 通知应如何描述描述膳食补充剂使用的 NDI?

该通知应包含 NDI 被用于膳食补充剂的描述,其中包括:(1) 膳食补充剂中 NDI 的水平;(2) 膳食补充剂中其他膳食成分及非膳食成分的属性及水平(如:黏合剂和填充物);(3) 膳食补充剂生产过程的描述,包括过程控制;(4) 膳食补充剂规格说明书描述了它的关键安全属性;(5) 在膳食补充剂标签中推荐或建议使用的条件,如果无推荐或建议使用的条件,建议在膳食补充剂的标签上加上一般使用情况的讨论,食用条件应包括剂型(如:片剂、胶囊、粉末等),规格(如:每份的重量或体积),食用频率(例如:每天的份数和间隔时间),使用期限,用量说明,目标人群,排除在外的人群(如果有的话),以及对使用的其他限制。

为了达到 FDA 审查的目的，所有年龄组和其他人群的日常食用份量和数量将被认为是最高的含量和数量，除非通知另有规定。

5. NDI 通知中不应该有哪些信息？

该通知只应包含数据或信息，如安全叙事或综合安全档案中所述，有助于为NDI 的安全性或包含 NDI 的膳食补充剂提供依据。它不应包含一般或无关的信息。例如，主要用于证实成分或补充剂功效的数据或信息是没有用的，除非它包含与安全有关的信息。此外，在市场营销后 30 天内通知 FDA 的要求，在 FD & C Act 第 403(r)(6) 条所述的标签声明中，不能通过在预先市场的 NDI 通知中提交所需的信息来满足①。NDI 申报不应包括已发表的关于其他产品的评论文章，或推广其他产品的出版物和网站，除非文章或网站上的信息可以明确地链接到申报的 NDI 或膳食补充剂。

6. 我需要解释通知中提供的基础信息如何得出结论：将合理地预期使用含这种 NDI 的膳食补充剂是安全的？

是的。NDI 通知中膳食补充剂安全叙事应包括对使用历史和通知中提到的其他安全证据的客观评价，连同解释得出含有新膳食成分的膳食补充剂安全结论的证据，按通知中所描述的条件下使用合理预期是安全的。参见问题 Ⅵ. C.3 得到进一步的信息。

7. FDA 接受 NDI 电子版的申报材料吗？

是的，你可以提交一个 NDI 申报通过 FDA 网站：https://www.access. fda.gov。你还可以选择继续提交纸质的 NDI 申报提供我们审阅。

8. 何时提交 NDI 申报？

如果你是一个含有需要申报 NDI 的膳食补充剂的制造商或分销商（NDI 尚未作为膳食成分出现在食物供应中，而食品化学成分没有发生改变），至少在膳食补充剂上市前 75 天，你必须提交 NDI 通知[21 USC 350b(a)；21 CFR 190.6 (a)]，如果你是 NDI 的制造商或分销商，你必须在将 NDI 引入州际贸易或将其引入州际商务之前至少 75 天提交你的 NDI 通知[21 USC 350b(a)；21 CFR 190.6(a)]。

9. 提交的 NDI 通知材料需要几份？

你应该提交一份原件和一份 NDI 通知副本。如果 NDI 通知是一份文件提

---

① 管理通知中标签的规则是 21 CFR 101.93。请参阅 21 USC 343(r)(6) 关于在何处以及如何提交膳食补充剂标签声明的说明，审查 NDI 通知的工作人员没有对标签声明的要求进行审查。

交,原件应该是纸质文件。在副本中,FDA 接受纸质文件或原始扫描件保存在光盘上的 PDF 格式清晰副本。

10. NDI 申报应该提交哪里?

提交你的 NDI 申报到:消费者安全主任,膳食补充剂项目办公室(HFS-810),食品安全及应用营养中心,食品药品监督管理局,5001 Campus Drive, College Park,MD 20740。你也可以用电子邮件提交一个 NDI:https://www. access. fda. gov 网站。

11. 申报中引用的文献和其他科学信息应如何列出?

通知中所引用的出版物和其他科学文献应在通知的最后一节中列出(见问题 V. A. 2 的建议通知格式)。参考文献部分应该包括引用编号或短描述符,用于引用通知正文中的每个研究成果或文献。参考书目应该包括未出版的作品和出版物。

12. 未发表的科学工作内容应如何描述?

在一份未发表的研究报告中,对数据和方法的描述越完整,FDA 的评审人员就越容易评估数据是否支持安全使用含有 NDI 的膳食补充剂。抽象或粗略的数据摘要(例如:"对 5 只老鼠进行的为期 90 天的研究没有显示任何毒性")没有提供足够的细节作为安全判断的基础。

13. 是否必须提供通知中引用文献的副本给 FDA?

是的,必须提供所有支持通知出版信息参考资料的复印件或影印副本[21 CFR 190.6(b)(4)]。你不应该只递交任何出版物或其他材料的摘要或引用书目,而是应该提交一份完整文本的影印副本或复印件。不能只提交论文摘要,这是学术或科学著作的唯一发表的报告。由于摘要缺乏足够的信息来判断研究中得出的科学结论的可靠性,一般不需要经过严格的审查和编辑来评价其他出版物,它们不能提供在评估 NDI 安全性时有用的数据。

14. 可以使用除英语以外的其他语言发表的材料来支持 NDI 的安全使用吗?

是的,用外语写成的材料可以作为结论的一部分,以保证 NDI 在膳食补充剂的使用条件下合理的预期是安全的;然而,材料必须有准确完整的英文翻译[21 CFR 190.6(b)(4)]。

15. 是否应该提供原始数据?

应该提供的细节级别(原始数据与摘要)取决于安全数据的重要性,以及数据是否涉及表明安全问题。数据对整体评估的重要性越高,需要的细节就越多。数据汇总(例如,包含平均值和范围的表或安全研究中测量的每个参数的标准偏差或光谱或色谱的峰值)通常是足够的,除非数据表明一些值超出了可接受的范围,在这种情况下,应提供原始数据。在审查过程中,FDA 可能要求提交原始数据或其他附加信息。如果附加信息是实质性的修改,FDA 将重新设定申请日期,并开始新的 75 天审查期[参见 21 CFR 190.6(d)]。

16. 我应该如何识别我认为是商业秘密或机密商业的信息?

如 21USC 350b(a)(2)和 21 CFR 190.6(e),在通知提交日期后第 90 天之后,除了是商业秘密或机密商业信息(CCI)以外,通知中的所有信息将被公开显示。我们建议你在通知中清楚地识别出你认为是商业机密的信息,或者通过在通知中标记信息,或者在一个单独的文档中识别该信息,并在通知中说明此观念的证据。同样地,如果你认为通知中没有包含商业机密或机密商业信息,我们要求你在通知中声明这一点。

商业秘密信息可能包含用于制造、准备、复合或加工贸易商品的任何有商业价值的计划、配方、工艺或设备,可以说是创新或大量努力的最终产品[21 CFR 20.61(a)]。商业秘密与生产过程必须有直接的关系;例如,与制造过程有关的信息[见 21 CFR 20.61(a)]。商业秘密信息的示例可能包括制造方法和产品组成(如果与标签上声明的不同),保护专有组合信息(包括用于评估产品的专有分析方法)所需的产品规格和分析证书。

机密商业信息(CCI)涵盖与企业或贸易相关的信息,属于"机密"[21 CFR 20.61(b)]。对于 FDA 要求提交的信息(例如 NDI 通知),如果信息披露可能对提交者的竞争地位造成重大损害,则该信息是"机密的"[1]机密商业信息的示例可能包括销售统计、交易量、收入和收入的来源(例如,公司的客户名单)、利润或损失、支出(任何人、公司、合伙企业、公司或协会)、供应商或分包商名称或设备的品牌。

FDA 认为,在通知中所包含的下列数据和信息一般不属于商业秘密或机密商业信息,因此,在收到 FDA 通知后的第 90 天之后,就可以公开披露。

(1) 有关 NDI 或膳食补充剂的使用史或其他安全信息的信息,包括已发表的和未发表的研究。

(2) 关于通知的口头讨论的所有信函和书面摘要,除 21 CFR 20.61 之外免除披露的具体信息外。

17. 我应该提供哪些签名和联系方式?

由通知人指定的人的签名是 21 CFR 190.6(b)(5)所要求的。这个人应该

---

[1]　国家公园与自然保护协会,*Morton*,498 F.2d 765(华盛顿特区巡回法院,1974)。

是主要联系人,他代表通知人与 FDA 进行任何讨论,并在通知或随后的通信中指定任何其他联系人。签名或打印的姓名、职务、地址、电话号码以及主要联系人的电子邮件地址和传真号码应在通知附件的末尾列出(见建议的通知格式 V.A.2),以便 FDA 可以在必要时与他或她联系。签名或打印的姓名、职务、地址、电话号码以及(如果有的话)通知的其他联系人的电子邮件地址和传真号码应列在主要联系人的联系信息之后。联系人可以是通知人的代理人、雇员、官员、顾问或律师。

B. NDI 通知提交后会发生什么?

1. 如何认定 NDI 通知提交日期?

FDA 收到完整通知的日期是提交日期。完整的通知是包含 21CFR 190.6 所需要的所有信息的通知。备案日期是在为期 75 天的预审期内,在此期间,含有 NDI 的膳食补充剂的制造商或经销商不得销售膳食补充剂[21 USC 350b(a)(2);21 CFR 190.6(c)]。如果通知不符合 21 CFR 190.6 的要求,FDA 膳食补充剂办公室的一名成员将与通知人联系,以确定通知人提供缺失信息需要多长时间。如果通知人可以在 14 天内提供信息,FDA 将在收到缺失的信息后提交通知。如果通知人不能在 14 天内提供缺失的信息,FDA 将会认为通知不完整,并会邮寄一封信给通知者。根据要求,新膳食成分评审小组的成员将为如何准备一个符合 21 CFR 190.6 要求的通知提供建议。

2. 导致通知不完整的遗漏的例子是什么?

不完整的通知不符合 FD & C Act 第 413(a)(2)条[21USC 350b(a)(2)]中的通知要求;因此,如果含有 NDI 的膳食补充剂销售,则根据 FD & C Act[21 USC 342(f)]第 402(f)节被视为掺假,除非在膳食补充剂引进或交付进入州际贸易至少 75 天前,通知人修改并补足了缺失信息[21 USC 350b(a)]。FDA 不会在不完整的 NDI 通知中评估安全性或身份信息。

以下是一些遗漏的例子,它们使通知不完整:
- 非英语翻译或不准确翻译的非英语材料。
- 没有提供完整版本的出版物的引文。
- 没有签署的通知,或不准确的联系信息,不允许 FDA 与通知人建立联系。
- 提交与原件不同的通知副本

3. 我何时能从 FDA 得到哪些类型的回复?

FDA 在你提交的通知后 75 天内,你可能会收到一封确认收到通知的信件,并说明通知提交的日期。FDA 通常发送的回复信件类型的例子包括:

● 无异议的确认函；

● 根据"21 CFR 190.6"提交的通知不完整的信函列表；

● 根据通知中的信息或查明使用历史或其他安全证据的差距，提出安全质疑的异议信件；

● 提交与 NDI 或膳食补充剂相关的其他监管问题的信函［例如，根据 21 USC 321(ff)(1)，NDI 不是膳食成分，否则该产品不在 21 USC 321 的"膳食补充剂"定义之下 (ff)(2)，因为它不是用来摄入的］。

该信件可能包含有关我们对你的通知的审查信息，如果你的通知不完整或提出安全或身份问题，可能会要求你提交其他信息。该信还包含一个报告编号，用于标识 FDA 档案中的通知。如果你在通知中向 FDA 提供电子邮件地址，FDA 将在回信函邮寄的那一天将答复信发送到该电子邮件。

Ⅵ　NDI 通知中包含哪些内容？

A. 有关 NDI 和膳食补充剂的鉴别问题

1. 关于 NDI 属性和含有 NDI 膳食补充剂的材料要达到什么要求？

在 NDI 通知中包括身份信息的目的是确定 NDI 是什么，包括依据 FD & C Act［21 USC 321(ff)(1)］第 201(ff)(1)确定的膳食成分类别，识别膳食补充剂的其他成分和组成成分，并为 FDA 提供依据来评估你的通知中使用的 NDI 与其他成分物质使用历史或其他安全性证据的定性和定量关系（见问题Ⅵ.A.5 和Ⅵ.C.2）。没有完整和准确的身份信息，FDA 不能评估是否有使用历史或其他证据证明，在你提出的使用条件下，含有 NDI 的膳食补充剂合理地预期是安全的。

2. NDI 通知中应该包含哪些类型的身份信息？

我们建议你在 NDI 通知的身份部分包括以下内容：

● 在申请封面（见问题Ⅴ.A.2）中给出的 NDI 名称，其商品名称（如果不同）以及 NDI 已知的任何其他名称；

● 对 NDI 的物理性质的描述，NDI 的化学或分子组成或结构的描述，或两者；

● 适用于批次间变化的控制和/或可接受范围；

● 可能在 NDI 或膳食补充剂中的任何杂质和污染物的身份和水平；

● 其他关于饮食成分的信息，正如所推荐的Ⅵ.A.6（维生素、矿物质、氨基酸、组分、代谢物和其他分散的化学物质)，Ⅵ.A.7(盐)，Ⅵ.A.8(酶)，Ⅵ.A.9(膳食成分的共价改性衍生物)，Ⅵ.A.11(混合物)，Ⅵ.A.12和Ⅵ.A.13(植物药)，Ⅵ.A.15(提取物和浓缩物)，Ⅵ.A.16(使用发酵生产的成分)和Ⅵ.A.17(活微生物饮食成分)；

● 对其他膳食成分以及膳食补充剂产品中的其他成分的描述。

FDA建议你建立NDI以及与建立膳食补充剂安全性基础相关的NDI和膳食补充剂的组成成分的鉴别标准。你的通知应以表格形式提供身份规格的详细说明，如问题Ⅵ.A.5中的建议。

此外，对于制造的NDI，你应该描述制造过程，并提供与安全和身份相关的制造过程方面的详细信息，如下文Ⅵ.A.3中的建议。

3. 关于生产过程的描述要详尽到什么程度？

描述应具有足够的细节，使FDA能够了解用于生产NDI和膳食补充剂的整体过程。你应该确定你认识的过程中与膳食补充剂安全性相关的任何要点。制造的详细描述可以限于与安全和身份相关的那些部分，如果可以确定。例如，你可以建立一个规范来限制霉菌的污染用于制造NDI的成分(如玉米中的黄曲霉毒素)。你还可以使用关键提取步骤的温度的规范来防止在中间体或最终产品的分析中形成有毒副产物和/或该副产物。你可以描述整个过程和所有质量标准，或仅选择与为你的NDI的安全性提供依据的身份和安全信息相关的规范。

4. 什么是规范？

规范是由产品的生产商或者经销商针对某一原料(比如一种NDI或者一种膳食补充剂)制定的一套标准。规范应当包括产品作为一个整体的标准，也包括各个组成成分的标准。出于NDI通知的目的，规范应包括关键的安全属性，并且可以省略与安全性或身份无关的属性。规范应提供测试列表，每个测试的验收标准以及用于支持验收标准的分析方法。验收标准是所述测试的数值限制、范围或其他标准。它们用于确定是否接受或拒绝正在分析的成分或产品。接受标准应该是具体的，而不是模糊的。

分析方法的描述应该包括一组详细的说明，这些说明必须精确地按照既定的目的被接受。指南应涵盖从准备测试样本到报告分析结果的所有步骤。该方法的描述应该是完整的，无论是专有的还是作为出版物包含。该方法的详细信息，如色谱柱的描述，溶剂洗脱条件以及任何参考标准品的来源和真实性，都是了解如何使用方法来鉴定分析物的重要内容。

模糊的接受标准很少有用。例如，除非每个峰值匹配(高度和位置)，或者描述哪个峰或峰匹配以及它们如何匹配（例如描述），否则说明色谱图或光谱与"参考样品"匹配是不充分的峰值保留时间和峰值高度或曲线下面积可接受的变化。使用"许多成分混合物的复谱或指纹分析"不需要了解所有或甚至任何一个峰的同一性，但是需要在整个光谱或色谱图上匹配足够数量的峰，以确保测试结果的有效性。已知具有毒性的组分可以通过单一验收标准（例如，"小于"）来鉴定，但是其他组分的接受标准应当被表示为范围。还应记录分析标准的来源和真实性。

5. 通知中工艺流程和成分的规范应包括哪些内容？

膳食补充剂的制造商和分销商必须制定其产品组分的鉴别规范［见 21 CFR 111.70(b)］。所需类型的组分规范包括：

● 每个组件的身份鉴别规范；

● 组成成分鉴别规范，以确保满足使用这些组件制造的膳食补充剂的纯度、强度和组成符合规范；

● 限制可能掺假或可能导致成品掺假的污染物类型。

你的通知应列出并解释与 NDI 的身份相关的鉴别规范以及含有 NDI 的膳食补充剂的安全消费的作用，包括你是如何根据规范中每个测试的结果来达到验收或拒绝标准的。这可能包括用于制造 NDI 的起始原料，制造过程中的工艺控制和/或 NDI 或膳食补充剂的/或中间体或最终产品规格的规范。为便于参考，我们建议以表格的形式列出规范（见表 5-2 中的示例）。你应该描述现有的控制措施，是如何保持 NDI 在产品保质期内的含量、组成和纯度的。

如果你依赖于你的 NDI 以外的材料的使用历史或其他材料的其他安全证据，你应该根据你的 NDI 的制造方法和规格说明来解释你的 NDI 与用于展示安全性的材料之间的定性和定量关系。例如，如果你的 NDI 是从葡萄中提取的多酚化合物的混合物，你可以使用诸如定量高效液相色谱（HPLC）分析这样的信息，将这些化合物的含量与一份未加工的葡萄或葡萄汁的数量联系起来。

表 5-2 膳食成分规格表示例

试验	验收标准	分析方法（参考方法或内部方法名称）
外观：颜色/物理状态	白色、米白色/粉状	目测，R-01545[1]
鉴别	匹配的参考标准	HPLC，R-02030[1]
含量	$a \pm b$ mg/capsule	HPLC，R-02030[1]

试验	验收标准	分析方法（参考方法或内部方法名称）
相关物质、总相关物质	不超过（NMT）膳食成分总峰面积的 0.5%	HPLC，R-02030[1]
微生物限量，如果适用：总需氧微生物计数 金黄色葡萄球菌 铜绿假单胞菌	不超过（NMT）100cfu/g 不得检出 不得检出	USP <61>
pH 值，25℃（如果适用）	4.5～5.5	USP <791> 或者内部方法
残留溶剂乙醇、丙酮、己烷（在制造过程中使用的溶剂）[2]	不得超过特定限量	GC，R-01901[1]
重金属	（NMT）20ppm	USP 30<231> Method Ⅱ

注 1：内部分析方法，应该在 NDI 通知中有足够的细节描述，FDA 要对其进行评估。应当使用权威来源发布的方法［如 AOAC 国际或美国药典（USP）］或在同行评审的期刊（如色谱杂志）中描述的方法也适用，只要提供了出版物的复印件或复本。

注 2：在生产过程中使用的溶剂。

6. 如果 NDI 是一种独立的化学物质（如维生素、矿物质、氨基酸或另一种膳食成分或代谢物），应该提交哪些额外信息？

你应该提供足够的信息来描述你的 NDI 作为分离的单个分子的独特特征（或是分离的单个分子的混合物）。单个分子实体的特征信息应包括分子实体的常用或通用名称、分子式和分子量、化学结构式［如 ChemIDPlusAdvanced，PubChem 或 International Union of Pure and Applied Chemistry（IUPAC）］和（如果有的话）化学文摘服务（CAS）注册号。例如，如果该物质作为构型异构体（立体异构体）存在，例如对映异构体或几何异构体，则应该规定和表述所讨论的异构体。对于对映异构体，通知应包括正确的立体异构结构和正确的化学名称以及适当的 R 或 S 名称。

其他的命名系统（如 D 或 L 的氨基酸）也适用，只要名字明确地识别出哪些异构体存在。对于几何异构体，应提供正确的顺式（Z）或反式（E）立体异构结构，并提供正确的化学名称。此外，如果通知断定 NDI 是一个代谢物，那么你应该记录下这个断定。例如，通知应该引用证据表明，人体中 NDI 的水平随着食物的前体成分的摄入而增加（参见第Ⅶ节"代谢产物"的定义）。

其他相关信息可能包括：

● 原材料规格（如食品级）以及原材料符合规格要求的证据。

● 详细描述生产过程的每个步骤，包括：

○ 在合成和纯化过程中的反应条件。

○ 制造过程中使用的工艺和质量控制；例如温度、时间、pH、保护气体等。

○ 制造过程的工艺流程图。

○ 化合物：为每个组分提供身份和数量（包括单位和任何范围）。

○ 对生产中不受欢迎的副产品被移除的描述，例如不受欢迎的副产品的例子包括未反应的化学试剂、反应副产物和像甲醇或己烷这样的溶剂。

7. 如果 NDI 是化合物盐类，应该额外提供哪些化学信息呢？

你应该描述摄入后盐的分解程度，特别是使用历史或其他安全证据描述除了作为通知主题的盐以外的成分的形式。还应包括具体讨论不同盐形式是否具有不同的毒性。

8. 如果 NDI 是酶类，应该额外提供哪些化学信息呢？

如果你的 NDI 是一种酶，你应该在你的通知标识部分的规范部分描述以下内容：

● 用于测定酶活性的分析方法；

● NDI 中酶活性的规范；和

● 在膳食补充剂中，酶活性的接受标准和每一份 NDI 的活动单位数量。

9. 如果 NDI 是膳食成分共价改性的衍生物，应该额外提供哪些化学信息呢？

共价修饰化学改变成分并改变其特性。实例包括将一种膳食成分与另一种膳食成分共价结合，或将另一种（例如酸或酯）的功能团（如醇）交换。新成分的化学结构应明确地描述。在提交新成分的 NDI 通知之前，你应考虑是否符合 FD & C Act 201(ff)(1)(A)～(F) 中的一个膳食成分类别［21USC 321(ff)(1)(A)(F)］（见问题Ⅳ.D.5）。如果不是，新成分不能是 NDI，因为它不是膳食成分。

10. 当 NDI 或膳食补充剂的使用的历史或其他类似的物质或产品的安全证据，但不完全相同时，应该提交哪些信息？

你应该酌情使用化学、微生物和植物学特征来解释物质或产品如何与 NDI 或膳食补充剂相似，并提供相关物质或产品所呈现的安全信息如何相关你的 NDI 或膳食补充剂的安全性。注意，需要知道所研究的或具有安全使用历史的相关物质的身份（例如组成和强度）。通知中的讨论应包括支持从相关物质或产品的安全评估推断结论到你的 NDI 或膳食补充剂的科学依据。

否则，这种安全证据可能无法得出你的 NDI 或产品合理的预期是安全的结论。

11. 如果产品中含有混合成分,应该额外提供什么样的属性数据呢?

你应该说明膳食补充剂中每种成分的身份和水平,包括膳食成分和其他成分,例如用于产品中技术或功能效果的物质(例如黏合剂、填充剂和色素)。你还应该描述混合物中成分的组合涉及使用 NDI 的膳食补充剂的安全使用史或其他安全性证据。膳食补充剂安全性叙述应涉及配制成分的生物利用度,包括使用在膳食补充剂中的影响饮食成分生物利用度的任何黏合剂或填充剂。

12. 如果我的 NDI 是植物或衍生于植物,我应该提交哪些额外的身份信息?

你必须提供拉丁文的二项式名称,包括作者引用,源于任何植物或衍生于植物的成分[21 CFR 190.6(b)(2);参见 21 CFR 101.4(h)]。我们建议你也指定衍生成分来自植物的具体部分。此外,你可以为你的植物成分提供一个常见的或通常的名称。双名命名法应符合国际公认的命名规则,如在国际上为藻类、真菌和植物命名的规则(以前称为国际植物命名法)。FDA 建议使用最新版本的 ICN[①],FDA 还建议提供以下信息,以帮助我们评估你的植物成分是否与在你的通知中使用或其他安全证据的历史上描述的植物成分相同或类似。

● 用于确定正确的分类鉴别的具体测试或检查的描述,包括使用任何认证的植物学参考资料或权威植物学描述的识别;

● 繁殖条件,如果它们涉及与常规植物繁殖和育种实践有着不同的方式蓄意操纵繁殖;

● 如有必要,准确地确定 NDI 或与你认为该成分合理预期安全的结论相关的种植条件(如野生收获、田间或温室)和植物材料的地理来源;

● 栽培和收获植物(季节或月份、年份,植物年龄或两者)的时期和收获植物部分的成熟期;

● 衍生成分来自植物的部分;

● 植物是否在新鲜或脱水状态下使用?

● 植物使用的形式(如:完整的、切碎的、剪切的、筛过的或粉末状的);

● 植物源材料的妥善准备和监管的凭证;和

● 任何已知的掺假物种的完整双名命名法(作者),必须被排除在生产 NDI 之外,并描述如何排除其使用。

13. 对于植物性的 NDI,要描述产品的生产方法吗?

---

① McNeill, J.; Barrie, F. R.; Buck, W. R. 等人编辑的藻类、真菌和植物的国际命名法(墨尔本代码)2012(电子版)。网址:http://www.iapt-taxon.org/nomen/main.php。

是。你应该在必要的范围内描述你的植物性 NDI 的生产方法，以证明 NDI 与作为 NDI 安全性证据提交的信息中所述的植物材料相同或类似。因此，在野生或标准条件下种植植物，藻类或真菌可能不需要广泛的解释。但是，应该说明不寻常的生产条件。例如，如果你在具有异常大量硒的培养基中培养酿酒酵母，你应该描述发酵过程以及最终产品中硒化合物的水平和类型。如果你使用传统或分子方法生产具有新颖性质的品种，你应该充分详细地描述品种，以证明你从中得到的成分在膳食补充剂的使用条件下作为 NDI 添加可能是安全的。

14. 关于 NDI 材料属性的部分怎样描述植物或微生物毒素呢？

你应该识别已知存在于同一物种或亚属或属的毒素或其他有害成分或毒素的性质或类别（例如微生物中的抗生素抗性基因或未鉴定的产毒性质）与 NDI 有关。你还应该记录 NDI 中的这些毒素或其他有害成分或缺失的属性（或数量，如果存在），以及作为使用历史或其他安全证据的物质通知。物种水平以下的鉴定（例如，植物品种或株系指定）可以与某些物种的品种或菌株已知含有毒素时的安全性测定相关。

15. 我应该如何描述一种植物或膳食物质的提取物或浓缩物？

你应该在你的提取物或浓缩物的描述中包括以下内容：

● 制造过程概述，包括每个步骤的一般描述（例如流程图），其次是对制造工艺的详细说明，以便明确最终产品（成品提取物或浓缩物）的身份，以及它是如何与起始材料相似和不同的。

● 所有添加成分（包括所有使用的溶剂）的描述和添加总量以百分率或范围的百分比表示，包括所有的溶剂使用以及成品 NDI 或膳食补充剂中除水以外的残留溶剂的规范。

● 成品提取物或浓缩物相对于原始起始原料的浓度或稀释比率、浓度或稀释比例范围。如果浓度或稀释比是基于新鲜草药的重量而不是干燥的，则应该公开这一事实。

● 任何标记物质的含量、最小含量或含量范围，以完成的提取物或浓缩物的百分比表示，伴有（1）描述标记是否是有效性标记、毒性或替代标记物的标记描述，以及（2）与原始起始材料相比，NDI 中每个标记的相对水平的计算或估计。

● 与 NDI 身份相关的任何标记物质的名称和规格（例如，其存在或不存在与植物体的身份相关或必须以特定比例相互发生以确认身份的标记）。

● 提取物或浓缩物批次管理的标准化。

● 采取措施清除由于生产方法而可能存在的掺假物（如非食品溶剂）或将

这些掺假物减少到可接受的限度内。

● 采取措施控制可能存在于衍生 NDI 的原材料中的掺假剂（如农药、重金属和污染物）。

● 必须控制污染物的定量限制，以确保 NDI 的安全性（如果有的话）存在于原材料中或可能来自制造过程。

● 如果加工过程中使用的试剂可能会对混合物中的组分发生共价变化，则应确定新材料是否仍然是膳食成分。例如，使用大量的氧化酸如硫酸来处理植物性混合物可能产生新的"半合成"混合物，其不再是存在于原始植物中的组分的混合物。因此，混合物不再是膳食成分。

16. 如果 NDI 是通过发酵制成的，应该附加什么额外的信息？

该通知应包括有关用于培养产生 NDI 的微生物的生物体和发酵过程的信息。应讨论发酵生物用于食品生产的安全性。如果在生产食品（例如，混合使用用于制造乳制品如酸乳酒或奶酪）中使用的混合物有悠久的历史，并且发酵底物与使用历史一致，那么定义不明的微生物混合物是可以接受的。该通知应描述发酵生物用于生产食物的历史，或者在没有这种历史的情况下，应彻底解释制造过程如何排除来自成品 NDI 的毒素和其他不期望的发酵副产物。

关于发酵过程的信息应描述完整的培养基配方、发酵容器、发酵条件、用于从发酵混合物中收获 NDI 的方法以及完成的 NDI 中生物有机体的任何规格，特别是如果生物体不被灭活或去除。

你还应该解决用于确保生物有机体完整性的方法，例如防止污染和遗传变化。当发酵发生在无菌生产容器外（例如，在池塘中生产藻类）时，FDA 特别关心污染。

请注意，如果在产品标签上未声明过敏原的存在，则在发酵培养基中使用主要的食物过敏原可能需要单独通知 FDA 或向 FDA 提出申请，参见 FD & C Act 第 403(w) 节 [21USC 334(w)]。

如果你的成分是酶，规范应描述用于确定酶活性的分析方法，NDI 中酶活性的规范，每一份膳食补充剂中的 NDI 酶活性和单位数量的验收标准，并对发酵后的收获和加工进行描述，包括过滤、洗涤和保存方法。

17. 如果 NDI 是一种活的微生物类别的膳食成分，应该提供什么样的补充信息呢？

你应该包括对生物体的完整描述，包括：

● 菌株；

● 用于确定菌株身份的方法，例如由国际认可的第三方存储库（例如，美国

菌株收藏中心);

● 对同一种物种的菌株与用于建立 NDI 的使用历史或其他安全证据的菌株之间的关系。

对植物成分[21 CFR 190.6(b)(2)],建议使用科学名称(双名命名法与作者引用),并推荐细菌使用。对于细菌,FDA 建议使用细菌编码(1990 年修订)①,《国际系统和进化微生物学杂志》上经过验证的名单,以及原核命名法的公共列表(原核最新的命名法②或以命名的原核生物名称列表③)。FDA 将特别注意正确识别生物的属或物种,尤其没有悠久的食物使用历史的属,芽孢杆菌和链球菌,这两种物种都包含有悠久的食物使用历史和已知的包含人类病原体的物种。

FDA 认为所有含有人类病原体的物种对人类健康有潜在的危害,因此,不适合用作膳食成分,因为没有达成共识,认为存在有效的科学方法区分单一物种的致病和非致病成员,以防止相同细菌物种成员间的致病性状的水平转移。不应在膳食补充剂中使用的例子包括大肠杆菌、肠球菌和粪肠球菌。

FDA 认为细菌或酵母的每一种菌株都是单独的成分。你应该解释你的菌株是如何获得的以及它是如何与同一物种的其他成员不同的。如果你的菌株使用随机突变或生物工程来进行基因改良,应该描述所使用的过程以及新菌株的特性。

FDA 还认为,包括发酵在内的制造过程,是在摄入时可行的一种成分的内在组成部分。我们建议在你的通知中详细描述与安全和身份有关的制造过程的发酵和其他部分,正如在问题Ⅵ.A.3 和Ⅵ.A.16 中所建议的那样。

FDA 将特别关注 NDI 中微生物的生存能力。一种可行微生物的每份含量取决于最终产物中生物体的质量(克)和生存能力(例如,菌落数)。生长介质的组成和生物体的发酵条件也与产品的安全性有关,特别是当它们改变生物体的

---

① Lapage, S. P.; Sneath, P. H. A.; Lessel, E. F.; Skerman, V. B. D.; Seeliger, H. P. R.; Clark, W. A. 编辑。国际细菌命名法(细菌编码),1990 年修订。华盛顿(DC):美国微生物学会出版社,1992 年。

② 莱布尼茨研究所的微生物和细胞培养,原核术语的最新研究。网址 http://www.dsmz.de/bacterial-diversity/prokaryotic-nomenclatureup-to-date/prokariotic-nomenclature-up-to-date.html(注意,这个网站上的内容经常更新。在嵌入式链接中使用搜索函数来检索当前验证过的细菌生物的名称)。

③ Parte, A. C.,编辑"在命名(LPSN)数据库中的原核名称列表",网址:http://www.bacterio.net/(注意,这个网站的内容经常更新。在嵌入式链接中使用搜索功能检索当前已验证的细菌生物体的名称)。

形态时(例如,孢子与营养),成分的组成(例如,当该成分同时包含有机体和生长介质时)。该通知应解释来自同一物种的其他菌株的安全信息的相关性。

18. 如果 NDI 或者含有 NDI 的膳食补充剂的标签上有保质期或使用期时,应该在通知中提供什么信息?

到期或"使用截止日期"应基于适当的支持稳定性数据,表明(1)在该产品的标签保质期内,如果有,或在正常的储存条件下,该产品的标签保质期内不会出现新的降解物。(2)NDI 或膳食补充剂将继续通过标签过期或"使用"的日期来达到识别身份、强度和纯度的关键安全属性。你应该在通知中提供这些支持的数据。

19. 应该提交什么信息来描述打算在膳食补充剂标签中推荐或建议的使用条件?

你的通知必须描述在膳食补充剂标签中推荐或建议的使用条件,或者如果在补充剂标签中不建议或建议使用任何使用条件,补充剂的一般使用条件[21 CFR 190.6(b)(2)(ⅱ)]。使用条件包括剂量(服用量)、形式(例如胶囊或粉末)、使用频率(例如每天服用次数和时间间隔)、使用期限、使用说明、目标人群、膳食补充剂中的其他膳食成分以及任何使用限制,如限制的人群。

为了审查的目的,除非通知规定该标签将包含对使用条件的限制(例如,被排除的人群、频率和摄入的持续时间),否则将考虑所有年龄组的日常使用和其他人群的最高推荐的份量将被假定为推荐的食用份量。人群限制可能包括排除儿童、孕妇或哺乳期妇女或不服用该产品的敏感个体。过敏原警告是人们对使用条件限制的一个例子。在含有 NDI 的膳食补充剂的标签中推荐或建议使用的条件应在通知开始时的行政部分中显著地描述(见问题 V. A. 2)。

B. 使用历史或者其他安全数据

1. 要什么安全信息来支持 NDI 通知?

你必须提供信息,这些信息构成了你根据补充剂标签的使用条件[21 USC 350b(a)(2)]合理预期含有 NDI 的膳食补充剂可以安全使用的依据。一般来说,这些信息应包括充分的安全使用历史、安全研究或两者兼有的历史。

对于除了 NDI 之外含有膳食成分或其他成分的膳食补充剂,通知应包括成品和 NDI 的安全信息,因为在不考虑这些其他组分的安全性的情况下,不可能得出含有 NDI 的膳食补充剂合理预期是安全的结论。如第Ⅵ. C 节所述,FDA建议在 NDI 通知中包括 NDI 全面的安全性资料和膳食补充剂的安全性叙述(见问题Ⅵ. C. 1 至Ⅵ. C. 3)。

2. 我是否应提交 NDI 的安全使用历史和安全测试数据？

这取决于以下因素。通知应提供安全使用历史的证据和其他安全证据,包括临床实验、动物实验或两者兼而有之;或使用历史和其他安全证据的组合。提交的数据应该为结论提供依据,在拟议使用含有 NDI 的膳食补充剂条件下,有合理的安全预期。

FDA 预计,仅当使用证据的历史足以支持 NDI 在补充剂中的安全性时,通知者更愿意使用该路线。与进行临床或动物毒理学研究所需的成本和时间相比,收集历史信息和开展化学研究以建立历史使用的材料的身份通常较便宜和更快。

当使用证据的历史含有差距或者 NDI 的使用条件与历史使用条件不同时,提交临床研究、动物研究或两者,除使用资料的历史外,都是适当的。

3. 我应该提交哪些数据和信息来证实 NDI 的安全使用史？

安全使用的历史可以通过提供证据证明该物质作为食物或膳食补充剂安全消费,或作为更复杂的混合物(例如,燕麦中的牛奶或 β-葡聚糖中的钙)的组分,在同等水平或高于在拟议使用条件下使用含有 NDI 的补充剂的人那样消费。这种使用历史可以来自美国或其他国家,只要该物质作为食物、膳食补充剂消费或在外国使用史的情况下,与美国膳食补充剂相当的产品类别。

FDA 建议证实 NDI 具有安全使用历史的要素包括:(1) 对 NDI 和历史消费品的身份进行表征和比较;和(2) 两者的组成如何相关的说明。也就是说,NDI 和历史消费品的组成和其他识别特征应具有足够的细节特征,以证明安全使用历史上消费品与 NDI 的安全性相关,并提供了补充说明的依据在拟议的使用条件下, NDI 将在市场上合理预期是安全的。如果 NDI 的使用历史作为一个更复杂的混合物的一个组成部分,你应该展示 NDI 如何在质量和数量上与历史消费的组分相关。如果 NDI 本身是饮食成分的混合物,那么你应该展示 NDI 组分中膳食成分如何与历史消耗的成分或组分相关。

此外,(a) 剂量(每份摄入量)和每日摄入量;(b) 使用期限;(c) 摄入频率;并且(d) 应提供描述历史消费材料使用条件的任何附加信息。例如,如果人群内的消费不均匀,则应提供有关平均和高(例如第 90 百分位数)暴露水平的信息。最后,应讨论消费人群的规模和相关特征(例如每个人与年龄、性别或健康状况的限制)。

为了证明安全使用的历史资料,根据 NDI 通知中所述的使用条件,食物的摄入量应等于或高于膳食补充剂中 NDI 的预期摄入水平。例如,显示类固醇激素以一定数量存在于具有长期安全使用历史的牛奶或牛肉食品中的信息将不能支持以毫克计含有类固醇激素的高度浓缩的牛提取物的安全性。相比之下,可以使用牛奶的消耗来支持在8盎司的牛奶中发现的蛋白质的量等于或低于从牛奶中纯化的特定蛋白质的安全性。

另一个例子,如果你的 NDI 是由植物或鱼类制成的油,你可以显示该油仅由脂肪酸的混合物组成,你可以在常规食品中识别和证明在较高水平上广泛消费,你可以得出结论,根据组成信息,含有 NDI 的膳食补充剂将合理地预期是安全的。

安全评估应描述和讨论 NDI 的使用条件和组成与记录的使用条件和食物的组成不同(例如,当 NDI 从一种繁殖的植物品种中衍生出来,产生一个额外的成分或者去除一个有毒的成分的时候)。当历史使用与 NDI 的建议使用有显著不同时,可能需要额外的支持性数据。NDI 提出的使用可能需要进一步支持数据的差异示例包括:

● 剂量较高;

● 不同的给药途径(例如,具有舌下形式安全使用历史,目前用作 NDI 摄入的物品);

● 长时间使用;

● 增加暴露潜在毒性作用的其他变化;

● 引起新安全问题的任何其他差异,例如目标人群的变化(见第Ⅶ部分的定义)。

4. 应该提交 NDI 的使用历史记录吗?

NDI 关于食品安全使用历史的记录可能包括公布的数据和信息,如同行评议的科学文献、权威机构的报告、食品或营养成分和消费的调查数据、广告或其他出版的宣传材料、描述组成产品、出版的农业或食品生产数据或食谱书或其他出版食谱、记录使用该成分制备常规食品。使用历史记录还可以包括商业秘密或机密商业信息,如专有调查或消费数据、产品销售数据和组成分析。

5. 需要对 NDI 的每个历史使用情况进行全面的调查吗?

不,你只需要提供合理期望安全性的数据和信息。例如,如果你有关于大豆在亚洲大量人口中具有安全使用历史的文件,则描述美国或欧洲历史消费下降的数据对于支持大豆成分的 NDI 的安全性是不必要的。

6. 如何确定历史使用是“每日慢性使用”还是“间歇使用”?

每天慢性使用历史消费材料是指连续至少三个月每天至少摄入一次。每日慢性使用包括长期使用。对于本指南的目的,间歇使用指的是少于每日的长期使用,可以是每日和有限的持续时间,也可以是非日常和持续的时间。间歇使用的一个例子是使用季节性水果不到 90 天。

7. 如果我依靠这些相关材料来确定安全使用的历史,需要对含有 NDI 的产品的历史使用量进行评估吗? 这个评估要在 NDI 备案材料里提供吗?

对这两个问题如果你的结论都是肯定的,含有 NDI 的膳食补充剂将被合理地预期是安全的,则基于 NDI 本身以外的其他材料的安全使用历史,你应该估计你确定为相关的材料的历史摄入量(见问题Ⅵ. A. 10),并将此信息纳入你的 NDI 通知。在开发这些估计数时,你应该考虑到完整的摄入模式,包括剂量、持续时间和摄入频率以及已知消耗该物质的人群的大小。人群中摄入量的分布(例如消耗的平均值和第 90 百分位数)也是重要的。

8. 在哪里能够查到用来评估消费者摄入量的信息呢?

关于评估食品成分的消费者摄入量的方法参考和信息,包括膳食补充剂中的膳食成分,指"估计食品中物质的摄入量"①,第Ⅲ部分 G,"摄入量估计",在"直接食品添加剂请愿书中提交的化学和技术数据的建议"②和"食品中化学药品风险评估的原则和方法"③,FDA 也意识到存在的大量消费分析特定的传统食品,特别是在美国专有的数据库。由于这些专有数据库所包含的食物种类比在公共数据库中所描述的要窄得多,因此它们可能有助于估计食品成分的消费者摄入量,而这些食物成分已成为膳食补充剂中使用的 NDI。

9. 使用历史数据的可靠性如何评估?

可靠性的一个重要组成部分是成分使用历史的长度。描述消费成分的人群及其使用方式也很重要。最后,消费者数量和使用成分及消费频率至少与多年来使用该成分的历史一样重要。FDA 认为 25 年的广泛使用是建立安全使用史

---

① FDA,食品安全及应用营养中心,食品添加剂安全办公室。工业指南:估计食物中物质的摄入量;2006 年 8 月。网址:https://www. fda. gov/Food/GuidanceRegulation/GuidanceDocumentsRegulatoryInformation/IngredientsAdditivesGRASPackaging/ucm074725. htm。

② FDA,食品安全及应用营养中心,食品添加剂安全办公室。工业指南:为直接食品添加剂呈递化学和技术数据的建议,2006 年 3 月,2009 年 3 月修订。网址 https://www. fda. gov/Food/GuidanceRegulation/GuidanceDocumentsRegulatoryInformation/Ingredients-AdditivesGRASPackaging/ucm124917. htm。

③ 食品中化学药品风险评估的原则和方法,240 环境卫生标准、联合国粮农组织和世界卫生组织 2009 年联合发布的一份出版物。网址 http://whqlibdoc. who. int/ehc/WHO_EHC_240_4_eng_Chapter1. pdf。

的最低限度①。因为这个话题很少有科学文献，所以我们现在不能提出更具体的建议。

10. 我是否引用传统医学中使用 NDI 的历史？

这取决于关于在传统医学中使用 NDI 的可用信息，以及传统医学使用与膳食补充剂中拟议使用的相似程度。在传统医学中使用 NDI 的历史有助于建立 NDI 在膳食补充剂中的安全性的合理期望。然而，由于组成、使用条件和目标人群的差异往往限制了传统医学中安全使用史与膳食补充剂中 NDI 的安全性的相关性，因此几乎总是需要额外的安全信息。

如前所述，重要的是记录在传统医学中或作为传统医学消费 NDI 的人群的大小和特征以及使用条件，如剂量、持续时间和频率（见问题 Ⅵ.B.3 和 Ⅵ.B.7）。另外，如果医药产品在受过训练的传统医学医生的监督下消费，则必须在书面或口头传统文件中记录使用安全相关的限制。通常，传统的药用产品在化学和组成上与 NDI 通知主题的 NDI 非常不同。因此，重要的是要记录和解释关于物质在传统医学中的安全使用史的信息是否与通知主题的 NDI 和其提出的使用条件有定性和定量的相关性。

11. FDA 是否建议提交额外的动物和人类研究，以补充人类安全使用历史的证据？

这要视情况而定。对人类使用历史的数据应该是评估 NDI 安全性的第一个证据。

当 NDI 已经被人类使用时，如果（1）建议的使用水平与人类在过去安全消费的水平相似或低于该水平，则很少需要额外的动物或人类安全数据；（2）预期消费 NDI 的人群与过去安全消耗物质的人群相同。在许多情况下，不需要任何额外的动物或人类安全数据。因为 NDI 合理预期的安全水平基于一个大的安全系数，在膳食补充剂中建议使用 NDI 的摄入水平下在人体中没有观察到不良影响，或基于长期和广泛使用的成分作为传统食品的摄入量达到或者低于建议使用 NDI 的膳食补充剂。

然而，当历史的使用与在膳食补充剂中 NDI 的使用有很大的不同时，通常需要额外的支持性数据。在建议使用中存在差异的例子通常需要进一步的支持性数据，包括比历史使用的剂量高，不同的使用方式、更长的使用期限，其他增加

---

① 如，欧盟提出的定义："第三国安全食品使用的历史"是指有关食物的安全性由成分数据和使用经验证实，并在一个国家大部分人口的习惯饮食中持续使用至少 25 年。欧盟官方公报 C 122 E(2010 年 5 月 11 日)第 38～57 页。

潜在毒性影响的变化，以及其他引起新的安全问题的差异（例如：不同的目标人群）。这些例子基于一般原则，即随着摄入量的增加，物质的风险可能会随着摄入量的增加而增加。当 NDI 的历史使用与建议的膳食补充剂有显著不同的时候，FDA 鼓励你提交额外的动物研究、人类研究或者两者兼而有之。这样的研究应该被设计来解决使用证据历史上的空白。

12. 除了使用数据的历史之外，还有哪些因素有助于评估是否提交动物或人类安全研究？

一般来说，确定使用数据的历史的最好方法是为合理的期望提供一个基础，即含有 NDI 的膳食补充剂将是安全的，以比较 NDI 通知中提出的使用条件和有记录的安全使用的历史条件。以下是 FDA 通常建议使用数据的历史补充额外的动物或人类安全研究的例子：

● 更高的建议摄入量或每日总摄入量。

● 比历史上报告的消费持续时间更长（例如：通知指出 NDI 将会被贴上标签，推荐或暗示每天持续使用改善消化功能，但安全使用的历史只涉及很少的短期使用消化不良）。

● 不同的使用方式（如：有关历史使用一种物质作为药膏或注射剂的数据，通常不足以支持在膳食补充剂中使用 NDI 的安全性，而膳食补充剂的定义是为了摄入）。

● 从历史使用的变化可能会增加潜在的毒性作用（例如，NDI 将使用地上叶片制成的胶囊出售，但是历史上使用的形式是从植物根部制成的茶）。

● 目标人群的变化（例如成年人已建立安全使用史，但 NDI 将用于市场供幼儿使用的膳食补充剂）。

13. 如果这些研究引用的文章相似但 NDI 或者含有 NDI 的膳食补充剂不相同，是否应该使用由他人发表或未发表的毒理学或临床研究？

FDA 通常建议在安全研究中使用的测试文章与你通知主题的 NDI 或膳食补充剂相同。但是，由于没有关于 NDI 的安全数据或补充资料，提供有关物质或产品的安全性的数据可能是有用的。

例如，如果 NDI 是另一种可用于安全研究的物质的组成部分，则可能有必要从这些研究中提交数据，同时解释为什么相关物质的数据支持你的 NDI 的安全性。如果你记录异丙醇提取物的组分存在于相同或比研究对象的基础水平较低，那么来自涉及植物的干燥根部的口服使用的研究数据可能与作为相同根部的异丙醇提取物的 NDI 的安全性相关。如果你可以提供数据来证明成分在胃或肠中被快速水解成酸和酒精，那么可以推断出酯成分的安全性，并且酸和酒精都具有很长的餐饮安全使用历史。

研究中的测试文章的组成与 NDI 组成的差异越大,就越难证明该研究是相关的。

14. 如果建议使用 NDI 导致摄入水平与历史消费水平相同或者更低,FDA 是否会考虑增加安全数据的情况呢?

是。当建议使用 NDI 导致摄入水平与安全使用的记录历史的水平相同或更低时,如果含有 NDI 的膳食补充剂用于(1)慢性每日使用,并且记录的历史使用数据支持在同一群体或更广泛人群中安全地每日长期使用;(2)间歇性使用,记录的历史使用数据支持在同一群体或更广泛人群中安全间歇性使用;或(3)间歇性使用,并且记录的历史使用数据支持在同一人群或更广泛人群中安全的每日长期使用,则不需要额外的安全数据。在其他情况下,我们建议提交额外的安全数据,如表 5-3 所示,并在以下六个问题中讨论(见表 5-3:安全测试建议数据表)。

表 5-3　安全测试建议数据表

历史使用记录	建议使用 NDI	两组遗传毒性研究[1]	三组遗传毒性研究[1]	14 天经口动物实验研究	90 天经口亚慢性动物研究	1 代啮齿动物生殖研究[2]	多代啮齿动物生殖研究[2]	动物畸形学研究[2]	1 年慢性毒性或 2 年的致癌研究*	对动物和/或人类的单剂量耐受性和/或 ADME 研究*	在动物和/或人类中重复剂量的耐受性和/或 ADME 研究*
每日慢性	间歇式:少于历史使用(见问 VI.B.14)	有记录的使用历史应该足以作为安全证据									
每日慢性	间歇式:大于历史使用(见问题 VI.B.19)	×		×	×			×		×	
每日慢性	每日慢性:少于历史使用(见问题 VI.B.14)	有记录的使用历史应该足以作为安全证据									

（续表）

历史使用记录	建议使用NDI	两组遗传毒性研究[1]	三组遗传毒性研究[1]	14天经口动物实验研究	90天经口亚慢性动物研究	1代啮齿动物生殖研究[2]	多代啮齿动物生殖研究[2]	动物畸形学研究[2]	1年慢性毒性或2年的致癌研究*	对动物和/或人类的单剂量耐受性和/或ADME研究*	在动物和/或人类中重复剂量的耐受性和/或ADME研究*
每日慢性	每日慢性：大于历史使用（见问题Ⅵ.B.16）	×		×	×	×		×	×		×
间歇性	间歇式：少于历史使用（见问题Ⅵ.B.14）	有记录的使用历史应该足以作为安全证据									
间歇性	间歇式：大于历史使用（见问题Ⅵ.B.18）	×		×	×	×		×		×	
间歇性	每日慢性：少于历史使用（见问题Ⅵ.B.15）		×	×	×			×			
间歇性	每日慢性：大于历史使用（见问题Ⅵ.B.17）		×	×	×[3]		×	×	×[3]		×
没有历史	每日慢性：（见问题Ⅵ.B.20）		×	×	×[3]		×	×	×[3]		×

（续表）

历史使用记录	建议使用NDI	两组遗传毒性研究[1]	三组遗传性研究[1]	14天经口动物实验研究	90天经口亚慢性动物研究	1代啮齿动物生殖研究[2]	多代啮齿动物生殖研究[2]	动物畸形学研究[2]	1年慢性毒性或2年的致癌研究*	对动物和/或人类的单剂量耐受性和/或ADME研究*	在动物和/或人类中重复剂量的耐受性和/或ADME研究*
没有历史	间歇式:（见问题 VI.B.20 题 VI.B.20）		×	×	×[3]		×		×[3]		×

[1] 在基因毒性研究组中的描述.问题 VI.B.15 和 VI.B.16.

[2] 如果产品被标记为不适用于育龄妇女、孕妇或哺乳期妇女或 13 岁及以下的儿童,则不需要进行啮齿动物繁殖研究和畸胎学研究。

[3] 一般来说,如果没有使用历史,两个物种应该被用于 90 天的慢性研究。另外,一年慢性毒性研究 或者两年的致癌研究应该在两个物种中进行。然而,一年的慢性毒性研究,两年的致癌作用研究,根据历史使用数据的数量和类型或者 NDI 使用的持续时间,在某些情况下可能不需要进行二次慢性研究。如果每天使用的时间比使用期短,例如,如果建议使用 NDI 的时间是 30 天或更少,那么 28 天的动物研究可能在某些情况下就足够了(例如,微生物 NDI)。

* 特殊研究(例如一年动物的慢性毒性研究;在动物身上进行 2 年的致癌性研究;还有 ADME、生物可用率以及动物、人类或两者的耐受性研究),应该根据具体情况进行个案分析,如果毒物学数据或 NDI 的身份引起了特殊的安全问题。

15. 如果含有 NDI 的膳食补充剂用于慢性每日使用,NDI 有安全间歇使用历史记录;NDI 的拟摄入量与历史摄入量相同或者更少,FDA 推荐什么类型的数据来评估其安全?

（1）包括对细菌中基因突变测试的三组遗传毒理学研究(基因毒素)、一组毒性试验组合(细菌诱变,体外细胞遗传学和体内哺乳动物测试)、体外小鼠淋巴瘤胸苷激酶＋/－基因突变分析(优选)或另一种适用于利用哺乳动物细胞对染色体损伤进行细胞遗传评估的体外试验以及使用哺乳动物造血细胞的染色体损伤的体内试验;

（2）在适当的动物模型中进行 14 天经口毒性试验研究以建立最大耐受剂量(MTD);

（3）在相同种类动物中进行 90 天经口亚慢性的毒性试验研究(见问题 VI.B.6 和 VI.B.28～30)以建立最大耐受剂量(MTD)和最大无作用剂量(NOAEL)用于计算安全限值;

（4）多代啮齿动物繁殖研究(至少两代)(见列表末尾的注释);

（5）畸形学研究（啮齿动物或非啮齿动物）（见列表末尾的注释）。

注意：如果产品标记为不适用于育龄妇女、孕妇或哺乳期或 13 岁以下的儿童，则不需要进行啮齿动物繁殖研究和畸形研究（见表 5－3：安全测试建议数据表）。

16. 如果含有 NDI 的膳食补充剂用于慢性每日使用，NDI 有长期安全使用历史记录，NDI 的拟摄入量比历史摄入量高，FDA 推荐什么类型的数据来评估其安全？

（1）二组遗传毒理学研究（细菌诱变和体外细胞遗传学），包括细菌基因突变的测试、体外小鼠淋巴瘤胸苷激酶＋/－基因突变试验（首选）或另外适合的体外试验、使用哺乳动物细胞染色体损伤进行细胞遗传学评估；

（2）在适当的动物模型中建立一个 MTD 的 14 天经口毒性试验研究；

（3）90 天经口亚慢性的毒性试验研究（与经口毒性试验研究相同的物种），建立 MTD 和 NOAEL 用于计算安全限值；

（4）人类的重复性剂量耐受性研究（30～90 天）；

（5）在适当的动物模型进行一年的慢性毒研究或在啮齿动物中进行为期两年的致癌研究；

（6）一代啮齿动物繁殖研究（见列表末尾的注释）；

（7）畸形学研究（啮齿动物或非啮齿动物）（见列表末尾的注释）。

注意：如果产品被标记为不适用于育龄妇女、孕妇或哺乳期妇女或 13 岁及以下的儿童，则不需要进行啮齿动物繁殖研究和畸胎学研究（见表 5－3：安全测试建议数据表）。

17. 如果含 NDI 的膳食补充剂慢性每日使用，有 NDI 安全不连续使用历史记录，NDI 的拟摄入量比历史摄入量高，FDA 推荐什么类型的数据来评估其安全？

（1）如问题Ⅵ.B.15 所述的三组遗传毒理学研究；

（2）14 天经口毒性试验研究，以建立至少两个适当物种的 MTD，其中至少一个是非啮齿动物；

（3）两次 90 天经口亚慢性的毒性试验研究（每个种类有一个毒性试验研究）建立一个 MTD 和一个 NOAEL 用于计算安全限值；

（4）在适当的动物模型进行一年的慢性毒研究或在啮齿动物中进行为期两年的致癌研究；

（5）人体重复剂量耐受性研究（30～90 天）；

（6）多代啮齿动物繁殖研究（至少两代）（见列表末尾的注释）；

（7）畸形学研究（啮齿动物或非啮齿动物）（见列表末尾的注释）。

注意:如果产品被标记为不适用于育龄妇女、孕妇或哺乳期妇女或 13 岁及以下的儿童,则不需要进行啮齿动物繁殖研究和畸胎学研究(见表 5 - 3:安全测试建议数据表)。

18. 如果含有 NDI 的膳食补充剂用于间歇使用,NDI 有安全间歇使用历史记录, NDI 的拟摄入量比历史摄入量高,FDA 推荐什么类型的数据来评估其安全?

(1) 如问题 Ⅵ. B. 16 所述的双组遗传毒理学研究(细菌诱变和体外细胞遗传学);

(2) 14 天经口毒性试验研究,在适当的动物模型中建立 MTD;

(3) 90 天经口亚慢性的毒性试验研究(与研究范围相同的物种)建立一个 MTD 和一个 NOAEL 用于计算安全限值;

(4) 人体单次剂量或重复剂量耐受性研究和/或在动物、人类或两者进行机体对外源化学物的吸收、分布、代谢物和排泄物研究(ADME);

(5) 一代啮齿动物繁殖研究(见列表末尾的注释);

(6) 畸形学研究(啮齿动物或非啮齿动物)(见列表末尾的注释)。

注意:如果产品被标记为不适用于育龄妇女、孕妇或哺乳期妇女或 13 岁及以下的儿童,则不需要进行啮齿动物繁殖研究和畸胎学研究(见表 5 - 3:安全测试建议数据表)。

19. 如果含有 NDI 的膳食补充剂用于间歇使用,NDI 有长期安全日常使用历史记录,NDI 的拟摄入量比历史摄入量高,FDA 推荐什么类型的数据来评估其安全?

(1) 如问题 Ⅵ. B. 16 所述的双组遗传毒理学研究;

(2) 14 天经口毒性试验研究,在适当的动物模型中建立 MTD;

(3) 90 天经口亚慢性的毒性试验研究(与研究范围相同的物种)建立一个 MTD 和一个 NOAEL 用于计算安全限值;

(4) 人体单次剂量或重复剂量耐受性研究,在动物、人类或两者进行机体对外源化学物的吸收、分布、代谢物和排泄物研究(ADME);

(5) 畸形学研究(啮齿动物或非啮齿动物)(见列表末尾的注释)。

注意:如果产品被标记为不适用于育龄妇女、孕妇或哺乳期妇女或 13 岁及以下的儿童,则不需要进行畸胎学研究(见表 5 - 3:安全测试建议数据表)。

20. FDA 建议哪些类型的数据可以评估安全性,如果没有使用 NDI 的历史可以依赖提供膳食补充剂中安全使用的证据?

(1) 如问题 Ⅵ. B. 15 所述的三组遗传毒理学研究;

(2) 14 天经口毒性试验研究,在至少有两个合适的物种中建立 MTD;其中至少一个是非啮齿动物；

（3）两次 90 天经口亚慢性的毒性试验研究（每个种类有一个毒性试验研究）建立一个 MTD 和一个 NOAEL 用于计算安全限值（见表 5 - 3：安全测试建议的脚注"＊"）；

（4）在人类和/或 ADME 研究中在动物、人或两者（30～90 天持续时间）的重复剂量耐受性研究；

（5）如果建议使用的是间歇性或日常慢性，则至少在两种动物物种中进行一年的慢性毒性研究或两年致癌研究。

（6）多代啮齿动物繁殖研究（至少两代）（见表 5 - 3 末尾的注释）；

（7）畸形学研究（啮齿动物或非啮齿动物）（见表 5 - 3 末尾的注释）。

注意：如果产品被标记为不适用于育龄妇女、孕妇或哺乳期妇女或 13 岁及以下的儿童，则不需要进行啮齿动物繁殖研究和畸胎学研究。

根据 NDI 的性质和其他检测结果，可能需要进行特殊研究（如致癌性，ADME）以提供合理的安全预期。评估免疫毒性和神经毒性的其他非临床研究应酌情按个别情况进行（见表 5 - 3：安全测试建议数据表）。

21. 只能使用 FDA 版的安全测试指南吗？

不，当你选择 NDI 或添加 NDI 膳食补充剂的安全测试试验指南时应该有自己的判断，你可以选择 FDA 的试验指南和其他国际公认的安全测试试验指南和为其他类型产品开发的一组测试试验，不管使用的测试指南如何，你应该引用每个测试指南的源代码，以及为什么你选择的测试指南协议或开发的一组测试试验适用于正在调查的安全端点。

NDI 安全标准不同于食品添加剂、药物和其他 FDA 规定产品的标准。针对其他 FDA 管制产品的安全评估需求的指导性文件中的建议可能并不总是适用于膳食成分或膳食补充剂。你应该编纂科学证据，提供依据，可以得出结论，在通知中描述的膳食补充剂标签中推荐或建议的条件下使用时，作为通知主题的 NDI 合理地预期是安全的。

22. 哪些来源的安全测试指南可以用于测试 NDIs 和膳食补充剂？

安全测试的有用指南包括：

● 经济合作与发展组织（经合组织）发布的《化学品测试指南》第 4 条：健康影响（经济合作与发展组织发布）①。

①　经济合作与发展组织（OECD）：《化学品测试指南：第 4 章健康影响》。网址 http://www. oecd. org/chemicalsafety/testing/oecdguidelinesforthetestingofchemicals. htm。

● 由美国环境保护署(EPA)①化学安全和污染防治办公室发布的协调测试指南。

● 联合国粮食和农业组织和世界卫生组织②联合出版的《食品中化学药品风险评估的原则和方法》。

23. 在动物和人类安全研究中使用 NDI 的适当最高剂量是什么?

为了最大限度地发现与检测物品相关的毒性的机会,动物研究中最高剂量(通常称为"最高剂量")应为最大耐受剂量(MTD)(见第Ⅶ部分定义)。使用较低的剂量建立剂量反应关系是无效剂量(关于后者的信息,参见问题Ⅵ.C.4)。需要进行短期研究以估计更长时间研究的 MTD;例如,在可以确定 90 天研究的剂量之前,必须知道 14 天研究的结果。

考虑到广泛的生物信息对于选择正确的最高剂量或 MTD 至关重要。例如,可以使用关于身体和器官重量的变化以及血液学、泌尿、神经学和临床化学参数的临床显著改变以及更明确的有毒,总体或组织病理学终点的数据来估计MTD。FDA 打算考虑测试项目是否在 MTD 测试中作为评估在 NDI 通知中提交的研究是否充分的主要因素。研究应包括用于选择研究的 MTD 过程的描述,如果不明显的话。

请注意,根据与测试物品的毒性无关的信息选择测试剂量是不科学的、无效的。例如,不应以假设测试用品的测试结果为阴性时选择最高剂量来可提供超过测试用品最大预期人体消耗量的预先确定的安全限值。

FDA 认识到使用最高剂量可能会有局限性。例如,最高剂量的限制可以基于动物处理考虑,通过管理可以安全使用的量或仍然允许适当营养的饲料中的量。临床研究中的最高剂量应由机构审查委员会确定的安全性考虑来管理。然而,在安全限值下,临床研究中的最高剂量应尽可能高。至少,NDI 临床试验中的最高剂量或每日摄入量应与通知中提出的使用条件下 NDI 的最高剂量或总每日摄入水平一样高。在试验中每天的总摄入量应该高于在通知中建议的NDI 的最高日摄入量。

24. 我应该怎么做以证明使用特定测试指南的理由?

你应该引用来源权威的测试指南,并解释使用该测试指南研究所生成的信

---

① 美国环境保护署(EPA),化学安全与污染防治办公室(OCSPP):《OCSPP 协调测试指南》,2015 年 9 月。https://www.epa.gov/test-guidelines-pesticides-and-toxic-substances。

② 联合国粮农组织,世界卫生组织:《环境卫生标准 240:食品中化学药品风险评估的原则和方法》,2009。http://whqlibdoc.who.int/ehc/WHO_EHC_240_4_eng_Chapter1.pdf。

息如何支持将使用 NDI 的膳食补充剂的安全性。如果你决定偏离标准或已发布的测试指南，你应该解释为什么更改测试指南以及更改如何影响研究结果与产品安全性的相关性。

25. 如何使用标准的遗传毒性试验确定潜在的危害，确定潜在的遗传毒性危害后该怎么办？

一项或多项标准遗传毒性试验的积极发现构成了潜在危害的明确但非定量的鉴定。遗传毒性测试的积极结果可能需要进行额外的安全性测试，例如从两年或一年以上的慢性毒性测定中评估致癌性。关于跟踪遗传毒性测试的积极结果的一般指导可以在关于该主题的科学文献中找到①。

26. NDI 通知是否需要讨论遗传毒性成分的历史使用记录或者其他的安全数据来证明这种膳食成分是安全的？

是的，你的 NDI 通知应该讨论这种使用历史或其他安全证据。你应进行风险评估，以确定 NDI 的遗传毒性是否能防止膳食补充剂在拟议使用条件下合理预期为安全。

27. 在哪里可以找到可用于进行 NDIs 动物和人类研究的遗传毒性方案的良好例子？

问题Ⅵ.B.22 的答案中引用的来源包含测试指南和一组遗传毒性试验以评估遗传毒性。

28. 亚慢性经口毒性研究的目的是什么？

正确进行(例如，使用基于短期重复剂量研究选择的剂量)，使用亚慢性口服毒性研究来鉴定物质的最大耐受剂量（MTD）以及物质的最大无作用剂量（NOAEL）。使用亚慢性口腔研究确定的毒性数据和 NOAEL：(1) 预测可能与人体或动物消耗不安全量的测试物品相关的器官毒性或其他类型的毒性；(2) 确定其他动物研究的需要和设计，如专门的毒性研究和慢性毒性研究；(3) 评估短期重复剂量暴露于测试物品的安全性，无论是为消费者还是临床试验参与者。

29. 亚慢性经口毒性研究的适当持续时间是多少？

亚慢性口服毒性研究通常进行 90 天（3 个月）。描述为持续 12 或 13 周的方案被认为是等同的。亚慢性毒性研究提供有关三个月内多次接触物质可能引起的健康危害的信息。

---

① Dearfield KL，Thybaud V，Cimino MC，Custer L，Czich A，Harvey JS 等：《体外遗传毒性试验阳性结果的后续行动》，载《环境溶菌诱变剂》2011 年 4 月 52(3)：177~204。

30. 在哪里可以找到亚慢性经口毒性研究的信息和举例?

FDA 建议参考经合组织化学品测试指南。啮齿类动物研究方案在经合组织指南 408,"重复剂量 90 天经口毒性试验研究,啮齿动物①"。非啮齿动物研究的规程在经合组织的指南 409 中"在非啮齿类动物中重复剂量 90 天的口腔毒性研究"②,合适的动物种类和研究设计可能会根据与正在研究的 NDI 相关的安全问题而有所不同。

31. 生殖毒性和畸形学研究的目的是什么?

生殖毒性研究的目的是提供有关膳食成分对繁殖的各个方面的影响的信息,包括性行为、精子发生和发情周期、性腺功能、生育力、产程(分娩)、哺乳期和产前发育。畸形学研究的目的是提供关于测试物品是否导致测试动物后代的先天性畸形的信息。多代生殖研究的目的是提供关于测试物品对测试动物的雄性和雌性后代的影响以及后代的后代的生长和繁殖功能的生长和生殖功能数据。

32. 在 NDI 材料里应该包括生殖和畸形学研究的讨论吗?

是。FDA 建议你提供 NDI 综合安全资料中每次生殖和畸形学研究结果的摘要和详细讨论(见问题Ⅵ.C.2)。

33. 我是否会在生殖和畸形测试终点中确定所有物质相关的变化的"最大无作用剂量"(NOAEL)?

是。你应该在生殖研究口识别父母动物及其后代的 NOAEL,包括畸形学研究。除了关于生殖成功的信息之外,还应该使用研究数据来提供有关发育(即,后代的生长和功能)和畸形(即结构和功能的出生缺陷)的信息。

34. 在哪里可以找到生殖和畸形学研究的样本指南?

FDA 建议你参考经合组织关于化学品测试的指南,指南 415("一代繁殖毒

---

① 经济合作与发展组织:《经合组织化学品检测指南 408:在啮齿动物中重复剂量 90 天经口毒性试验研究》,巴黎:经合组织 1981 年 5 月发布,1998 年 9 月修订。
http://www. oecd-ilibrary. org/environment/test-no-408-repeated-dose-90-day-oral-toxicity-study-in-rodents_9789264070707-en.

② 经济合作与发展组织:《经合组织化学品检测指南 409:在非啮齿动物中重复剂量 90 天经口毒性试验研究》,巴黎:经合组织 1981 年 5 月发布,1998 年 9 月修订。
http://www. oecd-ilibrary. org/environment/test-no-409-repeated-dose-90-day-oral-toxicity-study-in-non-rodents_9789264070721en.

性研究"①），指南 416"两代生殖毒性"②，指南 421"生殖/发育毒性筛选试验"③，指南 422"结合重复剂量毒性研究和繁殖/开发毒性筛选试验"④，根据指南进行生殖毒性和畸形学研究。你也可以考虑这些研究的数据是如何组装和用于其他管理程序的（例如，对于农药，参见环境保护署的"协调测试指南"⑤和药品，参见"安全指南"⑥）特别地，"对药物产品的复制毒性和对男性生殖的毒性的检测"⑦，包含了检测生殖毒性的有用指南。

35. 重复剂量毒性试验的目的是什么？

一般来说，重复剂量毒性测试的目的是根据测试物质或测试物质的成分和/或代谢物的重复和/或累积暴露来定义对身体系统和靶器官的毒性作用。重复剂量测试定义了组织或器官损伤的性质，特别是与剂量和暴露持续时间有关。重复剂量测试也用于识别与毒性和生物反应相关的剂量并定义 NOAEL。

---

①　经济合作与发展组织：《经合组织化学品检测指南 415：一代生殖毒性研究》，巴黎：经合组织 1981 年 5 月发布，1998 年 9 月修订。
http://www. oecd. org/chemicalsafety/risk-assessment/1948458. pdf。
②　经济合作与发展组织：《经济合作与发展组织关于化学品测试的指南 416：两代生殖毒性研究》，巴黎：经合组织 1983 年 5 月发布，修改 2001 年 1 月。
http://www. oecd. org/chemicalsafety/risk-assessment/1948466. pdf。
③　经济合作与发展组织：《经济合作与发展组织关于化学品测试的指南 421：生殖/发育毒性筛选试验》，巴黎：经合组织 2015 年 7 月发布。
http://www. oecdilibrary. org/environment/test-no-421-reproduction-developmental-toxicity-screening-test_9789264242692-en。
④　经济合作与发展组织：《经济合作与发展组织关于化学品测试的指南 422：结合重复剂量毒性研究和繁殖/开发毒性筛选试验》，巴黎：经合组织 1996 年 3 发布。
http://www. oecd-ilibrary. org/environment/test-no-422-combined-repeated-dose-toxicity-study-with-thereproduction-developmental-toxicity-screening-test_9789264070981-en。
⑤　美国环境保护署（EPA），化学安全与污染防治办公室（OCSPP）：《OCSPP 协调测试指南》，2015 年 9 月。
https://www. epa. gov/test-guidelines-pesticides-and-toxic-substances。
⑥　人类药品注册技术要求协调国际会议（ICH）：《安全指南》，2015 年 8 月。
http://www. ich. org/products/guidelines/safety/article/safety-guidelines. html。
⑦　人类药品注册技术要求协调国际会议（ICH）：《检测药物的毒性和对男性生育能力的毒性（R2）》，1993 年 6 月，附件日期为 2000 年 11 月，2005 年 11 月合并。
http://www. ich. org/fileadmin/Public _ Web _ Site/ICH _ Products/Guidelines/Safety/S5/Step4/S5_R2__Guideline. pdf。

在含有 NDI 的膳食补充剂的重复剂量测试中的给药途径应该是口服的,并且研究应包括在膳食补充剂中 NDI 建议剂量以上的剂量范围。如本指南中所述的"经口研究"可以包括在饲料或饮用水中(用测量的饲料或水消耗以确认实际摄入量)或通过管饲法进行管理,其中包括通过穿过口进肚子理想情况下,这些研究中使用的测试用品应具有与通知中描述的膳食补充剂相同的组成和形式,因为其他成分可能会影响产品中使用的 NDI 的安全性。

36. 需要进行人类临床研究来评估 NDI 或含有 NDI 的膳食补充剂的安全性吗?

在提交 NDI 通知之前,FD & C Act 并不明确要求制造商或经销商进行人体临床研究。然而,你可能会发现有必要进行此类研究,因为使用数据、安全数据和人口暴露数据的现有历史不能为你提供足够的依据,以得出结论,含有 NDI 的膳食补充剂将根据其拟议的使用条件,合理地预期是安全的[①]。

37. 什么样的人类临床研究有助于评估 NDI 或含有 NDI 膳食补充剂的安全性?

最有用的研究通常是短期耐受性研究和吸收、分布、代谢和排泄(ADME)研究。这些研究中使用的测试文章应具有相同的身份和组成(包括与 NDI 组合使用的成分)和你通知的膳食补充剂组成部分所述的形式。当 ADME 研究与在用于毒理学测试的动物物种中进行的 ADME 研究相结合时,可以证明动物数据与人类的相关性,并且可以减少用于计算安全边际的安全系数(见问题 Ⅵ. C. 5)。

耐受性研究确定急性毒性,如与毒素相关的在脂肪和油等高含量的成分中难以消化的营养物质。人类重复剂量研究更少用于直接证明测试物品在人体中的安全性。它们可用于消除动物研究提供的特定安全问题或使用信息的历史,或者当拟议的使用条件导致不能人为地对动物施用的剂量时,建立 NDI 的安全边际。

38. "重复剂量"人类研究的目的是什么? 这些研究如何分类?

人类研究可以单独使用或与动物研究结合使用。如果动物毒性研究或使用

---

① 人类临床研究必须符合 FDA 关于保护人类受试者的规定(21 CFR 第 50 和 56 部分)。旨在评估膳食成分或膳食补充剂的安全性的临床研究通常不需要研究性新药申请(IND),但如果该研究还评估了该产品用于治疗或减轻疾病的用途(即使用的产品作为药物),它将需要 IND。参见 FDA 临床研究者、赞助商和机构审查委员会指南:研究新药物应用(INDs)——确定人类研究是否可以在没有 IND 的情况下进行;2013 年 9 月。网址 http://www.fda.gov/downloads/Drugs/Guidances/UCM229175.pdf。

历史数据没有记录你的 NDI 的 NOAEL 与拟议的膳食补充剂使用中预期的 NDI 摄入量之间的足够的安全边际(margin of safety),我们建议进行一项人类临床试验,包括重复剂量研究。临床试验应包括男性和女性受试者,以及足够的样本量和持续时间。样本量是一个非常重要的考虑因素,因为研究应该有足够的力量来显示数据的差异。如果临床试验没有足够大的样本量,则不会产生不利影响的结果,不能作为安全性证据,因为 NDI 摄入不存在不良反应可能是因为机会。临床试验的持续时间也是你研究设计中的重要因素,并取决于所提出的使用条件。

临床试验可按其目的和目标分组。第一阶段试验是人类的第一个测试阶段。它们旨在评估吸收、分布、代谢和排泄(ADME)、安全性、耐受性、药物动力学和药效学。I 期研究通常是单剂量研究,其次是剂量范围或剂量递增研究,最后是短期重复剂量研究以评估药物动力学参数和耐受性(参见表 5-3:安全性测试建议数据表)。单剂量和重复剂量研究是评估人类药理学的第一阶段研究的要素。Ⅱ 期研究(旨在评估给药需求和功效)和 Ⅲ 期研究(涉及大样本量的随机对照多中心研究以评估治疗效果)侧重于功效,一般对于建立膳食补充剂的安全性无益。少于 90 天的临床试验被认为是亚慢性的,本身不能支持慢性使用的安全性。任何临床研究的终点应明确界定。

39. 在哪里可以找到可用于进行 NDIs 和膳食补充剂人类研究的更多信息和临床方案的例子?

FDA 建议咨询"食品中化学品风险评估原则与方法①",就主题进行了一般性的讨论。该参考文献认识到药物安全研究中获得的经验在设计食品安全研究的价值,还包括讨论食品和药品临床研究之间的相似性和差异性。"工业 M3 (R2)指南:进行人体临床试验和药品营销授权的非临床安全性研究②",包含了一个有用的讨论,选择合适的剂量进行动物亚慢性经口研究和人类志愿者的临床试验(第 1~5 页)。

40. 应该提交哪些信息来证明使用微生物如细菌或酵母发酵产生的 NDI

---

① 联合国粮农组织,世界卫生组织:《环境卫生标准 240:食品中化学药品风险评估的原则和方法》,2009。
http://whqlibdoc. who. int/ehc/WHO_EHC_240_4_eng_Chapter1. pdf。
② FDA,药物评估与研究中心,生物制剂评估和研究中心:《行业指南:M3(R2)进行人体临床试验和药品营销授权的非临床安全研究》,2010 年 1 月修订 1 次。
http://www. fda. gov/downloads/Drugs/GuidanceComplianceRegulatoryInformation/Guidances/ucm073246. pdf。

的安全性？

你应该使用科学有效的命名法鉴定微生物的种类、物种和菌株的名称。你还应该讨论生物体或相关生物体的使用历史作为食物或生产食物。此外，你应该识别与物种或属级别发酵微生物系统发育相关的任何人类病原体。你还应该识别已知存在于与微生物相同的物种中的任何毒素、毒素类别或其他有害物质或与微生物系统发育相关的属或物种。最后，你应该记录微生物中这些毒素或其他有害物质未检出（或数量，如果存在）。应该通过适当 NDI 的标准组合，对人类进行安全测试或在适当的动物模型中进行安全测试来证明不存在这种有害物质的不安全水平。

41. 应该提交哪些信息来证明微生物 NDI 的安全（活的或灭活的）？

你应该识别在物种或属级别与微生物 NDI 具有系统发育相关性的任何人类病原体。你应该确定任何毒素、毒素类别或已知存在于同一物种或亚属或属中的其他有害物质。你还应该记录 NDI 中这种毒素或其他有害物质的未检出（或数量，如果存在）。你应记录对任何临床相关抗生素的抵抗力，如果适用，抗性的遗传性质。如果微生物 NDI 对任何临床相关的抗生素都有抗性，那么建议你在使用膳食补充剂的条件下，评估抗生素抗性基因在动物和转移到人类病原体的能力。

如果你的通知引用使用活微生物作为安全性的证据，FDA 建议仔细评估与提出的 NDI 使用条件相比的历史暴露的相对水平，包括讨论膳食形式补充剂和其中使用的任何非膳食成分（例如，黏合剂和填充剂）影响 NDI 向人类胃肠道中的各个点的递送。

如果使用数据的历史不足以支持微生物 NDI 的安全性，则应在通知中包括对人类或适当动物模型的安全性研究。FDA 认为猪是人类消化道最合适的动物模型。人或动物安全性研究应包括在给药后身体中生物体的持续性的测量，生物体在胃肠道外迁移的能力以及使用所提供的服务形式对成分的耐受性的测量。因为这是一个快速发展的科学学科，FDA 建议通知人在提交通知时熟悉最近科学文献的状态。

42. 应该做些什么来证明一个包含纳米材料的 NDI 的安全性，或者其他涉及纳米技术的应用？

因为很少有科学文献讨论纳米材料在膳食补充剂中的安全性，如果涉及纳米技术的应用①，FDA 建议通报者在提交包含纳米材料的 NDI 通知之前与 FDA② 联系。

C. 安全结论基础文件摘要

1. NDI 通知应该包括 NDI 和含有 NDI 膳食补充剂独立的安全文件吗？

是。FDA 建议，在通报中讨论使用历史和其他安全证据应包括两个独立的安全性简介：第一，评估 NDI 安全性的综合安全概况；第二，膳食补充剂安全叙述，解释通知中的信息为什么是得出结论的基础，即当在膳食补充剂标签中推荐或建议的条件下使用时，含有 NDI 的膳食补充剂将被合理地预期是安全的。应在综合安全性资料、安全性叙述或两者中引用每条数据或通知信息，以便清楚每条数据或信息用于构成包含 NDI 的膳食补充剂是安全的基础。

当通知描述含有多个 NDI 的一种膳食补充剂时，FDA 建议为每个 NDI 提供全面的安全性资料，并在安全性叙述中讨论 NDI 组合的安全性。当使用膳食补充剂中使用的 NDI 的组合使用历史或其他安全性证据时，应提供每个 NDI 的单独配置文件（或代替当大多数或全部安全信息用于组合时，单个 NDI 的单独配置文件）。

2. 在 NDI 的综合安全资料中应该包括什么？

NDI 综合安全概况应提供所有可用的人类和动物毒理学信息（包括已发表和未发表的安全性研究）的客观摘要以及与 NDI 安全评估相关的任何其他信息。

NDI 综合安全概况中的信息应证明在通知中所述的拟议使用条件下，证实在人类中使用 NDI 的安全。NDI 综合安全概况中的使用历史记录应记录 NDI 的身份和历史用途，包括历史使用的摄入水平、频率和持续时间以及对 NDI 消费的人群规模和特征的描述。在使用历史和其他安全证据描述的测试用品或材料与 NDI 不相同的情况下，应描述相似之处和差异，并说明研究对 NDI 安全性评估的适用性。

---

① FDA：《工业指南：评估重大生产工艺变化的影响，包括新兴技术，关于食品成分和食品接触物质的安全和监管状况，包括色素添加剂的食品成分》，2014 年 6 月。网址如下：http://www.fda.gov/food/guidanceregulation/guidancedocumentsregulatoryinformation/ucm300661.htm。

参见《FDA 工业指南：考虑到 FDA 监管的产品是否涉及纳米技术的应用》，2014 年 6 月。网址如下：http://www.fda.gov/RegulatoryInformation/Guidances/ucm257698.htm。

② 关于膳食补充剂计划办公室的联系信息可以在标题页上找到。

如果 NDI 通知依赖于安全性研究,则 NDI 综合安全概况应该定性和定量地比较每一项研究所引用的 NDI 测试成分。如果你引用了一项关于将一种草药喂给试验动物的研究,而 NDI 是该草药的提取物,NDI 综合安全性资料应定性和定量地比较研究该草药的剂量和每日总摄入量与 NDI 建议的剂量和每日总摄入量。只要有可能,通知应确定每个人和动物研究中的有效和无效剂量,并且应描述观察到的不良反应与其他相关观察效应之间的关系。

NDI 综合安全概况应确定 NOAEL(见问题Ⅵ.C.4),并描述作为确定它的基础的毒性数据或不良事件。综合安全概况还应描述 NDI 的可接受的每日摄入量(ADI),并说明如何计算(见问题Ⅵ.C.5)。最后,综合安全概况应说明 NDI 的安全边际的机理以及如何计算安全边际。

NDI 综合安全概况可能需要严重依赖商业秘密或机密商业信息。你认为是商业秘密或机密商业信息的 NDI 综合安全资料中的任何信息都应被确定(见问题Ⅴ.A.16)。

3. 膳食补充剂安全叙述应该包括什么?

膳食补充剂安全性叙述应包括对你的结论的科学依据的简要总结,包含 NDI 的膳食补充剂将在补充标签中推荐或建议的条件下使用时合理预期为安全。膳食补充剂安全性叙述的目的是解释各种数据和信息如何配合在一起,形成关于膳食补充剂安全性结论的基础。

膳食补充剂安全性叙述应基于 NDI 通知的其他部分的身份信息、安全信息和分析,包括 NDI 综合安全性资料。膳食补充剂安全性叙述应包括对综合安全性概况中更详细的讨论情况的总结,说明如何根据 NDI 摄入量水平之间的安全边际,膳食补充剂中的 NDI 将合理地预期为安全的,无可见有害作用水平(NOAEL)和 NDI 在膳食补充剂中的提议摄入水平和其他使用条件。

如果补充剂含有除 NDI 以外的膳食成分,膳食补充剂安全性叙述应标识每种成分的 NOAEL 和 ADI(参见问题Ⅵ.C.4 和Ⅵ.C.5),描述毒性数据或不良事件确定 NOAEL 的基础,说明每种成分的安全边际的基础,并讨论任何或所有成分之间是否存在可能影响膳食补充剂安全性的任何可能的协同作用或相互作用。对于除 NDI 以外的每种膳食成分,膳食补充剂安全性叙述应简明扼要地评估已知的安全性问题,并说明通知人如何认定组合成分将被合理地预期为安全的。如果产品(包括其他成分)的配方影响膳食成分的生物利用度,那么安全性叙述应包括讨论与每份摄入量相比,产品中膳食成分的有效每份摄入量使用史或其他安全证据描述的水平或剂量。

安全性叙述也应描述每种食品添加剂、色素和 GRAS 物质(即每种非营养成分）的功能，包括实现该技术效果所需的技术效果和数量。还建议参考适用的食品添加剂法规、颜料添加剂法规、GRAS 法规或 GRAS 通知。

膳食补充剂安全性叙述应该估计每日摄入的含有 NDI 的膳食补充剂的总摄入量，并描述与人类饮食补充剂相关的任何潜在的毒性或健康问题，特别是人们已经确定了对弱势人群膳食补充剂的使用可能导致的担忧。建议使用膳食可能导致的伤害。对毒性和健康问题的描述应该包括膳食补充剂中含有的黏合剂、填充剂、配方辅助剂和其他非膳食成分的影响，特别是如果它们改变了一种或多种成分的安全性，例如在摄入后增加对身体的吸收。如果膳食补充剂中的任何成分都在接近于 ADI 的水平，那么饮食中其他来源的成分也应该得到解决。

因为膳食补充剂安全叙事对于得出总体上是安全的结论是至关重要的，膳食补充剂安全叙事应该以一种可以理解的方式写出来，FDA 修订了商业机密和机密商业信息后，将通知置于公众文件中，就像综合安全档案一样，任何关于膳食补充剂安全的信息你认为是商业机密或机密商业信息都应该被识别出来（参见问题 V. A. 16）。

4. 未观察到作用水平（NOEL）和未观察到损害作用的最低水平（NOAEL）之间的区别是什么，应该使用哪一个？

未观察到损害作用的最低水平（NOAEL）是一个数字，表示在适当设计和执行的毒理学研究中没有引起不良反应的最高剂量或总每日摄入水平[①]，未观察到作用水平（NOEL）是观察到的最高剂量，包括有益和中性效应以及不良反应。因此，作为不利影响的阈值的 NOAEL 是用于计算 NDI 安全范围的适当水平。

FDA 预计许多饮食成分，因为它们旨在对身体的结构或功能有有益的营养作用或其他影响，将导致在动物和临床安全性研究中测量的参数变化。FDA 还预计，随着剂量和总摄取量的增加，在较低暴露时中性或有益的作用可能会产生不利影响或被不良反应所取代。因此，重要的是通知包含对安全研究中观察到的影响的性质的讨论。这个讨论应该区分不利影响和其他影响（中性或有益效果）。

通常高于 NOEL 的 NOAEL 的目的是确定物质的安全水平（即没有观察到不良反应的程度）。因此，NOAEL 应用于计算 NDI 通知中的安全边际。在不同剂量的 NDI 下观察到的影响的比较讨论应该出现在 NDI 的综合安全概况

---

① 摘自 Hayes，A. Wallace 编著的《毒理学原理与方法》（第 5 版），纽约：Informa Healthcare USA，Inc，2008。

中。FDA 还建议在膳食补充剂安全性叙述中总结这一讨论,因为它是整体安全评估的核心。

5. 如果只有动物毒性研究可用,应该使用什么安全系数?

除了 NOAEL 之外,通知人还必须确定 ADI 对 NDI 进行适当的风险评估。以体重基础(例如,mg/kg/天)表达的 NOAEL 除以安全系数(也称为不确定因子)以导出 ADI。安全因素解释了从实验数据推断出物质在人体中的安全性的不确定性。

如果 NOAEL 来源于动物的慢性毒性研究(一年或更长时间),组合安全系数通常为 100. 这个数字是用 10 因子计算的,以解释动物和人之间的种间变异,另外一个因素 10,以解释人群中灵敏度的变化。

从亚慢性毒性研究到长期使用 NDI 或膳食补充剂的外推需要额外的安全系数。在这种情况下,FDA 建议使用至少两项亚慢性毒性研究,其中至少一项是在非啮齿动物物种中进行的,另一项是在啮齿动物物种中进行的,并引入另外 10 个安全系数,以确定合并安全系数为 1 000。在没有使用数据的支持历史的情况下,仅使用单一的啮齿动物亚慢性毒性研究作为总结,认为慢性使用 NDI 在人体中是安全的基础是非常不赞成的,但如果使用安全系数为 2 000,则可能是可以接受的并且在最大耐受剂量(MTD)下对啮齿动物没有毒性。在这种情况下使用额外的安全系数 2,因为完整的动物毒理学评估包括两个亚慢性(90 天)动物研究。

这些示例中的安全系数是近似值,可以根据具体可用数据而变化。例如,如果毒性特别严重或人类敏感性的变化预期较大,则较高的值可能是适当的。另一方面,如果啮齿动物和非啮齿动物物种的亚慢性研究没有显示不利影响,则较低的值可能是适当的。如果研究慢性毒性或 ADME(吸收、分布、代谢和排泄)的人类数据(通常为一年),则低于 100 的安全系数可能是适当的。虽然 FDA 不认为 ADI 是安全和不安全水平之间的明显分界线,但 ADI 确实为保护消费者提供了有用的基准。

总而言之,安全系数是乘法运算的不确定因素,以达到应用于通知中提供的特定数据集的组合安全系数。该组合安全系数用于计算 ADI。

$$ADI = NOAEL/组合安全系数 = NOAEL/(Ufintra \times Ufextrap \times Ufinter)$$

● Ufintra:当临床试验仅包括健康受试者时,引入了一个不确定因素以解决种内变异,以保护人群的敏感成员,因为任何人:年轻人、老年人、健康人和体弱者都可以使用膳食补充剂。通常使用值 10。当种群多样化的食物使用历史悠久时,种内不确定性因素的大小应该更小。当毒性严重时或通知依赖于持续时间有限或人群少的研究时,种内不确定性因素的大小应该更大。

● Ufinter:从动物到人的外推需要物种间变异的不确定因素。通常使用10倍的因子来捕获与使用慢性动物研究预测慢性人类暴露安全性的不确定性。10倍的因子也可以用于说明使用亚慢性动物研究来预测亚慢性(包括间歇性)人类暴露的安全性的不确定性。

● Ufextrap:不推荐从不同动物物种的两个亚慢性毒性研究中推断出慢性暴露于人类的两个亚慢性毒性研究,但相关的不确定性可能近似为10的额外安全系数,以考虑使用亚慢性数据预测慢性使用。如果亚慢性毒性数据仅在单一动物物种中可用,则应使用额外的安全系数。通常,这个额外的安全系数应该是大约2。

6. FDA 是否建议在 NDI 通知中包括安全边际的讨论?

是的。得出一个含有 NDI 的膳食补充剂合理预期是安全的,是基于动物或人类的安全性研究,有必要确定 NDI 的安全边际水平,使用含有 NDI 的膳食补充剂所提出摄入水平等使用条件,观察每一个动物和/或人类研究无可见有害作用水平(NOAEL)。

安全边际是根据动物或人类研究中的 NOAEL(不是 NOEL)除以 NDI 的每日摄入量(EDI)来计算的。如果你计算的是混合原料或成品膳食补充剂的安全边际,同样的原则也适用。

对于每一个特定的研究或安全终点,都应该讨论适当的安全因素和安全边际,也应该在膳食补充剂安全叙述中总结,因为它对整体安全评估很重要。

7. 安全系数和安全边际之间的区别是什么?

安全系数被用来解释在一个环境中收集的数据在某种程度上可以用来预测在其他环境下某一物质的安全性的不确定性。例如,安全系数试图解释动物和人类之间的差异以及人类之间的敏感性差异。使用安全系数的依据是:有毒物质通常有以下阈值,毒性作用无法检测到。安全系数用于计算各种受 FDA 管制产品的每日摄入量(ADI),包括色素、食品添加剂和新型动物药物。安全系数可以综合起来预测人类的毒性。

● ADI = NOAEL/综合安全系数

● 安全边际= NOAEL/EDI

与此相反,安全范围是从 NOAEL 研究中获得的计算结果,以及在 NDI 通知中使用的 EDI 所确定的最高的每日摄入量。安全范围是衡量 EDI 在动物或人类研究中没有任何不良影响(NOAEL)的程度。当审查通知时,FDA 打算根据在通知中提出的使用条件以及来自所有膳食来源的累积暴露的条件,来计算基于每日最高摄入量的 EDI。

膳食成分的安全边际是由动物或人类研究中的 NOAEL 通过饮食成分的 EDI 来划分的。因此,100 倍的安全边际意味着,在动物或人类身上没有不良影响的剂量,比使用膳食补充剂所消耗的剂量高出 100 倍。关于 ADIs 和 EDIs 如何计算和用于各种产品的安全评估的讨论可以在以下参考文献中找到:

● Frankos,V. H.,J. V. Rodricks:《监管毒理学:食品添加剂和营养补充剂》(第 2 版),S. C. Gad 编辑,伦敦:泰勒和弗朗西斯,2001 年。

● 世界卫生组织:《环境卫生标准 70:食品添加剂和污染物安全评估原则》,日内瓦,瑞士:1987 年。可查阅:http://www. inchem. org/documents/ehc/ehc/ehc70. htm。

● 食品和营养委员会,医学研究所,《膳食参考摄入量:建立营养液摄入量上限的风险评估模型》,华盛顿特区:国家科学院出版社,1998 年。

示例:唯一可用的安全证据是单次亚慢性大鼠研究,其中在最高剂量下没有观察到不良反应,其最大耐受剂量为 3 000 mg/kg 体重。最高剂量受到以下事实的限制:更大的量(large volumes)不能被人为地施用于动物。

如果该成分的使用条件是每天成人每日 1 毫克/人,EDI 是(1 毫克/人)/70 公斤平均成人＝0.014 毫克/公斤。安全范围为 3 000/0.014＝2.1×10^5。选择的安全系数是 Ufintra × Ufextrap × Ufinter＝$10 \times 20 \times 10$＝2 000。ADI 是 3 000/2 000＝1.5 毫克/公斤。EDI/ADI 比率是 0.014/1.5＝0.01。这个值远小于 1,这也表明如果这些安全系数是适当的,在建议的每日摄入量水平上,测试物品可以合理地预计是安全的。每天摄入量为 1 g(1 000 次以上)会导致 EDI/ADI 比接近 10 次。需要更多的研究来证明更高的服务水平。

8. 可能每日摄入量(EDI)与每日允许摄入量(ADI)的比例达到多少时足够支持含有 NDI 的膳食补充剂合理预期是安全的结论?

EDI 与 ADI 的比例应小于或等于 1,以支持结论,在补充剂标签中推荐或建议的条件下,拟议使用 NDI 在膳食补充剂中将被合理地预期为安全。EDI/ADI 比例的大小将根据可用数据的性质和程度以及使用 NDI 的情况而有所不同。例如,比率 1 即拟议剂量(EDI)等于安全剂量(ADI),可能是足够的,如果这些成分历史长期安全使用的水平与膳食补充剂中所建议的水平是相同的。

换句话说,NDI 或膳食补充剂的 EDI 必须小于或等于 NDI 或膳食补充剂的 ADI。NDI 或膳食补充剂的 EDI 是通知中所述的建议使用条件下每日最高摄入量的最高值。ADI 计算为 NOAEL 与组合安全系数的比值,通过乘以每个研究的各个安全系数来计算。如果 EDI 与 ADI 的比例大于 1（EDI/ADI＞1），则该研究不符合拟议使用条件下对 NDI 的合理安全预期。

9. 关于 NDI 通知的安全边际的常见错误是什么？

许多制造商或分销商假设，如果 NDI 具有人类安全使用的历史，则不需要进一步的安全性讨论，这是不正确的。应计算 NDI 摄入量的安全边际，即使安全使用历史是安全评估的依据，通知中解释和说明的方法也是合理的。当通知依赖于安全使用的历史时，应根据安全消费的 NDI 的历史水平和通知中提出的使用条件导致的 NDI 摄入水平来计算安全边际。小于或等于 1 的安全边际对应于仅仅使用安全使用历史足以证明基于与历史使用条件相同或更低的使用条件的建议使用的安全性的论点（见问题Ⅵ.B.14）。

10. 第Ⅵ部分的推荐要求在 NDI 通知安全信息中是必需的吗？

不是。第Ⅵ.A，Ⅵ.B 和Ⅵ.C 部分中的问题的答案是关于如何处理描述含有 NDI 的膳食补充剂的安全性基础的任务指导。这些答案是建议而不是要求。在许多情况下，FDA 已经尝试提供详细的建议来说明可能出现的具体情况。这些细节与具体情况有关。确认确定成分所需的信息量和为合理预期的安全性提供依据的信息量将根据成分的复杂性，使用历史以及是否存在特定安全性问题。

Ⅶ 定义

以下定义表示 FDA 目前关于 FD & C Act 新膳食成分条款下规定的术语含义的思考。这些定义仅在这种情况下使用，可能不适用于其他情况[①]。

可接受的每日摄入量（ADI）：根据当时所有已知事实，在人类生命中，每天摄入的物质似乎没有明显的风险。在 NDI 通知的背景下，NDI 或膳食补充剂的 ADI 计算为 NOAEL 与总安全系数的比值[②]（根据通知中提交的研究确定）。

氨基酸：用作蛋白质或肽的组成部分的 α-氨基羧酸[③]

---

① 例如 FDA 认识到，在非营养环境中，"氨基酸"的定义不同于本节定义的"氨基酸"。

② Hayes，A. Wallace 主编：《毒理学原理与方法》（第 5 版），纽约：Informa Healthcare USA，Inc；2008 年。

③ 来自 FDA 的食品安全及应用营养中心代理主任 Michael M. Landa 的信件，Marc Ullman，Ullman，Shapiro&Ullman，LLP，向 OVOS Natural Health Inc.（2011 年 2 月 23 日）公民申诉 FDA - 2009 - P - 0298 回复（美国 FDA - 2009 - P - 0298 号文件 ID：FDA - 2009 - P - 0298 - 0008）。可查阅：

http://www. regulations. gov/#! documentDetail;D＝FDA - 2009 - P - 0298 - 0008。

植物或草药：植物、藻类或真菌；植物、藻类或真菌（例如树皮、叶、茎、根、花、果实、种子、浆果或其部分）的一部分；或植物、藻类或真菌的渗出物（分泌物）①。

植物原料：单种植物或新鲜或加工的藻类或真菌的全部或物理加工（例如，清洁、冷冻、干燥或切片）部分。

化学改变：见问题Ⅳ.B.4和Ⅳ.B.5。

慢性：慢性暴露3个月以上。在不使用时期零散的日常使用期限将被视为慢性暴露。在毒理学研究的背景下，术语"慢性"通常是指至少1年重复给药的研究。重复暴露被分为3类：亚急性，亚慢性和慢性。亚急性暴露是指反复接触物质1个月以下或更少，亚慢性1～3个月，慢性时间长于亚慢性②。

组分：作为混合物一部分的物质。包括不能从整体上孤立的物质，以及那些可以被分离的物质。一旦分离，这个组成部分也是混合物的组分（见下文定义）。

浓缩物：其中成分比原来浓缩的物品。草药浓缩物是从中除去所有或大部分溶剂的提取物，将产物还原成固体、半固体或糖浆形式。溶剂和制备浓缩物的过程是浓缩物定义的一部分。

构型异构体：见立体异构体。

组成部分：一个物质的整体物理部分，可以从整体中分离出来。

膳食成分：膳食成分是：（A）维生素；（B）矿物质；（C）草药或其他植物药；（D）氨基酸；（E）人类用于补充饮食的膳食物质增加总膳食摄入量；（F）浓缩物、代谢物、成分、提取物或（A）至（E）中所述的任何成分的组合③。

膳食物质：通常用作人类食物或饮料的物质。

膳食补充剂：见21 USC 321（FF）。

对映体：镜像异构体（光学异构体）通常具有相似的化学和物理性质，但在不同的环境中具有不同的生物学性质。

估计每日摄入量（EDI）：就NDI通知而言，EDI是NDI最高可能的每日总摄入量（mg/天或mg/kg/天），根据通知中拟议的使用条件和其他饮食来源的任何背景资料来确定。考虑到其他饮食来源的累积暴露，是根据通知中提出的使

---

① 例如FDA认识到，在非营养环境中，"氨基酸"的定义不同于本节定义的"氨基酸"。

② Curtis D. Klaassen编辑，Casarett和Doull编著：《毒理学：有毒物品的基础科学》（第8版），第二章毒理学概论。McGraw - Hill Education，2013。

③ 21 USC 321（ff）（1）。

用条件消费的最大量。EDI 不应高于 ADI。

提取物：由溶剂与膳食物质或植物物质组合的产品，其通过将成分与膳食物质或植物物质分离并将其溶解于溶剂中的方法组合。提取物可以通过干燥进一步浓缩成干粉或半固体形式。

配方：（1）列出每种膳食成分和其他成分的身份和数量的公式（配方助剂），和（2）描述施用形式（例如粉末、液体、胶囊等）。

几何异构体：具有相同分子式但原子在空间中取向，彼此不同的化合物，因此具有不同的化学、物理和生物学性质（除非在肠内相互转化）。

摄入：通过吞咽将诸如膳食补充剂或其他食物的物品吸入胃和胃肠道。

活微生物饮食成分：单细胞原核生物或真核生物微生物，意在摄入时可行。

安全边际：估计每日摄入量（EDI）与动物或人类研究（NOAEL）之间无显著差异的程度。根据 NDI 通知中提出的使用条件确定，它被计算为 NOAEL 与 NDI 或膳食补充剂的最高总日摄取水平（EDI）的比值，并且通常以折算变化（例如十倍的安全边际）。

出售：见问题Ⅳ.A.7。

主文件：在膳食补充剂上下文中，主文件是包含提交给 FDA 的制造或其他身份信息的文件，用于由主文件的提交者或提交者指定的人员在 NDI 通知中使用。提交者可依靠 NDI 通知中的主文件中的信息，通过引用将其纳入，或者可向其他方书面授权，以通过引用来自主文件的信息引用在自身产品的 NDI 通知中。在 NDI 通知中授予对主文件的引用权限的书面授权不包括查看或复制主文件的权限，除非主文件的提交者另有指定。

最大耐受剂量（MTD）：最大剂量导致体重减少不超过 10％，不会产生死亡率、临床症状的毒性或病理损害，可以预测实验动物的自然寿命会缩短，除了诱导肿瘤以外的任何原因[①]。

代谢物：代谢物是代谢产物。在膳食补充剂的概念中，膳食成分的代谢产物是一种分子中间体，指的是膳食成分消化以后，功能性元素的复合体以及膳食成分消化后，在人体内整体变化或净产物的增加量。代谢物可以是膳食成分的分解代谢途径的一部分（或中间体）。

FDA 认为 X 是 Y 的代谢物，如果人类摄入 Y 导致 X 的净产量/通量的增

---

① Hayes，A. Wallace 主编，《毒理学的原理和方法》（第 5 版），New York：Informa Healthcare USA，Inc；2008 年。

加,并结合 Y 的结构元素①。

矿物质:提供食物中无机元素形式或化学成分来源确定的物质。元素是通过化学方式不能分离成更简单物质的一类物质之一。实例:钙、碘和锌。

纳米材料,纳米技术:FDA 尚未制定"纳米技术""纳米材料""纳米尺度"或其他相关术语的监管定义。在没有正式定义的情况下,当考虑 FDA 管制的产品(包括膳食成分)是否含有纳米材料或涉及纳米技术的应用时,FDA 将质询:(1) 材料或最终产品是否被设计为具有至少一个外部尺寸,或内部或表面结构,在纳米级范围内(约 1 nm 至 100 nm);和(2) 材料或最终产品是否被工程化以表现由于其尺寸而导致的性质或现象,包括物理或化学性质或生物效应,即使这些尺寸落在纳米级范围之外,最多可达 1 千纳米(1 000 nm)②。

新的膳食成分:1994 年 10 月 15 日以前没有在美国销售的膳食成分③。

未观察到作用水平(NOEL):在适当设计和执行的毒理学研究中没有观察到效果(有益、中性或不利)的最高剂量或总每日摄入水平。

未观察到有害作用的最低水平(NOAEL):在适当设计和执行的毒理学研究中未引起不良影响的最高剂量或总日摄入量④。

DSHEA 前膳食成分:1994 年 10 月 15 日前在美国上市的膳食成分。

安全系数或不确定因素:月于解释在一个环境中收集数据的程度的不确定性的乘数可用于预测其他情况下物质的安全性。例如,安全因素试图解释动物和人之间的差异(种间变异的不确定因素),人类之间的敏感度差异(种内变异的不确定因素)和慢性数据的亚慢性外推(亚慢性数据的不确定因子到慢性)。可以将安全因素相乘以考虑多种不确定性来源。安全因素用于计算各种 FDA 监管产品(包括颜料添加剂、食品添加剂和新动物药物)的可接受的每日摄入量(ADI)。见问题Ⅵ.C. 5 和Ⅵ.C. 7。

膳食成分盐:盐由与阴离子结合的阳离子(带正电荷的离子)组成(带负电荷

---

① 见 Hardy, Constance J. (执行秘书,FDA 食品咨询委员会膳食补充剂小组委员会),2003 年 3 月 25 日,膳食补充剂小组委员会会议简短总结; College Park, MD; dated June 3, 2003. Available at: http://www.fda.gov/ohrms/dockets/ac/03/minutes/3942m1.pdf。

② 见 FDA 局长办公室:《行业指南:考虑到 FDA 监管的产品是否涉及纳米技术的应用》,June 2014 年 6 月。网站:www.fda.gov/downloads/regulatoryinformation/guidances/ucm401695.pdf。

③ 21 USC 350b(d)。

④ 源自 Hayes, A. Wallace 主编:《毒理学的原理和方法》(第 5 版),New York: Informa Healthcare USA, Inc; 2008 年。

的离子)。膳食成分的盐是一种中性化合物,其通过酸或碱与抗衡离子结合形成,并且在摄入后分解成起始成分。

立体异构体:立体异构体是原子组成和键合相同的分子,但在原子的三维排列上是不同的。

亚慢性:指持续 1 至 3 个月的毒理学研究。

目标人群:膳食补充剂的目标人群是指人口组及其分组(由性别、年龄和/或健康状况定义),制造商或分销商(例如,在产品标签、促销材料或 NDI 通知中)标识为产品适合或推荐的那些。目标人群的例子包括成年人、14 岁及以上的儿童,以及绝经期妇女。

酊剂:含水醇溶液(如叶或其他植物材料的含水醇提取物)。酊剂的特征在于干燥的植物的重量和体积与成品的重量和体积之比。1∶5 比例是 1 份植物性比 5 份溶液。

不确定因素:见安全系数。

维生素:作为食物的次要成分的有机物质对于正常生理功能(如维持、生长或发育)至关重要,通常不足以满足正常生理需要以内源性(体内)产生以及这导致其缺乏或利用不足,临床上定义的缺陷综合征。

Ⅷ　附录:NDI 通知决策树

用于确定 NDI 通知的决策树的文本描述告诉你哪些膳食成分在销售前需要一种新的膳食成分通知,如图 5-1 所示。

1. 此成分是否作为膳食成分在 1994 年 10 月 15 日以在前美国销售?(见Ⅳ.A)。如果是,请转到 2;如果否,请转到 7。

2. 有没有对饮食成分的制造过程提出或实施了改变? 如果是,请转到 3;如果否,请转到 5。

3. 新的制造过程是否改变成分的特性(例如,不同的化学结构或组成,使用提取,使用不同的起始材料,如植物的不同部分)?(见Ⅳ.A.12)如果是,请转到 4;如果否,请转到 5。

4. 1994 年 10 月 15 日以前,美国的膳食成分在修订后是否作为膳食成分销售? 如果是,请转到 5;如果不确定,请转到 6;如果否,请转到 7。

1. 此成分是否作为膳食成分在1994年10月15日以前在美国销售？(见IV.A)。

是 → 2. 有没有对饮食成分的制造过程提出或实施了改变？

否 → 7. 新膳食成分(NDI)。食品供应中是否有NDI作为食物用品？(见IV.B)

2 → 是 → 3. 新的制造过程是否改成分的特性(例如，不同的化学结构或组成，使用提取，使用不同的起始材料，如植物的不同部分)?(见IV.A.12)

7 → 否 → 8. FDA是否接受了相同制造商成分的通知，具有相同或更低的NDI摄入水平，相同的成分和相同或较窄的使用条件？(见IV.C)

3 → 是 → 4. 1994年10月15日以前，美国的膳食成分在修订后是否作为膳食成分销售？

8 → 是 → 9. 是否有制造过程改变NDI(见IV.A.13)的身份，这是NDI或补充剂的新制造商，不同成分，更高的摄入量或更广泛的使用条件?(见IV.C)

2 → 否
3 → 否

4 → 是 → 5. 前DSHEA膳食成分。不需要NDI通知。21 USC342(F)(1)(B)中的掺假标准不适用。

4 → 不确定 否 → 制造变更可能创造了NDI。可能需要NDI通知。咨询FDA。

9 → 是 → 10. NDI掺假标准(21 USC342(f)(1)(B))适用。不需要NDI通知。

9 → 是 → 17. 需要NDI通知。

8 → 否 → 17

10 → 是 → 11. NDI是否从传统的食物形式进行了化学改变*?
*未发生化学改变成分的方法的实例是挥发性组分的轻微损失，脱水、冻干、研磨或形成酊剂，水溶液、淤浆、粉末或悬浮液中的固体。见IV.B.5。化学改变成分的变化实例(更多详细信息见附录IV.4.4)和附加实例：

A. 新工艺制造或破坏化学键

B. 改变混合物化学成分的新溶剂(酊剂或水除外)或提取后处理

C. 改变混合物化学成分的制造方法(例如新的农业或发酵条件)

D. 粒径的变化也会改变物理和化学特性或生物效应。

E. 改变成分化学成分的新起始原料(如植物的不同部分)

A → 13. NDI可能已被化学改变了。如果是，则需要NDI通知。咨询FDA。

B → 不确定
C → 都不是
D/E → 14. NDI是否符合预期使用条件的摄入量，与常规食用NDI的摄入量相同还是低于ND?(见IV.B.3)

13 ← 不确定 都不是 → 是

不确定/都不是 → 是 → 12. NDI可能已被化学改变。如果是，则需要NDI通知。咨询FDA。

14 → 是 → 15. NDI的监管状况不变。NDI掺假标准[(21USC 342(f)(1)(B))]适用。不需要NDI通知。

14 → 否 → 16. NDI掺假标准[(21 USC 342(f)(1)(B))]适用。NDI通知不需要，但推荐。

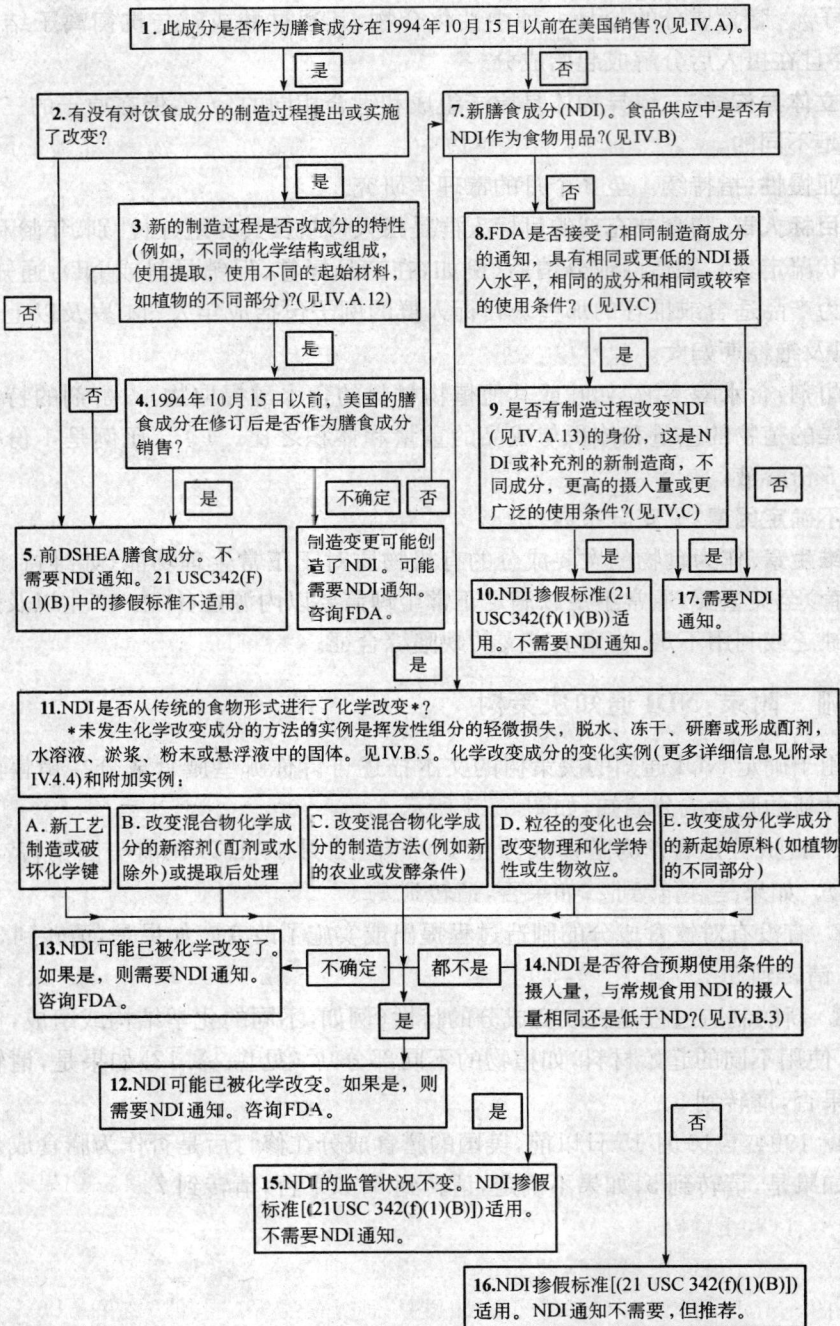

图5-1 NDI通知决策树

5. 前 DSHEA 膳食成分。不需要 NDI 通知。21 USC 342(f)(1)(B)中的掺假标准不适用。

6. 制造变更可能创造了 NDI。可能需要 NDI 通知。咨询 FDA。

7. 新膳食成分(NDI)。食品供应中是否有 NDI 作为食物用品?(见Ⅳ.B)如果是,请转到 11;如果没有,请转到 8。

8. FDA 是否接受了相同制造商成分的通知,具有相同或更低的 NDI 摄入水平,相同的成分和相同或较窄的使用条件?(见Ⅳ.C)如果是,请转到 9;如果否,请到 17。

9. 是否有制造过程改变 NDI(见Ⅳ.A.13)的身份,这是 NDI 或补充剂的新制造商,不同成分,更高的摄入量或更广泛的使用条件?(见Ⅳ.C)如果是,请转到 17;如果没有,请转到 10。

10. NDI 掺假标准[21 USC 342(f)(1)(B)]适用。不需要 NDI 通知。

11. NDI 是否从传统的食物形式进行了化学改变＊?

＊未发生化学改变成分的方法的实例是挥发性组分的轻微损失,脱水、冻干、研磨或形成酊剂、水溶液、淤浆、粉末或悬浮液中的固体。见Ⅳ.B.5。化学改变成分的变化实例(更多详细信息见附录Ⅳ.4.4)和附加实例:

A. 新工艺制造或破坏化学键。如果是 11 A、B、C、D 或 E,请转到 12;如果不确定 11 A、B、C、D 和 E,请转到 13;如果不是 11 A、B、C、D 和 E,请转到 14。

B. 改变混合物化学成分的新溶剂(酊剂或水除外)或提取后处理。如果是 11 A、B、C、D 或 E,请转到 12;如果不确定 11 A、B、C、D 和 E,请转到 13;如果不是 11 A、B、C、D 和 E,转到 14。

C. 显著改变化学成分的新的制造方法(例如新的农业或发酵条件)。如果是 11 A、B、C、D 或 E,请转到 12;如果不确定 11 A、B、C、D 和 E,请转到 13;如果不是 11 A、B、C、D 和 E,转到 14。

D. 粒径的变化也会改变物理和化学特性或生物效应。如果是 11 A、B、C、D 或 E,请转到 12;如果不确定 11 A、B、C、D 和 E,请转到 13;如果不是 11 A、B、C、D 和 E,转到 14。

E. 改变成分化学成分的新起始原料(如植物的不同部分)。如果是 11 A、B、C、D 或 E,请转到 12;如果不确定 11 A、B、C、D 和 E,请转到 13;如果不是 11 A、B、C、D 和 E,转到 14。

12. NDI 可能已被化学改变了。如果是,则需要 NDI 通知。

13. NDI 可能已被化学改变。如果是,则需要 NDI 通知。咨询 FDA。

14. NDI 是否符合预期使用条件的摄入量,与常规食用 NDI 的摄入量相同还是低于 NDI?(见 IV.B.3)如果是,请转到 15;如果否,请转到 16。

15. NDI 的监管状况不变, NDI 掺假标准[21 USC 342(f)(1)(B)]适用。不需要 NDI 通知。

16. NDI 掺假标准[21 USC 342(f)(1)(B)]适用。NDI 通知不需要,但推荐。

17. 需要 NDI 通知。

第六章　美国膳食补充剂公认安全物质数据库及 USP 标准简介

第一节　公认安全物质数据库

1958 年 12 月 9 日，FDA 在联邦公报中首次公布了公认安全（Generally Recognized as safe，GRAS）物质的清单，在 GRAS 列表发布后，为了对 GRAS 物质使用科学性进行系统评估，FDA 选择有经验的专业科学家组成 GRAS 物质选择委员会（Select Committee on GRAS Substances，SCOGS），FDA 要求该委员会对 CFR 中列出的 GRAS 物质或未列出的一些物质进行全面安全审查。在美国，"公认安全"物质是 FD & C Act 第 201 条（s）和 409 条款规定的一项食品安全法律制度，也是一项法律标准和一种食品类别，其定义来自食品添加剂定义的例外规定。即 GRAS 介于常规食物/食物成分和食品添加剂之间。任何有意添加到食物的物质都是一种食品添加剂，这取决于 FDA 的市场审查和批准，除非这些物质得到专家们的普遍认可，因为其在预期使用的条件下充分证明了其安全性。

美国食品法上的 GRAS 实际上是食品添加剂制度的"副产品"。1958 年的《食品添加剂修正案》（FAAA）旨在通过上市前审查，确保加入食品的添加成分的安全性。然而，并非所有添加成分的用途都有上市前审查的必要，面面俱到的审查会浪费公共和私人的资源，还可能破坏食品供应，这些资源可以用在更重要的地方。因此，FD & C Act 第 201 条（s）款将 GRAS 物质排除出食品添加剂。若企业证明某食品添加成分的某种用途，是被有资质的专家公认为安全的，则该成分是 GRAS 物质，不需政府设置"国家标准"即可上市。企业可以自己认定某成分为 GRAS 物质，然后通知行政机关，若行政机关没有质疑该决定，该成分就可上市。

SCOGS 数据库的最新官方正式版网址①。

---

① 　https://www.fda.gov/Food/IngredientsPackagingLabeling/GRAS/SCOGS/default.htm。

一、"公认安全"物质法律概念的基本内涵

(一) 概述

GRAS 是美国 FD & C Act 中的一个概念,该法第 201 条(f)款 31 规定:"食品指:(1) 用作人类或动物的食物或饮料的物品;(2) 口香糖;(3) 用于上述任何物品成分的物品。"根据该法 32 规定,食品包括了普通食品、食品添加剂(food additive)、色素添加剂(color additive)、GRAS、"已被批准"物质(prior-sanctioned)等。GRAS 是从食品添加剂中独立出来的一类食品添加成分。1958 年,国会通过 FD & C Act 的 FAAA,从食品添加剂的定义可以推出 GRAS 的定义。随后,FDA 续颁布了一些"公认安全"食品名单。1971 年和 1974 年 FDA 颁布新的 FD & C Act 实施细则,开始依照标准审查并确认食品的"公认安全"地位。1976 年的实施细则将"在食品中普遍使用"局限于美国范围内,1988 年的实施细则废除了这一地域限制,同时对"在食品中普遍使用"设置了严格的适用标准。1997 年的实施细则草案设置了"公认安全"通知程序,虽未生效,但实际上已付诸实施,同时,原有的"公认安全"确认程序仍保留在实施细则中,但已很少使用。2016 年 10 月 17 日生效的最终法规设置了"公认安全"通知程序,用通知程序取代 GRAS 确认申请程序。在 2016 年法规中澄清:(1) 根据 FD & C Act,如果现有的数据和信息不符合食品添加剂的安全标准,则该物质在其预期用途的条件下不能被划为 GRAS;(2) 对安全性的普遍认可需要在整个专业科学界有直接或间接添加到食品中的物质的安全性方面的共识,确保该物质在其预期用途的条件下无害;(3) "共识"是基于 1958 年 1 月 1 日以前的"科学程序"或基于食品中物质共同使用的经验;(4) 通过科学程序对安全性的普遍认可必须基于通常公布的普遍可用和公认的科学数据、信息或方法的应用以及科学原则的应用。

(二) GRAS 定义要素

GRAS 是由经过科学训练并具有经验和资质的专家们,依据科学评估程序(或者对 1958 年 1 月 1 日之前已经开始使用的物质,可以使用科学评估程序,或以在食品中普遍使用的经验为基础来加以确认)所显示的充分结果,从而确认在特定条件下使用是安全的。具有的特性:

(1) 安全的(safe);

(2) 在某种条件下使用是安全的(under the conditions of its intended use);

（3）安全性是得到有资质的专家们（among experts qualified by scientific training and experience to evaluate its safety）公认的（generally recognized）；

（4）安全性需要有评估的基础或依据，即依据科学程序，或依据具有普遍使用历史（scientific procedures; experience based on common use in food）。

（三）"公认安全"物质实质认定标准

对安全性的"公认"可仅以专家的观点为基础，这些专家应经科学训练、拥有经验以评判直接或间接用于食品的物质的安全性。上述专家观点的基础可以是（1）科学程序或（2）在食品中普遍使用的经验（若某物质在 1958 年 1 月 1 日之前已用于食品）。对安全性的"公认"，需要科学界对该物质有常识，这里所指科学界应知晓直接或间接用于食品的物质的安全性。基于科学程序的"公认安全"地位所需证据，与批准食品添加剂所必需的证据具有相同质量和数量。以科学程序为基础的"公认安全"，一般应以出版的科学研究为基础，这些研究可由未出版的研究和其他数据信息证明。基于 1958 年 1 月 1 日以前食品普遍使用经验而建立"公认安全"，不需要批准食品添加剂所必需的科学程序的质量和数量；只能以该物质于 1958 年 1 月 1 日前在食品中的使用为基础，而且一般应该基于通常可获取的数据和信息。另外，现行实施细则完全保留了 1988 年实施细则关于美国之外在食品中普遍使用经验的规定。

（四）通知程序

"公认安全"通知程序是一个自愿程序，现在根据 2016 年的法规实施。根据 GRAS 通知程序，任何人都可以根据 FD & C Act 第 409 条的上市前批准要求，生产商可以自行决定某物质的用途是"公认安全"的，并将该决定通知 FDA，而不是向 FDA 申请确认某物质的用途是"公认安全"的。

GRAS 通知包含七个部分：（1）签署声明和认证（21 CFR 170.225 和 21 CFR 570.225）；（2）通报物质的身份、制造方法、规格和物理或技术影响（21 CFR 170.230 和 21 CFR 570.230）；（3）膳食暴露（21 CFR 170.235 和 21 CFR 570.235）；（4）合适的使用条件及限量（21 CFR 170.240 和 21 CFR 570.240）；（5）如果 GRAS 结论是基于 1958 年之前食品中物质的共同使用，提供使用该物质的大量历史记录的证据（21 CFR 170.245 和 21 CFR 570.245）；（6）为你的 GRAS 结论提供基础的叙述，包括为什么通知中描述的科学数据、信息、方法和原则为你得出结论认为通知物质在合格专家中得到了普遍认可，在其预期用途的条件下是安全的（21 CFR 170.250 和 21 CFR 570.250）；（7）在 GRAS 通告的叙述中讨论的数据和信息清单，指明哪些数据和信息通常可用以及哪些数据和信息通常不可用(21 CFR 170.255 和 21 CFR 570.255)。

需要强调的是,如果某成分的目标用途确实是"公认安全"的,那么该成分的使用是不受任何 FDA 审查和批准的法律限制的。生产商可以在不通知 FDA 的情况下将其上市;若已通知,则可在 FDA 审查相关信息时将其上市。

FDA 列出了公众可以随时访问归档的 GRAS 通知单及通过函件回复了 GRAS 提交的通知,并且也使这些信件的文本公开。根据"信息自由法"及 21 CFR 20 的公众信息要求,GRAS 通知中的数据和信息被视为强制性而非自愿性提交。

(五)信息公开和公开获取

GRAS 法规 170.36(f)(1)节要求任何提交的 GRAS 通报必须立即公开。由于 GRAS 物质必须具有普遍认知性,所以通报物质的通用或常用名称、特定的使用条件和范围。

FDA 认为最直接和最高效的方式是将通报和所有 FDA 发出的与通报相关的信函能够让公众接触和获取。因此,下列信息公众可以查阅和复印:(1) FDA 收到的所有 GRAS 通报信息复印件;(2) 所有 FDA 发出的回复信函的复印件;(3) FDA 发出的后续信函的复印件。

(六)信息存档(Inventory)

170.36(f)(2)节并不要求 FDA 对可公开获取的文件建立和维护档案。但是,FDA 认识到 GRAS 通报和 FDA 回复信函的存档,无论是对公众还是对 FDA 来说,都是非常有用和重要的,所以 FDA 计划对 GRAS 通报及 FDA 回函等信息建立存档。

二、GRAS 历史和 SCOGS 评议

1958 年 12 月 9 日,FDA 首次公布了一份 GRAS 清单。目前的"GRAS"清单显示是 21CFR182、21CFR134 和 21CFR186,总共有数百种物质,包括添加到棉织物或用作食品包装材料的纸和纸板中的物质。

在发布了"GRAS"清单之后,FDA 没有系统地尝试评估有关 GRAS 物质的科学信息。1969 年 10 月 30 日,在白宫食品、营养和健康问题报告中,理查德·尼克松总统向国会提交了一份建议,这主要是由于 FDA 向国会提交了一份关于食品、营养和健康的报告,要求 FDA 对"GRAS"的安全性进行批判性的评估。"GRAS"审查成了 FDA 前食品局(CFSAN)的一个主要项目。

FDA 考虑了员工的替代方案来完成内部评估,或者安排根据合同完成工作。它选择了一系列方法,其中一种方法包括与生命科学研究办公室(LSRO)

签订合同,该办公室是由美国联邦实验生物学联合会(FASEB)于 1962 年建立的。FDA 与 LSRO 签约科学评估有关 GRAS 食品卫生方面的物质或之前批准食品物质,以总结可用的科学文献,并就如何使用这些物质提供建议,以确保它们在食品中的安全使用。

　　LSRO 挑选合格的科学家作为顾问,对每一种 GRAS 物质的可用信息进行审查和评估。这些科学家被指定为"GRAS"的特别委员会,是凭借他们的经验和判断、同时适当考虑专业学科的平衡和广度。在需要的时候,特别委员会会在专门的领域保留专门的顾问服务。然而,这些顾问并没有参与选择委员会的意见和结论的制定。特别委员会的评估是由 FDA 或其他团体、政府或非政府组织独立完成的。FDA 要求对超过 235 种物质进行全面安全检查,包括在 CFR 中列出的一些物质,以及在 CFR 中没有列出的一些物质。到 1982 年,经过 10 年的工作,SCOGS 已经产生了 151 份详细的报告,涵盖了 400 多种物质。

　　FDA 在 2016 年的最终法规中对 21 CFR 182 或 21 CFR 184 中 GRAS 清单的部分氢化油(PHO)及咖啡因进行了讨论。部分氢化油(PHO),它是工业生产的反式脂肪酸或反式脂肪的主要饮食来源,在 2015 年 6 月 17 日的联邦纪事(80 FR 34650)中,FDA 发布了一项公告,宣布最终确定不再认为 PHO 是用于人类食品的任何用途的 GRAS。含咖啡因作为添加物质的其他食品和饮料产品已被引入市场,包括因其兴奋剂性质而频繁销售的所谓"能量饮料",经讨论研究咖啡因是一种不安全的食品添加剂。

　　FDA 利用 SCOGS 提供的资料编制草案提交联邦公报办公室审查后,发布在 FR 上,并提供机会让任何有兴趣的人出席专门委员会的公开听证会,收集数据、信息和对报告所涉物质的看法。特别委员会考虑了听证会上的数据、信息和观点,得出了最终结论。报告由特别委员会和 LSRO 主任批准,并经联邦委员会执行委员会授权的 LSRO 顾问委员会(由 FASEB 的每个协会代表组成)审查和批准。FASEB 的执行主任批准并将报告传送给 FDA。

　　在收到一份报告后,FDA 审查了委员会关于影响健康的科学证据的报告,审查了相关信息,因为它影响了可能使用的物质,然后,制定了一个暂定的监管决定。如果 FDA 得出初步结论,现有的数据和信息支持了一种结论,即某种物质是在食品中特定用途的一种物质,那么 FDA 就在 FR 中发出了一份关于制定规则的通知,以确认 GRAS 的地位。在审查了公众关于确认 GRAS 地位的建议后,FDA 最终得出结论,如果,FDA 通过修订 21 CFR 184 或 21 CFR 186,最终确定 GRAS 的归类。FDA 在制定规则的过程中,建立了该机构将使用的程序,以此来确认 GRAS 的物质的状态[21 CFR 170.35(a)和(b);建议的法规,37 FR 6207,1972 年 3

月 25 日;最终法规,37 FR 25705,1972 年 12 月 2 日]。因为 GRAS 检查并没有覆盖所有的 GRAS 物质(例如:它没有涉及很多基于制造商的独立结论,即使用一种物质是 GRAS),法规设定了一种机制[GRAS 肯定申请程序;CFR 170.35(c)],一个人可以请求 FDA 审查该物质不被认为是 GRAS。许多目前在 21 CFR 184 中列出的物质(例如:鲱鱼油,21 CFR 184.1472)被确认为是 FDA 复审的结果,而不是 FDA 发起的 GRAS 审查的结果。

截至 2016 年 10 月 17 日:GRAS 最终法规(81 FR 54960,2016 年 8 月 17 日)建立了 GRAS 通知的特定格式。FDA 发布了这一规定,使该机构能够更有效地利用其资源。FDA 将每月更新这些信息。在这个提议的法规中,FDA 邀请了感兴趣的人,他们认为使用一种物质是 GRAS,在建议和最终法规之间的过渡期间(中间阶段)告知 FDA 这些结论。FDA 表示,该机构将决定其管理 GRAS 的经验是否意味着对建议的通知程序的修改。在此期间,FDA 的食品添加剂安全办公室每年收到大约 25 份通告。FDA 已经在其网站上列出了这些 GRAS 的通告,以及 FDA 对每个 GRAS 的结论。总的来说,FDA 的结论分为三类:

(1) FDA 对通报者的"GRAS"没有任何疑问。

(2) 这一通知并没有为"GRAS"状态提供依据。

(3) 在通知者的要求下,FDA 停止了对通知的评估。

三、GRAS Notices(公认安全信息档案)

(一) GRAS 数据库提供的信息

GRAS 数据库提供了自 1998 年以来每年信息,当 FDA 第一时间得到 GRAS 通知。通知包括:物质的名称;FDA 给的文件号;FDA 发送的网址链接,这个链接的文本也表示这封信的日期。

(二) 公认安全物质的附加信息

当 FDA 将信息公示时每个公认安全物质的文件数量也作为一个超链接的附加信息,包括以下信息:将此物质命名 GRAS 的人名;通知人的地址;预期使用的条件;GRAS 结论的法定依据。

(三) 额外的信息

额外的信息包括:

(1) FDA 提交通知的日期;

(2) 评估过程结束时的日期;

(3) 适用时,FDA 发布的关于 GRAS 的额外信件的超链接;

(4) 申请书;

(5) 本身通知的超链接。

四、SCOGS 数据库

下面以 SCOGS 数据库官方网站为例,介绍数据库的界面和功能。

(一) SCOGS 数据库简介

SCOGS 数据库里的数据是来自 1972 年~1980 年之间在 SCOGS 115 份报告上出版的 370 多种物质。SCOGS 数据库允许用户搜索 SCOGS 意见、结论以及 21 CFR 引用了已经编入 CFR 的 GRAS 食品物质。许多 SCOGS 报告审查了一个以上的安全物质,对每个安全物质进行了评估,并对其安全性进行了单独类型分析,以 1、2、3、4 或 5 型或未归类表示,详见表 6-1"SCOGS 归类一览表"。

表 6-1 SCOGS 归类一览表

SCOGS 归类	定义
1	没有证据表明或提出合理理由怀疑,此物质现在使用的量或者将来可能使用的量会对公众产生危害。SCOGS 库中共计有 1 类物质 270 个,如醋酸、玉米淀粉、维生素 C 等。
2	没有证据表明现在目前使用方式使用量会对公众产生风险。然而,显著增加用量是否会构成饮食风险,它是不可确定的。此类共计有 68 个物质,如:琼脂、藻酸钙、玉米糖浆等。
3	虽然没有证据表明使用水平会危害公众,但现在的加工方式存在不确定性,要求进行更多的研究。此类共计有 14 个物质,如:角叉菜胶、肉豆蔻、叔丁基羟基茴香脑(BHA)等。
4	证据不足以确定不良反应报道对公共卫生是无害的,应该确定使用水平及使用的方式。此类共计有 8 个物质,如:乙酰化二淀粉甘油酯、丁二酰甘油二淀粉、羟丙基二淀粉甘油酯等。
5	特别委员会几乎完全缺乏足够的生物研究数据来评估(物质)的安全(用途)。此类共计有 16 个物质,如:巴西棕榈蜡、氯化锰、环烷酸铁等。
未归类	数据库中有 3 个安全物质未进行归类,具体为:膳食铁(Dietary Iron)、铁-铁的生物利用度研究报告(Iron-Report on Bioavailability and Utilization of Iron)、铁-临床研究报告,以阐明谷物产品增加铁富集的可能危害(Iron-Report on Clinical Research Protocols to Elucidate The Possible Hazards of Increased Iron Enrichment of Cereal Products)。

（二）SCOGS 数据库包含的信息

SCOGS 数据库的主界面主要包括如下信息，具体页面[①]情况如图 6－1 所示。

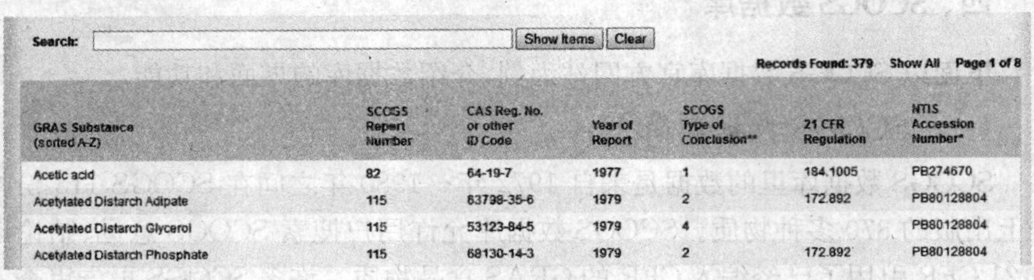

Search: Show Items Clear

Records Found: 379 Show All Page 1 of 8

GRAS Substance (sorted A-Z)	SCOGS Report Number	CAS Reg. No. or other ID Code	Year of Report	SCOGS Type of Conclusion**	21 CFR Regulation	NTIS Accession Number*
Acetic acid	82	64-19-7	1977	1	184.1005	PB274670
Acetylated Distarch Adipate	115	63798-35-6	1979	2	172.892	PB80128804
Acetylated Distarch Glycerol	115	53123-84-5	1979	4		PB80128804
Acetylated Distarch Phosphate	115	68130-14-3	1979	2	172.892	PB80128804

图 6－1　SCOGS 数据库界面

从图 6－1 可以看出，SCOGS 数据库包含 7 类信息，分别以列表示。

（1）第一列 GRAS 物质（**GRAS Substances**）：包括此物质形成的观点及理由，在特定食品中的使用量。属于已被证实为 GRAS 的配料，在使用时必须符合现行良好生产操作规范。共计 379 种物质。

（2）第二列 SCOGS 报告编号（**SCOGS Report Number**）：共计 115 份报告。

（3）第三列 CAS 编号或其他代码（**CAS Reg. No. or other ID Code**）：CAS 注册号或者没有 CAS 注册号而由 CFSAN 给的等级号码。如醋酸的代码为 64－19－7。

（4）第四列发布年份（**Year of Report**）：即 SCOGS 发表的年份，主要集中为 1972 年～1980 年。

（5）第五列 SCOGS 类型（**SCOGS Type of Conclusion**）：GRAS 物质选择委员会对 GRAS 物质安全的看法和结论。共计 6 类，按 1、2、3、4、5 可信度依次降低，另外有 3 个物质未归类。其中有 4 个物质因为说使用的范围不同，其归类有两种归类方式。

（6）第六列 21CFR 法规（**21 CFR Regulation**）：涉及的相关法规有，172 部分直接食品添加剂的使用规定，181 部分事先批准的食品添加剂；182 部分食品中的公认安全物质；184 部分食品中得到肯定的公认安全物质；186 部分用于食品包装的得到肯定的公认安全物质。

① https://www.accessdata.fda.gov/scripts/fokc/? set=SCOGS。

　　（7）NTIS(国家技术信息服务)订单号(**NTIS Accession Number**)：通过此订单号可以在国家技术信息服务系统上下载完整的报告。

　　（三）SCOGS 数据库所具备的功能

　　1. 选择下面的 GRAS 物质查看记录的细节，包括 SCOGS 意见。下面以醋酸为例。点击 SCOGS 数据库上的某一 GRAS 物质，如"Acetic acid"则进入如图 6-2 所示的网页界面①，在此界面上可以详细见到 SCOGS 的观点。

Select Committee on GRAS Substances (SCOGS) Opinion: Acetic Acid; Sodium Acetate; Sodium Diacetate

GRAS Substances (SCOGS) Database

f SHARE　▼ TWEET　in LINKEDIN　⊕ PIN IT　✉ EMAIL　🖶 PRINT

The *GRAS Substances (SCOGS) Database* allows access to opinions and conclusions from 115 SCOGS reports published between 1972-1980 on the safety of over 370 Generally Recognized As Safe (GRAS) food substances. The GRAS ingredient reviews were conducted by the Select Committee in response to a 1969 White House directive by President Richard M. Nixon.

Acetic acid; Sodium acetate; Sodium diacetate

SCOGS Report Number: 82
NTIS Accession Number: PB274670
Year of Report: 1977

GRAS Substance	ID Code	21 CFR Regulation
Acetic acid	64-19-7	184.1005
Sodium acetate	977127-84-6	184.1721
Sodium diacetate	126-96-5	184.1754

SCOGS Opinion:

图 6-2　SCOGS 关于某一公认安全物质的意见

　　SCOGS 关于醋酸、醋酸钠、双乙酸钠的观点：醋酸盐是植物和动物组织的常见成分。它们是食物消化和代谢过程中产生量较大的正常代谢中间体。

　　尽管选择委员会未进行醋酸或乙酸盐的长期食用研究，但短期研究显示，在浓度远远超过正常饮食所摄取的浓度的情况下，没有不良反应，也不表示通过长期的研究可能会显示不良反应。

　　没有关于醋酸和乙酸盐致癌评价的数据已引起特别委员会的注意。有限的数据表明醋酸在体内没有致畸作用，醋酸钠不致突变，醋酸在体外不致突变。

　　没有对双乙酸钠的生物学的研究报道，但由于这种物质分解体内的醋酸钠和醋酸，从而引出电流条件下使用的不良影响，该委员会认为，使用双乙酸钠可认为是无不良影响。

―――――――――

　　①　https://www. fda. gov/Food/IngreientsPae KagingLabeling/GRAS/SCOGS/default. htm。

根据这些考虑,委员会得出结论:现有资料中没有关于醋酸、醋酸钠和双乙酸钠的证据,证明或建议有合理的理由怀疑在现在或可能合理预期的水平下对公众造成危害。

2. 选择下面的 CFR 参考信息查看 21 CFR 规定。同样以醋酸为例,点击 Acetic acid 所对应的 21CFR 法规 184.1005[①],如图 6-3 所示。

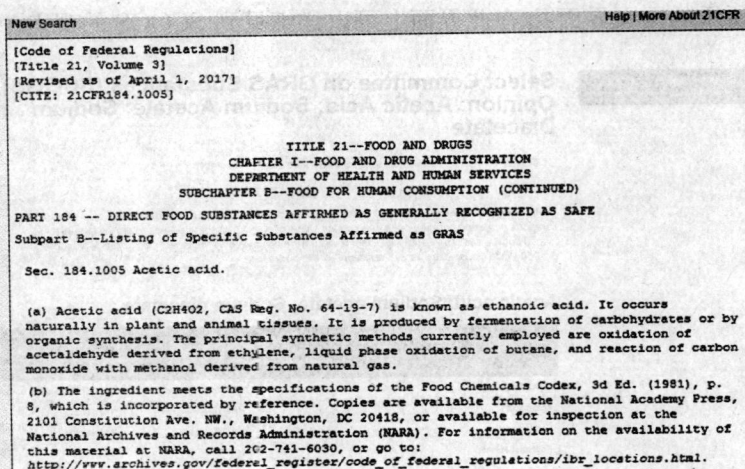

图 6-3 关于醋酸的 21CFR 184 184.1005 法规

184.1005 醋酸法规:

(a) 乙酸($C_2H_4O_2$,CAS 登记号 64-19-7)被称为乙酸。它在植物和动物组织中天然存在。它是通过发酵碳水化合物或通过有机合成而产生的。目前采用的主要合成方法是由乙烯衍生的乙醛的氧化,丁烷的液相氧化以及一氧化碳与天然气衍生的甲醇的反应。

(b) 该成分符合《食品化学品法典》的规格,3d Ed.(1981),第 8 页,以供参考。副本可从美国国家学院出版社,2101 条宪法,华盛顿特区 20418 号,或可在国家档案馆和档案管理局(NARA)查阅。请致电 202-741-6030,或前往:http://www.archives.gov/federal_register/code_of_federal_regulations/ibr_locations.html。

(c) 该成分用作 170.3(c)(5)所定义的固化和酸洗剂;如 170.3(o)(11)所

---

① https://www.accessdata.fda.gov/scripts/cdrh/cfdocs/cfCFR/CFRSearch.cfm?fr=184.1005。

定义的增味剂；如 170.3(o)(12)所定义的调味剂和助剂；170.3(o)(23)定义的 pH 控制剂；作为 170.3(o)(27)中定义的溶剂和载体；作为符合 173.310 的锅炉水添加剂。

(d) 按照 184.1(b)(1)的规定，食品中的成分的含量不得超过目前的良好生产规范。目前良好的生产实践导致 170.3(n)(1)中定义的焙烤食品的最高含量为 0.25％；170.3(n)(5)定义的奶酪和 170.3(n)(10)中定义的乳制品类似物为 0.8％；170.3(n)(6)中定义的口香糖为 0.5％；170.3(n)(8)定义的调味品和食材为 9.0％；170.3(n)(12)定义的脂肪和油脂为 0.5％；170.3(n)(24)定义的肉汁和调味酱为 3.0％；170.3(n)(29)定义的肉类产品为 0.6％；所有其他食品类别的比例在 0.15％以下。该成分也可用于锅炉水添加剂，其含量不超过目前的良好生产规范。

(e) 事先对不同于本节规定用途的该种成分的限制，不存在或已被放弃。

从上述可见 21CFR 184.1005 对醋酸的产生途径、法规、用途及使用量都做了严格的规定。

3. 选择 NTIS 数字便于从 NTIS 订单报告全文。

再次以醋酸为例，点击 Acetic acid 所对应的 NTIS 报告号 PB274670，如图 6-4 所示。从此界面可以下载安全物质报告完整版①。

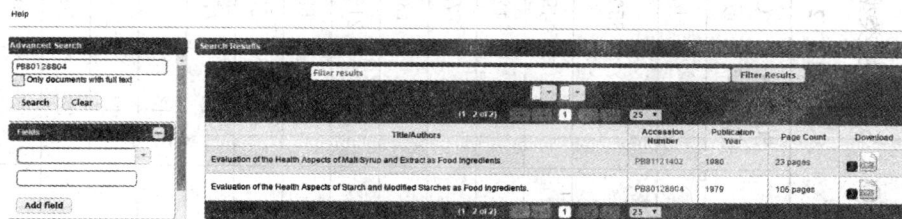

图 6-4　NTIS 所对应物质的界面

4. 排序功能。如要按特定字段排序，可以单击列标题的字段。

5. 浏览记录，使用显示全字段，第一/前面/下/最后，跳转到选择底部的数据表。

6. 搜索功能。搜索一个特定的物质/项，在搜索框中输入这个词并选择显示项目，只显示这些记录包含选定的项。

---

① http://ntrl. ntis. gov/NTRL/dashboard/searchResults. xhtml? searchQuery = PB274670。

(四) SCOGS 数据库

在原 SCOGS 数据库基础上,按 SCOGS 可信度类型进行了排序,详见表 6-2 所示。

表 6-2 SCOGS 数据库

序号	GRAS 物质	SCOGS 报告编号	CAS 编号或其他代码	发布年份	SCOGS 类别	21 CFR 规则	NTIS(国家技术信息服务)订单号
1	醋酸	82	64-19-7	1977	1	184.1005	PB 274670
2	酸变性淀粉	115	65996-63-6	1979	1	172.892 182.90	PB 8012804
3	丙烯三甲酸	41	499-12-7	1974	1	184.1007	PB 254534
4	己二酸	80	124-04-9	1976	1	184.1009	PB 266279
5	硫酸铝铵	43	7784-26-1	1975	1	182.1127	PB 262655
6	硅酸铝钙	61	1344-01-0	1979	1	182.2122	PB 301402
7	氢氧化铝	43	21645-51-2	1975	1	182.90	PB 262655
8	铝油酸(包装)	43	688-37-9	1975	1		PB 262655
9	棕榈酸铝(包装)	43	555-35-1	1975	1		PB 262655
10	硫酸铝钾	43	7784-24-9	1975	1	182.1129	PB 262655
11	硫酸铝钠	43	7784-28-3	1975	1	182.1131	PB 262655
12	硫酸铝	43	10043-01-3	1975	1	182.1125	PB 262655
13	碳酸氢铵	34	1066-33-7	1974	1	184.1135	PB 254532
14	碳酸铵	34	8000-73-5	1974	1	184.1137	PB 254532

（续表）

序号	GRAS 物质	SCOGS 报告编号	CAS编号 或其他代码	发布 年份	SCOGS 类别	21 CFR 规则	NTIS(国家技术 信息服务)订单号
15	氯化铵	34	12125 - 02 - 9	1974	1	184. 1138	PB 254532
16	柠檬酸铵	84	7632 - 50 - 0	1977	1	184. 1140	PB 280954
17	氢氧化铵	34	1336 - 21 - 6	1974	1	184. 1139	PB 254532
18	磷酸氢二铵(报告 32)	32	7783 - 28 - 0	1975	1	184. 1141b	PB 262651
19	磷酸氢二铵(报告 34)	34	7783 - 28 - 0	1974	1	184. 1141b	PB 254532
20	磷酸氢铵(报告 32)	32	7722 - 76 - 1	1975	1	184. 1141a	PB 262651
21	磷酸氢铵(报告 34)	34	7722 - 76 - 1	1974	1	184. 1141a	PB 254532
22	硫酸铵	34	7783 - 20 - 2	1974	1	184. 1143	PB 254532
23	竹芋淀粉	115	977000 - 09 - 1	1979	1		PB 80128804
24	维生素 C	59	50 - 81 - 7	1979	1	182. 3013 182. 8013	PB 80128796
25	抗坏血酸棕榈酸酯	59	137 - 66 - 6	1979	1	182. 3149	PB 80128796
26	蜂蜡(黄色或白色)	46a	8006 - 40 - 4	1975	1	184. 1973	PB 262656
27	膨润土;皂土	90	1302 - 78 - 9	1977	1	184. 1155	PB 276416
28	苯甲酸	7	65 - 85 - 0	1973	1	184. 1021	PB 223837
29	维生素 H;生物素	92	58 - 85 - 5	1978	1	182. 8159	PB 281421
30	漂白淀粉	115	977075 - 42 - 5	1979	1	172. 892	PB 80128804

（续表）

序号	GRAS 物质	SCOGS 报告编号	CAS 编号或其他代码	发布年份	SCOGS 类别	21 CFR 规则	NTIS（国家技术信息服务）订单号
31	褐藻	38	977146 - 32 - 9	1973	1	184. 1120	PB 265505
32	醋酸钙	45	62 - 54 - 4	1975	1	184. 1185	PB 254539
33	碳酸钙	26	471 - 34 - 1	1975	1	184. 1191	PB 254535
34	酪酸钙	96	9005 - 43 - 0	1979	1	184. 1193	PB 301401
35	氯化钙	45	10035 - 04 - 8	1975	1	184. 1195	PB 254539
36	柠檬酸钙	84	813 - 94 - 5	1977	1	184. 1199	PB 280954
37	葡萄糖酸钙	45	299 - 28 - 5	1975	1	184. 1201	PB 254539
38	甘油磷酸钙	74	27214 - 00 - 2	1976	1	181. 29	PB 265506
39	甘油磷酸钙（包装）	74	27214 - 00 - 2	1976	1		PB 265506
40	六偏磷酸钙	32	10102 - 76 - 8	1975	1		PB 262651
41	氢氧化钙	72	1305 - 62 - 0	1975	1	184. 1205	PB 254540
42	次磷酸钙	73	7789 - 79 - 9	1977	1	184. 1206	PB 274476
43	碘酸钙	39	7789 - 80 - 2	1975	1		PB 254533
44	L-抗坏血酸盐盐钙	59	5743 - 28 - 2	1979	1	182. 3189	PB 80128796
45	乳酸钙	116	814 - 80 - 2	1978	1	184. 1207	PB 283713
46	L（+）乳酸	116	28305 - 25 - 1	1978	1	184. 1207	PB 283713
47	氧化钙	72	1305 - 78 - 8	1975	1	184. 1210	PB 254540

（续表）

序号	GRAS 物质	SCOGS 报告编号	CAS 编号或其他代码	发布年份	SCOGS 类别	21 CFR 规则	NTIS(国家技术信息服务)订单号
48	D-或 DL-泛酸钙	93	137-08-6	1978	1	184.1212	PB 288672
49	磷酸氢二钙	32	7757-93-9	1975	1		PB 262651
50	磷酸二氢钙	32	10031-30-8	1975	1		PB 262651
51	磷酸三钙	32	12167-74-7	1975	1		PB 262651
52	植酸钙;肌醇六磷酸钙镁	45	3615-82-5	1975	1	582.6219	PB 254539
53	丙酸钙	79	4075-81-4	1979	1	184.1221	PB 80104599
54	焦磷酸钙	32	7790-76-3	1975	1	182.8223	PB 262651
55	硅酸钙	61	1344-95-2	1979	1	182.2227	PB 301402
56	山梨酸钙	57	7492-55-9	1975	1	182.3225	PB 262663
57	硬脂酸钙	54	1592-23-0	1975	1	181.29 184.1229	PB 262661
58	辛酸	29	124-07-2	1974	1	184.1025	PB 254530
59	焦糖	20	8028-89-5	1973	1	182.1235	PB 266880
60	二氧化碳	117	124-38-9	1979	1	184.1240	PB 80104615
61	羧甲基纤维素(包装)	25	9000-11-7	1973	1		PB 274667
62	胡萝卜素(β-胡萝卜素)	111	7235-40-7	1979	1	184.1245	PB 80119837
63	酪蛋白;干酪素	96	9000-71-9	1979	1		PB 301401

（续表）

序号	GRAS 物质	SCOGS 报告编号	CAS 编号或其他代码	发布年份	SCOGS 类别	21 CFR 规则	NTIS(国家技术信息服务)订单号
64	酶水解酪蛋白	37b	9000-71-9	1980	1		PB 80178643
65	纤维素	25	9004-34-6	1973	1		PB 274667
66	醋酸纤维素（包装）	25	9004-35-7	1973	1	182.90	PB 274667
67	纤维素,微晶	25	977005-28-9	1973	1		PB 274667
68	胆酸	44	81-25-4	1975	1		PB 254524
69	胆碱酒石酸盐	42	87-67-2	1975	1	182.8250	PB 262654
70	氯化胆碱	42	67-48-1	1975	1	182.8252	PB 262654
71	柠檬酸	84	77-92-9	1977	1	184.1033	PB 280954
72	黏土（高岭土）（包装）	90	1332-58-7	1977	1	186.1256	PB 276416
73	丁香花蕾提取物	19	84961-50-2	1973	1	184.1257	PB 238792
74	丁香花蕾油	19	8000-34-8	1973	1	184.1257	PB 238792
75	丁香花蕾油性树脂	19	977017-85-8	1973	1	184.1257	PB 238792
76	丁香叶油	19	8000-34-8	1973	1	184.1257	PB 238792
77	丁香茎油	19	8000-34-8	1973	1	184.1257	PB 238792
78	椰子油（包装）	65	8001-31-8	1975	1		PB 274475
79	葡萄糖酸铜(铜)	98	7440-50-8	1979	1	184.1260	PB 301400
80	铜硫酸(铜)	98	7758-98-7	1979	1	184.1261	PB 301400

（续表）

序号	GRAS 物质	SCOGS 报告编号	CAS 编号或其他代码	发布年份	SCOGS 类别	21 CFR 规则	NTIS(国家技术信息服务)订单号
81	玉米淀粉	115	977050 - 51 - 3	1979	1	182.70 / 182.90	PB 80128804
82	碘化亚铜	98	7681 - 65 - 4	1979	1	184.1265	PB 301400
83	脱氧胆酸	44	83 - 44 - 3	1975	1		PB 254524
84	糊精·淀粉提取物	75	9004 - 53 - 9	1975	1	184.1277	PB 254538
85	玉米糊精(包装)	75	9004 - 53 - 9	1975	1		PB 254538
86	二乙酰	94	431 - 03 - 8	1980	1	184.1278	PB 80178668
87	硅藻土(助滤剂)	61	61790 - 53 - 2	1979	1		PB 301402
88	异抗坏血酸(D-抗坏血酸)	59	89 - 65 - 6	1979	1	182.3041	PB 80128796
89	丙烯酸乙酯	88	140 - 88 - 5	1977	1		PB 276415
90	乙基纤维素(包装)	25	9004 - 57 - 3	1973	1	182.90	PB 274667
91	甲酸乙酯	71	109 - 94 - 4	1976	1	184.1295	PB 266282
92	氯化铁(包装)	35	7705 - 08 - 0	1980	1	184.1297	PB 80178676
93	氧化铁(包装)	35	1309 - 37 - 1	1980	1	186.1300	PB 80178676
94	硫酸铁(包装)	35	10028 - 22 - 5	1980	1		PB 80178676
95	硫酸亚铁(包装)	35	7720 - 78 - 7	1980	1		PB 80178676
96	鱼油,氢化(包装)	66	8016 - 13 - 5	1975	1	186.1551	PB 262667

（续表）

序号	GRAS 物质	SCOGS 报告编号	CAS 编号或其他代码	发布年份	SCOGS 类别	21 CFR 规则	NTIS(国家技术信息服务)订单号
97	甲酸（包装）	71	64-18-6	1976	1	186.1316	PB 266282
98	大蒜和大蒜油	17	8000-78-0	1973	1	184.1317	PB 223838
99	明胶	58	9000-70-8	1975	1		PB 254527
100	甘油和甘油脂	30	56-81-5	1975	1		PB 254536
101	甘胆酸	44	475-31-0	1975	1		PB 254524
102	愈创木胶	64	9000-29-7	1975	1		PB 274474
103	氨气	112	7440-59-7	1979	1	184.1355	PB 80112022
104	高直链玉米淀粉	115	977050-51-3	1979	1		PB 80128804
105	盐酸	99	7647-01-0	1979	1	182.1057	PB 301399
106	氢化大豆油	70	8016-70-4	1976	1		PB 266280
107	氢化油脂（包装）	54	61789-97-7	1975	1	182.70	PB 262661
108	羟丙基甲基纤维素	25	9004-65-3	1973	1		PB 274667
109	印度胶萝籽	22	8006-75-5	1973	1	184.1282	PB 233906
110	肌糖；纤维醇	51	87-89-8	1975	1	184.1370	PB 262660
111	铁辛酸盐（包装）	35	6535-20-2	1980	1	181.25	PB 80178676
112	铁亚油酸酯（包装）	35	7779-63-7	1980	1	181.25	PB 80178676
113	氧化铁（包装）	35	1332-37-2	1980	1	186.1374	PB 80178676

（续表）

序号	GRAS 物质	SCOGS 报告编号	CAS 编号或其他代码	发布年份	SCOGS 类别	21 CFR 规则	NTIS(国家技术信息服务)订单号
114	松浆油酸铁	35	61788 - 81 - 6	1980	1	181. 25	PB 8017 8676
115	铁元素（包装）	35	7439 - 89 - 6	1980	1	184. 1375	PB 8017 8676
116	柠檬酸异丙酯	84	39413 - 05 - 3	1977	1	184. 1386	PB 280954
117	D(-)-乳酸	116	10326 - 41 - 7	1978	1, 4		PB 283713
118	乳酸	116	598 - 82 - 3	1978	1, 4		PB 283713
119	L(+)乳酸;L-2-羟基丙酸	116	79 - 33 - 4	1978	1	184. 1061	PB 283713
120	猪脂（包装）	91	61789 - 99 - 9	1976	1	182. 70	PB 270368
121	猪油（包装）	91	8016 - 28 - 2	1976	1	182. 70	PB 270368
122	卵磷脂	106	8002 - 43 - 5	1979	1	184. 1400	PB 301405
123	卵磷脂,过氧化氢漂白	106	92128 - 87 - 5	1979	1	184. 1400	PB 301405
124	亚油酸	65	60 - 33 - 3	1975	1	184. 1065	PB 274475
125	碳酸镁	60	39409 - 82 - 0	1979	1	184. 1425	PB 265509
126	氯化镁	60	7786 - 30 - 3	1979	1	184. 1426	PB 265509
127	葡萄糖酸镁	78	3632 - 91 - 5	1978	1		PB 288675
128	甘油磷酸酯镁（包装）	74	927 - 20 - 8	1976	1	181. 29	PB 265506
129	氢氧化镁	60	1309 - 42 - 8	1979	1	184. 1428	PB 265509
130	氧化镁	60	1309 - 48 - 4	1979	1	184. 1431	PB 265509

（续表）

序号	GRAS 物质	SCOGS 报告编号	CAS 编号或其他代码	发布年份	SCOGS 类别	21 CFR 规则	NTIS(国家技术信息服务)订单号
131	磷酸镁,二元的	60	7782 - 75 - 4	1979	1	184.1434	PB 265509
132	磷酸镁,三元的	60	7757 - 87 - 1	1979	1	184.1434	PB 265509
133	硅酸镁	61	1343 - 88 - 0	1979	1	182.2437	PB 301402
134	硬脂酸镁	60	557 - 04 - 0	1979	1	184.1440	PB 265509
135	硫酸镁	60	10034 - 99 - 8	1979	1	184.1443	PB 265509
136	苹果酸;羟基丁二酸	56	6915 - 15 - 7	1975	1	184.1069	PB 262662
137	左旋苹果酸	56	97 - 67 - 6	1975	1	184.1069	PB 262662
138	甘油磷酸锰	74	1320 - 46 - 3	1976	1		PB 265506
139	次磷酸锰	73	10043 - 84 - 2	1977	1	184.1434	PB 274476
140	甘露醇	10	69 - 65 - 8	1972	1	180.25	PB 221953
141	单体的丙烯酸甲酯（包装）	88	96 - 33 - 3	1977	1		PB 276415
142	丙烯酸甲酯共聚合物（包装）	88	9003 - 21 - 8	1977	1	181.30	PB 276415
143	苯甲酸甲酯（防腐剂）	8	99 - 76 - 3	1972	1	184.1490	PB 221950
144	高粱淀粉	115	977027 - 92 - 1	1979	1		PB 80128804
145	芥末酱和芥末油（棕色和黄色）	16	57 - 06 - 7	1975	1	182.10	PB 254528
146	烟酸	108	59 - 67 - 6	1979	1	184.1530	PB 80112030
147	烟酰胺	108	98 - 92 - 0	1979	1	184.1535	PB 80112030

（续表）

序号	GRAS 物质	SCOGS 报告编号	CAS 编号或其他代码	发布年份	SCOGS 类别	21 CFR 规则	NTIS(国家技术信息服务)订单号
148	镍（元素）	97	7440－02－0	1979	1	184.1537	PB 8010623
149	油酸（包装）	65	112－80－1	1975	1		PB 274475
150	牛胆汁浸膏	44	8008－63－7	1975	1	184.1560	PB 254524
151	D-泛醇	93	81－13－0	1978	1	582.5580	PB 288672
152	木瓜蛋白酶	77	9001－73－4	1977	1	184.1585	PB 274174
153	花生油（包装）	65	8002－03－7	1975	1		PB 274475
154	酰胺化的果胶	81	56645－02－4	1977	1	184.1588	PB 274477
155	高酯果胶	81	9000－69－5	1977	1	184.1588	PB 274477
156	低酸果胶	81	无	1977	1	184.1588	PB 274477
157	果胶酶	81	9005－59－8	1977	1	184.1588	PB 274477
158	果胶醋酸	81	9046－40－6	1977	1	184.1588	PB 274477
159	珍珠岩（助虑剂）	61	93763－70－3	1979	1	182.1073	PB 301402
160	磷酸	32	7664－38－2	1975	1		PB 262651
161	L-酸性酒石酸钾	107	868－14－4	1979	1	184.1077	PB 301403
162	碳酸氢钾	26	298－14－6	1975	1	184.1613	PB 254535
163	碳酸钾	26	584－08－7	1975	1	184.1619	PB 254535
164	氯化钾	102	7447－40－7	1979	1	184.1622	PB 298139

（续表）

序号	GRAS 物质	SCOGS 报告编号	CAS 编号或其他代码	发布年份	SCOGS 类别	21 CFR 规则	NTIS(国家技术信息服务)订单号
165	柠檬酸钾	84	6100-05-6	1977	1	184.1625	PB 280954
166	葡萄糖酸钾	78	299-27-4	1978	1		PB 288675
167	甘油磷酸钾	74	1319-70-6	1976	1		PB 265506
168	氢氧化钾	85	1310-58-3	1976	1	184.1631	PB 265507
169	次磷酸钾	73	7782-87-8	1977	1		PB 274476
170	碘酸钾	39	7758-05-6	1975	1	184.1635	PB 254533
171	碘化钾	39	7681-11-0	1975	1	184.1634	PB 254533
172	磷酸氢二钾	32	7758-11-4	1975	1		PB 262651
173	磷酸二氢钾	32	7778-77-0	1975	1		PB 262651
174	磷酸三钾	32	7778-53-2	1975	1		PB 262651
175	聚偏磷酸钾	32	7790-53-6	1975	1		PB 262651
176	焦磷酸钾	32	7320-34-5	1975	1		PB 262651
177	硅酸钾	61	1312-76-1	1979			PB 301402
178	山梨酸钾	57	24634-61-5	1975	1	182.3640	PB 262663
179	三聚磷酸钾	32	13845-36-8	1975	1		PB 262651
180	马铃薯淀粉;生粉	115	977000-07-9	1979	1		PB 80128804
181	糯性淀粉	115	977050-93-3	1979	1	182.90	PB 80128804

（续表）

序号	GRAS 物质	SCOGS 报告编号	CAS 编号或其他代码	发布年份	SCOGS 类别	21 CFR 规则	NTIS(国家技术信息服务)订单号
182	丙酸	79	79 - 09 - 4	1979	1	184.1081	PB 80104599
183	没食子酸丙酯	11	121 - 79 - 9	1973	1	184.1660	PB 223840
184	尼泊金丙酯	8	94 - 13 - 3	1972	1	184.1670	PB 221950
185	丙二醇	27	57 - 55 - 6	1973	1	184.1666	PB 265504
186	单硬脂酸丙二醇酯	27	1323 - 39 - 3	1973	1	172.856	PB 265504
187	酸水解蛋白	37b	无	1980	1		PB 80178643
188	酶水解蛋白	37b	无	1980	1		PB 80178643
189	纸浆（包装）	40	977139 - 78 - 8	1973	1	184.1673	PB 234907
190	维生素 B6,吡哆醇	100	65 - 23 - 6	1977	1		PB 275340
191	盐酸吡哆醇	100	58 - 56 - 0	1977	1	184.1676	PB 275340
192	红藻	38	977007 - 74 - 1	1973	1	184.1121	PB 265505
193	凝乳酶	76	9042 - 08 - 4	1977	1	184.1685	PB 274668
194	核黄素,维生素 B2	114	83 - 88 - 5	1979	1	184.1695	PB 301406
195	核黄素 - 5'-磷酸	114	146 - 17 - 8	1979	1	184.1697	PB 301406
196	大米淀粉	115	977000 - 08 - 0	1979	1		PB 80128804
197	二氧化硅气凝胶	61	977052 - 02 - 0	1979	1	182.1711	PB 301402
198	二氧化碳硅	61	14808 - 60 - 7	1979	1		PB 301402

（续表）

序号	GRAS 物质	SCOGS 报告编号	CAS 编号 或其他代码	发布 年份	SCOGS 类别	21 CFR 规则	NTIS（国家技术 信息服务）订单号
199	醋酸钠	82	977127 - 84 - 6	1977	1	184.1721	PB 274670
200	酸式焦磷酸钠	32	7758 - 16 - 9	1975	1	182.1087	PB 262651
201	铝酸钠（包装）	43	11138 - 49 - 1	1975	1		PB 262655
202	铝硅酸钠	61	73987 - 94 - 7	1979	1	182.2727	PB 301402
203	酸性磷酸铝钠	43	7785 - 88 - 8	1975	1	182.1781	PB 262655
204	磷酸铝钠	43	7785 - 88 - 8	1975	1	182.1781	PB 262655
205	苯甲酸钠	7	532 - 32 - 1	1973	1	184.1733	PB 223837
206	碳酸氢钠	26	144 - 55 - 8	1975	1	184.1736	PB 254535
207	水合硅酸铝	61	1344 - 01 - 0	1979	1	182.2729	PB 301402
208	碳酸钠	26	497 - 19 - 8	1975	1	184.1742	PB 254535
209	羧甲基纤维素钠	25	9004 - 32 - 4	1973	1	182.1745	PB 274667
210	酪蛋白酸钠	96	9005 - 46 - 3	1979	1		PB 301401
211	氯化钠	102	7647 - 14 - 5	1979	1（干包装 食品），4 （直接添加）	182.70	PB 298139
212	柠檬酸钠	84	68 - 04 - 2	1977	1	184.1751	PB 280954
213	二乙酸钠	82	126 - 96 - 5	1977	1	184.1754	PB 274670

（续表）

序号	GRAS 物质	SCOGS 报告编号	CAS 编号或其他代码	发布年份	SCOGS 类别	21 CFR 规则	NTIS(国家技术信息服务)订单号
214	异抗坏血酸钠	59	6381-77-7	1979	1		PB 80128796
215	甲酸钠	71	141-53-7	1976	1	186.1756	PB 266282
216	葡萄糖酸钠	78	527-07-1	1978	1	182.6757	PB 288675
217	六偏磷酸钠(螯合剂)	32	68915-31-1	1975	1		PB 262651
218	连二硫酸钠(包装)	63	7775-14-6	1975	1	182.9011	PB 26266512
219	氢氧化钠	85	1310-73-2	1976	1	184.176314	PB 265507
220	次磷酸钠	73	7681-53-0	1977	1	184.176419	PB 274476
221	抗坏血酸钠盐	59	134-03-2	1979	1	182.373122	PB 80128796
222	偏磷酸钠	32	50813-16-6	1975	1	182.676928	PB 262651
223	油酸钠(包装)	86	143-19-1	1977	1	186.177031	PB 27641432
224	棕榈酸酯钠(包装)	86	408-35-5	1977	1	186.177134	PB 276414
225	D 或 DL-泛酸钠	93	867-81-2	1978	1		PB 28867237
226	磷酸氢二钠	32	10140-65-5	1975	1		PB 262651
227	磷酸氢钠	32	7558-80-7	1975	1		PB 262651
228	磷酸钠	32	10361-89-4	1975	1		PB 26265143
229	磷酸铝钠(包装)	43	11138-49-1	1975	1		PB 262655
230	丙酸钠	79	137-40-6	1979	1	184.178447	PB 80104599

（续表）

序号	GRAS 物质	SCOGS 报告编号	CAS 编号或其他代码	发布年份	SCOGS 类别	21 CFR 规则	NTTS(国家技术信息服务)订单号
231	焦磷酸钠，四元	32	7722-88-5	1975	1	182.676050	PB 26265151
232	硅酸钠	61	1344-09-8	1979	1		PB 301402
233	山梨酸钠	57	7757-81-5	1975	1	182.379558	PB 262663
234	L(+)酒石酸钠	107	868-18-8	1979	1	184.180164	PB 301403
235	四偏磷酸钠	32	68915-31-1-2	1975	1		PB 262651
236	四磷酸钠	32	14986-84-6	1975	1		PB 26265169
237	硫代硫酸钠	52	10102-17-7	1975	1	184.180771	PB 254526
238	三偏磷酸钠	32	7785-84-4	1975	1	182.181076	PB 262651
239	三聚磷酸钠	32	7758-29-4	1975	1	182.308979	PB 262651
240	山梨酸	57	110-44-1	1975	1	184.183582	PB 262663
241	山梨糖醇	9	50-70-4	1972	1	186.1839	PB 221951
242	山梨糖（包装）	49	3615-56-3	1974	1		PB 254525
243	分离大豆蛋白	101	977076-84-8	1979	1		PB 300717
244	酱油调味汁	37b	8031-68-3	1980	1		PB 8017643
245	氯化亚锡	31	7772-99-8	1974	1	184.1845	PB 254531
246	发酵剂馏出液	94	977019-27-4	1980	1	184.1848	PB 8017668
247	硬脂酸（包装）	54	57-11-4	1975	1	184.1090	PB 262661

（续表）

序号	GRAS 物质	SCOGS 报告编号	CAS 编号或其他代码	发布年份	SCOGS 类别	21 CFR 规则	NTIS(国家技术信息服务)订单号
248	柠檬酸硬脂	84	1337 - 33 - 3	1977	1	184.1851	PB 280954
249	琥珀酸	53	110 - 15 - 6	1975	1	184.1091	PB 254541
250	氨基磺酸（包装）	62	5329 - 14 - 6	1972	1	186.1093	PB 262664
251	硫酸	33	7664 - 93 - 9	1975	1	184.1095	PB 262652
252	滑石（基本硅酸镁）	61	14807 - 96 - 6	1979	1		PB 301402
253	高油（包装）	68	8002 - 26 - 4	1975	1	186.1557	PB 262666
254	脂（包装）	54	61789 - 97 - 7	1975	1	186.1555	PB 262661
255	木薯淀粉	115	977002 - 81 - 5	1979	1	182.70	PB 80128804
256	L（十）酒石酸	107	87 - 69 - 4	1979	1	184.1099	PB 301403
257	牛磺胆酸	44	81 - 24 - 3	1975	1		PB 254524
258	盐酸硫胺素	109	67 - 03 - 8	1978	1	184.1875	PB 288674
259	硝酸硫胺	109	532 - 43 - 4	1978	1	184.1878	PB 288674
260	α-生育酚乙酸酯	36	58 - 95 - 7	1975	1	182.8892	PB 262653
261	生育酚；维生素 E	36	1406 - 66 - 2	1975	1	184.1890	PB 262653
262	硅酸三钙	61	12168 - 85 - 3	1979	1	182.2906	PB 301402
263	柠檬酸三乙酯	84	77 - 93 - 0	1977	1	184.1911	PB 280954
264	尿素	103	57 - 13 - 6	1978	1	184.1923	PB 288673

（续表）

序号	GRAS 物质	SCOGS 报告编号	CAS 编号 或其他代码	发布 年份	SCOGS 类别	21 CFR 规则	NTIS(国家技术 信息服务)订单号
265	维生素 B12	104	68 - 19 - 9	1978	1	184.1945	PB 289922
266	糯玉米淀粉	115	977050 - 52 - 4	1979	1		PB 80128804
267	小麦淀粉	115	977052 - 26 - 8	1979	1	182.70	PB 80128804
268	酵母自溶产物	37b	977046 - 75 - 5	1980	1		PB 80178643
269	葡萄糖酸锌	78	4468 - 02 - 4	1978	1	182.8988	PB 288675
270	亚硫酸氢锌（包装）	63	7779 - 86 - 4	1975	1	182.90	PB 262665
271	乙酰化己二酸双淀粉酯	115	63798 - 35 - 6	1979	2	172.892	PB 80128804
272	乙酰化二淀粉磷酸酯	115	68130 - 14 - 3	1979	2	172.892	PB 80128804
273	琼脂	23	9002 - 18 - 0	1973	2	184.1115	PB 265502
274	海藻酸铵	24	9005 - 34 - 9	1973	2	184.1133	PB 265503
275	藻酸钙	24	9005 - 35 - 0	1973	2	184.1187	PB 265503
276	羰基铁（分解羰基化铁而得的铁）	35	7439 - 89 - 6	1980	2	184.1375	PB 80178676
277	羰基铁（包装）	35	7439 - 89 - 6	1980	2	184.1375	PB 80178676
278	角豆胶；刺槐豆胶	3	9000 - 40 - 2	1972	2	184.1343	PB 221952
279	玉米糖（葡萄糖）	50	50 - 99 - 7	1976	2	184.1857	PB 262659
280	玉米糖浆	50	8029 - 43 - 4	1976	2	184.1865	PB 262659
281	右旋糖酐；葡聚糖	83	9004 - 54 - 0	1975	2	186.1275	PB 254537

（续表）

序号	GRAS 物质	SCOGS 报告编号	CAS 编号或其他代码	发布年份	SCOGS 类别	21 CFR 规则	NTIS(国家技术信息服务)订单号
282	硫代二丙酸二月桂酯	79	123－28－4	1979	2	182.3280	PB 80104599
283	二淀粉磷酸酯	115	55963－33－2	1979	2	172.892	PB 80128804
284	电解铁	35	7439－89－6	1980	2	184.1375	PB 80178676
285	电解铁(包装)	35	7439－89－6	1980	2		PB 80178676
286	枸橼酸铁铵,柠檬酸铁铵	35	1185－57－5	1980	2	184.1296	PB 80178676
287	枸橼酸铁	35	2338－05－8	1980	2	184.1298	PB 80178676
288	硫酸亚铁	35	7720－78－7	1980	2	184.1315	PB 80178676
289	磷酸铁	35	10045－86－0	1980	2	184.1301	PB 80178676
290	焦磷酸铁	35	10058－44－3	1980	2	184.1304	PB 80178676
291	抗坏血酸亚铁	35	24808－52－4	1980	2	184.1307a	PB 80178676
292	碳酸亚铁	35	563－71－3	1980	2	184.1307b	PB 80178676
293	柠檬酸亚铁	35	23383－11－1	1980	2	184.1307c	PB 80178676
294	富马酸亚铁	35	141－01－5	1980	2	184.1307d	PB 80178676
295	葡萄糖酸亚铁	35	6047－12－7	1980	2	184.1308	PB 80178676
296	乳酸亚铁	35	5905－52－2	1980	2	184.1311	PB 80178676
297	左旋谷氨酸	37a	56－86－0	1980	2	182.1045	PB 80178635
298	谷氨酸盐酸盐	37a	138－15－8	1980	2	182.1047	PB 80178635

（续表）

序号	GRAS 物质	SCOGS 报告编号	CAS 编号或其他代码	发布年份	SCOGS 类别	21 CFR 规则	NTIS(国家技术信息服务)订单号
299	甘草	28	68916-91-6	1974	2	184.1408	PB 254529
300	甘草酸铵	28	53956-04-0	1974	2	184.1408	PB 254529
301	瓜尔豆胶	13	9000-30-0	1973	2	184.1339	PB 223836
302	阿拉伯树胶	1	9000-01-5	1973	2	184.1330	PB 234904
303	印度胶	12	9000-28-6	1973	2	184.1333	PB 223841
304	黄蓍胶	4	9000-65-1	1972	2	184.1351	PB 223835
305	过氧化氢	113	7722-84-1	1979	2	184.1366	PB 80104607
306	转化糖	50	57-50-1	1976	2	184.1859	PB 262659
307	甘草	28	1405-86-3	1974	2	184.1408	PB 254529
308	甲基纤维素	25	9004-67-5	1973	2	182.1480	PB 274667
309	L-谷氨酸铵	37a	7558-63-6	1980	2	182.1500	PB 80178635
310	L-谷氨酸钾	37a	19473-49-5	1980	2	182.1516	PB 80178635
311	磷酸淀粉	115	11120-02-8	1979	2	172.892	PB 80128804
312	芸香油	14	8014-29-7	1973	2	184.1699	PB 223839
313	二淀粉磷酸酯	115	977043-58-5	1979	2	172.892	PB 80128804
314	海藻酸钾	24	9005-36-1	1973	2	184.1610	PB 265503
315	焦亚硫酸钾	15	16731-55-8	1976	2	182.3637	PB 265508

（续表）

序号	GRAS 物质	SCOGS 报告编号	CAS 编号或其他代码	发布年份	SCOGS 类别	21 CFR 规则	NTIS(国家技术信息服务)订单号
316	海藻酸丙二醇酯	24	9005－37－2	1973	2		PB 265503
317	还原铁	35	7439－89－6	1980	2	184.1375	PB 80178676
318	还原铁（包装）	35	7439－89－6	1980	2		PB 80178676
319	海藻酸钠	24	9005－38－3	1973	2	184.1724	PB 265503
320	亚硫酸氢钠	15	7631－90－5	1976	2	182.3739	PB 265508
321	焦亚硫酸钠	15	7681－57－4	1976	2	182.376625	PB 265508
322	亚硫酸钠	15	7757－83－7	1976	2	182.379861	PB 26550862
323	淀粉醋酸酯	115	9045－28－7	1979	2	172.892	PB 80128804
324	苹婆胶（刺梧桐树胶）	5	9000－36－6	1973	2	184.1339	PB 234905
325	蔗糖	69	57－50－1	1976	2	184.1854	PB 262668
326	二氧化硫	15	7446－09－5	1976	2	182.3862	PB 265508
327	鞣酸	48	1401－55－4	1977	2	184.1097	PB 274669
328	硫化二丙酸	79	111－17－1	1979	2	182.3109	PB 80104599
329	维生素 A	118	68－26－8	1980	2	184.1930	PB 80178650
330	维生素 A 醋酸	118	127－47－9	1980	2	184.1930	PB 80178650
331	维生素 A 棕榈酸酯	118	79－81－2	1980	2	184.1930	PB 80178650
332	维生素 D2（钙化醇）	95	50－14－6	1978	2	184.1950	PB 293099

（续表）

序号	GRAS 物质	SCOGS 报告编号	CAS 编号或其他代码	发布年份	SCOGS 类别	21 CFR 规则	NTIS(国家技术信息服务)订单号
333	维生素 D3	95	67-97-0	1978	2	184.1950	PB 293099
334	乙酸锌	21	557-34-6	1973	2		PB 266879
335	碳酸锌	21	3486-35-9	1973	2		PB 266879
336	氯化锌	21	7646-85-7	1973	2	182.8985	PB 266879
337	氧化锌	21	1314-13-2	1973	2	182.8991	PB 266879
338	硫酸锌	21	7446-20-0	1973	2	182.8997	PB 266879
339	乙酰二淀粉羟丙醇	115	977120-10-7	1979	3	172.892	PB 80128804
340	叔丁基羟基茴香醚(BHA)	55	25013-16-5	1978	3	182.3169	PB 285496
341	丁羟甲苯(BHT)	2	128-37-0	1973	3	172.115	PB 259917
342	咖啡因	89	58-08-2	1978	3,4	182.1180	PB 283441
343	角叉菜胶	6	9000-07-1	1973	3	172.620	PB 266877
344	羟丙醇双淀粉	115	977043-57-4	1979	3		PB 80128804
345	羟丙基二淀粉磷酸酯	115	53124-00-8	1979	3		PB 80128804
346	羟丙基淀粉	115	9049-76-7	1979	3		PB 80128804
347	氧化羟丙基淀粉	115	68412-86-2	1979	3		PB 80128804
348	肉豆蔻	18	977051-44-7; 977051-14-1	1973	3	182.10	PB 266878

（续表）

序号	GRAS 物质	SCOGS 报告编号	CAS 编号 或其他代码	发布 年份	SCOGS 类别	21 CFR 规则	NTIS（国家技术 信息服务）订单号
349	淀粉辛烯基琥珀酸铝	115	9087 - 61 - 0	1979	3	172.892	PB 80128804
350	淀粉辛烯基琥珀酸钠	115	66829 - 29 - 6	1979	3	172.892	PB 80128804
351	淀粉丁二酸钠	115	37231 - 92 - 8	1979	3	172.892	PB 80128804
352	次氯酸钠氧化淀粉	115	977170 - 89 - 0	1979	3	172.892	PB 80128804
353	乙酰化二淀粉甘油酯	115	53123 - 84 - 5	1979	4		PB 80128804
354	二淀粉甘油酯	115	58944 - 89 - 1	1979	4		PB 80128804
355	羟丙基二淀粉甘油酯	115	59419 - 60 - 2	1979	4		PB 80128804
356	丁二酰甘油二淀粉	115	977043 - 59 - 6	1979	4		PB 80128804
357	巴西棕榈蜡	47	8015 - 86 - 9	1975	5	184.1978	PB 262658
358	（玉米的）穗丝	87	977000 - 79 - 5	1977	5	184.1262	PB 278158
359	三氧化二铁，氧化铁	35	1309 - 37 - 1	1980	5		PB 80178676
360	焦磷酸铁钠	35	10045 - 87 - 1	1980	5		PB 80178676
361	环烷酸铁	35	1338 - 14 - 3	1980	5	181.25	PB 80178676
362	蛋白胨铁	35	977009 - 72 - 5	1980	5		PB 80178676
363	铁聚乙烯吡咯烷酮	35	977125 - 47 - 5	1980	5		PB 80178676
364	日本蜡（包装）	46b	8001 - 39 - 6	1975	5	186.1555	PB 262657
365	氯化锰	67	7773 - 01 - 5	1979	5		PB 301404

（续表）

序号	GRAS 物质	SCOGS 报告编号	CAS 编号 或其他代码	发布 年份	SCOGS 类别	21 CFR 规则	NTIS(国家技术 信息服务)订单号
366	柠檬酸锰	67	10024-66-5	1979	5	184.1449	PB 301404
367	葡萄糖酸锰	67	6485-39-8	1979	5		PB 301404
368	一氧化锰	67	1317-35-7	1979	5		PB 301404
369	硫酸锰	67	7785-87-7	1979	5		PB 301404
370	(EDTA)乙二胺四乙酸铁钠	35	15708-41-5	1980	5		PB 80178676
371	焦磷酸铁钠	35	1332-96-3	1980	5		PB 80178676
372	氢氧化钠糊化淀粉	115	977102-48-9	1979	5		PB 80128804
373	膳食铁	PB-218 836	7439-89-6	1972	未归类		PB 80178676
374	铁——铁的生物利用度研究报告	PB 224 122/AS	7439-89-6	1973	未归类		PB 80178676
375	铁——临床研究报告,以阐明谷物产品增加铁富集的可能危害	未记载	7439-89-6	1972	未归类		

参考文献：

［1］ https：//www. federalregister. gov/documents/2016/08/17/2016 - 19164/
substances-generally-recognized-as-safe.

［2］ https：//www. fda. gov/Food/IngredientsPackagingLabeling/GRAS/
SCOGS/default. htm.

［3］ https：//www. fda. gov/Food/IngredientsPackagingLabeling/GRAS/
SCOGS/ucm084142. htm.

［4］ https：//www. fda. gov/Food/IngredientsPackagingLabeling/GRAS/
default. htm.

［5］ https：//www. fda. gov/Food/IngredientsPackagingLabeling/GRAS/
NoticeInventory/default. htm.

［6］ https：//www. fda. gov/Food/GuidanceRegulation/GuidanceDocumen
tsRegulatoryInformation/ucm583858. htm.

第二节　美国 USP 标准介绍

一、关于 USP

美国药典委员会（The United States Pharmacopeial Convention，USP）是一家非营利性科研机构，为全世界生产、经销、使用的药品、食品成分和膳食补充剂的质量、纯度、鉴定和浓度设立标准。USP 的标准在美国由 FDA 强制实施，全世界有 140 多个国家/地区也在制定和采用这些标准。

USP 标准由一家国际性组织开发和修订，该组织的 900 多名专业志愿者与 USP 一道按照严格的避免利益冲突的原则开展工作。自从 1820 年创立以来，USP 一直在帮助确保美国药品的质量。沿袭这一传统，USP 今天与许多国家的科学家、医疗保健从业者和监管机构协力保护全世界的公共健康。USP 是一家独特的机构，其活动受三个监管实体指导。这些实体由 900 多位志愿者组成，日常运营由 800 多名员工构成的管理团队和人员管理。USP 由成员组织委员会、董事会和专家理事会及其专家委员会监管。这些决策机构按照符合优质公共健康服务之最佳利益的原则指导 USP 的活动。

USP 是一个由志愿者主导、以科学为基础的制定标准的组织，该组织保持其独立性、诚信度、信誉度和可信度。

二、USP 的管理

USP 由三个来自世界各地的志愿者组成的实体进行管理:USP 成员组织委员会、董事会以及专家理事会和专家委员会。

1. USP 成员组织委员会。

USP 成员组织委员会由 600 个成员组织构成,包括学术机构、从业医生、科学协会、消费者组织、制造商和贸易协会、政府实体和协会、非政府性标准制定和符合性评估实体。成员组织参与讨论与其成员利益相关的问题,投票决定如何指导 USP 的政策和倡议,并选举 USP 委员会的官员(总裁和财务主管)、董事和专家理事会成员。

2. 董事会。

USP 董事会由 USP 成员组织委员会每五年选举一次。董事会做出各种决策,指导 USP 的政策、财务和战略方向。董事会包括两名药物科学董事、两名制药科学董事、三名一般董事和一名公共利益董事。董事会管理人员包括总裁、财务主管和前任总裁。

3. 专家理事会和专家委员会。

专家理事会为 USP 提供科学、用以制定标准的各种决策。理事会成员由 USP 成员组织委员会选举产生。每名理事会成员均担任一个专家委员会的主席,任期五年。专家委员会成员由主席选举产生,任期也是五年。专家理事会及其专家委员会为 USP 公共健康产品和计划提供了科学的基础。

三、USP 的影响力

1820 年,美国 11 位医生认识到本国药物名称及其配方命名的重要性,因此成立了美国药典委员会。当时的药品市场极其不规范:患者所用药物几乎得不到任何质量保证。USP 的第一版列举了最好的药品及制剂,定义了便于开具处方和管理药品的医生与配制药品的药剂师之间交流的专用术语。从此以后,USP 对质量的关注进一步扩展到药品、药剂、患者护理、膳食补充剂和食物中。同时,范围也越过美国,延伸到了全世界。

2007 年美国药典中华区总部在上海自贸区成立,从经营到提供服务,USP 所做的一切都是为了实现一项全球使命:"建立有助于提高药品和食品质量、安全性和有效用公共标准及相关方案,以改善全球公共健康状况。"

USP 设有五个国际机构:美国、印度、中国、巴西和欧洲,通过这些机构与全球各地的制造厂商、政府、医疗机构及许多其他相关方合作。协调、草药法典

(HMC)、提升药品质量、技术援助计划以及科学家访问计划等都是 USP 典型的全球性工作。USP 的发展是全球合作的结果。USP 的委员会由来自 20 多个不同国家和地区的各个组织的代表组成,另有 850 多位来自 30 个国家和地区的专家志愿加入专家理事会、专家委员会和专家小组,指导标准制定活动。USP 的工作人员团队包括多元化人才,拥有 750 名来自世界各地的专家,他们支持着 USP 的所有活动。

四、USP 的愿景

在 USP 构想的世界,人人都能获得优质、安全、有益的药品和食品。USP 以专业的志愿者专家、成员和工作人员为骨干增强力量,并与全球的重要利益关系人广泛合作,带着紧迫感和使命感去实现这一愿景。USP 委员会成员每 5 年举行一次会议,对一系列决议进行讨论、投票和采纳,这些决议将确定未来 5 年期间的工作重点,从而进一步加强了 USP 的使命。USP 委员会的决议符合 USP 的使命、愿景和当前战略计划。

五、USP 标准的法律认可

作为非政府运营的实体,USP 与全世界的政府机构、部门和管理机构密切合作,以帮助提供有助于确保全球药物、膳食补充剂和食品成分供应安全的鉴别、效力、质量和纯度等标准。在美国和其他众多国家/地区,USP 标准被多项法律采用并作为达到特定法规要求的方法。最新版本 USP39 - NF 34 于 2015 年 12 月份出版,2016 年 5 月 1 日生效。

（一）美国法律中的 USP 标准

USP 的药品、膳食补充剂和食品标准在美国的多项立法中得到了不同程度的认可。美国联邦的多项法律采用了 USP 的标准。USP 的药物标准已进入 FD ＆ C Act;DSHEA 也认可 USP 的膳食补充剂标准;超过 200 项 FDA 法规中采纳了 USP 食品成分标准。

USP 在《美国药典·国家处方集》(USP - NF)中开发和公布了原料药、成品药、赋形剂和膳食补充剂的标准。这些标准在 1938 年首次实行后就得到了 FD ＆ C Act 认可。FD ＆ C Act 将术语"法定药典"定义为法定 USP、法定 NF、法定美国顺势疗法药典或是上述文档的其他补充材料。USP - NF 标准在 FD ＆ C Act 对假冒伪劣产品的规定中扮演了重要角色。USP 在这些标准或其他采用 USP - NF 标准的规定之实施中不扮演任何角色,在美国或其他国家/地区,这是 FDA 和其他政府管理机构的职责。按照相关的 FD ＆ C Act 规定，如果标签上有任何其他非专利名称"规定"名称（通常是药典名称）外的内容，则将被认定为标示不当（请参阅下面的"命名法"讨论）。使用 USP‐NF 认可的名称的药物必须符合其各论的识别/标识要求，否则将被认定为掺假、标示不当或二者兼有。药品还必须符合浓度、质量和纯度药典标准（化验和杂质测试），除非标签上显示药物存在差异的所有方面。FDA 要求非法定产品名称必须能够与法定药典中认可的任何名称清晰地区分开来。若不符合包装和标签的法典标准，使用 USP‐NF 中认可的名称的药品也将被认定为标示不当。

（二）药品 USP

USP‐NF 中为 FDA 批准的所有药品（包括生物制剂及其成分）收录原料药和制剂（产品）各论。

生物制剂：在美国，所有生物制剂都作为药品中的一类，无论是否经过 FDA 按 FD ＆ C Act 批准［并获得新药批文（NDA）］或按 PHSA［这种情况下他们收到的是生物制剂许可申请（BLA）］批准。

医疗器械：FD ＆ C Act 201（h）部分将器械定义为 USP‐NF 认可的仪器、仪表、类似产品或其组件。FD ＆ C Act 502（e）部分将器械在缺少 FDA 法定命名时的规定名称定义为法定药典中的法定名称。

复方制剂：复方表示根据医生/患者/药剂师/配方人员在专业实践过程中的关系，药品、药品输送器械或医疗器械的制备、混合、装配、改装、包装和标签符合持证医生的处方、用药单或提案。

命名法：在美国，FDA 通常要求 USP 为药品分配规定（非专利）名称并确定生物制剂的专有名称。

（三）食品成分标准

目前，《美国联邦法律汇编》中引述的超过 200 项 FDA 法规中采用了 USP 在《食品化学法典》（FCC）药典中公布的食品成分标准。1966 年国家科学院医学部发布的第一版 FCC，由 FDA 局长 James L. Goddard 于 1966 年 7 月通过签名支持信的方式得到了准法律认可，这封信再版时收入了该法典。这封信称，FDA 将采用《食品化学法典》中的规范，在食品添加剂法规的 121.101（b）（3）和 121.1000（a）（2）部分定义"适当的食品等级"，前提是达到以下资质：此签名支持信不能解释为《食品化学法典》中出现的任何食品化学成分可以不遵从国会法案的要求或不遵守 FDA 按照此类法案的授权发布的法律法规。后来，《美国联邦法律汇编》中陆续引用了以前版本的 FCC 中的各种其他规范，在 21 CFR 172、

21 CFR 173 和 21 CFR 184 等多个部分用来定义个体的安全成分。预计 FDA 将持续更新法规中对 FCC 的引用。

USP 将不懈努力以确保 FCC 包含美国所有食品添加物质的各论,包括在 FDA 成功提交后按照 FDA 法规销售的用作食品添加剂和色素添加剂的所有成分、确认为 GRAS 等级的成分以及按照 1958 年《食品添加剂修正案》通过前发布的批文销售的成分(优先批准的产品)。

(四)膳食补充剂标准

USP 的膳食补充剂标准收录于 USP - NF 和《食品化学法典》(FCC)药典中。法律认可会因发布标准的药典而变化。USP - NF 膳食补充剂标准—1994 年的 DSHEA 修订了 FD & C Act,将 USP 和 NF 指定为膳食补充剂的法定药典。修订案还规定,如果宣称膳食补充剂符合法定药典的各论中的介绍,但与事实不符,则应视为标示不当。膳食补充剂必须指明为符合 USP - NF 膳食补充剂各论才能应用药典标准。这与药品不同,无论是否声明合规性,药品都必须符合各论中的要求。

FCC 膳食补充剂标准—FCC 中的膳食补充剂标准被视为食品成分,受到同样的认可——请参阅上面“食品成分标准”。

六、国际认可

如今,全球已有 140 多个国家/地区采用 USP 标准。有些国际性管理机构和政府已将 USP 标准纳入自己的法律法规,以帮助保护在该国家/地区生产或进口到该国家/地区的产品和成分的质量。

USP 在《食品化学法典》(FCC)纲要中发布的食品成分标准得到以下认可:

在加拿大,食品添加剂必须符合加拿大卫生部颁布的法规中的相关规范。如果没有此类法规存在,食品添加剂必须符合“时常修订”的 FCC 第 4 版中的规范。请参阅:《加拿大食品与药品法规》B. 01.045(b) 部分。

在澳大利亚和新西兰,澳大利亚和新西兰食品标准管理局在其《食品标准法典》的标准 1.3.4“鉴别和纯度”中采用第 6 版 FCC 作为食品添加物质的鉴别和纯度规范的主要来源。

在巴西,FCC 标准与其他标准一起作为推荐规范。

为食品法典委员会评价和评估食品添加剂安全性的国际科学机构食品添加剂联合 FAO/WHO 专家委员会 (JECFA) 使用特定 FCC 规范开发自己的标准。

在以色列,公共健康法规要求,生产、进口、销售或存储食品添加剂的机构必须遵循最新版本的 FCC 或最新版本的《食品添加剂规范纲要》(JECFA)。

七、USP 膳食补充剂纲要(Dietary Supplements Compendium,DSC)

2009 年,USP 推出了 DSC,一种以行业为导向的资源,从 USP - NF 官方版本衍生出来的标准获得 FD & C Act 和 DSHEA 的认可。包括之前只能从 USP - NF 和 FCC 药典中获取的相关文件标准以及行业监管指导文件、补充信息和参考工具,DSC 仅提供英文版。DSHEA 规定,宣称符合 USP - NF 各论的膳食补充剂如果与事实不符,应被视为标示不当。DSC 包含近 800 个各论(膳食补充剂的测试、分析、程序和信息),DSC 还包括与各论、参考剂量(如维生素和矿物质的国际参考剂量)、FD & C Act 摘录的部分、GMP 法规、新的和更新的 FDA 指导原则、FTC 广告要求等。还有 TLC/HPTLC/HPLC 图谱等(仅提供英文版)。

DSC 每三年出版一次,是膳食补充剂制造商和原料供应商的综合资源。它包含与膳食补充剂供应链相关的专论、监管指导和参考工具。帮助开发、制造和测试新产品、选择合格原材料、准备国际质量控制和 CGMP 审计、设置和验证标准操作程序、进行过程中和批次放行测试、准确地包装贴标签和存储产品。目前最新版是 2015 年膳食补充剂纲要 DSC。

DSC 虽然在美国出版,但全球的监管机构、制造商、供应商和其他食品补充剂使用者都在使用 USP 标准。在某些国家,FCC 标准可能作为生产或进口一种成分的法定要求。

膳食补充剂标准建立程序。根据膳食补充剂制造商、用户和供应商提供的各论草案和数据开发建立各种公共标准,旨在为膳食补充剂及其成分提供质量监督。USP 的科学工作人员和"膳食补充剂专家委员会"志愿者负责审查资料,举行必要的实验室测试,并确保这些信息经过公共审议和评论流程。

标准建立程序从提交膳食补充剂产品或成分各论草案或请求修订现有各论开始,以提交 USP 专家理事会进行审批并编入 USP 的任一药典(DSC,USP - NF 或 FCC)而告终。

针对新各论和修订提议。针对 DSC 中 USP - NF 和 FCC 的新版或修订版食物标准的提议首先在药典论坛(Pharmacopeial Forum)或 FCC 论坛中公布,供公众审议并提出意见。通过这些免费在线论坛,相关各方能够提供提议标准和修订的反馈,并参与 USP 的标准建立程序。访问下述 FCC 论坛(请注意:需执行一次性免费注册)。

药典论坛(Pharmacopeial Forum)(仅提供英文版)

FCC 论坛（仅提供英文版）

加速修订过程。在 USP 专家理事会的规则与程序规定的某些情况下(如勘误表及加速和立即通过标准)，可以通过特定的加速过程加快 USP - NF 和 FCC 中膳食补充剂标准的修订。需要了解具体内容，请参见如下指导原则：

《USP - NF 加速修订过程 USP 使用指导》(仅提供英文版)

《FCC 加速修订过程 USP 使用指导》(仅提供英文版)

膳食补充剂标准物质适于执行与 USP - NF、DSC 和 FCC 文件标准相关的质量控制测试和分析步骤。通过认证的材料与任何未知成分进行比较，确定未知成分特性并帮助排除掺假成分，提高膳食补充剂成分的安全性，提高分析测试结果可靠性。USP 当前的目录中包含 3200 多种产品，其中包括 300 种以上膳食补充剂标准物质(如氨基酸、植物药、维生素-矿物质和鱼油)。

八、USP 认证

标签上的 USP 认证标志表示产品：一是包含标签上列出的成分，其声明的效力和数量；二是不含有有害水平特定污染物；三是将在规定的时间内分解并释放到体内；四是已经根据 FDA 和 USP 的规定运行安全、卫生和良好操作规范。USP 认证标志由 USP 授予成功接受并满足其自愿 USP 膳食补充剂验证过程的严格要求的膳食补充剂产品。目前超过 100 种不同的膳食补充剂配方已经收到 USP 认证标志。

参考文献：

［1］http://www.usp.org.

［2］http://www.usp.org/sites/default/files/usp/document/products-services/products/2015-dsc-vol-1-table-of-contents-ref-standard-index.pdf.

附录一 美国膳食补充剂相关数据库介绍

在美国,与膳食补充剂相关的数据库的建立和维护主要由美国卫生及公共服务部的下属机构 FDA 和国家卫生研究院及美国农业部下属的营养数据实验室等部门负责,除 GRAS 数据库以外,其他主要的数据库还有 4 个,详见表 FL - 1 所示。

表 FL - 1　美国膳食补充剂相关的数据库及网站

数据库中文名称	数据库英文名称	网址
膳食补充剂标签数据库	DietarySupplementLabel Database(DSLD)	http://www.dsld.nlm.nih.gov/dsld/index.jsp
膳食补充剂办公室(ODS)膳食补充剂情况说明书	DietarySupplementFactSheets	https://ods.od.nih.gov/
美国国家医学图书馆(NLM)膳食补充剂部分	NLM - Herbsand Supplements	https://www.nlm.nih.gov/
膳食补充剂成分数据库	Dietary Supplement Ingredient Database(DSID)	https://dietarysupplementdatabase.usda.nih.gov/

其中,膳食补充剂标签数据库为规范生产商的标签制作和粘贴提供了大数据支撑,确保能够对市售的膳食补充剂产品标签进行全面的监控,并为今后的市场监管提供数据基础;ODS 膳食补充剂情况说明书以及 NLM 膳食补充剂部分则为消费者和保健师等人群提供不同种类的膳食补充剂全面而严谨的科学研究成果,促进人们健康理性地服用膳食补充剂;膳食补充剂成分数据库则通过对市售成品进行成分化学分析,为消费者和监管人员提供直观的参考数据,提高消费者的知情度,促进监管水平的提升。

第一节 膳食补充剂标签数据库

美国膳食补充剂标签数据库(Dietary Supplement Label Database,DSLD)是美国国立卫生研究院(National Institutes of Health,NIH)膳食补充剂办公室(Office of Dietary Supplements,ODS)和国家医学图书馆(National Library of Medicine,NLM)之间的一项合作计划。DSLD 数据库于 2013 年 6 月 17 日上线,公众可免费使用。DSLD 数据库囊括了大约 17000 个美国市场在售的膳食补充剂产品完整的标签信息,美国官方预计 DSLD 数据库最终将包含 55000 个不同的膳食补充剂标签信息。

目前,DSLD 数据库可查询美国市场在售产品(DSLD On Market)、下架产品(DSLD Off Market)以及美国健康与营养调查项目(National Health and Nutrition Examination Survey,NHANES)在最新的调查研究中使用过的膳食补充剂产品。"在售产品"是指美国市场当前在售的膳食补充剂产品。"下架产品"是指已经停售的或者已经不在美国市场销售的膳食补充剂产品。

DSLD 数据库的最新官方正式版网址为:https://dsld. nlm. nih. gov/dsld/。为了便于使用者在移动终端上查看,官方还推出了适合手机浏览的 Beta 版网站,网址为:https://dsld. nlm. nih. gov/dsld-mobile/index. jsp♯。

一、DSLD 数据库的目标和特性

(一) DSLD 数据库的目标

美国官方建立 DSLD 数据库的目标是囊括美国市场所有膳食补充剂产品的完整标签信息,通过基于网络的界面,提供可随时查询的数据;服务于对美国膳食补充剂标签数据有需求的广大研究团体;作为教育和研究工具,服务学生、学者、其他专业人员、卫生保健从业人员以及公众。

(二) DSLD 数据库的特性

DSLD 数据库有如下特性,囊括通过各种渠道在美国市场上获取的膳食补充剂产品标签的完整信息,系统中的所有信息均来源于生产企业的标签;含有已经不在美国市场销售的膳食补充剂产品的标签信息;含有"美国健康与营养调查研究项目(NHANES)"最新的膳食补充剂产品数据。

DSLD 数据库拥有基于用户选择的计算器,用于协助用户比较不同的营养成分;从年龄、性别、生活方式等目标群体角度,比较"总体预估营养素摄入量"和"膳食营养素参考摄入量(DRI)";强化了搜索功能,允许使用者"浏览""搜索""高级搜索"查找膳食补充剂标签方面的特定短语;升级用户界面,方便使用者快速发现和分类信息。

（三）DSLD 数据库在科学研究方面的作用

DSLD 数据库是一个包含市售各种膳食补充剂完整标签信息的数据库,有助于开展各种关于膳食补充剂产品使用的研究。例如,当该数据库最终完成,标签数据库本身即可用于开展美国膳食补充剂产品效用和配方变化趋势的纵向研究。

（四）DSLD 数据库声明

DSLD 数据库的所有信息均来源于膳食补充剂的标签。这些膳食补充剂标签的内容可能并不符合当时的和现在的 FDA 的规定。DSLD 数据库展示的膳食补充剂标签信息,并不能作为 ODS 或者 NLM 的一种背书或准确性担保。

二、DSLD 数据库的界面和功能

下面以 DSLD 数据库最新官方正式版网站为例,介绍数据库的界面和功能。

（一）DSLD 数据库的界面

DSLD 数据库界面如图 FL-1 所示。

DSLD 数据库的主界面主要有以下功能模块:

1. 快速检索(Quick Search)。

该模块可直接输入任意关键词进行检索。检索结果主要包括 5 个方面的信息:

（1）产品名称(Product Name)。

DSLD 数据库中,产品名称中包含检索关键词的,予以显示,并提供具体产品的链接。

（2）膳食成分名称(Dietary Ingredient Name)。

DSLD 数据库中,产品膳食组分中包含检索关键词的,予以显示,并提供具体产品的链接。

（3）品牌名称(Brand Name)。

DSLD 数据库中,产品品牌名称中包含检索关键词的,予以显示,并提供具体产品的链接。

图 FL-1 DSLD 数据库的界面

(4) 联系人名称(Contacts Name)。

DSLD 数据库中,联系人名称中包含检索关键词的,予以显示,并提供具体产品的链接。

(5) 任何地方(Anywhere)。

DSLD 数据库中,在标签信息的任何地方包含检索关键词的,予以显示,并提供具体产品的链接。

2. 膳食成分检索(Browse Dietary Ingredients)。

该模块提供根据膳食成分进行搜索的功能。用户可以按照网站显示的膳食成分列表(按字母顺序排列)进行检索,也可以直接输入膳食成分的名称进行检索。膳食成分列表可在线浏览,也可下载至电脑查看。

3. 产品名称检索(Browse Products)。

该模块提供根据产品品牌或者品名进行搜索的功能。用户可以输入膳食补充剂产品的品牌或者品名进行检索。产品名称列表按字母顺序排列。产品名称列表可在线浏览,也可下载至电脑查看。

4. 生产企业检索(Browse Contacts)。

该模块提供根据生产企业名称进行搜索的功能。用户可以输入膳食补充剂产品的生产企业名称进行检索。生产企业名称列表按字母顺序排列。生产企业名称列表仅可在线浏览。

5. 高级检索(Advanced Search)。

该模块提供高级搜索的功能。用户可以输入膳食补充剂产品的成分、成分类别、产品信息、Langual 编码、标签声明、健康声称、联系信息等多种检索词或者它们的组合进行检索。通过高级搜索功能,可以查找"下架产品数据库""在售产品数据库"以及 NHANES 最新研究中使用的产品数据库。

6. 参考链接(Reference Links)。

该模块提供与数据库使用相关的重要参考链接。包括:单位转换(Unit Conversion)、每日摄入量(Daily Value,DVs)、膳食营养素参考摄入量(Dietary Reference Intakes,DRIs)、名词定义(Definitions)、常见问题问答(Frequently Asked Questions,FAQ)、参考源(Reference Sources)、版本信息(Release Notes)和使用帮助(Help)。

（二）DSLD 数据库的功能

以国内各大电商销售火爆的美国代购康萃乐 Culturelle LGG 益生菌粉为例,介绍 DSLD 数据库的功能。在前述界面输入关键词"Culturelle",系统显示搜索到两款产品,分别为"Culturelle Culturelle Probiotic"和"Culturelle Kids! Packets Probiotic",其中"Culturelle Kids! Packets Probiotic"为电商平台销售的康萃乐 Culturelle 婴幼儿童 LGG 益生菌粉。点击该产品名称,进入产品标签的详细页面。如图 FL-2 所示。

图 FL-2　DSLD 数据库产品标签页面

1. 产品标签实样。

点击右上角浏览标签(view label)选项,系统显示出该产品市场销售包装标签的真实照片,包括正面、背面、顶面、底面和侧面的标签。这些图片被制作成便于浏览的 PDF 格式,用户可下载比对。

2. 标签信息说明。

此膳食补充剂产品的信息为 2012 年 12 月 21 日当天输入系统时生产企业的完整标签内容。DSLD 数据库中包括了该产品标签上展示的所有信息。"NP"表示"标签未展示的信息",但 NP 并不说明该产品的标签缺少美国政府要求(必须含有)的信息。

3. 产品信息(Product Information)。

(1) 一般信息(General Information)。

一般信息包括以下项目:该膳食补充剂的 DSLD 数据库注册号(DSLD ID)、产品名称(Product Name)、品牌(Brand)、产品注册商标(Product Trademark/Copyright Symbol)、产品统一编号(Stock Keeping Unit,SKU)、外包装(Out Packaging)和产品特性声明(Statement of Identity)。对这些项目的具体释义,DSLD 官方给出了明确的定义。

DSLD 数据库注册号(DSLD ID):是 DSLD 数据库的唯一识别号,对具有膳食补充剂成分表且产品名称、净含量、配料和/或目标人群特定的产品,赋予其一个 DSLD ID。该识别号不考虑产品是否在售(正在生产)或者下架(不再生产)。

产品名称(Product Name):对于 DSLD 数据库中的每一个膳食补充剂产品,其产品名称来自标签的主要展示版面。产品的品牌位于与产品名称相关的另一特定位置。在 DSLD 中,使用者可以使用特定的品牌和/或产品名称搜索所有的产品。

品牌(Brand):品牌名称由生产商或分销商确定。DSLD 中的产品,如果未识别出品牌,则此位置填写为"generic(不受商标保护的)"。如果有标签纸质版本,则按照标签的展示保留大小写形式。

产品注册商标(Product Trademark/Copyright Symbol):根据美国专利和商标局规定,产品商标是一个独特的符号,用于鉴别显示该商标的产品有唯一的来源,并将某企业的产品与其他企业的产品区分开来。商标是一种知识产权。

产品统一编号(Stock Keeping Unit,SKU):SKU 是一个十位数的产品识别符,不要和 DSLD 号码相混淆。

外包装(Out Packaging):外包装通常标识为"有"或"没有",用于识别该膳食补充剂产品在市场销售时是否有任何形式的外箱。

产品特性说明(Statement of Identity):"特性说明"所有的膳食补充剂产品均需提供。按照联邦法律和法规规定,膳食补充剂的特性说明是其常见、通常名称或者一个合适的描述性短语。特性说明必须放在标签主要展示版面及其他主要展示版面。当包装上有多处主要显示版面时,凡要求在主要显示版面上显示的资料,必须在每个主要显示版面上做相同的显示。在"特性说明"中,应该用专用术语"膳食补充剂"对产品予以限定,除非"膳食"这个词语必须被删除并且用膳食原料予以替代(例如,钙补充剂),或者有一个合适的描述性短语能够阐明产品中膳食原料的类型(例如,含维生素的中草药补充剂)。因此,如果产品标签中含有结构性/功能性声称,则 FDA 要求提供特定声明,即该产品为维生素、矿物质、中草药/植物源性或者膳食补充剂。举例说明:膳食补充剂、钙补充剂、维生素补充剂。

(2)食用信息(Serving Information)。

食用信息包括以下项目:该膳食补充剂的份量(Serving Size)、食用建议(Suggested Use)、和净含量(Net Contents Quantity)。对这些项目的具体释义,DSLD 官方给出了明确的定义。

份量(Serving Size):膳食补充剂标签上的"一份"为每吃一次推荐酌情使用的最大量,或者在没有推荐使用量情况下的一个食用量单位(片、胶囊、小包、茶匙等)。例如,如果标签提示早餐时吃 1~3 片,则该膳食补充剂的"份量"为 3 片。在 DSLD 的产品描述中,"份量"为膳食补充剂成分表中标明的一次食用总数量,其数值必须大于零,并且当份量为离散单位(例如:片、胶囊、软胶囊)时必须为整数,但在份量为非离散单位(例如:毫升、盎司)时可以包含小数。在任何特定的产品中,如果该产品适用于多个年龄、性别或生命期组合,则可能在标签上标有多个份量或一系列的用量次数。在确定份量时,如果存在一系列的份量,那么在数据库中记录最高值,并且份量的范围将以说明的形式予以记录。

食用建议(Suggested Use):标签上的这些声明提供了关于膳食补充剂产品的每日用量、食用时间及其他使用说明信息。例如:"使用说明:作为膳食补充剂,每日一个胶囊,进食时服用"。

净含量(Net Contents Quantity):在 DSLD 中,"净含量"为包装中明确标示的单位总数。其数值必须大于零,并且当份量为离散单位(例如:片、胶囊、软胶囊)时必须为整数,但在份量为非离散单位(例如:毫升、盎司)时可以包含小数。

(3)LanguaL 代码[LanguaL Code(s)]。

LanguaL 代码包括以下项目:该膳食补充剂的产品类型(Product Type)、产品形态(Supplement Form)、膳食声明或用途[Dietary Claim(s) or Use(s)]、预期目标人群[Intended Target Group(s)]。对这些项目的具体释义,DSLD 官方

给出了明确的定义。

LanguaL 代码[LanguaL Code(s)]：LanguaL™代表"食品语言"，为一种系统地用于描述食品的有结构的控制性词汇，可用于简明地检索信息供数据分析。LanguaL™基于一个原则，即数据库中的项目（无论是膳食补充剂还是传统食品）均可以通过统一术语的组合予以描述。在统一术语的模板中，定义了多种相互排他性的属性，包括食品归类、主要成分来源、物理特性、其他成分以及加工、包装、包装材料、饮食使用及其他各种特性。

产品类型（Product Type）：产品类型基于膳食补充剂成分表中的内容，使用"膳食补充剂"[A1298]项下的 LanguaL™代码。

产品形态（Supplement Form）：产品的物理形态、性状或剂型，使用"膳食补充剂"[E0154]项下的 LanguaL™代码，例如棒状、胶囊、软胶囊、液体、含片、粉状、胶装、片状（有包衣）等。

膳食声明或用途[Dietary Claim(s) or Use(s)]：该术语仅用于分类，不用于索引，分别有对应的 LanguaL 代码。例如，P0265 代码意为：结构/功能声称，该声称描述了某种物质对身体结构或功能的影响，不作为对（治疗）疾病的参考。鉴于没有预先批准的针对这些声称的 FDA 清单，它必须进行免责声明，例如"钙能够强健骨骼。本声明未经美国 FDA 评估。本产品不用于诊断、治疗、治愈或预防任何疾病。" P0115 代码意为：其他成分—或构成物质—相关声明或用途所有其他的声称，类似于"不适用于……"，警告声明，过敏原相关，等等。

预期目标人群[Intended Target Group(s)]：是指针对特定人群（如成人、儿童、婴儿等）的剂量信息。对于 DSLD 中的膳食补充剂，该值应基于 FDA 膳食补充剂标签指南附录 B 和 C。具体见表 FL-2 所示。

表 FL-2 预期目标人群对应表

食品标签指南参考值	LanguaL 代码	LanguaL 描述
成人，4 岁及以上儿童	P0250	4 岁及以上
4 岁及以下儿童	P0192	12 个月以上，4 岁以下的儿童
婴儿	P0266	婴儿，12 个月以下儿童（1 岁）
孕妇和哺乳期妇女	P0253、	孕妇和哺乳期妇女

来源：FDA - Dietary Supplement Labeling Guide - Appendix B，FDA - Dietary Supplement Labeling Guide - Appendix C，Moller A.，and Ireland J - LanguaL 2014 Thesaurus - Danish Food Information

(4) 溯源信息(Tracking Information)。

溯源信息为加入 DSLD 数据库的日期,即标签信息经过认证后,被加入 DSLD 的日期。

4. 膳食补充剂成分表(Dietary Supplement Facts)。

(1) 建议的/推荐的/用途/指引(Suggested/Recommended/Usage/Directions)。

该项目体现膳食补充剂产品的每日剂量、间隔时间及其他的使用建议。例如,本文举例 Culturelle 产品的对应信息为:建议 25~50 磅的儿童使用:将一整包倒入凉的食物或饮料,混合直到溶解。不要添加到温的或热的食物或饮料。每天服用 1 包,以保持消化系统和免疫系统的健康。为了缓解偶尔的消化不良困扰,每天可服用 7 包。当每天使用超过 1 包时,应有固定的时间间隔。超过 50 磅的儿童:按照 Culturelle 益生菌咀嚼片儿童产品包装上的指示使用。超过 100 磅的儿童:服用 Culturelle 益生菌胶囊产品包装上的指示使用。

(2) 产品说明(Supplement Facts)。

所有种类的膳食补充剂都需要有产品说明。该项目必须显示膳食补充剂生产企业建议的食用份量、显著水平的营养声称信息、每日建议摄入量(如适用)和所有在产品上标明的膳食补充剂成分,包括植物成分和氨基酸。满足豁免条件并符合豁免指标的小企业和小批量产品可以例外。

(3) 膳食组成(Dietary Ingredient)。

该膳食补充剂产品的组成成分。

(4) DSLD 成分类别(DSLD Ingredient Categories)。

在 DSLD 数据库中有多种成分类别,例如氨基酸、植物成分、碳水化合物、脂肪、脂肪酸、纤维、矿物质、蛋白质、维生素和其他。这些类别都是基于 Langual 语言。

(5) 每份含量(Amount Per Serving)。

本项目主要描述每种膳食成分的按重量计算的数量,例如"每片含有""每两片的量"。其他表述方式,例如胶囊、小包、茶匙,也可以用于表述"每份"。

(6) 每日量值百分比(% Daily Value per Serving)。

每日量值包含 FDA 以标签为目的建立的两个系列膳食标准:每日参考值(Daily Reference Values,DRVs)和每日摄取参考值(Reference Daily Intakes,RDIs)。DRVs 用以标示含较巨量营养成分的热量来源,例如脂肪、碳水化合物(包括纤维)及蛋白质(胆固醇、钠及钾不能贡献出其热量)。RDIs 取代了目前所熟知的美国每日推荐量（Recommended Daily Allowances，RDAs），对营养成分的维生素、矿物质及蛋白质标示参考值。

5. 标签声明（Label Statements）。

标签声明包括以下项目：该膳食补充剂针对目标人群的特定属性〔Attributes，including intended target group（s）〕、品牌知识产权声明信息〔Brand Intellectual Property（IP）Statement Information〕、FDA 声称声明（FDA Disclaimer Statement）、FDA 特性声明（FDA Statement of Identity）、配方说明（Formulation）、其他声明（Other）、预防措施（Precautions）、产品特殊信息（Product Specific Information）、印章/标志（Seals/Symbols）、建议的/推荐的/用途/指引（Suggested/Recommended/Usage/Directions）。对这些项目的具体释义，DSLD 官方给出了明确的定义。

（1）对目标人群的特定属性〔Attributes，including intended target group（s）〕。

指针对特定人群（如成人、儿童、婴儿等）的剂量信息。对于 DSLD 中的膳食补充剂，该值应基于 FDA 膳食补充剂标签指南附录 B 和 C。具体见表 FL-1 所示。

（2）品牌知识产权声明信息〔Brand Intellectual Property（IP）Statement Information〕。

许多产品在其品名后面有一个符号表示品牌名称，并且往往是一个关于产品的特定声明，作为公司的知识产权受到保护。例子包括，符号如©、™、（SM）、®和措辞，如"Quik Sorb(R)"是一个注册商标的生物植物(R)公司。

（3）FDA 声称声明（FDA Disclaimer Statement）。

例如，本声称未经美国 FDA 评估。本产品不用于诊断、治疗、治愈或预防任何疾病。

（4）FDA 特性声明（FDA Statement of Identity）。

FDA 针对产品特性的声明。

（5）配方说明（Formulation）。

例如，不含以下成分：合成色素、防腐剂、乳、酵母、小麦、麸质、乳糖。

（6）其他声明（Other）。

任何主观宣称的标签声明，如结构/功能声称，或关于该膳食补充剂的广告和/或科学或临床描述。这些声明还可以宣称膳食补充剂产品的质量或其他客户特定的信息以及制造信息。

（7）预防措施（Precautions）。

例如，如果状况持续，请咨询医生。本产品只适用于在成人监督下使用。除非在医生指导下,否则不应用于具有免疫问题的人群。放置在儿童接触不到的地方。不用于1岁以下儿童。

(8) 产品特殊信息(Product Specific Information)。

例如,储存在阴凉、干燥处,避免阳光直射。

(9) 印章/标志(Seals/Symbols)。

膳食补充剂产品标签上特定的正式印章图片或者认证标志信息。

(10) 建议的/推荐的/用途/指引(Suggested/Recommended/Usage/Directions)。

该项目体现膳食补充剂产品的每日剂量、间隔时间及其他的使用建议。

6. 联系信息(Contact Information)。

包含该膳食补充剂标签上标注的生产企业信息及联系方式、经销商信息及联系方式以及消费者咨询服务信息等内容。

第二节　膳食补充剂办公室 ODS 数据库

一、概述

膳食补充剂办公室是根据美国《膳食补充剂健康及教育法》(Dietary Supplement Health and Education Act,DSHEA)的要求进行设立的,其目的是通过评估科学信息,促进和支持科学研究,传播研究成果,强化美国人民提高生活质量和健康等方式来加强民众对膳食补充剂的了解和认识,其提供的数据库称之为"Dietary Supplement Fact Sheets",即膳食补充剂情况说明表。ODS 不进行科学研究,其数据库中的信息依托同为国家卫生研究院(NIH)下属单位的多个研究机构,如国家癌症研究中心(NCI)、国家药物滥用研究所(NIDA)或国家补充与替代医学中心(NCCIH)等进行提供。ODS 数据库的作用是对常用膳食补充剂、重点敏感膳食补充剂以及存在使用误区的产品进行解释和说明,提供给公众一个关于维生素、矿物质以及其他膳食补充剂产品的概括说明和描述,包括两个版本:保健专业人士版本和普通消费者版本,这两个版本提供了相同类型的信息,只是在细节水平方面有所不同。

目前,ODS 的膳食补充剂情况说明书中包含了 124 种产品的详细说明,包括产地、目前的使用情况、健康建议、使用贴士以及安全信息等,并按照产品的首字母从 A 到 Z 进行了归类,公众还可以根据分类单独查询"草本植物膳食补充剂说明书"以及"维生素矿物质产品说明书"。

二、查询路径

ODS 数据库的查询路径如图 FL－3 所示。

| 美国膳食补充剂办公室ODS主页 https://ods.od.nih.gov/ | → | 点击页面上的"Dietary Supplement Fact Sheets"或者"Full List of Fact Sheets" | → | 点击页面上相应的产品名称 |

图 FL－3 ODS 数据库查询路径

● 以"维生素 A"为例展示该数据库中信息的查询路径：

（1）首先点击美国膳食补充剂办公室 ODS 主页网址：https：//ods. od. nih. gov/上的"DietarySupplementFactSheets"或者"FullListofFactSheets"，如图 FL－4所示。

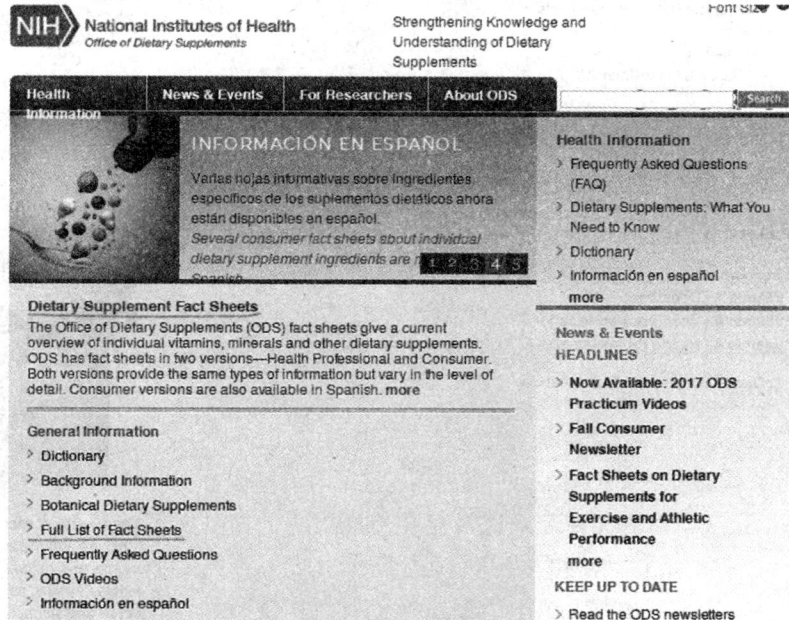

图 FL－4 ODS 主页界面

（2）进入膳食补充剂情况说明表后，点击"Vitamin A"，如图 FL－5 所示。

DIETARY SUPPLEMENT FACT SHEETS

Search the list below by selecting a letter of the alphabet or by entering a word or phrase in the search box.

○ Starts with ○ Contains

[Search]

ALL A B C D E F G H I K L M N O P R S T V W Y Z

A
- Acai
- Aloe Vera
- Anabolic Steroids
- Astragalus
- Athletic and Exercise Performance (see Exercise and Athletic Performance)
- Vitamin A

B
- Bilberry
- Biotin
- Bitter Orange
- Black Cohosh
- Botanical Dietary Supplements
- Bromelain
- Butterbur
- Vitamin B1 (see Thiamin)

General Supplement Information
- Dietary Supplements: Background information
- Botanical Dietary Supplements: Background Information
- Vitamin and Mineral Fact Sheets
- Botanical Supplement Fact Sheets
- Frequently Asked Questions
- Dietary Supplements: What You Need to Know
- ODS Videos
- Información en español

图 FL－5 "膳食补充剂说明表"界面

（3）进入介绍 Vitamin A 详细信息的链接界面，如图 FL－6 所示。

VITAMIN A

ODS Resources
Vitamin A - Consumer
Vitamin A - Vitamina A en español
Vitamin A - Health Professional

Back to Dietary Supplement Fact Sheet List

Rich sources of vitamin A include green leafy, orange, and yellow vegetables such as carrots and spinach.

图 FL－6 Vitamin A 界面

（4）点击针对普通消费者或者专业健康人士的不同链接，即可获得关于 Vitamin A 的详细信息。如图 FL－7 所示。

Vitamin A
Fact Sheet for Consumers

Table of Contents
- What is vitamin A and what does it do?
- How much vitamin A do I need?
- What foods provide vitamin A?
- What kinds of vitamin A dietary supplements are available?
- Am I getting enough vitamin A?
- What happens if I don't get enough vitamin A?
- What are some effects of vitamin A on health?
- Can vitamin A be harmful?
- Are there any interactions with vitamin A that I should know about?
- Vitamin A and healthful eating
- Where can I find out more about vitamin A?
- Disclaimer

What is vitamin A and what does it do?

Vitamin A is a fat-soluble vitamin that is naturally present in many foods. Vitamin A is important for normal vision, the immune system, and reproduction. Vitamin A also helps the heart, lungs, kidneys, and other organs work properly.

There are two different types of vitamin A. The first type, preformed vitamin A, is found in meat, poultry, fish, and dairy products. The second type, provitamin A, is found in fruits, vegetables, and other plant-based products. The most common type of provitamin A in foods and dietary supplements is beta-carotene.

Have a question?
Ask ODS:
ods.od.nih.gov/contact

How much vitamin A do I need?

The amount of vitamin A you need depends on your age and reproductive status. Recommended intakes for vitamin A for people aged 14 years and older range between 700 and 900 micrograms (mcg) of retinol activity equivalents (RAE) per day. Recommended intakes for women who are nursing range between 1,200 and 1,300 RAE. Lower values are recommended for infants and children younger than 14.

However, the vitamin A content of foods and dietary supplements is given on product labels in international units (IU), not mcg RAE. Converting between IU and mcg RAE

图 FL-7　Vitamin A 普通消费者界面

三、ODS 数据库名录

ODS 数据库名录如表 FL-3 所示。

表 FL-3　ODS 数据库名录

序号	首字母	英文	中文
1		Acai	巴西莓
2		Aloe Vera	芦荟
3		Anabolic Steroids	类固醇
4	A	Astragalus	黄芪
5		Athletic and Exercise Performance(see Exercise and Athletic Performance)	体育和运动表现
6		Vitamin A	维生素 A
7		Bilberry	覆盆子
8	B	Biotin	生物素、维生素 H
9		Bitter Orange	苦橙

（续表）

序号	首字母	英文	中文
10	B	Black Cohosh	北美升麻
11		Botanical Dietary Supplements	植物类膳食补充剂
12		Bromelain	菠萝蛋白酶
13		Butterbur	蜂斗菜
14		Vitamin B1（see Thiamin）	维生素 B1
15		Vitamin B12	维生素 B12
16		Vitamin B2（see Riboflavin）	维生素 B2
17		Vitamin B6	维生素 B6
18	C	Caffeine（see Weight Loss）	咖啡因
19		Calcium	钙
20		Carnitine	卡尼汀
21		Cartilage（Bovine and Shark）	软骨
22		Cat's Claw	猫爪草
23		Chamomile	甘菊
24		Chasteberry	圣洁莓
25		Chitosan（see Weight Loss）	壳聚糖
26		Choline	胆碱
27		Chondroitin	软骨素
28		Chromium	铬
29		Cinnamon	肉桂
30		Coenzyme Q10	辅酶 Q10
31		Coleus forskohlii（forskolin）（see Weight Loss）	毛喉鞘蕊花
32		Colloidal Silver	胶体银
33		Conjugated linoleic acid（see Weight Loss）	共轭亚油酸
34		Copper	铜
35		Cranberry	蔓越莓
36		Vitamin C	维生素 C

（续表）

序号	首字母	英文	中文
37	D	Dandelion	蒲公英
38		Diet Pills(see Weight Loss)	减肥药
39		Dietary Supplements	膳食补充剂
40		Vitamin D	维生素 D
41	E	Echinacea	紫锥花
42		Ephedra	麻黄
43		Essiac/Flor‐Essence	精油
44		European Elder	欧洲接骨木
45		Evening Primrose Oil	月见草油
46		Exercise and Athletic Performance	锻炼和运动机能
47		Vitamin E	维生素 E
48	F	Fenugreek	葫芦巴
49		Feverfew	野甘菊
50		Fish Oil(see Omega‐3 Fatty Acids)	鱼油
51		Flaxseed	亚麻籽
52		Fluoride	氟化物
53		Folate	叶酸
54		Frequently Asked Questions	常见问题解答
55		Fucoxanthin(see WeightLoss)	岩藻黄质
56	G	Garcinia cambogia(hydroxycitric acid)(see Weight Loss)	藤黄果
57		Garlic	大蒜
58		Ginger	姜
59		Ginkgo	银杏
60		Ginseng	人参
61		Glucomannan(see Weight Loss)	葡甘露聚糖
62		Glucosamine	葡萄糖胺
63		Goldenseal	北美黄连

序号	首字母	英文	中文
64		Grape Seed Extract	葡萄籽提取物
65		Green coffee bean extract(see Weight Loss)	绿咖啡豆提取物
66	G	Green Tea	绿茶
67		Guar gum(see Weight Loss)	瓜尔豆胶
68		Guarana(see Weight Loss)	瓜拉纳
69		Hawthorn	山楂
70		Herbal Dietary Supplements	草本膳食补充剂
71	H	Hoodia	仙人掌
72		Horse Chestnut	马栗树、七叶树
73	I	Iodine	碘
74		Iron	铁
75		Kava	卡瓦
76	K	Kola nut(or cola nut)(see Weight Loss)	可乐果
77		Vitamin K	维生素 K
78	L	Lavender	薰衣草
79		Licorice Root	甘草
80		Magnesium	镁
81		Melatonin	褪黑素
82	M	Milk Thistle	水飞蓟、奶蓟草
83		Mistletoe	槲寄生
84		Multivitamin/mineral Supplements	复合维生素矿物质补充剂
85	N	Niacin	烟酸
86		Noni	诺丽果
87	O	Omega - 3 Fatty Acids	欧米珈-3 脂肪酸
88		Pantothenic Acid	泛酸、维生素 B5
89	P	PC - SPES	复方中医药
90		Peppermint Oil	薄荷油

（续表）

序号	首字母	英文	中文
91	P	Performance：Exercise and Athletic（see Exercise and Athletic Performance）	锻炼和运动机能
92		Phosphorus	磷
93		Pomegranate	石榴
94		Potassium	钾
95		Probiotics	益生菌
96		Pyruvate(see Weight Loss)	丙酮酸盐
97	R	Raspberry ketone(see Weight Loss)	覆盆子酮
98		Red Clover	红三叶草
99		Riboflavin	核黄素、维生素 B2
100	S	Sage	鼠尾草
101		SAMe(S-Adenosyl-L-Methionine)	腺苷蛋氨酸
102		Saw Palmetto	锯棕榈
103		Selenium	硒
104		Soy	大豆
105		St. John's Wort	圣约翰草
106	T	Tea	茶
107		Thiamin	维生素 B1
108		Thunder God Vine	雷公藤
109		Turmeric	姜黄
110	V	Valerian	瓦勒良、缬草
111		Vitamin A	维生素 A
112		Vitamin B1(see Thiamin)	维生素 B1
113		Vitamin B12	维生素 B12
114		Vitamin B2(see Riboflavin)	维生素 B2
115		Vitamin B6	维生素 B6
116		Vitamin C	维生素 C
117		Vitamin D	维生素 D

（续表）

序号	首字母	英文	中文
118	V	Vitamin E	维生素 E
119		Vitamin K	维生素 K
120	W	Weight Loss	减肥
121		White kidney bean(Phaseolus vulgaris)(see Weight Loss)	白芸豆
122	Y	Yerba mate(mate)(see Weight Loss)	马黛茶、巴拉圭茶
123		Yohimbe	亨育宾树
124	Z	Zinc	锌

四、代表性产品信息展示：维生素 C(Vitamin C)

信息来源：ODS 膳食补充剂情况说明表(DietarySupplementFactSheets)。

背景知识：维生素 C,也被称为抗坏血酸,是在一些食物中发现的水溶性营养素。在体内,它起着抗氧化剂的作用,有助于保护细胞免受自由基造成的伤害。自由基是当我们的身体把我们吃的食物转换成能量时形成的化合物。同时人们还暴露由于香烟烟雾、空气污染以及太阳紫外线等环境中的自由基。身体也需要维生素 C 来制造胶原蛋白,这是帮助伤口愈合所需的蛋白质。此外,维生素 C 可以改善植物性食物对铁的吸收,帮助免疫系统正常工作,保护身体免受疾病侵袭。

人体所需剂量：人体每天需要的维生素 C 的数量取决于年龄。表 FL-4 以毫克(mg)为单位列出不同年龄段的平均每日推荐量。

表 FL-4　不同年龄段所需的维生素 C

年龄段	每日推荐量
Birth to 6 months	40 mg
Infants 7～12 months	50 mg
Children 1～3 years	15 mg
Children 4～8 years	25 mg
Children 9～13 years	45 mg
Teens 14～18 years(girls)	65 mg
Adults(men)	90 mg

（续表）

年龄段	每日推荐量
Adults（women）	75 mg
Pregnant teens	80 mg
Pregnant women	85 mg
Breast feeding teens	115 mg
Breast feeding women	120 mg

对于抽烟人群而言,需要在上述推荐剂量下再增加 35 mg。

哪些食物提供维生素 C:水果和蔬菜是维生素 C 的最佳来源。消费者可以通过下列食物获得维生素 C:柑橘类水果（如橘子和葡萄柚）及其果汁,以及红青椒和猕猴桃;其他水果和蔬菜,如西兰花、草莓、哈密瓜、烤土豆和西红柿;要了解一些维生素 C 强化食品和饮料中是否添加维生素 C,请检查产品标签。

食物的维生素 C 含量可能会因为长时间储存和烹饪而减少,而通过蒸煮或微波的方式可能会减少损失。幸运的是,许多维生素 C 的最佳食物来源,如水果和蔬菜,通常都是生吃的。

什么样的维生素 C 膳食补充剂是可行的:大多数复合维生素都含有维生素 C,维生素 C 也可单独作为膳食补充剂或与其他营养素结合使用。膳食补充剂中的维生素 C 通常是以抗坏血酸的形式出现的,但在一些补充剂中维生素 C 还以其他形式出现,如抗坏血酸钠、抗坏血酸钙、其他矿物抗坏血酸、抗坏血酸与生物类黄酮等。研究显示各种形态的维生素 C 功效没有差异。

缺乏维生素 C 的身体表现:在美国和加拿大,缺乏维生素 C 的情况非常罕见。缺乏维生素 C 会导致机体产生疲劳、牙龈发炎、皮肤上呈现红色或紫色斑点、关节疼痛、伤口愈合不良以及毛发打卷等症状,其他症状还包括抑郁、身体肿胀、牙龈出血、牙齿松动或脱落。还会导致患者贫血。如果不及时治疗,将会有生命危险。

维生素 C 对健康的影响:科学家正在研究维生素 C 以便了解它如何影响人类健康。以下是研究成果:

（1）癌症预防和治疗。

从水果和蔬菜中摄入高维生素 C 的人患肺癌、乳腺癌和结肠癌等多种癌症的风险较低。高剂量维生素 C 是否有助于治疗癌症尚不清楚。维生素 C 的效果似乎取决于如何给病人服用。口服维生素 C 不能使维生素 C 的血液水平升高,在动物和试管中的一些研究表明,非常高的血液维生素 C 水平可能会缩小肿瘤,但是需要更多的研究来确定高剂量静脉注射维生素 C 是否有助于治疗人类癌症。

维生素 C 膳食补充剂和其他抗氧化剂可能与癌症的化学疗法和放射疗法相互作用。接受癌症治疗的人应该在服用维生素 C 或其他抗氧化剂之前与他们的诊治医生交谈,尤其是在高剂量的情况下。

(2)心血管疾病。

食用大量水果和蔬菜的人似乎患有心血管疾病的风险较低。研究人员认为,这些食物的抗氧化剂含量似乎与其有关,因为氧化损伤是心血管疾病的主要原因。然而,科学家们并不确定维生素 C 本身是否能够帮助保护人们免于心血管疾病。

(3)年龄相关性黄斑变性(AMD)和白内障。

AMD 和白内障是老年人视力丧失的两个主要原因。研究人员还不确定维生素 C 和其他抗氧化剂会影响 AMD。然而研究表明,维生素 C 与其他营养素结合可能有助于减缓 AMD 的进展。

在一项针对 AMD 高龄高危人群进行的研究中,服用 500 mg 维生素 C、80 mg锌、400IU 维生素 E、15 mg β-胡萝卜素和 2 mg 维生素 E 的日常膳食补充剂约 6 年的人群患有 AMD 的风险较低。与那些没有服用膳食补充剂的人相比,他们的视力损失也较少。

维生素 C 与白内障形成之间的关系尚不清楚。一些研究表明,从食物中摄入更多维生素 C 的人得到白内障的风险较低。但需要进一步的研究来验证这种联系。

(4)普通感冒。

虽然维生素 C 长期以来一直是普通感冒的常用补救措施,但研究表明,对于大多数人来说,维生素 C 补充剂并不能降低患感冒的风险。然而,定期服用维生素 C 补充剂的人在感冒时其感冒时间可能稍短或症状轻微。感冒症状开始后使用维生素 C 补充剂似乎没有帮助。

维生素 C 是否有害:服用过多的维生素 C 会导致腹泻、恶心和胃痉挛等症状。血色素沉着症患者体内储存过多的铁质,服用高剂量维生素 C 会加重铁过载,损害人体组织。

服用维生素 C 的限量如表 FL-5 所示:

表 FL-5 服用维生素 C 限量表

年龄段	限量
Birth to 12 months	未建立
Children 1~3 years	400 mg
Children 4~8 years	650 mg
Children 9~13 years	1 200 mg
Teens 14~18 years	1 800 mg
Adults	2 000 mg

维生素 C 会与哪些产品发生反应：维生素 C 与其他膳食补充剂可以相互作用或干扰你服用的药物。举例如下：

维生素 C 膳食补充剂可能与癌症治疗相互作用，如化疗和放疗。目前尚不清楚维生素 C 是否具有保护肿瘤细胞免受癌症治疗的不良影响，或者是否有助于保护正常组织免受损伤。如果你正在接受治疗癌症，请在服用维生素 C 或其他抗氧化剂补充剂之前与你的医疗保健提供者联系，尤其是在服用高剂量时。

在一项研究中，维生素 C 和其他抗氧化剂（如维生素 E、硒和 β-胡萝卜素）降低了两种药物（他汀和烟酸）通过控制血胆固醇水平来保护心脏的作用。目前还不知道这种相互作用是否也与其他他汀类药物发生。医护人员应该监测服用他汀类和抗氧化剂补充剂的人的血脂水平。

应当告知医生、药剂师和其他卫生保健服务者你正在服用的任何膳食补充剂和药物。他们可以告诉你，这些膳食补充剂是否可能与你的处方药或非处方药相互作用或干扰，或者药物是否会干扰你的身体对膳食补充剂产品的吸收、使用或营养素分解。

第三节 国家医学图书馆（NLM）膳食补充剂数据库

一、概述

国家医学图书馆（NLM）是世界上最大的生物医学实验室、世界医学信息中心，为公众提供全面的医药咨询和建议，其草本植物及膳食补充剂专栏旨在帮助公众更加深入地了解草本植物及膳食补充剂产品的功效、常用剂量以及药物反应；

目前,NLM 中共有 175 种草本植物和膳食补充剂的详细说明,包括原产地、使用历史、使用部位、功效、剂量、安全性、药物反应以及当前科学研究等,同样也按照产品的首字母,将产品进行了分类,其编辑方式类似于图书馆,每一种膳食补充剂信息就相当于一本图书,包含的数据较为全面和详细。

与 ODS 类似,NLM 自身也不进行膳食补充剂的研究工作,其包含的数据全部引用自其他数据库,以国家补充与替代医学中心(NCCIH)以及美国天然药物综合数据库(NMCD)提供的数据为主。

二、查询路径

NLM 数据库查询路径如图 FL-7 所示。

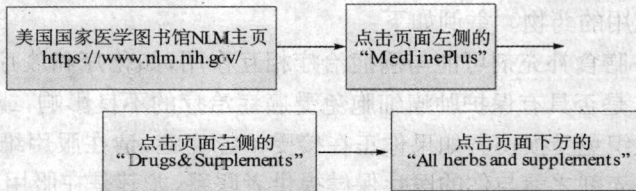

图 FL-7　NLM 数据库查询路径

以"黄芪"为例展示该数据库中信息的查询路径:

(1)首先进入美国国家医学图书馆 NLM 主页:https://www.nlm.nih.gov/后,点击页面上的"MedlinePlus",如图 FL-8 所示。

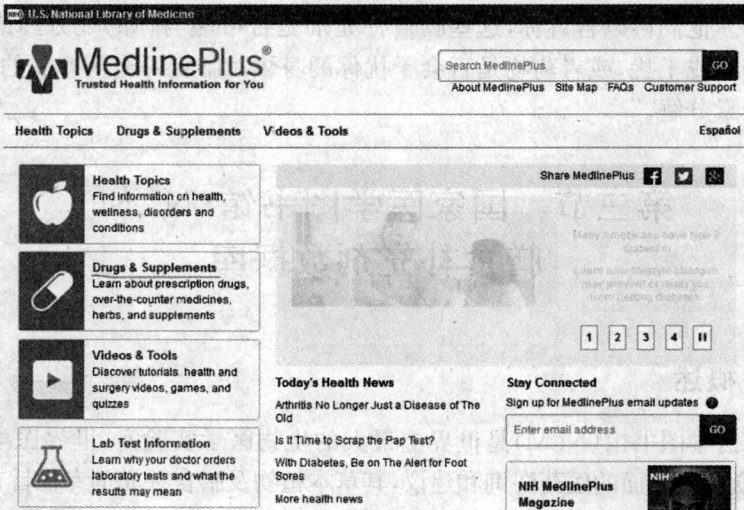

图 FL-8　MedlinePlus 界面

（2）进入"Drugs，HerbsandSupplements"的界面后，点击页面下方的"All herbs and supplements"，如图 FL‑9 所示。

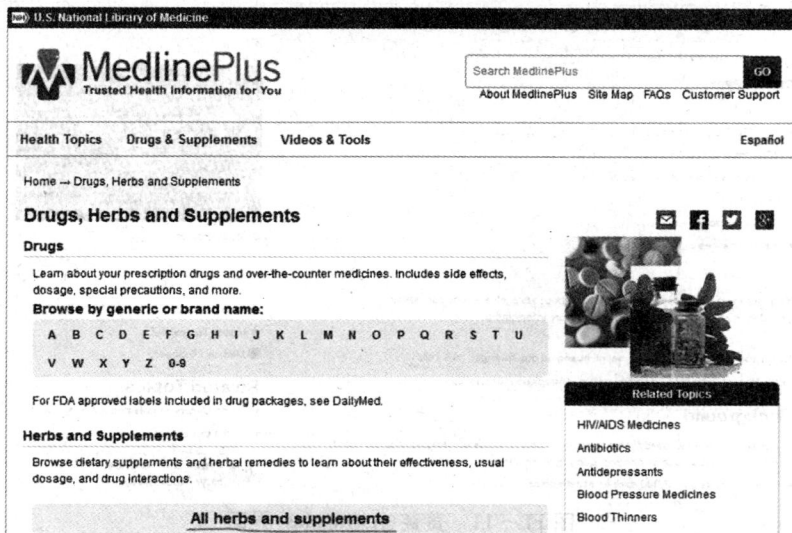

图 FL‑9 Drug，Herbs and Supplements 界面

（3）进入该数据库中所有膳食补充剂产品的列表后，点击页面上的 "Astragalus"，如图 FL‑10 所示。

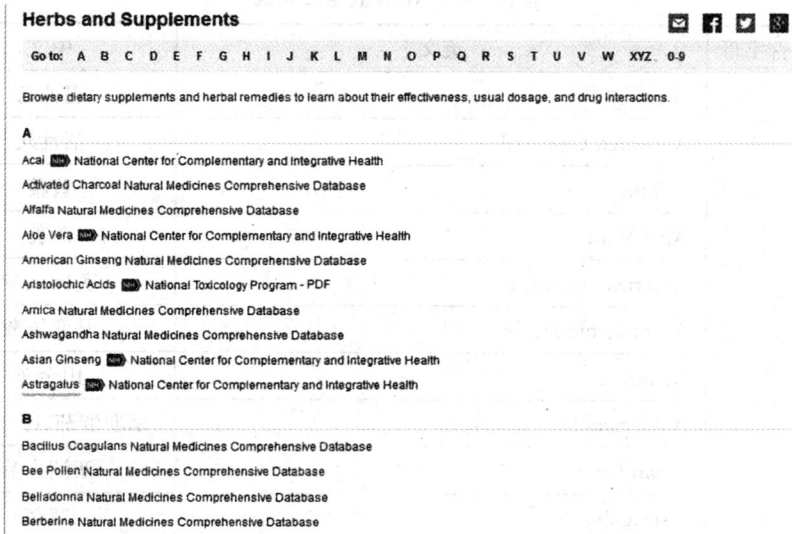

图 FL‑10 Herbs and Supplements 界面

（4）获得黄芪作为膳食补充剂产品的具体信息，如图 FL-11 所示。

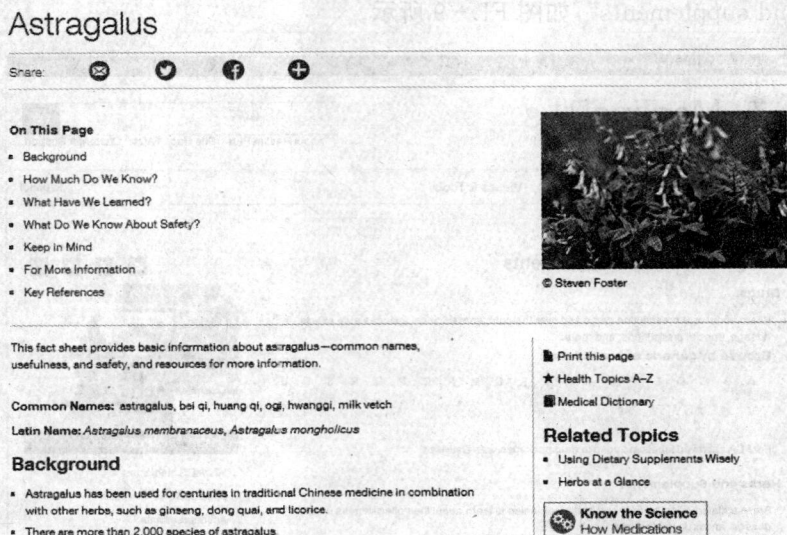

图 FL-11　黄芪（Astragalus）界面

三、NLM 数据库名录

NLM 数据库名录如表 FL-6 所示。

表 FL-6　NLM 数据库名录

序号	首字母	英文	中文
1		Acai	巴西莓
2		Activated Charcoal	活性炭
3		Alfalfa	苜蓿
4		Aloe Vera	芦荟
5	A	American Ginseng	美国人参
6		Aristolochic Acids	马兜铃酸
7		Arnica	山金车
8		Ashwagandha	南非醉茄、印度人参
9		Asian Ginseng	亚洲人参
10		Astragalus	黄芪

（续表）

序号	首字母	英文	中文
11		Bacillus Coagulans	枯草芽孢杆菌
12		Bee Pollen	蜂花粉
13		Belladonna	颠茄、蓓拉冬娜
14		Berberine	小檗碱
15		Beta-carotene	β-胡萝卜素
16		Bifidobacteria	双歧芽孢杆菌
17		Bilberry	越橘
18		Biotin	生物素
19		Bitter Melon	苦瓜
20	B	Bitter Orange	苦橙
21		Black Cohosh	黑升麻
22		Black Psyllium	黑车前草
23		Black Tea	红茶
24		Blessed Thistle	赐福蓟草
25		Blond Psyllium	白车前子
26		Blueberry	蓝莓
27		Blue-Green Algae	蓝绿藻
28		Boron	硼
29		Butterbur	蜂斗菜
30		Calcium	钙
31		Calendula	金盏花
32		Cancell/Cantron/Protocel(PDQ)	
33	C	Cannabidiol	大麻二酚
34		Capsicum	辣椒
35		Cartilage(Bovine and Shark)(PDQ)	软骨(牛和鲨鱼)
36		Cascara	卡斯卡拉

（续表）

序号	首字母	英文	中文
37		Cat's Claw	猫爪草
38		Chamomile	洋甘菊
39		Chasteberry	圣洁莓
40		Chondroitin Sulfate	硫酸软骨素
41		Chromium	铬
42		Cinnamon	肉桂
43	C	Clove	丁香
44		Coconut Oil	椰子油
45		Coconut Water	椰子水
46		Cod Liver Oil	鱼肝油
47		Coenzyme Q10(PDQ)	辅酶 Q10
48		Colloidal Silver Products	胶体银
49		Cranberry	蔓越莓
50		Creatine	肌酸
51		Dandelion	蒲公英
52		Deer Velvet	鹿茸
53	D	Devil's Claw	魔鬼爪、南非钩麻
54		DHEA	青春素
55		Dong Quai	当归
56		Echinacea	紫锥菊
57		Ephedra	麻黄
58		Essiac/Flor-Essence(PDQ)	精油
59	E	Eucalyptus	桉树
60		European Elder(Elderberry)	欧洲接骨木
61		European Mistletoe	欧洲槲寄生
62		Evening Primrose Oil	月见草油

（续表）

序号	首字母	英文	中文
63	F	Fenugreek	葫芦巴
64		Feverfew	野甘菊
65		Flaxseed and Flaxseed Oil	亚麻籽和亚麻籽油
66		Folate	叶酸
67		Folic acid	叶酸
68		Fucus Vesiculosus (Natural Medicines Comprehensive Database)	墨角藻（天然药物综合数据库）
69	G	Garlic	大蒜
70		Gelatin	明胶
71		Ginger	姜
72		Ginkgo	银杏
73		Glucosamine Hydrochloride	氨基葡萄糖盐酸盐
74		Glucosamine Sulfate	氨基葡萄糖硫酸盐
75		Goji	枸杞
76		Goldenseal	北美黄连
77		Grape	葡萄
78		Grape Seed Extract	葡萄籽提取物
79		Grapefruit	葡萄果
80		Green Coffee	绿咖啡
81		Green Tea	绿茶
82		Guarana	瓜拉纳
83		Gymnema	匙羹藤
84	H	Hawthorn	山楂
85		Hibiscus	芙蓉
86		Honey	蜂蜜
87		Hoodia	仙人掌
88		Hops	啤酒花
89		Horny Goat Weed	角质山羊杂草

（续表）

序号	首字母	英文	中文
90		Horse Chestnut	七叶树
91	H	Horsetail	马尾草
92		Hydrazine Sulfate(PDQ)	硫酸肼
93	I	Iodine	碘
94		Iron	铁
95	K	Kava	卡瓦
96		Lactobacillus	乳酸菌
97		Laetrile/Amygdalin(PDQ)	苦杏仁苷
98		L-arginine	左旋精氨酸
99		Lavender	薰衣草
100	L	Licorice Root	甘草
101		Lipase	脂肪酶
102		L-tryptophan	左旋色氨酸
103		Lutein	叶黄素、黄体素
104		Lycopene	番茄红素
105		Maca	玛卡
106		Magnesium	镁
107		Manganese	锰
108		Mangosteen	山竹果
109	M	Milk Thistle	水飞蓟、奶蓟草
110		Milk Thistle(PDQ)	水飞蓟、奶蓟草(PDQ)
111		Mistletoe Extracts(PDQ)	槲寄生提取物
112		MSM(Methylsulfonylmethane)	甲基磺酰甲烷
113	N	Niacinandniacinamide(Vitamin B3)	维生素 B3
114		Noni	诺丽果
115	O	Oats	燕麦
116		Olive	橄榄

（续表）

序号	首字母	英文	中文
117	O	Omega – 3 Supplements	欧米伽 3 补充剂
118		Omega – 6 Fatty Acids	欧米伽 6 脂肪酸
119		Oregano	牛至
120		Oscillococcinum	欧斯洛可舒能
121	P	Palm Oil	棕榈油
122		Pantothenic Acid(Vitamin B5)	维生素 B5
123		Papaya	木瓜
124		Pau D'Arco	保哥果
125		PC – SPES(PDQ)	中医复方药
126		Peanut Oil	花生油
127		Pennyroyal	薄荷油
128		Peppermint Oil	薄荷油
129		Phosphate Salts	磷酸盐
130		Pomegranate	石榴
131		Probiotics:In Depth	益生菌
132		Propolis	蜂胶
133		Pycnogenol	碧萝芷
134		Pyridoxine(Vitamin B6)	维生素 B5
135	R	Raspberry Ketone	覆盆子酮
136		Red Clover	红三叶草
137		Red Yeast Rice:An Introduction	红曲米
138		Reishi Mushroom	灵芝
139		Resveratrol	白藜芦醇
140		Riboflavin	核黄素、维生素 B2
141		Roman Chamomile	罗马洋甘菊
142		Rose Hip	野玫瑰果

序号	首字母	英文	中文
143		Saccharomyces Boulardii	鲍氏酵母菌
144		S-Adenosyl-L-Methionine(SAMe)	腺苷蛋氨酸
145		Sage	鼠尾草
146		Saw Palmetto	锯棕榈
147		Selected Vegetables/Sun's Soup(PDQ)	
148		Selenium	硒
149	S	Senna	番泻叶
150		Shark Cartilage	鲨鱼软骨
151		Slippery Elm	榆树
152		Soy	大豆
153		Spearmint	绿薄荷
154		St. John's Wort	圣约翰草
155		Stevia	甜叶菊
156		Tea Tree Oil	茶树油
157		Thiamine(Vitamin B1)	维生素 B1
158	T	Thunder God Vine	雷公藤
159		Turmeric	姜黄
160		Valerian	瓦勒良、缬草
161		Vitamin A	维生素 A
162		Vitamin B12	维生素 B12
163		Vitamin B6	维生素 B6
164	V	Vitamin C	维生素 C
165		Vitamin D	维生素 D
166		Vitamin E	维生素 E
167		Vitamin K	维生素 K
168		Whey Protein	乳清蛋白
169	W	Wild Yam	野山药

（续表）

序号	首字母	英文	中文
170		Willow Bark	柳树皮
171	Y	Yerba Mate	马黛茶、巴拉圭茶
172		Yohimbe	育亨宾树
173	Z	Zinc	锌
174	6	6 - HTP	6 -羟基色氨酸

四、代表性产品信息展示

（一）中草药产品代表：黄芪（Astragalus）

信息来源：NLM 膳食补充剂数据库；NCCIH，National Center for Complementary and Integrative Health。

背景知识：黄芪在中国的传统医药中已经被使用了几个世纪，经常与人参、当归以及甘草一同服用；世界上有超过 2 000 种不同种类的黄芪；黄芪在许多条件下均被用作膳食补充剂，例如腹泻、疲劳、厌食、上呼吸道感染、心脏病、肝炎、纤维肌痛以及癌症的辅助治疗产品等；黄芪的根部被用来熬汤、制成茶饮、制成提取物或者胶囊。

科学研究现状：目前还没有足够充分的证据证明黄芪的健康功效。

目前美国官方所了解的：肾病综合征患者食用黄芪可能导致感染。一份 2012 年的研究报告显示，患有肾病综合征的儿童在服用黄芪颗粒剂以后存在轻微的感染风险，然而这份研究最终被证实可信度不高；2011 年的 25 份研究报告显示，糖尿病型肾病患者在接受了 2～6 周的黄芪提取物静脉注射以后，与未注射者相比，肾脏功能在某些方面表现得更好。然而，上述研究经证实并不具有可重复性；2013 年的一份研究显示，对于患有病毒性心脏疾病的患者而言，服用黄芪有轻微的治疗作用；2013 年的一份研究也无法证实黄芪对于脂肪肝有显著作用；2009 年的一份研究表明，以黄芪为基础的一种配方产品并不会延长肺癌患者的寿命。

安全性：黄芪对于大部分成年人来说是足够安全的。最常见的副作用是腹泻和其他轻微的胃肠道疾病。但是，它可能会影响血糖水平和血压，对有血液疾病、糖尿病或高血压等某些健康问题的人而言是有风险的；黄芪可能与抑制免疫系统的药物相互作用，如器官移植患者和某些癌症患者服用的药物；虽然部分黄芪品种可能有毒,但是通常并未在常见的膳食补充剂中发现。在美国生长的几种黄芪品种含有神经毒素"苦马豆素",能够导致动物中毒。其他品种中则含有达到潜在毒性水平的硒元素。

使用建议:消费者应当告诉健康顾问或是产品提供者,目前正在使用的全部膳食补充剂产品,以便他们更加宏观地了解你的现状,避免健康风险的产生。

(二)争议性产品代表:颠茄(Belladonna 蓓拉冬娜)

信息来源:NLM,National Library of Medicine。

背景知识:蓓拉冬娜是一种植物,叶子和根部被用来制成药物。蓓拉冬娜名称的含义是"美丽的女子",在意大利,它的使用被认为是一次冒险的尝试。历史上意大利人使用蓓拉冬娜的果浆来扩大女性的瞳孔,使它们显得醒目。但这并不是一个好主意,因为蓓拉冬娜是有毒的。虽然大家广泛认为使用蓓拉冬娜是不安全的,但是蓓拉冬娜仍被用作镇静剂,阻止哮喘和百日咳的支气管痉挛,并用作治疗感冒和花粉过敏。它也用于帕金森病、绞痛、晕车或是止痛药。还用于治疗关节疼痛(风湿病)、由坐骨神经痛引起的腿痛和神经痛。此外,蓓拉冬娜还用于治疗精神疾病如多动症、多汗症和支气管哮喘等。也用于痔疮栓剂。

蓓拉冬娜的功效如何:天然药物综合数据库(NMCD)以科学证据为基础,将天然药物的功效分为以下几类:有效、极可能有效、可能有效、可能无效、极可能无效、无效以及缺乏证据这七大类。对蓓拉冬娜的功效评级为:蓓拉冬娜对以下疾病的影响缺乏证据:肠易激综合征(IBS)、哮喘、百日咳、感冒、花粉过敏、帕金森病、晕动病、关节炎样疼痛、神经问题、痔疮、胃和胆管痉挛和绞痛样疼痛等。还需要更多的证据来证明蓓拉冬娜对上述疾病具有效果。

蓓拉冬娜的工作机理是什么:蓓拉冬娜具有可以阻断人体神经系统功能的化学物质,因此可能可以调节由神经系统支配的一些身体功能,例如流涎、出汗、瞳孔大小、排尿、消化功能等。

安全性:口服蓓拉冬娜可能不安全,因为它可能含有有毒的化学物质,副作用包括口干、瞳孔增大、视力模糊、皮肤发红、发烧、心跳加快、排尿或出汗困难、幻觉、痉挛、精神障碍、惊厥和昏迷等。

注意事项和警告:

怀孕和哺乳:在怀孕期间使用蓓拉冬娜可能是不安全的。它含有潜在的有毒化学物质,并可能产生严重副作用。在哺乳期间也可能是不安全的,它可以减少牛奶产量,也可以进入母乳。

充血性心力衰竭:蓓拉冬娜可能导致心跳加快(心动过速),并可能使心衰加重。

便秘:蓓拉冬娜可能会使便秘恶化。

唐氏综合征:唐氏综合征患者可能对蓓拉冬娜类中潜在的有毒化学物质及其有害作用非常敏感。

食管反流:蓓拉冬娜可能会使食管反流恶化。

发烧:蓓拉冬娜可能会增加发烧患者过热的风险。

胃溃疡:蓓拉冬娜可能会使胃溃疡恶化。

消化道感染:蓓拉冬娜可能会减缓排空肠道,导致细菌和病毒滞留,从而导致感染。

消化道阻塞:蓓拉冬娜可能使阻塞性胃肠道疾病(包括静力性阻塞性麻痹,麻痹性肠梗阻和狭窄)恶化。

产疝:蓓拉冬娜可能会使裂孔疝恶化。

高血压:服用大量的蓓拉冬娜可以增加血压。这可能会使高血压患者的血压过高。

闭角型青光眼:蓓拉冬娜可能会使闭角型青光眼恶化。

精神疾病:可能会恶化精神疾病。

快速心跳(心动过速):蓓拉冬娜可能会使心跳加快。

溃疡性结肠炎:蓓拉冬娜可能会促进溃疡性结肠炎的并发症。

排尿困难(尿潴留):蓓拉冬娜可能会使这种尿潴留更加严重。

药物反应:药物反应中等,谨慎与下列产品一同使用:(1) 西沙比利。蓓拉冬娜中含有莨菪碱(阿托品),阿托品可以减少西沙必利的影响,服用蓓拉冬娜与西沙必利可能会减少西沙必利的药用;(2) 干燥药物(抗胆碱能药物)。蓓拉冬娜中含有可引起干燥效应的化学物质,它也会影响大脑和心脏。服用颠茄和干燥药物可能会导致皮肤干燥、头晕、血压低、心跳加快等严重的副作用。干燥药物包括阿托品、东莨菪碱和一些用于过敏和抑郁症的药物。

是否与其他草本植物和膳食补充剂发生反应:未发现。

是否与食物发生反应:未发现。

如何使用:蓓拉冬娜的适当剂量取决于几个因素,如使用者的年龄、健康状况和其他一些情况。目前还没有足够的科学信息来确定蓓拉冬娜剂量的适当范围。应当谨记的是,天然产品并不总是安全的,剂量至关重要。请务必遵守产品标签上的相关说明,并在使用前咨询你的药剂师或医生或其他医疗保健专业人士。

（三）微生物类产品代表：凝结芽孢杆菌（Bacillus Coagulans）

信息来源：NLM，National Library of Medicine。

背景知识：凝结芽孢杆菌是一种细菌。它与乳酸菌和其他益生菌一样被认为是"有益"的细菌。人们用凝结芽孢杆菌来治疗腹泻，包括感染性腹泻类型，如儿童中的轮状病毒性腹泻、旅行者腹泻和抗生素引起的腹泻。凝结芽孢杆菌还用于一般消化问题，如肠易激综合征（IBS）、炎性肠病（IBD）、克罗恩氏病、溃疡性结肠炎和幽门螺旋杆菌感染等。有些人使用凝结芽孢杆菌来预防呼吸系统感染并增强免疫系统。它也用于预防癌症，还有人使用它作为疫苗的添加剂，以提高其有效性。凝结芽孢杆菌产生乳酸，结果经常被误认为是乳酸菌。事实上，一些含有凝结芽孢杆菌的商业产品作为乳酸芽孢杆菌销售。孢子是区分凝结芽孢杆菌与乳酸菌的重要因素。

凝结芽孢杆菌的功效：天然药物综合数据库（NMCD）以科学证据为基础，将天然药物的功效分为以下几类：有效、极可能有效、可能有效、可能无效、极可能无效、无效以及缺乏证据这七大类。对凝结芽孢杆菌的功效评级为：凝结芽孢杆菌对以下疾病的影响缺乏证据：

腹泻。包括儿童病毒性腹泻、旅行者腹泻和抗生素引起的腹泻。

肠道细菌的生长。早期的证据表明，使用含有凝结芽孢杆菌和低聚果糖的特定益生菌产品每天两次，每月 15 天，持续 6 个月，可以适度地减少有害的肠道细菌。

此外还有幽门螺旋杆菌感染，炎症性肠病（IBD）、克罗恩氏病、溃疡性结肠炎，作为添加到疫苗中的药剂以提高其效力，预防癌症，艰难梭菌结肠炎，消化问题，免疫系统强化，肠易激综合征（IBS），呼吸道感染。

还需要更多的证据来证明凝结芽孢杆菌对上述疾病具有效果。

工作机理：没有足够的信息来了解凝结芽孢杆菌如何用于医疗目的，对动物的一些研究（但尚未在人类中）表明，凝结芽孢杆菌可增加免疫系统功能并减少有害细菌。

安全性：口服时，凝结芽孢杆菌可能是安全的，一些研究表明，凝结芽孢杆菌可以被成人安全使用长达 6 个月。

注意事项和警告：怀孕和母乳喂养：怀孕或哺乳期妇女应保持安全，避免使用凝结芽孢杆菌。

药物反应：

（1）抗生素药物。

抗生素被用来减少身体中的有害细菌。抗生素还可以减少体内的其他细菌。与凝结芽孢杆菌一起服用,抗生素可能降低凝结芽孢杆菌的潜在益处。为避免这种潜在的相互作用,应当在抗生素使用前后至少 2 小时服用凝结芽孢杆菌产品。

（2）降低免疫系统的药物（免疫抑制剂）。

凝结芽孢杆菌可能会增加免疫系统的活性,将凝结芽孢杆菌与降低免疫系统活性的药物一起使用可能会降低这些药物的有效性。

是否与其他草本植物和膳食补充剂发生反应:未发现。

是否与食物发生反应:未发现。

如何使用:凝结芽孢杆菌的适宜剂量取决于多个因素,如使用者的年龄、健康状况和其他一些条件,目前还没有足够的科学信息来确定凝结芽孢杆菌适当的剂量范围。应当谨记的是,天然产品并不总是安全的,剂量至关重要。请务必遵守产品标签上的相关说明,并在使用前咨询你的药剂师或医生或其他医疗保健专业人士。

（四）界限模糊的产品代表:大麻二酚（Cannabidiol）

信息来源:NLM,National Library of Medicine。

背景知识:大麻二酚是大麻植物中的一种化学物质,目前已经在大麻植物中鉴定了 80 多种化学物质,即大麻素。尽管 delta－9－四氢大麻酚（THC）是主要的活性成分,但大麻二酚占大麻提取物的约 40%,并且已被研究用于许多不同的用途。根据 FDA 的资料,由于大麻二酚作为一种新药被研究,含有大麻二酚的产品不被定义为膳食补充剂。但是市场上还有一些产品被标注为含有大麻二酚的膳食补充剂。人们通过口服大麻二酚来治疗焦虑症、双相性精神障碍、肌张力障碍、癫痫发作、多发性硬化症、帕金森病和精神分裂症等。人们通过吸入大麻二酚来帮助戒烟。

大麻二酚的功效:天然药物综合数据库（NMCD）以科学证据为基础,将天然药物的功效分为以下几类:有效、极可能有效、可能有效、可能无效、极可能无效、无效以及缺乏证据这七大类。

对大麻二酚的功效评级为大麻二酚对以下疾病的影响缺乏证据:躁郁症、癫痫、亨廷顿病、失眠、多发性硬化症（MS）、帕金森病、精神分裂症、戒烟、社交焦虑症等。

还需要更多的证据来证明大麻二酚对上述疾病具有效果。

大麻二酚的工作机理:大麻二酚具有抗精神病作用。这些影响的确切原因尚不清楚。然而,它似乎能够阻止大脑中一种影响疼痛、情绪和精神功能的化学物质的分解。阻止这种化学物质的分解和提高其血液中的水平似乎可以减少与精神分裂症等病症有关的精神病症状。另外,大麻二酚似乎可以减轻疼痛和焦虑。

安全性:成人口服或在舌下适当喷洒时,大麻二酚可能是安全的。连续 6 个月每天服用剂量高达 300 mg 大麻二酚已被证实是安全的。而连续 4 周每日口服 1 200～1 500 mg 的较高剂量也已被证实是安全的。连续 2 周以2.5 mg喷雾的剂量施用于舌下的已经被证实是安全的。一些报道大麻二酚的副作用有包括口干、低血压、轻度头痛和嗜睡。

注意事项和警告:

怀孕和哺乳:怀孕或哺乳期间,服用大麻二酚的安全性没有足够的可靠信息。为确保安全,请避免使用。

帕金森病:一些早期的研究表明,服用高剂量的大麻二酚可能会使帕金森病患者的肌肉震颤恶化。

药物反应:中等。应谨慎与下列产品一起使用:被肝脏改变的药物:有些药物由肝脏改变和分解。大麻二酚可能会降低肝脏分解某些药物的速度。理论上,使用大麻二酚和一些被肝脏分解的药物可能会增加一些药物的作用和副作用。在使用大麻二酚之前,如果你服用任何由肝脏改变的药物,请咨询你的医务人员。

是否与其他草本植物和膳食补充剂发生反应:草药和补充剂的镇静特性。

大麻二酚会引起嗜睡。与具有相同效果的其他草药和补充剂一起使用可能会导致严重的嗜睡。这些草药和补充剂包括菖蒲、罂粟、猫薄荷、啤酒花、牙买加山茱萸、卡瓦、L-色氨酸、褪黑激素、鼠尾草、SAMe、圣约翰草、黄樟、黄芩等。

是否与食物发生反应:未发现。

如何使用:大麻二酚的适宜剂量取决于几个因素,如使用者的年龄、健康状况和其他一些条件,目前还没有足够的科学信息来确定大麻二酚适当的剂量范围。应当谨记的是,天然产品并不总是安全的,剂量至关重要。请务必遵守产品标签上的相关说明,并在使用前咨询你的药剂师或医生或其他医疗保健专业人士。

(五)畅销产品代表:硫酸软骨素(Chondroitin Sulfate)

信息来源:NLM 膳食补充剂数据库;美国天然药物综合数据库(Natural Medicines Comprehensive Database, NMCD)。

背景知识:硫酸软骨素是一种通常存在于身体关节周围软骨中的化学物质。

硫酸软骨素通常从动物副产品提取,如鲨鱼和牛软骨。

硫酸软骨素用于骨关节炎。它通常与其他成分组合使用,例如抗坏血酸锰、葡糖胺硫酸盐、氨基葡萄糖盐酸盐或 N-乙酰氨基葡萄糖。

硫酸软骨素还用于艾滋病、心脏病、骨质疏松症的治疗以及治疗乳腺癌的药物引起的关节疼痛、胃酸反流、高胆固醇,运动后肌肉酸痛、间质性膀胱炎、牛皮癣等。硫酸软骨素也用于与铁复合物一起使用来治疗缺铁性贫血。

硫酸软骨素还可用做治疗眼干燥症的眼药水。此外,它在白内障手术期间使用,并且用于保存移植的角膜。上述用途是被 FDA 批准的。

有些人还将硫酸软骨素注射到骨关节炎的肌肉中。

功效如何:天然药物综合数据库(NMCD)以科学证据为基础,将天然药物的功效分为以下几类:有效、极可能有效、可能有效、可能无效、极可能无效、无效以及缺乏证据这七大类。对硫酸软骨素的功效评级为:

硫酸软骨素酚对以下疾病的可能有效(第三等级):白内障、骨关节炎、尿路感染。

硫酸软骨素酚对以下疾病缺乏证据:治疗乳腺癌的药物引起的疼痛、眼干燥症、运动后肌肉疼痛、胃酸反流、膀胱炎症、骨关节疾病、心脏病发作、皮肤红肿和刺激、功能亢进、心脏病、骨质疏松症、高胆固醇等,还需要更多的证据来证明硫酸软骨素对上述疾病具有功效。

作用机理:骨关节炎的症状之一是关节中的软骨破裂。考虑到硫酸软骨素是软骨的一个组成部分,可能会减缓这种分解。

安全性:硫酸软骨素口服或在白内障手术期间用作眼药水时,可能是安全的。在长达 6 年的研究中,硫酸软骨素已经安全地在上述两种情况下使用。

但是由于属于动物来源,公众对于硫酸软骨素的安全性有一些担忧。有些人担心不安全的生产方式可能会导致患病动物组织(包括那些可能传播疯牛病)的硫酸软骨素产品被使用。到目前为止,还没有关于硫酸软骨素引起人类疾病的报道。不过它会导致一些轻微的胃痛和恶心。已报道的其他副作用包括腹胀、腹泻、便秘、头痛、眼皮肿胀、腿肿胀、脱发、皮疹和心律不齐等。此外,一些硫酸软骨素产品含有过量的锰。

注意事项和警告:

(1)怀孕和哺乳:怀孕或哺乳期间服用硫酸软骨素的安全性没有足够的可靠信息。安全起见,建议避免使用。

(2)哮喘:有人担心硫酸软骨素可能会使哮喘恶化。如果你有哮喘,小心使用硫酸软骨素。

（3）凝血功能障碍：理论上，使用硫酸软骨素可能会增加凝血功能障碍患者的出血风险。

（4）前列腺癌：早期研究表明，硫酸软骨素可能导致前列腺癌的扩散或复发。硫酸软骨素补充剂没有表现出这种效果。但是，建议前列腺癌患者及其高危人群不要使用硫酸软骨素。

药物反应：中等。应谨慎与下列产品一起使用：华法林（香豆素）。

华法林（香豆素）用于减缓血液凝结，有研究显示，硫酸软骨素和葡糖胺一起服用会增加华法林（香豆素）对血液凝固的作用，这可能会导致严重的瘀伤和出血。如果正在服用华法林，请不要使用硫酸软骨素。

是否与其他草本植物和膳食补充剂发生反应：未发现。

是否与食物发生反应：未发现。

如何使用：

（1）口服。

针对骨关节炎：一天中一次服用或者分两到三次服用硫酸软骨素的典型剂量为 800～2 000 mg，3 年。

（2）皮肤涂抹。

针对骨关节炎：根据需要恒用含有 50 mg/g 硫酸软骨素、30 mg/g 硫酸氨基葡萄糖、140 mg/g 鲨鱼软骨和 32 mg/g 樟脑的乳膏，用于疼痛关节，8 周。

（3）肌肉注射。

针对骨关节炎：每天或每周两次注射到肌肉中，持续 6 个月。

（4）插入膀胱。

针对尿路感染：每周一次将 50 mL 含硫酸软骨素和透明质酸的特定溶液插入膀胱中，每周一次，持续 4 周，然后每月一次或两次，持续 5 个月。

（5）应用于眼睛。

针对白内障：在白内障手术期间已经使用含有透明质酸钠和硫酸软骨素的几种不同滴眼剂。

第四节　美国膳食补充剂成分数据库

一、概述

美国膳食补充剂成分数据库（Dietary Supplement Ingredient Database,

DSID)是由美国农业部和美国国立卫生研究院下属的膳食补充剂办公室以及其他若干政府机构共同开发的一个项目,具体执行单位为美国国家营养数据实验室[Nutrient Data Laboratory,NDL,是农业部农业研究服务(ARS)的一个部门,任务是开发权威性食品成分数据库],该数据库是一项国家内部项目,项目的编号为:8040-52000-065-00-D,项目实施时间为5年,开始时间为2014年2月20日,结束时间为2019年2月19日。

创建该数据库的最终目的是:为成人和儿童的膳食补充剂摄取提供基于化学分析的,具有代表性的成分数据,以便改变目前美国国内关于膳食补充剂其他数据库仅能提供产品标签标称的成分信息的局面。该数据库除了评估膳食补充剂产品中的维生素与矿物质水平以外,还将研究的对象扩展至公众关注的其他成分,例如鱼类和植物油类膳食补充剂中的 ω-3 脂肪酸水平或是草本类膳食补充剂中的儿茶素、咖啡因以及类黄酮水平等。通过收集和编辑有关人体必需的营养素和关系公众健康的新兴成分的数据和信息,可以来确定、评估和推广关于美国市场上经常食用的膳食补充剂成分的知识,提高普通民众的知情度,促进监管水平的提升。

NDL 通过设计和开展研究,分析确定具有代表性的膳食补充剂的成分组成,包括必需营养素和生物活性成分。NDL 会确定样品分析实验室并评价各实验室提供的数据质量,最终将结果进行统计评估,并通过 DSID 公开发布。正在进行的 DSID 研究包括:(1) ω-3 脂肪酸。科学地评估典型膳食补充剂(包括鱼油、植物油和鱼/植物油混合物)中标签值和分析水平的 ω-3 脂肪酸之间的关系。在 DSID-3 中发布本研究的平均结果和可变性信息;(2)非处方(OTC)胎儿期复合维生素矿物质研究。科学地评估标签和分析值之间的关系,评估 OTC 胎儿期复合维生素矿物质中 22 种维生素和矿物质的变异性。在 DSID-3 中发布本研究的平均结果和可变性信息;(3)成人复合维生素矿物质监测研究。系统评估标签值和分析数据之间的统计关系,并在 DSID-4 中发布结果。除了上述研究之外,研究还包括试验类研究以及国家层面的研究等多种类型。

需要注意的是,DSID 中查询到的数据是基于化学分析得到的结果,可能会与产品标签中标明的数据存在或多或少的差异,此外其研究的数据适用于营养素摄入量的人群研究,而不是用于评估单个产品的含量。

二、查询路径

1. 进入 DSID 数据库主页:https://dietarysupplementdatabase. usda. nih. gov/。如图 FL-12 所示。

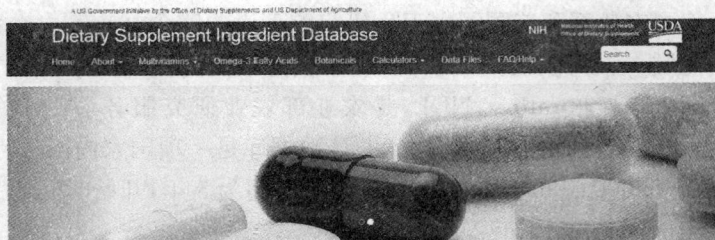

图 FL-12 DSID 数据库主页

2. 根据需要选择数据库网站首页上的类型，如 Multivitamins、Omega-3 Fatty Acids、Botanicals、Calculators 等，查看相应的研究成果，以复合维生素矿物质为例，展示查询结果。如图 FL-13 所示。

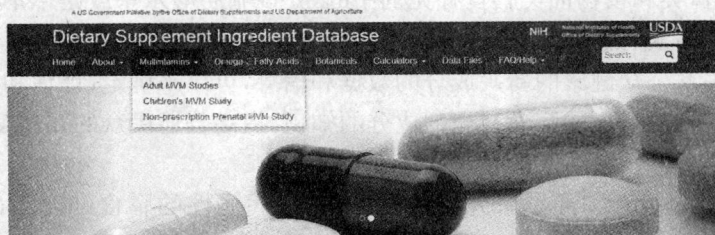

图 FL-13 复合维生素页面

3. 点击"Multivitamins"后出现 3 种研究类别，分别为成人复合维生素矿物质研究、儿童复合维生素矿物质研究以及非处方胎儿期复合维生素矿物质研究，选择相应的类别，获得相对应的研究成果，如选择"成人复合维生素矿物质研究"后出现如下界面。如图 FL-14 所示。

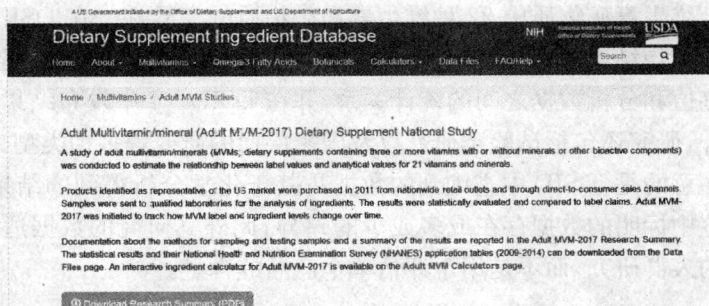

图 FL-14 成人复合维生素矿物质页面

点击界面上的"Download Research Summary（PDF）"，获得 PDF 格式的关于成人复合维生素矿物质的研究成果。

附录二 联邦法规 21 CFR Part 11 《电子记录和电子签名》

A 部分 通则（总则）

11.1 适用范围

（a）本法规阐明了 FDA 关于电子记录、电子签名以及电子记录上的手写签名可信度的认定标准，并明确其与纸质记录、纸质记录上的手写签名具有相同的法律效力。

（b）本部分适用于在 FDA 条例中任何记录要求下以电子形式创建、修改、保存、存档、读取或传送的记录；本法规也适用于 FD & C Act 和 PHSA 要求提交给 FDA 的电子记录，即使这些记录并没有在规章中明确规定（即使此要求 FDA 条例无明确认定）。但是，这部分不适用于以电子手段（例如：扫描、传真）传交或已传交至 FDA 的纸质记录。

（c）当电子签名及其相关的电子记录同时满足本条款的要求时，FDA 认可电子签名与完整的手写签名、首字母缩写、FDA 所要求的其他通用签名具有相同的法律效力，除非签名被 FDA 条例明确排除在外，即该法规 1997 年 8 月 20 日生效之前的签名。

（d）依照本条款 11.2，符合本条款要求的电子记录可以替代纸质记录，除非明确要求必需纸质记录。

（e）计算机系统（包括硬件和软件）、控制器和随行文件应可随时提供，并接受 FDA 检查。

（f）本条款不适用于 21 CFR Part 1.326 至 21 CFR Part 1.368 所要求建立或保存的记录。满足 21 CFR Part 1 中 J 的要求，但其他适用的法律条款或规定要求的记录仍然受本部分的约束。

（g）本部分不适用于根据 21 CFR Part 101.11（d）获得的电子签名。

(h) 本部分不适用于 21 CFR Part 101.8(d)下获得的电子签名。

(i) 本部分不适用 21 CFR Part 117 部分要求建立或保持的记录。满足 21 CFR Part 117 部分要求,同时符合其他适用的法律条款或规定的记录仍受本部分的约束。

(j) 本部分不适用于 21 CFR Part 507 部分要求建立或保持的记录。满足 21 CFR Part 507 部分要求,同时符合其他适用的法律条款或规定的记录仍受本部分的约束。

(k) 本部分不适用于 21 CFR Part 112 部分要求建立或保持的记录。满足 21 CFR Part 112 部分要求,同时符合其他适用的法律条款或规定的记录仍受本部分的约束。

(l) 本部分不适用于 21 CFR Part 1 中 L 部分所要求建立或保持的记录。记录满足 21 CFR Part 1 中 L 部分要求,同时符合其他适用的法律条款或规定的记录仍受本部分的约束。

(m) 本部分不适用于 21 CFR Part 1 中 M 部分要求建立或保持的记录。满足 21 CFR Part 1 中 M 部分要求,同时符合其他适用的法律条款或规定的记录仍受本部分的约束。

(n) 本部分不适用于 21 CFR Part 1 中 O 所要求建立或保持的记录。符合 21 CFR Part 1 中 O 部分要求的记录,同时符合其他适用的法律条款或规定的记录仍受本部分的约束。

(o) 本部分不适用于 21 CFR Part 121 部分需要建立或保持的记录。符合 21 CFR Part 121 部分要求的记录,同时符合其他适用的法律条款或规定的记录仍受本部分的约束。

[62 FR 13464, Mar. 20, 1997, as amended at 69 FR 71655, Dec. 9, 2004; 79 FR 71253, 71291, Dec. 1, 2014; 80 FR 71253, June 19, 2015; 80 FR 56144, 56336, Sept. 17. 2015; 80 FR 74352, 74547, 74667, Nov. 27, 2015; 81 FR 20170, Apr. 6, 2016; 81 FR 34218, May 27, 2016]

11.2 实施

(a) 对于 FDA 要求保存且不需提交的记录,只要符合本部分的要求,就可以用电子记录全部或部分代替纸质记录,用电子签名全部或部分替代传统签名。

(b) 对于 FDA 要求提交的记录,在下列情况下,可以用电子记录代替纸质记录,用电子签名代替传统签名:

(1) 符合本款要求。

（2）需提交的文件或部分文件，已在公共摘要 NO. 92S - 0251 上被认定为是 FDA 接收的电子形式的类别。此摘要将明确认定 FDA 以无纸质记录的电子形式接收文件的类别及此类电子文件的接受单位（例如：指定的中心、办公室、部门、分支机构）。提交至此摘要并未指定 FDA 接收单位的电子文件，将不被认可为正式文件。此文件的纸质形式才能作为正式文件，且任何电子文件都需有纸质形式。请与接收单位就如何进行（传送方法、媒介、文件格式、技术协议）及是否进行电子提交文件的细节进行磋商。

11.3 定义

（a）法案 201 部分的术语定义与解释，适用于本部分中相同的术语。

（b）下列术语的定义也适用于本部分：

（1）法案是指 FD $\&$ C Act 201 - 903（21 USC 321 - 393）。

（2）机构是指 FDA

（3）生物识别技术指是一种通过测量个体的身体特征或可重复动作来验证个体身份的方法，这些特征和/或行为都是独一无二并可测量。

（4）封闭系统是指负责系统内电子记录人员控制系统访问的环境。

（5）数字签名是指基于发起者认证加密方法的电子签名，通过使用一组规则和一组参数来计算，从而可以验证签名者身份和数据完整性。

（6）电子记录是指由计算机系统创建、修改、维护、存档、检索或分发的数字形式的文本、图形、数据、音频、图像或其他信息表示的任何组合。

（7）电子签名是指由个人签写生效、采用、授权的任意符号或系列符号的计算机数据汇编，与手写签名具有同等法律效力。

（8）手写签名是个人手写以及签写生效或采用的名字或法律标记，用于鉴定个人固定笔迹。使用书写笔迹或标记工具（例如钢笔或触控笔）来保存签名。手写签名或法律标记，通常适用于纸质文件，也可以适用于能够签写名字或标记的设备。

（9）开放系统是指系统的访问不由负责电子记录人员控制的一种环境。

B 部分　电子记录

11.10　封闭系统管理

使用封闭系统来创建、修改、保存、或传送电子记录的用户应该遵循相应管理规程和控制措施,以确保记录的真实性、完整性和必要时的保密性以及确保签名者无法轻易否认所签记录的真实性。管理规程和控制措施要求如下:

(a) 通过系统验证,确保准确性、可靠性,稳定的预期性能,确保系统能够识别无效的或更改的记录。

(b) 能够在人类可读和电子表格中生成准确和完整的记录副本,以便于 FDA 进行检查、评审和复制。对 FDA 审核、拷贝电子记录有疑问时,应联系 FDA。

(c) 保护记录,确保在记录保存期内的精准快速检索。

(d) 限制对授权个人的系统访问。

(e) 使用安全的、计算机生成的、自带时间标记的审计跟踪记录,独立操作者登录和操作即创建、修改或删除电子记录的日期和时间。记录变化不能覆盖之前的记录信息。审计追踪记录应至少与其所属的记录保存期一致或保留更久,并供 FDA 审核和拷贝。

(f) 必要时,使用运行系统校验实施特许的步骤和事件排序。

(g) 使用权限检查,确保只有授权的个人可以使用该系统、电子签名、登录操作系统或计算机系统的输入/输出设备,更改电子记录或执行操作。

(h) 必要时,使用设备(如终端)检查以确定数据输入来源或操作指令的有效性。

(i) 确定研发、保存或使用电子记录及电子签名系统的人员都具备相应教育、培训和经验来完成分配的任务。

(j) 为阻止电子记录和签名伪造,制定并遵守书面程序,约束员工对电子签名行为负责。

(k) 适当控制系统文档使用,包括:

(1) 适当控制系统操作及维护文件的分发、获取和使用。

(2) 修订和变更控制程序,以维护审计跟踪、记录时间顺序的文档开发和系统文档的修改。

11. 30　开放系统的管理

使用开放系统来创建、修改、保存或传送电子记录的用户应该遵循相应的管理规程和控制措施,以确保电子记录从创建到接收的真实性、完整性和必要时的保密性,除 11.10 章节确认的规程和措施外,必要时,使用其他方法如文档加密技术、适当的数字签名标准,以确保电子记录的真实性、完整性和机密性。

11. 50　签名显示

(a) 签署的电子记录应包含与签名关联的信息,并清晰表明以下内容:

(1) 签名人姓名印刷体;

(2) 签名生效日期和时间;

(3) 与签名关联的含意(例如审核、批准、职责、或来源);

(b) 上述(a)(1)、(2)、(3)所指项目同样遵照电子记录的控制措施及符合电子记录的人类读取形式(例如:电子显示、打印输出)。

11. 70　签名/记录的关联

在电子记录上签署的电子签名和手签名应与相应的电子记录关联,以确保签名无法被删除、复制、转移,从而伪造电子记录。

C 部分　电子签名

11. 100　通用要求

(a) 电子签名应是唯一的,不应被他人再次使用或被再次分配给其他人。

(b) 组织在创建、分配、认证、批准个人电子签名(或电子签名任意要素)之前,应先核实个人身份。

(c) 使用电子签名用户在使用前或使用时,应向 FDA 提交认证申请,在其系统内(该系统 1997 年 08 月 20 日投入使用)的电子签名,与其传统的手写签名具有同等法律效力。

(1) 认证申请应以书面形式提交,并用传统手写签名签署,邮寄地址为 MD 20857,Rockville,5600 Fishers Lane,区域业务办公室(HFC - 100)。

(2) 基于 FDA 的要求,使用电子签名的用户应提供额外的证明文件或证据,以说明其电子签名与其手写签名具有同等法律效力。

11.200 电子签名的组成及控制

（a）不基于生物识别技术的电子签名应：

（1）至少使用两种不同的验证成分,例如身份代码和密码。

（i）当个人在一段独立持续的受控系统登录期间内签署一系列的签名时,第一个签名必须使用所有电子签名验证成分,后续的签名至少要使用一种电子签名验证成分。

（ii）当个人不在一个独立持续的受控系统登录期间内,签署一个或多个签名时,每一个签署的签名应使用所有的电子签名成分。

（2）仅供真实所有者即用户本人使用。

（3）电子签名成分的管理和执行是要确保非真实所有者使用电子签名两人或多人协作。

（b）基于生物测定学的电子签名,是要确保非真实所有者不能使用。

11.300 身份代码及密码管控

使用基于身份代码与密码结合的电子签名时,使用者都应该遵守相应的管控规程,以确保其安全性和完整性,管控规程包括：

（a）应维护每个身份代码及密码组合的唯一性,确保没有两个人具有相同的身份代码和密码组合。

（b）身份代码及密码的发放应定期审查、召回或修改（如防止密码过期进行的修改）。

（c）电子授权的损失管理程序,对丢失、被盗、遗失或可能受损的证件卡片和其他携带或生成身份代码或密码信息的设备取消授权,并使用适当的、严格的管控措施来发放临时或永久的替代品。

（d）使用事务安全保护措施,防止未经授权的密码及身份代码的使用,及时侦测报告系统安全模块接收到的未经授权的访问企图,必要时,通知系统管理人员。

（e）对具有或产生身份代码或密码信息的证件进行初始检测及定期检测,以确保其功能正常未遭非法篡改。

参考文献：

https://www.accessdata.fda.gov/scripts/cdrh/cfdocs/cfcfr/cfrsearch.cfm? cfrpart=11&showfr=1.